Das Traumbuch
des Achmet ben Sirin

Das Traumbuch
des
Achmet ben Sirin

*Übersetzt und erläutert
von Karl Brackertz*

C.H. Beck

CIP-Kurztitelaufnahme der Deutschen Bibliothek

Das *Traumbuch des Achmet Ben Sirin* / übers. u.
erl. von Karl Brackertz. – München : Beck, 1986.
 ISBN 3 406 31214 4
NE: Muhammad Ibn-Sīrīn [Angebl. Verf.];
Brackertz, Karl [Übers.]

ISBN 3 406 31214 4

© C. H. Beck'sche Verlagsbuchhandlung (Oscar Beck),
München 1986
Einbandentwurf: Uwe Göbel, München
Umschlagbild: ‚Das Paradies', Miniatur.
Istanbul, Topkapi Sarayi
Satz und Druck:
Hieronymus Mühlberger GmbH, Augsburg
Printed in Germany

Inhalt

Einführung

Reiche und Städte haben Zeiten der Größe und des Niedergangs. Von Glanz und Elend im Laufe der Geschichte kündet ihr Name, eindringlicher noch der Wechsel ihres Namens; so auch die Großstadt am Bosporos. Nach alter Überlieferung gründete sie der Grieche Byzas an der Küste des thrakischen Bosporos; nach ihm nannte sie sich Byzantion – Byzanz. Im 4. Jahrhundert n. Chr., genau am 11. Mai 330, erhielt sie den Namen Konstantinopel, als der römische Kaiser Konstantin an der Stelle von Byzanz seine neue Hauptstadt, das ‚Neue Rom‘, einweihte. Es ist die Ironie des Schicksals, daß diese Stadt ihren ursprünglichen Namen gerade zu dem Zeitpunkt verlor, als das Byzantinische Reich geboren wurde. Genau genommen hat es nie einen Staat mit dieser Bezeichnung gegeben, bis zu seinem Untergang nannte sich das oströmische Reich Römisches Reich oder Reich der Rhomaioi und sein Herrscher Basıleus der Rhomaioi oder Kaiser der Römer. 1123 Jahre und 18 Tage war Konstantinopel Mittelpunkt des großen Byzantinischen Reiches, bis es am 29. Mai 1453 durch die Türken unter Sultan Mehmed erstürmt und eingenommen wurde. Seitdem heißt die Stadt Istanbul; mit diesem Wort, das „in der Stadt“ bedeutet, bezeichneten die siegreichen Türken die von ihnen eroberte Stadt.

Nach Gregorovius[1] ist seit der Gründung Roms keine wichtigere Stadt auf der Erde geschaffen worden als Konstantinopel. Sie bezeichnet den Wendepunkt, an dem das heidnische Altertum haltmachte und der die kulturgeschichtliche Trennung des lateinischen Abendlandes vom griechischen Morgenland heraufführte.

Konstantinopel war von Beginn an eine christliche Stadt, die erste derartige Gründung in der Geschichte, in der kein heidnischer Kult mehr ausgeübt, kein heidnischer Tempel mehr benutzt wurde. Der Kampf gegen das Heidentum wurde von den Söhnen Konstantins fortgesetzt, das Christentum schließlich unter der Regierung Theodosios' des Großen (379–395) zur Staatsreligion erklärt. Seine Edikte setzten den letzten öffentlichen Kulthandlungen des Heidentums im Abend- und Morgenland ein Ende.

Wenn auch das Christentum sich über alle Teile des alten Reichsgebietes ausbreitete und die Kirche zu öffentlicher Macht gelangte, so dauerte es doch Jahrhunderte, bis das gesamte kulturelle und geistige Leben mit den Lehren und Forderungen der Kirche durchdrungen war. Auch in Byzanz stand diesem Prozeß das große Beharrungsvermögen der in Jahrhunderten gewachsenen Anschauungen und das zähe Festhalten der Menschen an überlieferten Vorstellungen und Bräuchen entgegen. Der Prozeß, der sich auf den verschiedensten Gebieten mehr oder weniger schnell vollzog, dauerte bis tief in die mittelbyzantinische Zeit hinein.[2]

Wenn auch der christliche Glaube das öffentliche und private Leben in Byzanz weithin prägte, so gab es doch nicht wenige heidnische Elemente, die gewissermaßen im Untergrund weiterlebten und wucherten. So fand zum Beispiel der alte Tempelschlaf weiterhin allgemeinen Zuspruch. Justinian erfuhr Heilung im Heiligtum der Märtyrer und Ärzte Kosmas und Damianos; in Ägypten konnte man sich in den Kirchen der Heiligen Kyros, Ioannes und Menas zum Heilschlaf niederlegen. In Konstantinopel leisteten diesen Dienst die Kirchen der Hagia Anastasia und des heiligen Anthemios. Wie zäh heidnische Anschauungen und abergläubische Praktiken üppig weiterlebten, offenbaren die Kanones der Konzilien, die vor allem Mißbräuche in der Kirche behandeln, und die Dekrete der byzantinischen Patriarchatskanzlei.[3]

Bis in die letzten Jahrzehnte des Byzantinischen Reiches beschäftigte die Verfechter der Orthodoxie der Kampf gegen die Astrologie. Sie hatte schon im Rom der Kaiserzeit, vor allem durch das Vordringen orientalischer Kulte und Einflüsse, starken Zulauf gefunden, nicht nur im einfachen Volk, sondern auch in den oberen Kreisen; die Kaiser bedienten sich der Astrologen als Ratgeber, einige waren selbst in die Geheimnisse dieser dunklen Kunst eingeweiht. Auch in Byzanz erfreute sich die Astrologie trotz ihrer Unvereinbarkeit mit dem christlichen Glauben großer Beliebtheit, sie war geradezu eine Hauptleidenschaft der Byzantiner. Daß diese auch in Byzanz nicht auf die unteren Gesellschaftsschichten beschränkt blieb, zeigt der unzulängliche Versuch Kaiser Manuels I. (1143–1180), Christentum und Astrologie auf einen gemeinsamen Nenner zu bringen.[4] Und schließlich konnte auch die Bibel zur Verteidigung der Astrologie in Anspruch genommen werden, boten doch die Berichte vom Stern der Weisen aus dem Morgenland und von der Sonnenfinsternis beim Tode Christi die Möglichkeit, den Glauben an die Macht der Sterne als durchaus vereinbar mit der kirchlichen Lehre zu interpretieren.

Nicht minder groß war die Leidenschaft der Byzantiner für Wahrsagerei und Traumdeutung. Die Zunft der Traumdeuter hatte sowohl im privaten wie im öffentlichen Leben ihren festen Platz. Diese Leute wurden zwar von der Kirche hart bekämpft, aber die Menschen, vor allem das einfache Volk, liefen zu ihnen. Die Mantik war offensichtlich mit den Alltäglichkeiten, Ängsten und Lebenswünschen der kleinen Leute eng verbunden. Daraus erklärt sich die große Zahl und Verbreitung der Orakel- und Traumbücher. Aber auch in den oberen Kreisen und bei den Gebildeten war man von der Wirkkraft der Träume überzeugt, wie das Beispiel des Synesios von Kyrene zeigt. Er stammte aus Kyrene in Nordafrika und studierte in Alexandria Philosophie bei der Neuplatonikerin Hypatia. Vor der Übernahme seines Bischofsamtes schrieb er etwa um 404 n. Chr. eine Abhandlung ,Über die Träume'. Es handelt sich um eine neuplatonische Schrift, in der er eine recht eigenwillige Psychologie des Traumes und auf deren Grundlage eine Theorie der Traumdeutung gibt. Er verwirft schematisch aufgestellte allgemeine Deutungen, wie sie in den üblichen Traumdeutebüchern gegeben werden, tritt aber für die sogenannte ,Traummantik' ein, weil sie den Weg zu Gott ebene.[5]

Zahlreich waren die Volksbücher der Traumdeutung, die den Leuten auf den Märkten angeboten wurden und auf uns gekommen sind. Es handelt sich um kleinere Schriften, die keinen Anspruch auf guten Stil oder Gelehrsamkeit erheben, sondern lediglich für den Gebrauch im Alltag bestimmt sind und kategorisch und dogmatisch, in Vers oder Prosa, knappe Regeln an die Hand geben. Zu ihnen gehört zum Beispiel dasjenige Traumbuch, das sich mit dem Namen des persischen Magiers Astrampsychos schmückt und aus 101 alphabetisch geordneten Trimetern besteht. Es fand in der Folge reichliche Nachahmung; eines wurde dem Patriarchen Nikephoros zugeschrieben, ein anderes lief unter dem Namen des Patriarchen Germanos. Abweichend von dieser Gruppe ist ein alphabetisch geordnetes, in Prosa abgefaßtes Traumbuch, das sich als Buch des Propheten Daniel ausgibt und sich an den assyrischen König Nabuchodonosor wendet; es gehört wohl schon dem 4. nachchristlichen Jahrhundert an. Schließlich ist noch das anonyme

Traumbuch des Codex Parisinus Gr. 2511 zu nennen, das aus verschiedenen Quellen zusammengearbeitet ist, aus dem Traumbuch des erwähnten Daniel, des Patriarchen Nikephoros und aus demjenigen Werk, das im Mittelalter dem klassischen Traumbuch des Artemidor aus der Zeit des Kaisers Hadrian stärkste Konkurrenz machte: dem Oneirocriticon des Achmet ben Sirin, arabisch Ahmad ibn Sirin (Sereim).

Über die Person des Verfassers des zuletzt genannten Werks sind wir völlig im unklaren und nur auf Hypothesen angewiesen.[6] Ein paar spärliche Angaben in seinem Traumbuch sind die einzige Quelle für unsere Kenntnis. So findet sich in einigen Handschriften folgender Titel: Im Namen des Vaters und des Sohnes und des Heiligen Geistes. Traumbuch, das Achmet, der Sohn des Sirin und Traumdeuter des Kalifen Mamun zusammengestellt und verfaßt hat.[7] Gemeint ist offenbar der berühmte arabische Traumdeuter Muhammed ibn Sirin, gestorben 728 n. Chr., der zum Traumdeuter des später lebenden Kalifen Mamun, gestorben 833, gestempelt wird. Die seinerzeit heiß umstrittene Frage, ob Achmets Traumbuch wirklich arabisch und das griechische Werk nur eine spätere Überarbeitung sei oder umgekehrt das griechische Original auch in das Arabische übertragen wurde,[8] kann heute dahin beantwortet werden, daß der Name Achmet in der griechischen Bearbeitung nur ein Deckname ist, so wie auch etliche arabische Traumbücher unter dem Namen des Muhammed ibn Sirin kursierten, der selber nie solche verfaßt hat.[9]

Das Traumbuch ist sicherlich nicht aus dem Arabischen übersetzt, sondern stammt aus der Feder eines griechischen Christen, der auch arabische Quellen benutzt hat. Dafür zeugt der Charakter der Schrift, die christlich geprägt ist und zahlreiche unverkennbare Spuren christlichen Bekenntnisses aufweist.[10] Für die Entstehungszeit haben wir in dem Abfassungsjahr der lateinischen Übersetzung des Leo Tuscus, des Dolmetschers und Vertrauten Kaiser Manuels I. (1143–1180), das Haskins[11] auf das Jahr 1176 festgelegt hat, einen sicheren *terminus ante quem*. Als *terminus post quem* wird von der Wissenschaft übereinstimmend die Regierungszeit des Kalifen Mamun (813–833) betrachtet. Den noch großen verbleibenden Spielraum weiter einzugrenzen wird erst möglich sein, wenn es gelingt, Texte der mittelbyzantinischen Zeit auf Grund ihrer Gräzität bestimmten Jahrhunderten zuteilen zu können. Auch stehen dieser

Aufgabe bei Achmet noch die starken Unterschiede der Handschriften in der Anwendung vulgärer Formen und Wendungen im Wege.[12]

Achmets Traumbuch enthält in 300 Kapiteln eine Auslegung der verschiedensten Träume; den Abschluß bildet ein Anhang, in dem der Verfasser eine Zusammenfassung gibt, wie man Träume unterscheiden und deuten könne. Als Quelle nennt er selbst im Prolog die Lehren der Inder, der Perser und der Ägypter; aus ihnen habe er jeweils die Deutungen für ein und dieselbe Gattung von Gesichten ausgewählt und zusammengestellt. In den Kapiteln 2, 3 und 4 läßt er je einen Gewährsmann dieser Völker, die Traumdeuter Syrbachan, Baran und Tarphan – die Namen sind zweifellos apokryph – zu Wort kommen und ihre Theorien über die Traumdeutung darlegen. Achmet erleichtert die Lektüre seines Buches durch die Einführung von Kapitelüberschriften, was in der nüchternen Buchproduktion der antiken Welt nahezu unbekannt gewesen war. So kann der Leser, vor allem der Uneingeweihte, dank dem systematischen Aufbau der Schrift schnell eine Antwort auf die Fragen finden, die ihm auf den Nägeln brennen.

Der moderne Leser wird gegen die behauptete Herkunft der Deutungen von den genannten Völkern gewiß sofort Verdacht schöpfen, kommen ihm doch dabei die meist auf schlechtem Papier gedruckten, billigen ‚Altägyptischen Traumbücher' in den Sinn, die noch in unseren Tagen hier und dort zum Verkauf angeboten werden. Dem Byzantiner wird das so ungewöhnlich gar nicht vorgekommen sein, lebte er doch in einer Welt, die sowohl das Abend- wie das Morgenland umspannte. Angesichts seiner einzigartigen Lage, die ihm die Beherrschung zweier Meerengen ermöglichte, war das Byzantinische Reich fast während der ganzen Zeit seines Bestehens kulturell und wirtschaftlich auch mit den Ländern des Fernen Ostens, mit Indien und China, verbunden. Und schließlich konnte der einfache Mann, zumindest der Einwohner von Konstantinopel, sich selbst ein Bild machen von den weitreichenden Handelsbeziehungen der Hauptstadt mit der Welt, wenn er das Ein- und Ausladen der zahlreichen einheimischen und fremdländischen Schiffe im Hafen des ‚Goldenen Horns' beobachtete.

Wenn sich Achmets Traumbuch auch äußerlich als Zusammenstellung aus indischer, persischer und ägyptischer Quelle gibt, so weichen doch die Deutungen im großen und ganzen kaum wesent-

11

lich voneinander ab.[13] Für den Verfasser ist die Übereinstimmung offensichtlich ein durchschlagendes Argument für die Zuverlässigkeit seiner Auslegungen. Zugleich gibt ihm der behauptete Konsens die Möglichkeit, gewisse Nuancen und alternative Lösungen für die Träume anzubieten und so die Glaubwürdigkeit seiner Kunst unter Beweis zu stellen. Liest man freilich aufmerksam und kritisch die Träume und Deutungen, die der Verfasser aus den angegebenen Quellen geschöpft haben will, so vermißt man das entsprechende Lokalkolorit. An Indischem ist nichts in dem Buch zu entdecken, höchstens die Bemerkung 221, 6, daß es Elefantenjagden nur in Indien gebe. Die spärlichen Berührungen mit dem indischen Traumschlüssel des Jagaddeva[14] sagen nichts aus, da die dort aufgeführten Deutungen auf einer recht durchsichtigen Allegorie und auf Regeln beruhen, die Gemeingut der Traumdeutung der verschiedensten Völker sind.[15] Als ägyptisches Lokalkolorit können allenfalls das Wort Pharao (3, 13; 11, 13 ff.; 14, 3 usw.), die Erwähnung des segenspendenden Nilwassers (152, 16 ff.) und die Stelle gelten, wo von einer Karaffe die Rede ist, die nach der Königin Kleopatra benannt ist (153, 1).

Deutlich dagegen ist der persisch-arabische Hintergrund; zahlreiche Träume und Deutungen weisen auf orientalische Verhältnisse. Dahin gehören Polygamie, Haupt- und Nebenfrauen (zum Beispiel 16, 8; 20, 19; 43, 15 ff.; 50, 5; 56, 6; 112, 11 ff.; 113, 5 usw.), Moschus und Duftstoffe (19, 5 ff.), rassige Araberpferde (110, 23 ff.; 111, 26; 181, 6 ff.), Reit- und Lastkamele (185, 25 ff.), ein Kamel, das die Mühle treibt (149, 21), Verleihung einer Feder als Zeichen der Würde (231, 18) und anderes mehr. Auch bezeugen die zahlreichen arabischen Lehnwörter[16] und die häufige Erwähnung der beiden Hauptkulturpflanzen, die die Araber in die Mittelmeerländer gebracht haben, des Zuckerrohrs (152, 19; 197, 7; 206, 8) und der Baumwolle (155, 21; 171, 19; 172, 4; 175, 23 u. ö.), daß Achmet arabische Quellen benutzt hat.

Auf der anderen Seite weisen die zahlreichen Bibelzitate auf den christlichen Charakter des Buches und auf das Bekenntnis des Verfassers. Um das Werk Achmets – eines byzantinischen Schriftstellers – würdigen und verstehen zu können, muß man wissen, daß er sich an den griechischen Klassikern, an Homer und den Tragikern, gebildet hat und auf Grund seines eingehenden Bibelstudiums in der Heiligen Schrift gut Bescheid weiß und manches Stück auswen-

12

dig kennt. So zitiert Achmet häufig Bibelworte, die er auch bei seinen Lesern voraussetzt. Achtet man auf die Disposition des Ganzen, so erkennt man, daß die Kapitel 5–10 thematisch eine Einheit bilden; sie behandeln Hauptstücke des christlichen Glaubens, die Auferstehung, das Paradies, die Hölle und die Engel. Im Anschluß daran wird in Kapitel 11 über Propheten, Apostel, Lehrer und über Blutzeugen sowie über die verschiedenen kirchlichen Ämter gesprochen. Das folgende Kapitel 12 schließlich behandelt Unterschiede im Glauben und Glaubenshaltungen. Orthodox, wie Achmet als Byzantiner nun einmal sein will, setzt er diese Kapitel an den Anfang seines Werkes. Ähnlich wie seinen Zunftgenossen von der Astrologie ist ihm die Bibel eine Fundgrube von Beweisstellen, die seine Leser davon überzeugen sollen, daß der Traum eine göttliche Offenbarung sei und daher in den Plan der christlichen Weltordnung passe. Als Beispiel dafür führt er den Traum Josephs, des Nährvaters Christi, an, ferner den des Propheten Daniel. Und zweifellos haben bei dem 190, 9 ff. geschilderten Traum des Kaisers von den fetten und mageren Kühen die berühmten Träume Pharaos[17] und deren Deutung durch den ägyptischen Joseph Pate gestanden.

Die übrigen Abschnitte, in denen Achmet christliche Themen behandelt, sind über das Buch verteilt, unterbrechen zum Teil den Gedankengang (74, 21 ff.; 103, 25 ff.) und erweisen sich damit als nachträgliche Zusätze und Einschübe. Über Achmets Rechtgläubigkeit zu urteilen ist müßig. Daß aber der Verfasser seine Gedanken über den Traum, über dessen Sinn und Bedeutung mit einer naiven Selbstverständlichkeit darlegt und er immer wieder den Vorrang des Glaubens betont (zum Beispiel 4, 16 ff.; 6, 22 ff.; 20, 21; 31, 3; 33, 2 ff.; 45, 12 ff. und öfter), ist eine unübersehbare Tatsache. Für den heutigen Menschen gehört es zu den schwierigsten Aufgaben, sich in die Vorstellungswelt des mittelalterlichen Menschen hineinzuversetzen. So ist ihm auch die Hingabe der Byzantiner an religiöse Fragen, an ihre Auffassung vom Dasein in dieser Welt nur schwer verständlich. Galt doch das irdische Leben nur insoweit als bedeutsam, als es der Vorbereitung für den Übergang in eine andere Welt diente.

Wenn Achmet auch zweifellos arabische Quellen herangezogen hat, so steht seine Schrift doch stärker in der Tradition der griechischen Traumbücher, vor allem desjenigen, das alle anderen überragt, sie gewissermaßen zusammenfaßt und die Literatur der griechischen Traumbücher abschließt, des Oneirocriticon des Artemidor. Es wäre auch undenkbar, daß sich Achmet wie alle byzantinischen Literaten nicht an den großen griechischen Mustern der Klassik und des Nachklassischen orientiert und aus ihrem Geist Eigenes geschaffen hätte. Sie waren nun einmal verpflichtendes Vorbild. Träume haben im Leben der Griechen, selbst im öffentlichen Leben, von der mythischen bis in die späteste Zeit hinein ein besonderes Gewicht gehabt, der Glaube an die Wirkkraft der Träume war im Volk tief verwurzelt, er überwog auch den immer lebendigen Zweifel der griechischen Denker, selbst in den Reihen der Historiker und Philosophen. In hellenistischer Zeit wurde die Oneiromantik in das stoische System der Pronoia-Lehre eingegliedert; in ihrer Nachfolge steht Artemidor. Auch ihm gilt die Mantik ebenso wie den Stoikern als eine Äußerung der göttlichen Vorsehung (griech. *pronoia*). Von dieser Lehre ist es nur ein kurzer Schritt auf dem Wege zu der Auffassung, daß der Traum „für alle Menschen eine göttliche Botschaft über alles und jedes ist, über Gutes und Böses" (Achmet 2, 7) und daher der christlichen Weltordnung nicht widerstreite.

Vieles spricht dafür, daß Achmet Artemidors Traumbuch nicht nur gekannt, sondern auch für sein Werk benutzt hat. So übernimmt er von Artemidor das notwendige Schema für eine Gliederung seines Stoffes, indem er jeweils die Deutungen der Inder, Perser und Ägypter für ein und dieselbe Gattung von Träumen nebeneinanderstellt. Artemidor ist wahrscheinlich der erste griechische Traumdeuter gewesen, der die bis dahin mehr oder weniger zusammengetragenen Kompilationen von Gesichten systematisiert hat. Auch die arabische Traumdeutungswissenschaft, die im 10. Jahrhundert entstand, verdankt Artemidor in dieser Hinsicht viel. Seine Übersetzung ins Arabische durch Ḥunain ben Isḥāq beziehungsweise einen seiner Schüler hat viel zur Systematisierung und zur Entwicklung der Traumdeutungsmethoden beigetragen.[18]

Wie Artemidor sich nicht damit begnügt, einfache Deutungen zu geben, sondern gewöhnlich jeder Auslegung eine besondere Erklärung oder Begründung hinzufügt, so folgt auch Achmet dieser Regel, jedoch seiner Intention entsprechend in knapperer Form. Zahlreich sind die Stellen, an denen Achmet nicht nur dieselbe Deutung wie Artemidor gibt, sondern auch dieselbe Begründung.[19] Achmet rechnet offenbar wie sein Vorbild mit einem Leserkreis, der, überzeugt von der Bedeutsamkeit der Traumdeutung, sich nicht mit einfachen Auslegungen zufriedengibt, sondern auch nach deren Begründung fragt. Wenn auch anzunehmen ist, daß zahlreiche Parallelen zwischen Artemidors und Achmets Deutungen in gemeinsamen älteren Quellen wurzeln und auf Prinzipien und Regeln beruhen, die Allgemeingut der Traumdeutung der verschiedensten Völker sind, so lassen doch die vielen Übereinstimmungen mit Artemidor keinen Zweifel an der durchgehenden Benutzung dessen Werks, die auch in der Sprache zu spüren ist.[20]

Eine theoretische Betrachtung über die Natur und das Wesen des Traumes suchen wir bei Achmet vergebens. Seine Schrift soll ja auch nur den populären Bedürfnissen dienen, und da nach seiner Auffassung der Traum eine Botschaft und ein Geschenk von Gott ist, erübrigen sich für ihn bohrende Fragen über die prophetische Natur der Seele oder über die Ursache des Träumens. Lediglich im Anhang zu seinem Traumbuch, im letzten Kapitel, gibt er einige Regeln, die bei der Auslegung eines jeden Traumes zu beachten seien. So kann nach Achmet ein und derselbe Traum ganz Verschiedenes bedeuten, je nachdem, ob ihn der Kaiser oder ein gemeiner Mann, ein Reicher oder Armer, ein Bauer oder Soldat gehabt hat. Ebenso bestehe ein Unterschied zwischen Gesichten, die von Männern oder Frauen, im Sommer oder im Winter, bei beginnendem oder sinkendem Tag, bei zunehmendem oder abnehmendem Mond geschaut werden. Und schließlich gibt er entsprechend der Tag- oder Nachtstunde, in der einer geträumt hat, eine genaue Aufstellung, innerhalb welchen Zeitraums sich der Traum erfüllen wird. Denn alle, die in ihrer Daseinsnot zum Traum greifen und Hilfe bei ihm suchen, erwarten vom Trauminterpreten einen zuverlässigen Schlüssel, der treffend das geschaute Gesicht enträtselt und dessen Ausgang auch zeitlich bestimmt. Achmets Zeitgenossen erwarteten ja nicht wie der moderne Mensch von der Traumanalyse eine Selbsterhellung oder existentielle Deutung, sondern sie wollten einen Blick in die Zukunft werfen, von der sie Erfüllung ihrer Anliegen erhofften. Es geht um Arm- oder Reichwerden, um Krankheit oder Gesundheit, um Erfolg oder Mißerfolg in der täglichen Arbeit, in Beruf, Prozessen oder im öffentlichen Leben; ob Glück in der Liebe und in der Ehe und Kindersegen zu erwarten sei, ob geheime Wünsche und geplante Vorhaben sich erfüllen. Und keine soziale Schicht, die nicht von dem Verlangen und Streben nach Befriedigung dieser Wünsche erfaßt wäre, die Regierenden wie die Regierten, Reiche wie Arme, die Gebildeten wie die Ungebildeten.

Vergleicht man die Ausgänge der Träume in Achmets Auslegungen mit denen Artemidors, so möchte man jenen als Optimisten, diesen als Pessimisten bezeichnen. Bei Achmet überwiegen im großen und ganzen die Deutungen, die Glück, bei Artemidor diejenigen, die Unglück anzeigen. Unübersehbar sind die vielen Stellen, an denen bei Achmet der Traum Freude (griech. chara) prophezeit.[21] Der Verfasser ist offenbar ein guter Kenner der menschlichen Psyche und deren geheimer Wünsche.

Die Bedeutung von Achmets Traumbuch liegt aber weniger darin, daß es uns Wesentliches über die Probleme des Traumlebens und über die Trauminterpretation des Mittelalters aussagt, als vielmehr in den Erkenntnissen allgemein kulturgeschichtlicher Art. Überblickt man die Traumwelt, die in Achmets Schrift ihren Niederschlag gefunden hat, so eröffnet sich uns ein systematisch vollständiges Bild der Kultur und des Alltags seiner Zeit. Wir bekommen eine Vorstellung von der sozialen Gruppierung im Byzantinischen Reich, von Wirtschaft und Verkehr, von Ehe und Familie, von dem Leben in Stadt und Land, von Wohnung, Hausrat, Kleidung, Schmuck, Musik, von Ackerbau und Jagd, von Krankheit und Tod. Nur an einer einzigen Stelle in seinem Buch weist Achmet direkt auf das Byzantinische Reich. So lesen wir 178, 14 ff.: „Bunte Sandalen bedeuten ein böswilliges Weib, das große Ansprüche ans Leben stellt, rindslederne zeigen an, man werde mit einer adligen hochstehenden Römerin (griech. *rhomaia*) eine Tochter zeugen." Während Artemidors Publikum der römischen Kaiserzeit ein buntes Bild bietet und den verschiedensten Ständen und Berufen angehört wie Rhetoren, Athleten, Gladiatoren, Kaufleuten und Bankiers, hohen Beamten und Theaterleuten, Sklaven, die auf ihre Freilassung hoffen und so weiter, ist bei Achmet dafür eine schematische Dreiteilung der Gesellschaft an die Stelle getreten. Sie steigt vom Basileus oder Kaiser und den Großen über den Mittelstand der gewöhnlichen Leute zum Armen, Bettler und Taglöhner ab.

Das neue Bild, das das Christentum vom Kaisertum prägte, indem aus dem römischen Gottkaiser der Stellvertreter Gottes und Christi auf Erden wurde, spiegelt sich in Achmets Träumen in mannigfacher Form. So führt er 59, 20 ff. folgendes aus: „Träumt der

16

Kaiser, seine Schenkel seien prall und länger geworden, wird er an seinen Hofleuten, seinen Truppen und Knechten Freude haben; denn dem Kaiser gegenüber darf man nicht sagen ‚deine Verwandten', sondern ‚deine Knechte', weil ihm die Kaiserwürde von Gott verliehen ist." Man hört Achmet buchstäblich mit erhobenem Zeigefinger diese Worte sprechen.

In Achmets Deutungen erscheint der Basileus stets an erster Stelle, dann der Mann aus dem Volk und schließlich zuletzt die Frau. Als guter Untertan reserviert unser Verfasser viele Träume allein dem Kaiser; auch diesem prophezeien die Gesichte Tod und Unheil, doch viel seltener als einem gewöhnlichen Sterblichen. Gewiß rechnete Achmet damit, daß der Basileus nicht nur von der Astrologie, sondern auch von der Traumdeutung Rat und Hilfe erwartete und zu den Benutzern und Lesern seines Werkes zählte. Erfahren wir doch, daß der eine oder andere Kaiser, wenn er ins Feld rückte, in seinem Gepäck nicht nur Bücher über Kriegführung, Meteorologie und Proviantwesen mit sich führte, sondern auch Traum- und Orakelbücher.[22] Auch sonst herrscht eine höfische Atmosphäre, viele Träume sind den Magnaten und Fürsten vorbehalten.

Ungeschminkt ist das Bild, das wir aus Achmets Träumen von der Um- und Außenwelt des damaligen Byzantiners gewinnen. Während Artemidor in einer Zeit lebt, die ihm dank dem im ganzen Römischen Reich herrschenden Frieden *(pax Romana)* die Möglichkeit gibt, in Sicherheit weite Bildungsreisen zu unternehmen und dadurch empirisches Material über Träume und deren Erfüllung zu sammeln, ist bei Achmet viel von Kriegen mit feindlichen Nachbarn, von Plünderungen und Überfällen die Rede. Zu den Plagen, die die Bevölkerung des Reiches, besonders die Bauern, dauernd bedrohten, gehörten Seuchen (64, 4; 100, 22; 133, 15), Hungersnot (4, 7; 125, 6. 7; 133, 8; 137, 6), Dürre, Überschwemmungen und anderes mehr. Wir hören von den Waffen, die die Byzantiner gegen ihre Feinde einzusetzen hatten, von ihrer Flotte und Wunderwaffe, dem griechischen Feuer, aber auch von den finanziellen Schwierigkeiten, in denen der Basileus dauernd steckte, um seine Truppen zu besolden und zufriedenzustellen. Auch die Kirche und ihre aktive soziale Rolle in der byzantinischen Gesellschaft hat ihren Platz in Achmets Träumen. So steht 7, 6 ff. die ganze kirchliche Hierarchie im Mittelpunkt, angefangen vom Oberhaupt der orthodoxen Kirche, dem Patriarchen, über den Presbyter und Diakon bis

17

zum Anagnost oder Lektor. Mönche und Einsiedler werden im Volk offensichtlich hochgeachtet und verehrt. Nur selten finden sich kritische Bemerkungen über die damalige byzantinische Gesellschaft bei Achmet, wie zum Beispiel 12, 8, wo er schreibt: „Dünkt es einen, der Richter ist, er richte mit anderen Maßen als den üblichen, wird er zu tieferer Weisheit und Erkenntnis kommen." Zweifellos zielt er hier auf die Bestechlichkeit der byzantinischen Beamten und Richter, die an der Tagesordnung war.

Überschaut man das Ganze, so ist festzustellen, daß sich an den alten Methoden nichts geändert hat; was sich gewandelt hat, sind die Menschen und ihre Umwelt und damit auch die Deutungen der Träume.

Man würde Achmets Schrift falsch einschätzen, wenn man sie nach den Maßstäben heutiger Literaturkritik beurteilte. So wie die Astrologie auf Grund ihrer engen Verbindung mit der Astronomie zur gelehrten Literatur zählte, so galt auch die Traumdeutung dem Byzantiner als eine wissenschaftliche Angelegenheit. Aus diesem Grund gehört auch Achmets Oneirocriticon in eine Geschichte „der klassizistischen byzantinischen Literatur."[23] Dafür spricht auch sein Stil und seine Sprache, die anspruchsvoller und gehobener ist als die der oben genannten Volkstraumbücher. Achmets Ausdrucksweise ist einerseits dem attizistischen Klassizismus verpflichtet; bedient sich doch sein Vorbild und Modell, Artemidor, dieser Literatursprache. Zum andern ist diejenige Sprache vorherrschend, die sich im Hellenismus über das ganze griechische Sprachgebiet bis weit nach Asien hinein ausbreitete und im NT jenen Niederschlag fand, der für Byzanz besonders verbindlich wurde, die Koine. Dazu findet sich eine Fülle vulgärer Formen und Ausdrücke, die dann in nachbyzantinischer Zeit in die neugriechische Volkssprache münden.

Achmets Traumbuch wurde, wie oben erwähnt, 1176 von Leo Tuscus ins Lateinische übersetzt. Diese Übersetzung wurde 1525, sehr gekürzt und zusammengedrängt, ins Italienische übertragen, 1534 und 1546 wiederholt und in den achtziger Jahren auch ins Französische übersetzt. Im Jahr 1577 unternahm es Johannes Löwenklau (= Ioh. Leunclavius), ein Westfale von Geburt und Kenner der klassischen Altertumswissenschaft und Byzantinistik[24], Achmets Traumbuch aus einem Wiener Codex nochmals lateinisch herauszugeben. Die lateinische Übersetzung trug den Titel: *Apomasaris[25] Apoteles-*

18

mata, sive de significatis et eventis somniorum ex Indorum Persarum Aegyptiorumque disciplina . . . Francofurti 1577.‘ Bald nach ihrem Erscheinen wurde sie ins Französische übertragen; diese Ausgabe wurde 1581 in Paris gedruckt. Schließlich entstand auch eine deutsche Übersetzung: ‚Traumbuch Apomasaris, das ist kurtze Auslegung und bedeutung der Treume, nach der Lehr der Indianer, Persianer, Egypter und Araber. Erstlich aus Griechischer sprach ins Latein bracht durch Herr Johan Lewenklaw, Jetzunt aber dem gemeinen Mann so das Latein nicht verstehet, zum besten verteutschet etc., Wittenberg. In Vorlegung Paul Helwigs Buchf. (ohne Jahrzahl).‘ Diese Ausgabe wurde wiederholt: Franckfurt bey Matthaeo Kämpffern 1645.

Im Jahr 1603 wurde der griechische Text erstmals von dem Franzosen N. Rigault, der zu den frühen Byzantinisten zu zählen ist, aus zwei Pariser Handschriften des 16. Jahrhunderts zusammen mit anderen Traumbüchern aus hellenistischer und byzantinischer Zeit herausgegeben.

Rigaults Ausgabe beruht auf zwei ganz sekundären und lückenhaften Handschriften; sie wimmelt von Druck-, Lese- und Interpunktionsfehlern und itazistischen Verschreibungen.

F. Drexl hat das Verdienst, auf Anregung von K. Krumbacher zunächst 1909 in einer Dissertation Achmets handschriftliche Überlieferung untersucht und dann 1925 eine kritische Neuausgabe veranstaltet zu haben. Die vorliegende Übersetzung hat diese Textgestaltung zur Grundlage. Sie ist die erste Übersetzung Achmets, die den Anspruch einer langjährigen, gründlichen philologischen Arbeit erheben kann.

Der Traumdeuter: Mit Gott sei begonnen!

Vorwort

Viel Mühe und Arbeit habe ich[26] darauf verwendet, um meinem
Herrn[27] die treffende Deutung der Träume zu erschließen, so wie es
seinem heißen Wunsch entsprach, und ich entdeckte sie bei denen,
welche diese Kunst wahrheitsgetreu bewiesen haben, nämlich bei
den Indern, den Persern und den Ägyptern. Diese haben den wahren Sachverhalt mit wissenschaftlicher Genauigkeit und Scharfsinn
dargelegt und die vorliegende Deutung der Träume niedergeschrieben. Von jedem dieser Gewährsmänner habe ich das Wichtigste
ausgewählt und die Deutungen und Auslegungen der drei Völker in
je einem Kapitel aufgezeichnet, damit mein Herr mit deren Hilfe
die Wahrheit erschließen und erkennen und die Süße, Tiefe, Wonne und Macht der hier sich offenbarenden Weisheit erfahren
kann,[28] mit deren Hilfe man die Zukunft vorausschaut.

♦ 2 ♦
Aus der Lehre der Inder

So spricht Syrbachan, der Traumdeuter des Königs der Inder:[29] Die
tiefste Weisheit offenbart sich in der Deutung und Auslegung der
Träume und in der Gabe der Weissagung,[30] die Gott allen verheißen
hat, so wie es in dem heiligen Evangelium geschrieben steht:[31] „Wer
mich liebt, zu dem werden ich und mein Vater kommen, und wir
werden Wohnung bei ihm nehmen." Diese Verheißung erfüllt sich
im Traum. Das bezeugt Josef, dem Maria, die Mutter des Lichtes,
anvertraut wurde; denn in einem Traumgesicht erhielt er diese
Weisung.[32] Ebenso wurden Daniel[33] und die Mehrzahl der Propheten in Träumen von Gott erleuchtet. Diese Beispiele mögen jeden in
der Überzeugung bestärken, daß das Traumgesicht für alle Menschen eine göttliche Botschaft über alles und jedes ist, über Gutes

und Böses. Man darf aber nicht meinen, es gäbe für ein und denselben Traum, den verschiedene Personen träumen, nur eine einzige Deutung und Lösung. Denn die Träume der Kaiser haben ihre eigene Deutung und Lösung, ebenso die der Vornehmen und Reichen, und entsprechend die der Mittellosen und Armen.[34] Ebenso sind die Träume von Frauen anders zu deuten als die von Männern, und wieder anders diejenigen, die in der Sommer- beziehungsweise Winterzeit geschaut werden. Deshalb muß der Traumdeuter klug, gebildet[35] und immer gottesfürchtig sein. Unter dieser Voraussetzung wird die Deutung untrüglich sein, weil sie ein Geschenk Gottes ist. Gott sendet aber nicht nur den Guten Träume, sondern auch den Bösen und Sündern, wegen seiner reichen Barmherzigkeit, so wie er auch denjenigen Nahrung spendet, die ihn verleugnen und lästern.[36] Nun will ich in der Kraft der heiligen Dreifaltigkeit, die ewig und ungeteilt ist, mit der Auslegung beginnen.

♦ 3 ♦
Aus der Lehre der Perser

Der Traumdeuter Baran an den Perserkönig Saanisan: Aus der Traumdeutung habe ich das reichste Wissen und Vorherwissen gewonnen, über Leben und Tod, Armut und Reichtum, Krankheit und Gesundheit, Freude und Leid, über Sieg und Niederlage im Kampf gegen Feinde, und deshalb vermag ich die Zukunft untrüglich vorauszusagen, und zwar müheloser, als wenn ich sie mit Hilfe der Sternkunde zu ergründen suchte.[37] Voraussetzung freilich ist, daß der Traumdeuter äußerst gewissenhaft[38] arbeitet. Denn das rechte Verständnis für die Sternkunde kostet viel Arbeit, ist häufig dem Irrtum unterworfen, schwierig und verwickelt. Nach meiner Erfahrung sind nämlich heutzutage viele Sterndeuter untereinander zerstritten und bekämpfen sich, indem einer den andern zu widerlegen sucht. Die Deutung der Träume aber, die ich vorlege, trägt in jedem Fall das Merkmal der Untrüglichkeit.[39] Jeder, der diese Kunst erreichen möchte, sollte Scharfsinn besitzen und von Liebe zu den Herrschern der Gestirne erfüllt sein. Jetzt will ich über alles wahrheitsgemäß und zuverlässig sprechen.

♦ 4 ♦
Aus der Lehre der Ägypter

So spricht Tarphan, der Traumdeuter des Pharao, des ägyptischen Königs: Es haben schon die Könige der Ägypter in den Traumbüchern, die sie vorfanden, geforscht, aber niemand vermochte die Gesichte so scharfsinnig zu erklären wie ich dank der Persönlichkeit meines Herrn. Denn er schaute Träume in großer Zahl und in ständiger Folge. Es erfüllte ihn nämlich eine große Liebe zu den Göttern, die alles, was ihm im einzelnen widerfahren sollte, in Träumen anzeigten. Diese entschlüsselte ich stets genau. Auch sah er selbst mit meiner Hilfe die Wahrheit voraus und erkannte sie. Jetzt veröffentliche ich die Erfahrungen, die ich selbst, die alten Pharaonen und ihre Weisen gemacht haben. Alles, was Menschen träumen können, werde ich deuten und darlegen.

♦ 5 ♦
Über die Auferstehung [40] nach der Lehre der Inder

Schaut jemand im Traum die Auferstehung der Toten, wird dort, wo einer das Gesicht geschaut hat, Gerechtigkeit geübt werden. Gibt es dort Ungerechte, werden sie Strafe erleiden, denjenigen aber, denen Unrecht geschah, wird alsbald Gerechtigkeit widerfahren, weil bei der Auferstehung Gott allein der gerechte Richter ist. Deswegen hat dieses Gericht nach menschlichem Ermessen dieselbe Bedeutung wie das Jüngste Gericht.

♦ 6 ♦
Über die Auferstehung nach der Lehre der Perser

Träumt jemand[41] von der Auferweckung der Toten, werden dort, wo einer das Gesicht geschaut hat, Fesseln fallen und Not und Elend ein Ende haben. Freude wird dort herrschen, die vom Kaiser ausgeht. Und lastet Hungersnot auf dem Land, wird üppige Fülle einziehen.

◆ 7 ◆
Über die Auferstehung nach der Lehre
der Ägypter

Träumt einer von der Auferweckung der Toten, bedeutet es Befreiung von Fesseln und das Ende von Kriegen. Diejenigen, die in der Fremde sind, werden ihre Angehörigen in der Heimat bald wiedersehen. Vom Kaiser werden sie Ämter und Würden und reiche Geschenke erhalten. Die Frauen dort werden ohne Schmerzen gebären. Und wüten Krankheiten am Ort, werden sie schwinden.

◆ 8 ◆
Über das Paradies nach der Lehre
der Inder

Träumt ein guter Mensch, er gehe ins Paradies ein, so ist er gerettet, weil ihm diese frohe Botschaft von Gott kommt als Lohn für das Gute, das er getan hat. Schaut dies ein böser Mensch, wird er sich bekehren und Rettung und Heil erlangen. Der Traum bedeutet aber auch Glück im Streben nach irdischem Reichtum. Dünkt es einen, er esse von den Früchten der Paradiesbäume, wird er Weisheit und Erkenntnis in seinem Glauben finden, weil die Früchte des Paradieses göttliche, heilsame Lehre sind. Gibt er anderen von den Früchten ab, wird er andere unterweisen, so wie er hochherzig und freigebig war. Hat einer die Früchte nur empfangen, aber nicht gegessen noch sie mit anderen geteilt, hat er die göttliche Offenbarung zwar empfangen, aber nicht erkannt[42], und deshalb wird er keine Frucht bringen. Hat er die Früchte nicht selber gegessen, sondern anderen gegeben, wird er wegen seiner eitlen Ruhmsucht verdammt, jener aber, der empfangen hat, gerettet werden. Träumt jemand, er komme ins Paradies und sterbe, so bedeutet der Tod, er werde Schaden nehmen an seinem Glauben.

Über das Feuer der Hölle nach der Lehre
der Inder

Träumt jemand, er sei in das Feuer der Hölle verdammt, wird er ins ewige Verderben gestürzt werden; schaut er doch als ein arger Missetäter sein Ende voraus. Doch kommt ihm diese Warnung von Gott, damit er Buße tue und seine Seele rette. Schaut einer nur das höllische Feuer, ohne dazu verdammt zu werden, wird er in irdische Verstrickungen fallen und sündigen. Je näher oder entfernter das Höllenfeuer ist, das einer erblickt, um so näher oder entfernter wird die Verstrickung sein, die er zu bestehen hat. Wenn der Kaiser solches träumt, wird er ungerechte Urteile fällen, aber von Gott gestraft werden. Eine Frau wird nach diesem Gesicht ihren Mann hintergehen, Ehebruch treiben und ausschweifend leben. Träumt ein Kind diesen Traum, hat es ihn im Hinblick auf seine Eltern geschaut.

◆ 10 ◆
Über die Engel nach der Lehre der Inder

Schaut jemand einen von den Engeln Gottes, die in den heiligen Büchern genannt und aufgezeichnet sind, wird er eine Freudenbotschaft[43] empfangen. Denn herrscht Krieg im Land, wird es einen schnellen und überwältigenden Sieg über die Feinde geben, Leid wird sich in Freude, Krankheit in Gesundheit wandeln, und Armut wird dem Reichtum weichen. Eine Frau, die guter Hoffnung ist, wird einem Knaben das Leben schenken.[44] Hat der Kaiser[45] dieses Gesicht und dünkt es ihn, er spreche mit dem Engel, wird alles, was er von ihm vernommen hat, unveränderlich in Erfüllung gehen, Gutes oder Böses. Schaut er nur den Engel, ohne mit ihm zu sprechen, bedeutet es Sieg über seine Feinde, Wachstum seines Volkes und Sättigung der Armen.

Schaut einer, der um Gottes Namens willen leiden soll, einen Engel, so wisse er, daß er gerettet ist.[46] Erblickt jemand einen von den Engeln, die namenlos und nicht in der Heiligen Schrift aufgezeichnet sind, den wird Freude und Wonne[47] erfüllen, doch in bescheidenerem Maß. Träumt einer von einem unbekannten, schönen und stattlichen Eunuchen[48], ist dieser einem Engel gleichzusetzen wegen seiner Makellosigkeit, Engelgleichheit und Unberührtheit von fleischlicher Begierde, und deshalb wird er für den Träumer die gleiche Bedeutung wie ein Engel haben. Auch wird alles, was dieser ihm verkündet, bald in Erfüllung gehen. Auch ein bekannter, vornehmer Eunuch[49] von Rang und Würde[50] bedeutet dasselbe, was oben von den Engeln gesagt ist.

◆ 11 ◆
Über Propheten, Apostel und Lehrer[51]
nach der Lehre der Inder

Propheten, Apostel, Lehrer oder Blutzeugen bedeuten dasselbe wie die Engel, nur ist der Traumausgang weniger gewichtig, weil ein sündiger oder böser Mensch nicht leicht ein Gesicht von Engeln erlangt, jeder aber schon Propheten, Apostel oder Lehrer geschaut hat.[52]

Wenn jemand im Traum unsern Herrn und Gott Jesus Christus schaut und erkennt, daß es wirklich Christus ist, wird er das Heil seiner Seele, irdischen Reichtum und einen gewaltigen Sieg erringen. Spricht er auch mit dem Herrn, bewahre[53] er alle Worte, die er von ihm vernommen, ohne jeden Zweifel in seinem Herzen. Auch ist selig, wer solch ein Gesicht schaut![54] Erblickt einer Christus in einem unbekannten Haus und geht er selbst dort hinein, ohne es wieder zu verlassen, so wisse er, daß er bald sterben, aber gerettet werden wird; auch werden seine Erben Würden und Ämter und Reichtum in Fülle erlangen. Schaut jemand einen Apostel oder Patriarchen und meint er, er sehe Christus, wird sich der Traum für ihn in derselben Weise erfüllen, nur in weit bescheidenerem Maße.

Träumt einer, er sei durch Wahl[55] auf den Stuhl des Patriarchen[56] berufen, wird er geistliches Oberhaupt seines Volkes werden. Sieht er sich zum Presbyter gewählt, wird er hoch steigen, großes Ansehen genießen und Vollmacht über des Kaisers Untertanen erhalten; auch wird er Gerechtigkeit üben; ist einer Diakon geworden, wird er zu geringeren Ehren kommen entsprechend der Rangordnung von Diakon und Presbyter. Eine Frau wird sich nach diesem Traum mit Schimpf und Schande von ihrem Mann trennen.

Liest jemand aus einem Buch der Apostel, Lehrer oder Propheten dem Volk vor,[57] wird er Diener[58] mächtiger Herren werden und die Liebe aller gewinnen, oder er wird als kaiserlicher Sendbote[59] reisen, Recht und Gerechtigkeit üben und Anerkennung finden. Hat der Kaiser diesen Traum, wird er von seinem Volk geliebt werden und ihm ein gerechter Richter sein. Ist das Buch, aus dem einer vorliest, das Evangelium, wird er ein hohes Amt und Vollmacht erlangen, weil er im Traum ein Vorrecht ausübte, das Laien nicht zusteht.

Träumt dem Kaiser, er sei wie ein Mönch geschoren[60] und eingekleidet worden, wird er Herrschaft und Kaisertum verlieren und bald in Trübsal sterben. Ein Untertan, der solches träumt und erleidet, wird in drückender Armut sein Leben enden. Eine verheiratete Frau wird ihren Mann verlieren, eine unverheiratete ledig sterben.

❖ 12 ❖
Über Unterschiede im Glauben
nach der Lehre der Inder

Träumt ein Christ, er sei zum Judentum[61] übergetreten, so war sein Glaube nicht fest, sondern wankend und lästerlich, und deshalb wird er der ewigen Verdammnis anheimfallen. Der Kaiser wird nach diesem Gesicht eine neue Häresie[62] gegen den Willen seines Volkes einführen, ein gemeiner Mann als falscher Zeuge auftreten, eine Frau ihren Mann hintergehen, ein Knecht Böses gegen seinen Herrn sinnen. Träumt einer, er sei vom Glauben abgefallen und ein Anhänger Mohammeds geworden,[63] wird es ihm wie den Genannten ergehen.

Hat sich einer der Magie ergeben, wird er sein Herz an Geld und Reichtum hängen; Magier sinnen nämlich nur auf Irdisches und rechnen nicht mit der Vergeltung im Jenseits.

Träumt jemand, er werfe[64] sich vor einem Götzenbild[65] nieder, rede oder ringe mit ihm, schlage es oder werde von ihm geschlagen, so wird derjenige, der es fußfällig verehrte, vor den Augen Gottes zum Lügner werden, weil Götzenbilder Lug und Trug sind; wer aber mit dem Bild redete, rang, es schlug oder von ihm geschlagen wurde, wird in große Trübsal fallen, diese sich aber als Lüge erweisen. Tut einer vor einem hölzernen[66] Götzenbild einen Fußfall, wird er einen übelgesinnten mächtigen Herrn um Hilfe bitten, aber mit seinen Bitten kein Gehör finden. Ist das Bild, das er verehrt, auf ein Brett gemalt, wird er ein streitsüchtiger Ketzer werden, der Lügen verbreitet. Wenn einer ein silbernes[67] Bild anbetet, wird er Schwüre, die er Frauen geleistet, brechen und sie belügen. Ist das Bild aus Gold, wird er ein überaus gewagtes Spiel spielen, aber vom Kaiser hart bestraft und von vielen Übeln eingeschnürt werden; der Kaiser wird nach diesem Gesicht von seinen Feinden arg bedrängt werden; denn wie in den Träumen ein wechselseitiges Verhältnis besteht von Silber zu den Frauen, so von Gold zu den Männern; bereitet es letzteren auch im Wachzustand große Freude, so bringt es ihnen doch großes Unglück, wenn sie davon träumen.[68] Ist das Götzenbild aus Erz, Eisen oder Blei, wird der Träumer nur ein Großtuer sein; denn all das ist Werkzeug der Welt.

Verehrt einer das Feuer, wird er nach Ämtern und Macht trachten, weil das Feuer ein mächtig Ding ist; sind es glühende Kohlen oder ein Feuer ohne Flamme, Rauch und Ruß, wird er sich entsprechend dessen Größe Gold verschaffen, aber mit unlauteren Mitteln, und seinen Glauben verlieren.

Träumt einer, er sei Presbyter und bete für das Volk, wird er dessen Oberhaupt und von jedermann geliebt werden. Liest er dem Volk aus einem Buch vor, wird er weise und gebildet[69] sein. Hat der Kaiser dieses Gesicht, wird er siegreich und ein weiser Herrscher sein.

Träumt einer, er schlage das hölzerne Schlagbrett,[70] wird er ein mächtiger Herr werden und, mit gewaltiger Stimme begabt, die Leute nach seinem Willen um sich sammeln. Der Kaiser wird nach diesem Traum die Großen seines Reiches zu einer ehrenvollen Beratung zusammenrufen, auch wird er lange leben und reiche Freude haben, weil das Schlagbrett Freude und Frohsinn verbreitet. Schlägt er das Brett nicht selbst, sondern hört er, wie ein anderer es schlägt, hat der Traum dieselbe Bedeutung. Ein Bettelarmer, der davon träumt, wird hohen Herren dienen und vorwärtskommen, eine Frau aller Welt ein Schauspiel von Schimpf und Schande sein.[71]

Träumt der Kaiser, er lasse eine Kirche bauen, wird er eine Frau von neuem auszeichnen und im Rang erhöhen entsprechend der Größe der Kirche; ein gemeiner Mann wird als Beschützer einer Frau Reichtum erlangen, eine unverheiratete Frau einen Mann bekommen, eine verheiratete zur Witwe werden und wieder heiraten.[72]

Über den Glauben nach der Lehre der Perser

Träumt jemand, er verehre Bilder, die die Namen der größten Gestirne tragen, oder das der Sonne,[73] wird er an den Kaiser eine Bittschrift richten, Gehör finden und sich ihm so weit nahen, wie er im Traum dem Bild der Sonne nahegekommen ist. Der Kaiser wird nach diesem Gesicht mit einem anderen Herrscher Freundschaft und Frieden[74] schließen. Huldigt einer dem Bild des Mondes, wird er an den ersten Minister[75] des Kaisers eine Bittschrift richten, Gehör finden und sich ihm so weit nahen, wie er im Traum dem Bild des Mondes nahegekommen ist. Sieht sich einer zu Füßen des Bildes der Venus,[76] wird er bei dem ersten Minister der Kaiserin in Gunst stehen. Dasselbe gilt hinsichtlich der übrigen Gestirne und der Hofleute des Kaisers.

Verehrt der Kaiser das nie erlöschende Feuer in den Tempeln und dünkt es ihn, als ob übelriechender Rauch dem Feuer entstiegen sei, wird er von Feinden angegriffen und zur Flucht gezwungen werden; ist der Rauch aber wohlriechend, wird er einen glänzenden Sieg über seine Feinde erringen. Ein gemeiner Mann wird dem Kaiser dienen und entsprechend dem angenehmen oder widerlichen Geruch des Rauches gute oder böse Tage sehen, eine Frau mit ihrem Mann entsprechend dem Geruch in Frieden oder Unfrieden leben. Träumt der Kaiser, er lasse einen Tempel bauen und darin ein Feuer entzünden, damit das Volk es verehre, wird er aus freien Stücken einen Mitkaiser ernennen, der die Anerkennung des Volkes findet. Läßt er innerhalb oder außerhalb der Stadtmauer eine neue Mauer errichten, wird er gleichfalls einen der Seinen zum Mitkaiser erwählen, vorausgesetzt, er lasse die alte Mauer nicht schleifen; ist dies nämlich der Fall, wird ein Machtwechsel erfolgen. Wenn ein gemeiner Mann oder ein Mächtiger solches träumt und es ihn dünkt, er tue dies ohne Befehl des Kaisers, wird er auf dessen Sturz sinnen; bringt er den Mauerbau zustande, wird sein Umsturzversuch glücken, wenn nicht, wird er vom Kaiser vernichtet und beseitigt werden. Hat eine Frau diesen Traum, wird ihr Schicksal auf Gedeih und Verderb mit dem der Kaiserin verbunden sein.

◆ 14 ◆
Über den Glauben nach der Lehre der Ägypter

Träumt einer, er verehre Götter, Bilder, Tiere oder Bäume, wird er beim Pharao und seinen Hofleuten in Gunst stehen, gemessen an der Schönheit der Bilder, Tiere und Bäume. Wirft er sich vor dem Thron Pharaos nieder, so wie es dessen Vornehme tun, wird er ihnen im Rang gleichgestellt werden. Ist es Pharaos Stab,[77] den er verehrt oder trägt, oder setzt er sich in dessen Gefährt oder dessen Streitwagen, wird er den Platz seines ersten Ratgebers einnehmen. Steigt er auf Pharaos Pferd oder Sattelpferd und tut er es mit dessen Zustimmung, wird dieser ihm seine Frau geben, geschieht es aber wider seinen Willen, wird der Träumende ein Mädchen Pharaos verführen, aber ertappt werden.

Dünkt es einen, er schlafe mit dem Pharao oder dieser verkehre mit ihm wie mit einer Frau, wird er dem Pharao als Sekretär[78] und Leiter seiner geheimen Privatkorrespondenz dienen.

◆ 15 ◆
Über Richter und Waagen nach der Lehre
der Inder

Träumt einer, er sei zum Richter[79] über das Volk gesetzt, aber nicht fähig zu richten, wird er unter die Räuber fallen, falls er eine Reise macht. Ist er nicht auf Reisen, wird er in Elend und bitterste Armut geraten. Der Kaiser wird nach diesem Traum über seine Feinde siegen und ihnen die Stirn bieten. Dünkt es einen, der Richter ist, er richte mit anderen Maßen als den üblichen, wird er zu tieferer Weisheit und Erkenntnis kommen.[80]

Träumt einer, er werde von einem unbekannten Richter gerichtet, bewahre er alles, was gegen ihn vorgebracht wurde, in seinem Sinn; der unbekannte Richter ist nämlich Gott.

Träumt einer, er erzähle einem andern einen Traum, den er früher einmal gehabt, so bewahre er alles im Gedächtnis, was er von dem Betreffenden zu hören bekommt.[81]

Wird an einem Ort auf der Waage oder der sogenannten Schnellwaage gewogen,[82] deute man das als Amtshandlung des Richters. Führt der Träumer einen Prozeß vor Gericht und bemerkt er, daß die Waagschalen sich im Gleichgewicht halten, wird er zu seinem Recht kommen, wenn nicht, unterliegen. Die Waagschalen bedeuten nämlich die Ohren des Richters, die Dinge darin die Reden der Prozessierenden. Ist die Waage in Ordnung und sauber, ist der Richter des Ortes gerecht, sind die Waagschalen aber verbogen oder zerbrochen, so wisse man, daß der Richter des Ortes, an dem man solches träumt, das Recht beugt. Ist der Waagebalken, an dem die Waagschalen hängen, zerbrochen, droht dem Richter des Ortes Gefahr oder der Tod.

Dasselbe gilt von der sogenannten Schnellwaage. Ebenso sind Hohlmaße und Meßgeräte zu deuten und auszulegen, nur weisen sie auf Richter niederen Ranges.[83]

♦ 16 ♦
Über Richter und Urteile nach der Lehre der Perser

Träumt jemand, er übe das Amt des Richters aus und die Leute nähmen seine Urteile beifällig auf, wird er zum Ratgeber des Kaisers aufsteigen und sich dessen Achtung erwerben. Sitzt einer auf dem Richterstuhl, hält aber nicht Gericht, wird er nach Ruhm trachten und Ruhm vom Kaiser erlangen. Vor Gericht prozessieren prophezeit Ängste und Sorgen.[84] Siegt der Träumende über seinen Gegner, wird er Ängste und Sorgen von sich werfen, unterliegt er aber, werden ihm persönliche Dinge, deretwegen er sich den Kopf zerbricht, nicht nach Wunsch geraten. Gerät einer mit dem Richter in Streit und versetzt ihm einen Schlag mit dem Schwert, wird er einem vornehmen Herrn dienen und dessen Wohlwollen gewinnen.

Träumt ein Richter, er werde wegen seiner Amtsführung gerichtlich belangt, wird er lebensgefährlich erkranken. Dünkt es ihn, daß sein Amtssessel brüchig oder morsch geworden sei, droht die dadurch angedeutete Gefahr dem Kaiser. Schaut der Richter, daß seine Amtsrobe gestohlen, verbrannt oder völlig zerrissen ist, wird man ihn mit List[85] und Tücke um Amt und Würde bringen.

Über Richter und Urteile nach der Lehre der Ägypter

Träumt einer, er sei zum Richter ernannt worden, wird er dem Pharao in allen Regierungsgeschäften ein zuverlässiger Ratgeber sein. Nimmt das Volk seine Urteile beifällig auf, wird er sich dessen Haß zuziehen. Dünkt es einen, als wenn er in seinen Urteilen die Peitsche zu kosten gebe, wird er vom Pharao den Oberbefehl über das Kriegsvolk und Entscheidungsgewalt über Ämter und Ehren erhalten. Sieht er sich zum Richter über die Hofbeamten Pharaos bestellt, wird er höchstes Ansehen gewinnen. Träumt einem, er sei Richter und sterbe, wird er lange leben, aber seinen Glauben verlieren. Schüttelt ihn heftiges Fieber, wird er auf unehrliche Weise sich bereichern, hat er einen kranken Magen, in Gefahr und Armut geraten. Träumt ihm, seine Hände seien länger geworden, werden seine Knechte Macht und Ansehen erlangen. Sieht er sich halb ergraut, wird er höhere Ehren erreichen, als er besitzt. Sind seine Füße länger, kräftiger und fester geworden, wird er lange leben und schwerreich werden.

◆ 18 ◆

Über die Bedeutung der Haare nach der Lehre der Inder

Schaut jemand im Traum einen Bekannten oder eine ihm ähnliche Person, wird das Gesicht für den Bekannten in Erfüllung gehen.[86] Dagegen bedeutet ein unbekannter junger Mann seinen Feind. Ein unbekannter alter Mann gleicht dem Schicksal[87] des Träumenden. Ist der Alte voller Lebenskraft, wird auch des Träumers Schicksal unter einem guten Stern stehen, ist jener hinfällig, unter einem bösen; wenn der Alte schlohweiß und wohl bei Leibe ist, wird der Träumende noch mehr des Schicksals Gunst erfahren.[88]

Dünkt es einen, er bekomme, obwohl jung an Jahren, graue Haare, wird er zu Ehren kommen. Ist einer schon grauköpfig und wird er noch grauer, werden ihm noch höhere Ehren winken. Ist sein Kopf schlohweiß geworden, so wisse er, daß sein Herr, der ihn

herumführt,[89] in arge Schwierigkeiten geraten wird. Ein schloh-
weißer Bart prophezeit dem Träumer Schande.

Träumt der Kaiser, die Haare seines Hauptes seien länger und
dichter geworden, wird er mehr Reichtum,[90] mehr Untertanen und
Kriegsgerät[91] erwerben und seinem Volk ein Bild von Würde geben;
ein Mann aus dem Volk wird reichen Besitz erlangen, ein Armer
Mühsal und Kummer haben. Träumt dies eine Frau, wird ihr Mann
wohlhabend und mächtig werden. Dünkt es den Kaiser, es be-
schneide ihm jemand das Haar seines Hauptes, wird er Reichtum,
Untertanen und Kriegsgerät einbüßen; ein gemeiner Mann wird
ebenso Schaden leiden, ein Armer seine Sorgen von sich werfen,
eine Frau ihren Mann verlieren.

♦ 19 ♦
Eine Frage[92]

Ein Mann suchte mich, Achmet, Sirins Sohn und Traumdeuter des
Kalifen Mamun,[93] auf und stellte folgende Frage: „Mir träumte, die
Haare meiner Schenkel wären dichter und länger geworden und
ich schnitte sie mit der Schere ab." Ich antwortete ihm: „Du bist an
Geld und Gut reicher geworden; in dem Maße aber, wie du deine
Haare abgeschnitten hast, wirst du beides herunterwirtschaften."
Und tatsächlich ging die Sache so aus.

♦ 20 ♦
Eine weitere Frage

Einer von den Höflingen des Kalifen Mamun träumte, er salbe sich
von oben bis unten ein und dabei fielen ihm alle Körperhaare aus,
nur seine Schamhaare wüchsen noch üppiger. Er entsandte einen
von seinen Leuten, der den Traum als seinen eigenen ausgeben und
dem Traumdeuter vortragen sollte. Dieser sagte zu ihm: „Dieses
Gesicht hat ein Mächtiger geschaut, aber nicht du. Jener wird in
eine gefährliche Lage kommen, und von seinen Schätzen wird ihm
nichts übrigbleiben als seine Frauen." Und nach wenigen Tagen
kam es so, wie der Traumdeuter gesagt hatte.

◆ 21 ◆
Über die Bedeutung der Haare nach der Lehre der Perser

Träumt ein Herrscher, er sei grau geworden, wird sein Volk erschlaffen; ein Untertan wird seinen Reichtum schwinden sehen. Ist er völlig ergraut, wird er aus Trübsal und Sorgen nicht herauskommen.

Schaut der Kaiser, daß das Haar seines Hauptes prächtig und lang ist, wird sein Volk in Freude und Glanz und ohne Furcht vor einem Krieg leben. Ist sein Bart voll und dicht, wird sein Goldschatz sich mehren und die Kunde von seinem Reichtum zu allen Völkern dringen. Träumt der Kaiser, der Barbier ordne und schneide sein Haar, wird dieser, falls er ihn kennt, sich ungeniert an seinem Reichtum vergreifen; ist er ein Unbekannter, werden des Kaisers Feinde seine Schätze plündern. Träumt ein Armer, sein Bart sei schütter, wird er in Schulden geraten. Fällt einem der Kinnbart aus, wird der Träumer bitterarm werden; auch darf er nicht hoffen, je wieder wohlhabend zu werden.

◆ 22 ◆
Über die Bedeutung der Haare nach der Lehre der Ägypter

Träumt einer von den Fürsten des Pharao, er habe schöne lange Haare, wird er hohes Ansehen und Achtung gewinnen; ein einfacher Mann wird einem mächtigen Fürsten dienen. Schaut dies der Pharao selbst, wird er mit starkem Arm seine Feinde überwinden.[94] Dünkt es ihn, er habe vollere Haarlocken, wird er noch mehr Völker unter seine Füße zwingen.[95] Sind seine Locken grau geworden, werden seine Schatzkammern sich mehr und mehr leeren, wenn aber dunkler und kräftiger, sich bis obenhin füllen. Träumt dem Pharao, sein Haar habe sich beim Kämmen gelichtet, wird sein Volk erschlaffen und er selbst in Bedrängnis geraten. Schneidet er sich selber das Haar, wird sein Heer entsprechend dem Haarabschneiden spürbar herunterkommen. Schaut ein gemeiner Mann das Gesagte, wird er an den Bettelstab kommen; träumt es eine Frau, wird ihr Mann einer schweren Krankheit erliegen oder im Krieg umkommen[96].

Träumt einer, sein Bart sei prächtig gesprossen, wird er Reichtum auf Reichtum häufen; sind die Barthaare aber zu lang geworden, werden Krankheit und Trübsal ihn plagen; diese werden aber nicht das Maß überschreiten, weil man den Bart mühelos wieder zurechtstutzen kann. Dünkt es einen, sein Bart sei ihm ausgefallen, wird er in tiefe Not und Armut kommen und der allgemeinen Verachtung anheimfallen. Sind einem auf Nase, Wangen oder Stirn Haare gesprossen, wird der Träumer von seinem Vorgesetzten gestraft werden. Zieht er die Haare mühsam heraus, wird er alles tun, um die Drangsal loszuwerden. Bestreicht er die Haare mit Salbe und fallen sie aus, wird er aus seiner Drangsal befreit werden, jedoch mit empfindlichem Verlust.

◆ 23 ◆
Über das Salben nach der Lehre der Inder

Träumt der Kaiser, er salbe[97] Haupt und Haar mit wohlduftendem Öl, wird er alles daransetzen, seinem Volk Ordnung und Wohlfahrt zu sichern, und seine Absicht verwirklichen. Ein einfacher Mann wird recht eitel und auf Ansehen bedacht sein, eine Frau aus Gefallsucht ihren Mann hintergehen, ein Knecht nur nach dem Augenschein dienen. Schaut einer von all den Genannten, daß das Öl ihm in dicken Tropfen über das Gesicht rinnt, stehen ihm Mühsal, Krankheit und großer Ärger bevor.

◆ 24 ◆
Über das Salben nach der Lehre der Perser

Träumt der Kaiser, er salbe des guten Aussehens wegen Haupt und Haar mit Öl, wird er Waffen und Kriegsvolk gegen seine Feinde rüsten. Gehört der Träumende der mittleren Besitzerklasse an,[98] wird er Reichtum und Vermögen nutzbringender anlegen. Ein Armer wird die passenden Worte finden, um sich durchs Leben zu schlagen.

◆ 25 ◆
Über das Salben nach der Lehre der Ägypter

Träumt einer, er salbe aus Eitelkeit Kopf und Haar mit Öl, wird er alles bei allen durchsetzen, der Mächtige bei den Mächtigen, der Arme bei Leuten seinesgleichen.

◆ 26 ◆
Über Moschus und gemischte Duftstoffe nach der Lehre der Inder

Träumt der Kaiser, er reibe sich mit Moschus oder Bisam[99] ein, um gut zu riechen, wird er seine Untertanen mit einer guten Botschaft erfreuen,[100] und diese werden ihn ebenso lieben wie den Wohlgeruch; ein einfacher Mann wird bei seinen Nachbarn jederzeit in gutem Geruch stehen. Verbreitet einer in der Nachbarschaft einen üblen Geruch, wird er von jedermann gehaßt werden, und je durchdringender der Gestank ist, den er verbreitet, um so größer wird der Haß der Leute sein.[101]

Träumt der Kaiser, man überreiche ihm in einem Gefäß Moschus oder einen anderen gemischten Duftstoff, wird er eine Botschaft empfangen, die ihn so sehr erfreut wie die Menge Parfüm, die er im Traum entgegennahm. Ein gemeiner Mann wird entsprechend der erhaltenen Menge einen hohen Gewinn erzielen.

◆ 27 ◆
Über Moschus und gemischte Duftstoffe nach der Lehre der Perser und Ägypter

Träumt ein Herrscher, er reibe sich mit Moschus oder einem anderen gemischten Duftstoff ein, wird er einen großen Sieg erringen und sich damit über seine Untertanen erheben. Ein Mann von niederem Stand wird sich über seine Nachbarn und Angehörigen erhaben fühlen.

♦ 28 ♦
Über das Rauchfaß und das Räuchern nach der Lehre der Inder

Beräuchert einer andere mit dem Rauchfaß, wird er an diejenigen, welche er beräucherte, kräftige und sanfte Worte richten, kräftige wegen des Feuers, sanfte wegen des Wohlgeruchs; auch wird er sie in sein Geheimnis einweihen. Bringt er in einer Kirche vor leeren Bänken Weihrauch dar, wird er ebenso den Vorstehern[102] der Kirche sein Geheimnis anvertrauen und Gott ehren.

♦ 29 ♦
Über das Rauchfaß und das Räuchern nach der Lehre der Perser und Ägypter

Träumt der Kaiser, er beräuchere Notabeln, etwas, was er sonst nicht zu tun pflege, wird er die Großen des Landes kommen lassen, eine geheime Botschaft entgegenzunehmen, auch wird er, wegen der Kraft des Räucherwerks, Kriegspläne mit ihnen gegen seine Feinde schmieden; ein Mann aus dem Volk wird mit seinen Nachbarn Rechtshändel und Prozesse ausfechten. Beräuchert einer seine Kleider, die er gewöhnlich trägt, wird er seine Knechte und Untergebenen zu seinem Nutzen instruieren; beräuchert er die Polster seines Bettes, wird er seinen Frauen Gefälligkeiten erweisen.

♦ 30 ♦
Über das Scheren nach der Lehre der Inder

Träumt einer, er schere seinen Kopf nach Mönchsart, wird er Buße tun, Verstrickungen und Sünden fliehen und in Treue zu seinem Glauben stehen. Der Kaiser wird seinen Thron verlieren und in Trübsal sterben. Einer verheirateten Frau prophezeit der Traum Witwenschaft, einer ledigen ein Leben ohne Mann und Kinder.

◆ 31 ◆
Über das Scheren nach der Lehre
der Perser und Ägypter

Träumt ein Unfreier, er schere sich den Kopf kahl, wird er seinen Herrn verlieren und in große Bedrängnis geraten; ein freier Mann wird ehrlos der öffentlichen Verachtung preisgegeben werden und in Armut sterben. Dünkt es einen, der Barbier schere ihm die vordere Kopfhälfte und blicke dabei in sein Gesicht, wird er die Art und Weise seines Todes vorausschauen, schert jener die hintere Hälfte, wird er im Ungewissen darüber bleiben.

◆ 32 ◆
Über das Schröpfen und den Aderlaß
nach der Lehre der Inder

Träumt einer, er werde geschröpft,[103] und zwar von einem Unbekannten, wird man ein Schriftstück zu seinen Lasten aufsetzen, das ihm drückende Verpflichtungen auferlegt, und er wird so viel Geld einbüßen, wie ihm Blut abgesaugt wurde; ist der Schröpfende ihm bekannt, wird der Geschröpfte dasselbe Schicksal erleiden, entweder durch die Hand dessen, den er schaute, oder die eines anderen, der ihm ebenso bekannt ist.

Schröpft jemand einen Bekannten, mit dem er böse Händel hat, wird er ihn bezwingen und tüchtig ausnehmen; lebt er in Feindschaft mit ihm, wird er keine Furcht mehr vor ihm haben. Schröpft er einen Unbekannten, und zwar einen jungen Mann, ist dieser sein Feind,[104] aber der Träumende wird ihn in die Knie zwingen und ihm seine ganze Habe abnehmen. Dünkt es einen, er werde von einem alten Mann geschröpft oder er schröpfe denselben, so weist der Alte auf das Schicksal des Träumenden hin; schröpft er den Alten, wird sein Schicksal unter einem guten Stern stehen, wird er dagegen von jenem geschröpft, unter einem Unstern.

Wird einem wegen Krankheit oder zum Zwecke einer Kur[105] zur Ader gelassen, wird der Betreffende entsprechend dem Blutverlust große Geldausgaben, aber eben dadurch Gewinn für Leib und Leben haben. Nimmt jemand an einem Bekannten einen Aderlaß vor, wird er auf Grund einer Gerichtsentscheidung dessen Vermögen zugesprochen bekommen. Ist derjenige, dem zur Ader gelassen wurde, unbekannt und jung, wird der Aderlasser seinen Feind unterkriegen und den größten Teil seines Besitzes an sich bringen.

◆ *33* ◆
Über den Aderlaß nach der Lehre
der Perser und Ägypter

Man muß wissen, daß ebenso wie das Haar auch das Blut Kraft und Reichtum des Menschen bedeutet, nur bezeichnet es in weit höherem Grad Reichtum.[106] In dem Maße, wie einem im Traum Blut abgezapft wird, durch Aderlaß oder durch Schröpfen, dementsprechend wird das Vermögen des Betreffenden abnehmen. Träumt einer, Blut rinne von seinem Kopf und besudele ihn, so bedeutet das herabfließende Blut Gewinn und Überfluß von seinem Oberhaupt, der Menge an Blut vergleichbar, das ihn besudelte. Wird er nicht von dem Blut besudelt, so wisse er, daß sein Herr viel Geld ausgeben, er selbst aber mit leeren Händen gehen wird. Entdeckt einer im Traum Blut und verwendet es zu irgendeinem Zweck, wird er entsprechend dessen Menge fremden Reichtum erwerben.

◆ *34* ◆
Über den Bart nach der Lehre der Inder

Träumt einer, man schere ihm den Bart, um ihm einen Schimpf zuzufügen, wird er schimpflich der allgemeinen Verachtung preisgegeben werden.[107] Reißt man ihm die Barthaare aus, wird er unter Qualen und Schmerzen sein Vermögen verlieren und Schimpf und Schande erdulden. Träumt der Kaiser oder ein Fürst, er habe infolge des Einsalbens seinen Bart verloren, werden Volk und Wirtschaft ihn in große Sorgen stürzen; ein Armer, der in Not und Sorgen lebt, wird diese abschütteln und wieder Grund zur Freude haben; ein Mann aus der mittleren Besitzerklasse oder einer, der sein Auskommen hat, wird auf irgendeine Weise Schaden erleiden.

Über den Bart nach der Lehre
der Perser und Ägypter

Sind die Barthaare voll und dicht, bedeuten sie, sofern sie dem Träger Würde verleihen, eben diese Würde;[108] sind sie aber gar zu üppig gewachsen und gehört der Träumende dem Mittelstand an, wird er in Schulden geraten und viel Ärger bekommen. Hat der Kaiser diesen Traum, wird sein Volk sich unnütz vermehren und er nichts als Ärger und Verdruß haben. Sprießen ihm an unbehaarten Körperteilen Haare, z. B. an den Handflächen, an Wangen oder sonstwo, wo Haare nicht wachsen können, wird er aus Völkern fremder Zunge ein neues Heer zusammenbringen,[109] auch werden seine Schätze sich mehren; einen gemeinen Mann oder einen Armen werden Schulden und Sorgen drücken. Eine verheiratete Frau wird empfangen und einen Knaben zur Welt bringen.

Eine Frage[110]

Einer von den Höflingen des Kalifen Mamun richtete an den Traumdeuter Sirin folgende Frage: „Ich habe an meinem Haus einen wilden Weinstock, der leuchtendhelle Trauben hervorbringt; nun träumte mir, der Weinstock habe dunkle Trauben getragen." Der Traumdeuter Sirin antwortete ihm: „Eine von deinen Frauen[111] ist von deinem Haussklaven, dem Äthiopier,[112] schwanger." Und so kam es; sie gebar von dem Äthiopier einen dunkelhäutigen Knaben.

Über das Haarfärben nach der Lehre der Inder

Träumt jemand, er färbe sich Kopf- und Barthaare, um seine grauen Strähnen zu verbergen, seine Bemühungen blieben aber ohne Erfolg, wird er mit allen Mitteln versuchen, seine Gebrechen und seine Schande zu verbergen, es aber nicht erreichen, weil das Färben wirkungslos blieb. Wirkte es aber, wird ihm die Täuschung gelingen. Hat der siegreiche[113] Kaiser diesen Traum, wird er, um ein

Geheimnis zu hüten, einen Plan ersinnen; will das Färben nicht gelingen, werden seine Machenschaften dem Volk nicht verborgen bleiben, gelingt es aber, wird er mit Gottes Hilfe und zu seinem Nutzen seine Absicht ganz und gar erreichen. Eine Frau wird nach diesem Traum ihren Mann mit einem Liebhaber betrügen, und der Betrug wird, je nachdem das Färben gelingt oder nicht, mehr oder weniger glücken.

♦ *38* ♦

Über das Haarfärben nach der Lehre der Perser und Ägypter

Träumt ein Herrscher, er färbe seine Haare, um sein Äußeres zu verändern, wird er es darauf anlegen, seinem Volk mit Lügen etwas vorzumachen. Einer aus dem gemeinen Volk wird sich mit Lug und Trug die Taschen füllen. Dünkt es einen, seine Haare hätten durch das Färben Schaden gelitten, wird er in äußerste Armut und große Bedrängnis geraten. Versucht einer, sein Haar durch Färben zu bleichen, so war Ehrgeiz die Triebfeder seines Handelns, aber er wird nichts ausrichten, und sein Reichtum wird mehr und mehr schwinden.

Rasiert sich einer des guten Aussehens wegen das Gesicht, wird er bei den Leuten den Eindruck eines Biedermanns erwecken, im Innern aber Böses sinnen.

♦ *39* ♦

Über das Verzehren eines Kopfes nach der Lehre der Inder

Träumt einer, er esse das Gehirn aus dem Kopf eines bekannten Menschen,[114] wird er ihn beerben und dessen gesamtes Gut und Geld übernehmen; ist aber der Betreffende unbekannt, wird er ohne Mühe von einem großen Herrn Reichtum und Geld in Fülle erlangen. Ißt jemand einen gekochten Schafschädel, wird er große Gewinne von einem Mann hohen Standes einstreichen, doch wird es ihn Müh' und Arbeit kosten; ist der Schafschädel gebraten, wird er seinen Feind bekämpfen, um dessen Hab und Gut an sich zu bringen, und ihn bezwingen; er wird jedoch an dessen Hab und Gut keine ungemischte Freude haben, weil der Schädel überm Feuer gebraten wurde. Ißt jemand einen Schädel in rohem Zustand,[115] wird er um den Preis schreiender Sünden schwerreich werden.

♦ 40 ♦
Über dasselbe Thema nach der Lehre
der Perser und Ägypter

Träumt jemand, er esse einen Schafschädel, wird er herrlich und in Freuden leben. Ist es ein Menschenkopf, wird er sein Oberhaupt betrügen und ihm übel mitspielen, vermutlich sich auch an dessen Stelle setzen. Dünkt es einen, man bringe ihm Köpfe von Schafböcken, Ziegen, Hirschen oder anderen gehörnten Tieren, wird er ein hohes Amt[116] übernehmen und so viele regierende Häupter in Gewahrsam nehmen, wie ihm Köpfe im Traum gebracht wurden. Dieses Gesicht kann aber nur der Pharao oder sein Stellvertreter schauen.[117] Träumt ein Armer oder gemeiner Mann, er kaufe oder finde einen Kopf, wird er zehn, hundert oder tausend Goldmünzen[118] gewinnen.

♦ 41 ♦
Über die Oberlippen-, Achsel- und Schamhaare
nach der Lehre der Inder

Die Oberlippenhaare sind eine Zierde des Mundes. Der Mund aber bedeutet das Haus des Menschen, in dem seine Hausgenossen leben;[119] diese werden nämlich durch die Zähne bezeichnet. Pflegt einer die Oberlippenhaare mittels Schneiden, Salben oder Bürsten, wird er die Fassade seines Hauses verschönern, um in den Augen der Leute wohlhabender und angesehener zu erscheinen. Fallen die Oberlippenhaare aus, drohen ihm Armut und Ehrverlust. Träumt einer, seine Achselhaare seien dichter und länger geworden, werden seine Töchter eine gute Partie machen; hat er keine, die jungen Mädchen aus seiner nächsten Verwandtschaft. Sind die Achselhaare spärlich geworden oder ausgefallen, wird es den Töchtern oder weiblichen Anverwandten übel ergehen. Dünkt es einen, seine Schamhaare seien länger und dichter geworden, wird er vom kaiserlichen Gouverneur empfindlich und erbarmungslos gestraft werden und so viele Plagen ertragen müssen, wie die Schamhaare länger wurden. Fallen letztere aus, wird er nicht mehr vor dem Gouverneur bangen. Schaut der Kaiser im Traum,[120] daß seine Schamhaare dichter geworden sind, drohen ihm Krieg und Bedrängnis von einem feindlichen Volk; fallen die Schamhaare aus, darf er Sieg über seine Feinde und Freude erhoffen. Träumt eine Frau, daß ihre Schamhaare gewachsen sind, wird ihr Mann geplagt und gestraft werden; fallen sie aus, wird sie in glücklicher Ehe leben. Eine Unverheiratete wird nicht mehr Jungfer bleiben.

◆ 42 ◆
Über die Oberlippen-, Achsel- und Schamhaare
nach der Lehre der Perser und Ägypter

Schaut ein Herrscher, daß seine Oberlippenhaare mächtig sprießen, wird die Zahl seiner Dienst- und Hofleute sich entsprechend vermehren; ein niedriger Mann wird zu reichem Besitz kommen. Träumt jemand, seine Achselhaare seien bis zu den Lenden gewachsen, wird er von Oheim oder Tante, von Bruder oder Schwester Reichtum erlangen und ihn seiner Frau schenken. Dünkt es einen, er schwitze unter den Achseln, wird er sich selbst zur Last fallen. Träumt jemand, seine Schamhaare seien dichter und strotzender geworden, wird die Zahl seiner Feinde und Widersacher, der Menge der Schamhaare vergleichbar, zunehmen; fallen diese aber gänzlich aus, wird der Träumer über den Fall seiner Feinde frohlocken.

◆ 43 ◆
Über die übrigen Körperhaare nach der Lehre
der Inder

Die übrigen Körperhaare bedeuten jedermann Geld und Gut. Träumt jemand, seine Haare seien so üppig gewachsen, daß er von unten bis oben davon bedeckt ist, wird er reich werden und im

Leben vorwärtskommen. Dünkt es den Kaiser, seine Körperhaare seien ausgefallen und er sei völlig kahl, wird sein Gold in der Schatzkammer versiegen. Ein Bedrängter, Eingekerkerter, Kranker oder Schuldner wird die Übel abschütteln und auf die Sonnenseite des Lebens kommen, ein gemeiner Mann bettelarm werden. Träumt ein Reicher, er salbe sich von Kopf bis zu den Füßen ein und die Haare fielen ihm gänzlich aus, wird er nichts mehr besitzen; ein Armer wird zu Wohlstand kommen, eine Frau ihren Mann mit Toilettenkünsten bezaubern. Dünkt es einen Reichen, er salbe sich ein, die Haare fielen ihm aber nicht aus, wird er Aufregungen und Gefahren zu bestehen haben, bald aber wieder sorgenfrei werden. Ein Kranker wird nach diesem Traum dahinsiechen, ein Bedrängter, Eingekerkerter oder Schuldner die Stunde der Erlösung gewissermaßen schon schauen, aber doch nicht erlöst werden.

◆ 44 ◆
Über die übrigen Körperhaare
nach der übereinstimmenden Lehre
der Perser und Ägypter

Die Körperhaare sind für jedermann eine Schutzwehr, auch für die unvernünftigen Tiere. Träumt jemand, seine Körperhaare seien allzu spärlich geworden oder ausgefallen, wird er in Beruf und Tätigkeit einen Rückschlag erfahren; sind die Haare aber dichter und kräftiger geworden, wird er entsprechend viel Geld verdienen und eine rastlose Geschäftigkeit entfalten. Dünkt es einen, er salbe sich ein, wird er durch Streitsucht sein Vermögen verringern. Salbt jemand, der viel Ackerland besitzt und auf die Früchte der Felder hofft, seinen Leib, wird er Ackerland samt Feldfrüchten schlecht bewirtschaften und also verlieren.

◆ 45 ◆
Über den Harn nach der Lehre der Inder

Träumt jemand, den Sorgen oder Kummer drücken, er entleere seine volle Blase, wird er beides sich vom Halse schaffen;[121] ein Reicher wird entsprechend der Harnmenge Geld für Freudenmädchen ausgeben. Läßt der Kaiser Wasser in ein gläsernes Gefäß, wird er ein ehrloses Frauenzimmer schwängern, es wird aber weder die Leibesfrucht noch die Frau zu ihrem gewünschten Ende kommen, weil Glas ein zerbrechliches Ding ist. Ein gemeiner Mann wird mit seiner Frau Kinder in die Welt setzen. Uriniert jemand in ein goldenes Gefäß, wird er an einem Blasenleiden erkranken; ist das Gefäß aus farbigem Stein, wird er sein Geld in der Erde vergraben; läßt der Kaiser oder ein Fürst Wasser in ein silbernes Gefäß, wird er die schönste seiner Dienerinnen beschlafen. Ein niedriger Mann wird sich mit seiner Frau den Freuden der Liebe hingeben, ein Armer sich in eine reiche Frau verlieben oder sie heiraten.

◆ 46 ◆
Über einen Traum des Kalifen Mamun

Der Kalif Mamun hatte folgenden Traum: Es dünkte ihn, als befinde er sich in dem großen Heiligtum zu Mekka oder in dem Zelt Abrahams;[122] dort gehe er in den vorderen Teil, wo der Thron steht, und urinicre in die beiden Ecken, dann gehe er hinaus und verrichte sein Geschäft in den beiden Ecken des hinteren Teils. Voller Bestürzung, als hätte er eine sehr große Sünde begangen, schickte er heimlich zum Traumdeuter Sirin einen Mann seines Vertrauens, der den Traum als seinen eigenen ausgeben und um dessen Auslegung bitten sollte. Sirin überführte ihn mit den Worten: „Dieses Gesicht hast du nicht geschaut; du bist nämlich nicht aus dem Blut des Kalifen. Deswegen werde ich den Traum nicht deuten." Darauf ließ ihn der Kalif persönlich kommen und bat ihn unter Schwüren, er solle ihm die Deutung des Traumes doch nicht versagen. Da sprach der Traumdeuter: „Die vier Ecken des Tempels, in die du uriniert hast, bedeuten vier Söhne. Die zwei Ecken des vorderen Teils, wo der Thron steht, bedeuten zwei Söhne, die dir auf den Thron und in der Herrschaft folgen werden; die zwei anderen Ecken von der Rückseite des Tempels weisen ebenfalls auf zwei Söhne, die du zeugen wirst, sie werden aber nicht auf den Thron noch zur Herrschaft gelangen."

Über den Harn nach der übereinstimmenden Lehre
der Perser und Ägypter

Alles, was in der Bauchhöhle eingeschlossen liegt, bedeutet Hab und Gut, alles, was aus ihr ausgeschieden wird, materiellen Verlust.[123] Träumt einer, er uriniere, wird er sich für seine Leidenschaften in Unkosten stürzen. Benutzt einer zum Wasserlassen die gewohnte Latrine, wird er Geld in sein Haus stecken. Näßt jemand seine Kleider und wird dabei von anderen beobachtet, wird er beim Huren ertappt werden. Uriniert einer in ein Gefäß, das ihm gehört, wird er seiner eigenen Frau beiwohnen, gehört es einem anderen, einer fremden. Läßt er Wasser unter Zwang und Beklemmung, wird man die Gelder, die er unrechtmäßig besitzt, von ihm zurückfordern und ihn mächtig unter Druck setzen. Scheidet jemand Blut auf die Erde aus, wird er viel Geld für den Verkehr mit Frauen ausgeben und sich damit Liebesfreuden verschaffen; denn die Erde bedeutet eine Frau.[124] Trinkt einer fremden Harn, wird er fremdes Gut und Geld mit Gewalt und Tücke an sich bringen; ist es sein eigener, wird er für persönliche Belange Geld aufwenden und seine Ausgaben auf unverschämte Weise wieder hereinholen.

Über die Ohren nach der Lehre der Inder

Die Ohren bedeuten die Frauen, Schwestern oder Töchter,[125] das Hören aber ist Sinnbild des Glaubens.[126] Träumt einer, seine Ohren seien wunderschön und groß geworden, wird er an seinen Schwestern oder Töchtern Freude erleben. Der Verlust eines Ohres zeigt den Tod von Tochter, Frau oder Schwester an. Ohren, die aufgeschlitzt, kleiner geworden oder geschrumpft sind, prophezeien der Frau, Schwester oder Tochter eine langwierige Krankheit. Träumt einer, er habe sein Gehör verloren, wird er schwer sündigen und seelisch erkranken. Ist er nur auf einem Ohr taub geworden, wird die Krankheit gelinder sein.

♦ 49 ♦
Über die Ohren nach der übereinstimmenden Lehre der Perser und Ägypter

Träumt einer, seine Ohren seien schöner und größer geworden, wird er an seinem Freund, der sein Vertrauen besitzt, großen Gefallen finden. Schmückt er sich gegen seine Gewohnheit mit einem Ohrgehänge, wird er einen Angehörigen oder intimen Freund auf anderer Leute Kosten reich ausstatten; schmückt er sich aber gewöhnlich mit dergleichen, wird er es aus eigener Tasche tun. Wähnt einer, sein Ohr sei aufgeschlitzt, verwundet oder von einem Leiden befallen, wird er von einem Angehörigen oder intimen Freund tief gekränkt werden. Ist ihm ein Ohr völlig abgeschlagen worden, werden die Betreffenden ihn aus ihrer Freundschaft ausschließen. Träumt der Kaiser, seine Ohren seien verstopft, wird er die Bittgesuche seiner Untertanen schroff zurückweisen und ihre Wünsche nicht erhören. Ein gemeiner Mann wird seine Zusage nicht halten und seine Mitmenschen betrügen, eine Frau Unzucht treiben, sich nicht fügen und frech auftreten.

♦ 50 ♦
Über die Stimme nach der Lehre der Inder

Die Stimme des Mannes und seine Rede bedeuten seinen guten Ruf und Ruhm im Urteil der Leute. Zu träumen, man singe mit wohlklingender Stimme, verheißt freudige Anerkennung bei den Mitmenschen; hat der Kaiser diesen Traum, wird er in Kürze seinem Volk eine milde Verordnung verkünden und deshalb von allen geliebt werden. Hört er andere mit wohlklingender und angenehmer Stimme singen, wird er eine willkommene Nachricht über das Schicksal seiner Feinde bekommen; hört jemand tragische Schauspieler rezitieren,[127] wird er auf Grund des Gehörten Trübsal und Schmerz kosten. Dünkt es einen, seine Stimme sei kurzatmig und schwach geworden, wird ihm ein elendes und mühsames Leben bevorstehen; liegt er mit jemandem im Prozeß, wird er ihn verlieren. Ein hoher Militär[128] wird im Krieg unterliegen.

Über die Stimme nach der übereinstimmenden Lehre der Perser und Ägypter

Träumt einer, seine Stimme sei stärker und gewaltiger geworden, werden seine Söhne Großes erreichen und hohe Ämter bekleiden, seine Feinde aber in Furcht geraten. Dünkt es den Kaiser, er spiele Kithara oder höre einen Kitharaspieler,[129] wird er Pläne gegen seine Widersacher schmieden, ihnen aber unterliegen; springen die Saiten des Instrumentes, wird das Unheil seine hohen Würdenträger treffen. Träumt jemand, er sei heiser geworden, wird er von seinen Knechten verachtet werden; ein Armer wird in Armut sterben.

Über die Augen nach der Lehre der Inder

Die Augen gleichen dem Glauben, dem Ruhm und dem Licht der Seele.[130] Träumt einer, er sei völlig erblindet, wird er seinen Glauben verlieren und nicht lange leben. Ist einer nur auf einem Auge blind, wird er nur mit halbem Glauben dabei sein[131] und von vielen geschmäht werden. Dünkt es einen, er sei triefäugig geworden, wird er schwer sündigen, aber in sich gehen.

Macht jemand den Leuten den Eindruck eines Blinden, während seine Sehkraft unvermindert ist, wird er in den Augen der Welt mit einem Makel behaftet, vor Gott aber makellos sein. In dem Maß, wie einem Menschen im Traum das Augenlicht schwächer wird, im selben Maße wird er in seinem Glauben schwach werden. Kuriert einer seine Augen von einem Leiden und sieht er wieder klar, wird er seinen Sinn ändern und seinen Reichtum mehren. Reibt jemand seine Augen mit dem Schönheitsmittel Kochla ein,[132] um sie glänzend zu machen, wird er eitlem Ruhm nachjagen. Behandelt einer seine Augen pfleglich, um schärfer sehen zu können, wird er ein aufrichtiges Herz vor Gott haben und sich um das ewige Heil sorgen.

Träumt einer, er sei völlig blind, die Leute aber dächten, er sehe alles, oder dünkt es ihn, sein Augenlicht habe gelitten, die Leute aber merkten es nicht, dessen verborgene Werke werden seine Seele ins Verderben stürzen.

Träumt der Kaiser, er habe in seinem Herzen ein Auge und sehe damit, wird er einen Sohn zeugen,[133] der rechtgläubig[134] mit ihm regieren wird; ein gemeiner Mann wird unversehens zu Besitz und Ansehen kommen, eine Frau in das Haus eines reicheren Mannes überwechseln, eine ledige einen wohlhabenden Herrn heiraten.

◆ 53 ◆
Über die Augen nach der Lehre der Perser und Ägypter

Träumt der Kaiser, er sei erblindet, wird er bald Krone und Leben verlieren;[135] ein einfacher Mann wird ein bitterarmes und nur kurzes Leben haben, eine verheiratete Frau in kurzer Zeit als Witwe, eine unverheiratete als Ledige aus dem Leben scheiden. Träumt der Kaiser, er habe schöne, große Augen bekommen, wird er seine Freude finden an Volk, Heer und Gefolgsleuten[136] und seine Feinde in die Flucht jagen; ein gemeiner Mann wird größere Einkünfte, mehr Freude und Erfolg in seinen Unternehmungen haben, eine Frau über ihre Schönheit, über Mann und Kinder glücklich sein. Träumt der Kaiser, er sei triefäugig geworden, werden seine Truppen schwere Verluste durch den Feind erleiden, hat er einen Sohn, wird dieser erkranken, auch werden seine Schatzkammern sich leeren; einem einfachen Mann wird alles entsprechend verquer gehen.

◆ 54 ◆
Über die Augenlider und Augenbrauen
nach der Lehre der Inder

Augenlider und Augenbrauen sind ein Schmuck der Augen.[137]Träumt jemand, seine Augenlider und Augenbrauen seien schöner geworden, wird er in seinem Glauben beständiger werden und Freude an seinen Kindern erleben. Dünkt es den Kaiser, seine Augenlider und Augenbrauen seien häßlich geworden, wird er erkranken und in Furcht vor seinen Feinden leben, ihnen aber nicht unterliegen; ein einfacher Mann wird krank werden, seinen Glauben aber nicht verlieren. Beschneidet oder färbt einer des guten Aussehens wegen seine Augenbrauen, wird er sich eifrig bemühen, seinen Söhnen Ansehen zu verschaffen, und es auch erreichen. Träumt der Kaiser, ihm seien wie einem Leprakranken[138] die Augenbrauen ausgefallen, werden seine Waffen unterliegen und die Führung seiner Truppen in schlechte Hände kommen; einen gemeinen Mann werden die Leute mit keiner Verantwortung mehr betrauen.

◆ 55 ◆
Über die Augenlider und Augenbrauen nach der Lehre der Perser und Ägypter

Augenbrauen und Augenlider sind eine Zierde des Gesichts. Träumt einer, dieselben seien buschiger und schöner geworden als zuvor, wird er bei vielen Ansehen und Ehre gewinnen und über seine Feinde siegen; ein Lediger wird die Frau nach seinem Herzen heiraten und reich werden. Träumt dem Kaiser, Augenbrauen und Augenlider seien kahl geworden und ausgefallen, werden seine Söhne ihm nicht auf den Thron folgen, auch wird sein Herzenswunsch nicht in Erfüllung gehen, und gegen seine Gattin wird er bitteren Haß hegen; ein gewöhnlicher Mann wird seinen liebsten Schmuck verlieren.

◆ 56 ◆
Über Stirn und Nase nach der Lehre der Inder

Stirn und Nase sind Schmuck und Reichtum in den Augen der Menschen.[139] Träumt jemand, seine Stirn sei breiter und größer geworden, ohne an Schönheit zu verlieren, wird er Macht und Reichtum im Leben gewinnen; dem Kaiser verheißt der Traum militärische Erfolge über seine Feinde, einer Frau, daß ihre Kinder es zu etwas Großem bringen werden.

Träumt einer, seine Nase sei so groß geworden, daß sie sein Gesicht verunstaltet, wird er zwar gute Geschäfte machen, in der Öffentlichkeit aber Schimpf und Schande erleiden.

◆ 57 ◆
Über Stirn und Nase nach der Lehre der Perser und Ägypter

Die Stirn ist Stütze und Schirm des Gehirns. Träumt einer, seine Stirn sei gerissen oder ganz wund, wird er sein Hab und Gut verlieren und voll Furcht und Zittern leben; der Kaiser wird nach diesem Gesicht um seine Goldschätze bangen. Dünkt es ihn, seine Stirn sei kräftig und schön, darf er darauf vertrauen, daß all seine Reichtümer wohl verwahrt und gesichert sind.

Träumt der Kaiser, seine Nasenlöcher seien verstopft, so daß er nicht mehr riechen kann, so wisse er, daß der oberste Beamte, der ihm über die Staatsgeschäfte Vortrag hält, in Ungnade bei ihm fallen wird, weil der Verstand vermittels der Nase unterscheidet, was wohl oder übel riecht;[140] ein gemeiner Mann wird mit seinem vertrauten Knecht oder Freund in Streit geraten, eine Frau von ihrem Mann betrogen werden.

◆ 58 ◆
Über Wangen, Schläfen und Mund nach der Lehre der Inder

Wangen und Schläfen bedeuten den Beruf, mit dem man sich die zum Leben notwendigen Mittel beschafft. Hat jemand ein Leiden an diesen Gesichtspartien, ist er verwundet oder geschnitten worden, deute er es als Erfolglosigkeit in der Arbeit um das tägliche Brot. Sind diese Körperteile schöner und schmucker geworden, lege er es als Erfolg und Steigerung seiner Geschäftstätigkeit aus.

Der Mund ist das Haus des Menschen, welches alles in ihm Befindliche birgt. Träumt einer, sein Mund sei größer und kräftiger geworden, wird sein Hausstand mächtig erstarken. Eine Wunde oder Verletzung am Mund prophezeit demjenigen, dem er sein Haus anvertraut hat, Unheil. Hat er keinen Hausverwalter, beziehe er es auf seine Ehefrau.

◆ 59 ◆
Über Wangen, Schläfen und Mund nach der Lehre der Perser und Ägypter

Träumt der Kaiser oder ein Fürst, Wangen, Schläfen und Mund hätten sich schön geweitet, wird er Ruhm und Ehre im Krieg erlangen; ein gemeiner Mann oder eine Frau kann in Beruf und Arbeit mit einem besseren Verdienst rechnen. Ein Leiden an diesen Gesichtspartien bedeutet das Gegenteil von dem Gesagten.

Dünkt es den Kaiser, er habe ein Leiden am Mund, so daß er weder sprechen noch essen kann, werden seine Schatzkammern sich leeren und die Steuereinnahmen erheblich zurückgehen; einem einfachen Mann prophezeit es ein Leben in Armut. Hat einer die Maulsperre bekommen, so daß er gar nicht mehr essen kann, wird er bald sterben, sei er wer immer.

◆ 60 ◆
Über die Zähne nach der übereinstimmenden Lehre der Inder, Perser und Ägypter

Alle Zähne des Menschen bedeuten seine Blutsverwandten; die vordersten zwei weisen auf die erwachsenen Kinder, auf die Eltern, Geschwister oder engsten Verwandten. Ist einer von diesen Vorderzähnen wacklig, schwarz oder faul geworden, wird einer der Genannten, und zwar der engste Angehörige, krank werden; fällt einer von ihnen aus, wird der Betreffende sterben;[141] zerbricht einer, wird ein Anverwandter unheilbar erkranken. Sind die beiden Vorderzähne aber blendend weiß oder prächtiger geworden, werden die nächsten Verwandten durch Anmut und Schönheit bestechen. Ist einer dieser Zähne übermäßig groß geworden, wird einer der Genannten dem Träumenden nur Ärger und Kummer verursachen.[142] Dünkt es einen, daß zwischen den zwei Vorderzähnen ein dritter durchgebrochen ist, so daß er die anderen in ihrem Wachstum behindert, wird er einen Sohn zeugen oder einen Bruder oder eine Schwester auf seine Seite ziehen, um mit ihrer Hilfe die anderen Verwandten zu verdrängen oder aus dem Wege zu räumen.

◆ 61 ◆
Über die Zähne nach der übereinstimmenden Lehre der Inder, Perser und Ägypter

Die vier nächsten Zähne nach den beiden Vorderzähnen bedeuten die Geschwisterkinder und die entfernteren Verwandten. Ist einer von diesen Zähnen wacklig, brüchig oder krank geworden, wird einer der Genannten erkranken. Werden die Zähne gezogen, oder fallen sie aus, droht ihnen der Tod. Träumt einer, es wäre zwischen diesen Zähnen ein anderer herausgewachsen, wird in Kürze einer von den leiblichen Verwandten im Haus des Träumenden erscheinen. Belastet der neue Zahn die anderen, wird der Besagte allen zur Last fallen, verschönert er sie, wird jener seinen Verwandten eine Zierde und Ehre sein. Sind die genannten Zähne schöner oder prächtiger geworden, wird der Träumer Gefallen an den erwähnten Blutsverwandten haben.

♦ 62 ♦
Über die Zunge nach der Lehre der Inder

Träumt der Kaiser, seine Zunge sei ihm abgeschnitten, verkürzt oder so groß geworden, daß er sie nicht mehr bewegen kann, wird er ungerechte Urteile fällen; ist er klug und weise, wird er seine Klugheit und Weisheit einbüßen, die Feinde werden über ihn triumphieren, und er wird in große Bedrängnis geraten. Ein Mann aus dem Volk wird in Prozessen, die er führt, unterliegen und aus Not und Trübsal nicht herauskommen.[143] Hat eine Frau diesen Traum, wird sie sich ihres Mannes freuen und seine Liebe genießen; denn eine jede Frau reizt gerade durch ihre Zunge den Mann zum Zorn.

Träumt dem Kaiser, daß seine Zunge gelöster und beweglicher zum Sprechen ist, wird er in allen seinen Geboten und Urteilen bewunderungswürdig und ohne Fehl sein. Ein einfacher Mann, der eine Streitsache vor Gericht führt, wird siegen und in seinen Geschäften Erfolg haben; eine Frau wird ihren Mann hassen und unverschämt gegen ihn sein.

♦ 63 ♦
Über die Zunge nach der Lehre der Perser und Ägypter

Träumt der Kaiser, er habe die Sprache verloren, wird sein Kanzleivorstand[144] in Gefahr geraten, und ihm selbst wird die Ausfertigung seiner Briefe und Schreiben schwere Sorgen bereiten; ist der Träumer ein einfacher Mann und Soldat[145] von Beruf, werden die geheimen Gedanken und Wünsche seines Herzens nicht offenbar werden; einem Armen wird alles verquer gehen, eine Frau Scham empfinden und sich vor den Blicken der Männer verschleiern. Dünkt es den Kaiser, er habe die Sprache wiederbekommen, wird er seinen Kanzleivorstand zu Recht schätzen und ehren, und dessen gute Dienste werden ihm großen Nutzen bringen; auch werden sie allen anderen förderlich sein.

Hat sich jemand an der Zunge verletzt, so daß es ihn zwar nicht am Sprechen, wohl aber am Essen hindert, wird er bei allen in seinem Bemühen, zu Besitz und Einkünften zu kommen, auf Schwierigkeiten stoßen und in äußerste Armut geraten. Wenn einem träumt, er lispele oder stottere, der wird ein Werk in Angriff nehmen, aber Spott ernten, jedoch keinen Schaden leiden.

◆ 64 ◆
Über die Eckzähne nach der Lehre der Inder, Perser und Ägypter

Die Eckzähne gleichen Säulen und Pfeilern, auf denen Haus und Geschlecht des Menschen ruhen und nächst Gott gründen. Träumt einer, ein solcher Zahn sei zerbrochen, so wird derjenige, der Pfeiler des Hauses und Geschlechts ist, unweigerlich in Lebensgefahr kommen und keine Hoffnung auf Rettung haben; ist der Zahn wacklig oder schwarz geworden, wird der Betreffende erkranken und Trübsal leiden, bald aber wieder Hoffnung auf Rettung schöpfen. Dünkt es einen, der Eckzahn sei schneeweiß und schön geworden, wird er an dem Besagten, der Haus und Geschlecht trägt, seine Freude haben. Ist der Zahn so lang geworden, daß er beim Essen und Schließen des Mundes hindert, wird derjenige, der Stütze von Haus und Geschlecht ist, dem Träumer im Wege stehen und allem Guten hemmend und hinderlich sein; doch wird solchem Übel abzuhelfen sein, weil ein herausstehender Zahn mühelos abgefeilt und geglättet werden kann.

◆ 65 ◆
Über die Mahl- oder Backenzähne des Ober- und Unterkiefers nach der Lehre der Inder, Perser und Ägypter

Die sogenannten Mahl- oder Backenzähne bedeuten die noch unmündigen, pflegebedürftigen Kinder der Sippe, und zwar die oberen die Buben,[146] die unteren die Mädchen. Wenn einer dieser Zähne wackelt, schwarz wird oder weh tut, droht einem der erwähnten Angehörigen Krankheit; fault oder zerbricht er, wird der Betreffende ohne Hoffnung auf Heilung dahinsiechen und in Armut sterben. Sind die Zähne schöner oder prächtiger geworden, wird der Träumende sein Gefallen an den Genannten haben. Putzt sich einer die Zähne, damit sie schneeweiß werden, wird er seinen Verwandten Wohltaten erweisen und sie mit Kleidern[147] ausstatten. Sind die Zähne so lang geworden, daß sie das Zerkleinern der Nahrung verhindern, bedeutet es Streit und Prozesse in der Verwandtschaft wegen des Erbteils.

♦ 66 ♦

Über den Hals nach der Lehre der Inder

Der Hals bedeutet Stärke, Reichtum, Ruhm und jegliche Erbschaft.[148] Träumt der Kaiser, sein Hals sei fülliger und stärker als zuvor geworden, ohne an Ebenmaß zu verlieren,[149] wird er über seinen Reichtum, Ruhm, Glauben, über sein Kriegsvolk und seine Stärke, kurz, über alles beglückt sein; schaut dies ein gemeiner Mann oder ein Armer, wird ersterem alles, was er unternimmt, unter seinen Händen gelingen, letzterer sein reiches Auskommen finden.

Träumt einer, es werde ihm mit seiner Zustimmung eine Schlinge um den Hals gelegt oder er werde von jemandem mit den Händen festgehalten, werden er und sein gesamter Erbbesitz in dessen Hände übergehen. Ist derjenige, der ihn festhält oder bindet, ein Unbekannter und jung, bedeutet er seinen Feind, dem er ausgeliefert werden wird, ist es ein alter Mann,[150] bezeichnet er sein Schicksal und einen glücklichen Ausgang.

Schaut der Kaiser, sein Hals sei dünn und kraftlos geworden, wird er zuerst in seinem Glauben sich irren, dann in Bedrängnis geraten und mitsamt seinem Kriegsvolk ein unrühmliches Ende finden; ein gewöhnlicher Mann wird Armut und Mühsal zu ertragen haben, eine Frau huren und ein schlimmes Ende nehmen. Rasiert und pflegt einer seinen Hals, wird er, sei er, wer er wolle, für seinen Glauben und seine ganze Lebensführung das Geld in großzügiger Weise ausgeben; denn weil er beim Rasieren Haare verliert, kann es ohne Ausgaben nicht abgehen. Ein Armer wird seine Mühsal sich vom Halse schaffen.

Über den Hals nach der Lehre
der Perser und Ägypter

Der Hals bedeutet die Stärke des ganzen Körpers, wie man auch an den Tieren, an Ochsen, Löwen, Pferden und den anderen Vierfüßlern beobachten kann. Träumt der Kaiser, daß sein Hals fülliger und kräftiger als zuvor geworden ist, wird er voller Kampf- und Kriegseifer und seinen Feinden ein Schrecken sein; einer aus dem gemeinen Volk, der als Soldat dient, wird es bis zum Feldherrn bringen, dient er nicht, halsstarrig und widerspenstig sein. Schaut der Kaiser, daß sein Hals dünn und kraftlos geworden ist, wird das Gegenteil von dem Gesagten eintreten; für einen einfachen Mann wird das Gesicht ebenso unglücklich ausgehen. Eine Wunde, ein Geschwür, eine Blutung oder kropfartige Schwellung[151] am Hals, all das sind sichtbare Zeichen von Überfluß, der mit Übeln gepaart ist. Eine Frau wird mit ihrem Mann wegen Geld zetern und ihm hart zusetzen.

Träumt einer, er bekomme von jemandem einen Schlag mit dem Schwert gegen den Hals oder versetze selbst einen Schlag, so wird derjenige, welcher geschlagen hat, dem Geschlagenen dienen und Gutes von ihm erfahren, entsprechend dessen sozialer Stellung und Vermögen; derjenige aber, der den Schlag bekam, wird bei dem andern Wohlwollen finden. Dieses wird um so größer sein, je mehr Blut er eingebüßt hat; ist kein Blut geflossen, wird das Wohlwollen geringer sein.

Über die Schlüsselbeine nach der Lehre der Inder

Die Schlüsselbeine bedeuten Konkubinen, die anziehender wirken als die rechtmäßigen Ehefrauen. Träumt einer, seine Schlüsselbeine seien größer geworden, wird er sich mit verheirateten Frauen, auf die er sehnsüchtige Blicke geworfen, abgeben und mit ihnen die Freuden der Liebe genießen. Eine verheiratete Frau wird sich in einen anderen Mann verlieben, eine unverheiratete eine gemeine Dirne[152] werden. Träumt einem, seine Schlüsselbeine seien gebrochen, wird er großes Mißgeschick haben und seinen Konkubinen den Rücken wenden. Heilt er die gebrochenen Schlüsselbeine, wird er die Beziehungen mit ihnen wieder anknüpfen.

◆ 69 ◆
Über die Schlüsselbeine nach der übereinstimmenden Lehre der Perser und Ägypter

Schöne, kräftige Schlüsselbeine verheißen dem Träumer Stärke im Kampf gegen seine Feinde, Waffen und militärische Erfolge, die er sich wünscht; ein Armer wird ausdauernd und arbeitsam sein. Dünkt es einen, seine Schlüsselbeine seien geschrumpft und schmal geworden, wird er in Furcht vor seinen Feinden leben; einen Armen werden Krankheit und Hunger plagen.

◆ 70 ◆
Über die Oberarme und ihre Muskeln nach der Lehre der Inder

Die Oberarme mit ihren Muskeln oder ‚Mäuschen'[153] bedeuten den Bruder oder erwachsenen Sohn. Träumt der Kaiser, seine Arme seien größer und kräftiger geworden, weist das auf seine Macht, die im Kampf gegen seine Widersacher noch erstarken wird;[154] hat er einen Sohn oder Bruder, wird er an ihnen die Freude erleben, die er sich wünschte. Ein einfacher Mann wird ebenso auf seinen Sohn oder Bruder stolz sein und zu Vermögen kommen. Träumt eine Frau davon, prophezeit es Glück ihrem Mann.

Dünkt es den Kaiser, daß seine Arme kraftlos, schlaff oder gebrochen sind, wird es seinem Kriegsvolk an Mark und Kraft fehlen, oder Krankheit und Unheil werden, wie gesagt, über Sohn oder Bruder kommen; ebenso wird es einem Mann aus dem Volke ergehen: Krankheit, Plagen und Armut werden seinen Bruder oder Sohn treffen; eine Frau wird sich von ihrem Mann lossagen oder gar Witwe werden.

◆ 71 ◆
*Über die Oberarme nach der Lehre
der Perser und Ägypter*

Die Oberarme mit ihren Muskeln bedeuten den Bruder oder den obersten und besten Knecht. Träumt jemand, seine Arme seien erschlafft, gebrochen oder erkaltet...,[155] ist es der rechte Arm, wird das Unglück noch größer sein...;[156] in allen seinen Wünschen enttäuscht, wird er den Bruder oder den obersten und besten Knecht verlieren. Kuriert er die Arme mit Erfolg, wird er schnell Leiden und Lasten abschütteln. Träumt einem, daß seine Arme kräftiger und stärker geworden sind, wird er in allem, was er erhofft und begehrt, Kraft und Erfolg haben. Sind an seinen Armen mehr Haare gewachsen als vordem, wird er seinen Besitz vermehren; ein Armer wird reich werden.

◆ 72 ◆
*Über die Hände nach der Lehre
der Inder*

Die Hände und Finger bedeuten die Werke des Glaubens der Menschen. Träumt einer, er habe mehr Finger an der Hand als normal, wird er fleißiger beten und stark im Glauben sein. Hat er einen seiner Finger verloren, wird er seltener und weniger beten. Der erste Finger, der Daumen, bedeutet das Morgengebet,[157] der zweite oder Zeigefinger das Gebet zur dritten Stunde, der dritte oder Mittelfinger das zur sechsten, der folgende oder vierte das zur neunten Stunde, der fünfte oder kleine Finger das Abendgebet.[158] Alles, was einem dieser Finger widerfährt, erfüllt sich an den aufgeführten Gebeten. Träumt einer, es sei ihm ein Finger erfroren, abgeschnitten oder abgerissen worden, wird er eine himmelschreiende Sünde begehen; ist der Finger aber wieder völlig geheilt, wird er Buße tun und sich bekehren.

Über die Hände nach der Lehre
der Perser und Ägypter

Die Hand bedeutet den besten und treuesten Knecht. Träumt der Kaiser, seine Hand sei abgeschlagen, erfroren oder verbrannt, wird er seinen besten und treuesten Knecht verlieren;[159] büßt er seine Hand durch Verbrennungen ein, wird sein getreuer Diener im Krieg und auf dem Schlachtfeld ums Leben kommen. Ein gemeiner Mann wird seinen fähigsten und tüchtigsten Knecht verlieren, hat er keinen, wegen Krankheit arbeitsunfähig werden und in Armut geraten. Eine verheiratete Frau wird ihren Mann, eine unverheiratete den Ernährer und Vormund verlieren. Träumt der Kaiser, daß seine Hand größer und kräftiger geworden ist, wird er von seinem Großknecht Freude und Nutzen haben; ein einfacher Mann wird mit seinem Knecht und all dessen Tun sehr zufrieden sein. Schaut jemand eine Verletzung oder eine Geschwulst an der Hand, wird sein Knecht Reichtum schaffen, der Gefahr und Angst heraufbeschwört. Dünkt es einen, daß seine Finger kleiner geworden sind, wird sein Knecht ihn betrügen und hassen.

Über die Fingernägel nach der Lehre der Inder

Die Fingernägel bedeuten jede auf Amt und Würde beruhende Macht, ferner Reichtum.[160] Träumt einer, man habe seine Fingernägel so weit beschnitten, daß sie nicht über die Fingerspitzen[161] hinausgehen, wird er Reichtum sowie Amt und Würde einbüßen. Hat der Kaiser diesen Traum, werden seine Goldschätze und die Stärke seines Heeres abnehmen, und seine Feinde werden ihm hart zusetzen. Eine Frau wird ihre Schönheit verlieren und in Armut aus dem Leben scheiden. Sind einem die Nägel mit der Wurzel ausgerissen worden, wird das Unheil noch härter und schlimmer, die Lebenszeit des Träumenden nur von kurzer Dauer sein.

Träumt jemand, daß seine Nägel zu lang geworden sind und sich an den Enden gekrümmt haben, so daß sie fast abbrechen, wird er in seinem Gewerbe viel Geld verdienen, freilich nicht ohne Risiko, auch wird er an Rang und Macht gewinnen. Schaut dies der Kaiser, werden seine Schatzkammern sich füllen, sein Kriegsvolk an Zahl und Schlagkraft gewinnen und Länder feindlicher Völker unter seine Herrschaft zwingen. Findet einer seine Nägel in ordentlichem und gepflegtem Zustand, wird er in allen seinen Unternehmungen froh und sorgenfrei und in seiner Glaubenstreue vorbildlich sein.

◆ 75 ◆
Über die Fingernägel nach der übereinstimmenden Lehre der Perser und Ägypter

Die Fingernägel weisen auf den besten, zuverlässigsten Knecht, der über Hab und Gut seines Herrn wacht. Träumt der Kaiser, seine Fingernägel seien schön und ordentlich gewachsen, wird er seinem besten und treuesten Knecht immer mehr gewogen sein; ein einfacher Mann wird mit seinem Knecht und seinem Freund auf gutem Fuß stehen. Dünkt es einen, seine Fingernägel seien gebrochen oder ausgerissen worden, wird sein getreuer Knecht in Lebensgefahr geraten und arbeitsunfähig werden. Beschneidet einer seine Nägel, wird er jenen züchtigen und zurechtweisen. Sind die Nägel sauber geschnitten, wird sein Knecht immer seinem Posten gewachsen sein.

◆ 76 ◆
Über die Brust nach der Lehre der Inder

Die Brust des Menschen weist auf die Stärke seiner Klugheit. Träumt der Kaiser, seine Brust weite und wölbe sich kraftvoll, wird er großzügig, gebefreudig, hochherzig, mächtig im Krieg und siegreich sein;[162] ein Bauer wird mit seiner Hände Arbeit größere Erträge erwirtschaften, einer aus dem gemeinen Volk ebenso arbeitsam und fleißig sein. Träumt dem Kaiser, seine Brust sei schmal und kleiner geworden, wird er engherzig sein und wegen seiner Erlasse gehaßt und getadelt werden; ein Mann aus dem Volke wird sich in seinen Verhältnissen sehr einschränken müssen; eine Frau wird niemals gebären.

Über die Brust nach der übereinstimmenden Lehre der Perser und Ägypter

Die Brust ist Schutz und Wehr für Leib und Leben des Menschen. Eine strotzende und breite Brust verspricht ein langes Leben und, der strotzenden Fülle gleich, großen Reichtum.[163] Ein Soldat wird im Kampf seinen Mann stehen, eine Frau leicht gebären und viele Kinder zur Welt bringen. Träumt jemand, seine Brust sei schmal, schwach oder wund geworden, wird er viele Krankheiten durchmachen, nur kurz leben, viel geplagt und arm sein.

Über den Bauch nach der Lehre der Inder

Der Bauch, die ihn umgebenden Körperpartien und alles in ihm Eingeschlossene bedeuten des Menschen Reichtum und Kinder.[164] Träumt jemand, sein Bauch sei ungewöhnlich eingefallen, prophezeit das den Tod von Kindern und Mangel an Geldmitteln. Ist der Bauch aber mächtig dick geworden und ohne Krankheit aufgedunsen, wird der Träumer viele Kinder zeugen und Geld wie Heu haben. Dünkt es einen, sein Bauch sei aufgebläht, tatsächlich aber leer, wird er selbst bettelarm sein, den Leuten aber reich vorkommen.

Träumt einer, er leide Hunger, wird er äußerst arbeitsam sein und seinem Hunger entsprechend mit allen zeitlichen Gütern gesegnet werden. Hat jemand, den es hungert, sich satt gegessen, wird er augenblicklich alles bekommen, wonach er sehnsüchtig strebt und verlangt. Wenn einer, der Durst leidet, ihn mit Wasser gestillt hat, wird er, falls dieses kühl, süß und klar ist, herrlich und in Freuden leben und das Geld scheffeln; ist das Wasser aber schmutzig, lauwarm und bitter, wird er in Trübsal, Bitterkeit und Krankheit sein Leben enden.

◆ 79 ◆
Über den Bauch nach der Lehre
der Perser und Ägypter

Träumt einer, sein Bauch sei feister und größer geworden, dessen Hausstand und Besitz werden, der Leibesfülle gleich, wachsen; ist der Bauch dünn und schmächtig geworden, wird der Träumer mit Genugtuung von Sorgen und überzähligem Hausgesinde befreit werden. Plagt jemanden eine Magenkolik, wird er daheim mit Not und Sorgen zu kämpfen haben. Träumt einer, sein Bauch sei geplatzt und es bestehe keine Hoffnung auf Heilung, wird er in Kürze und ohne ein Testament zu hinterlassen Familie und Besitz zurücklassen.

◆ 80 ◆
Über die Brüste nach der übereinstimmenden Lehre
der Inder, Perser und Ägypter

Die Brüste bedeuten ohne jeden Zweifel die Töchter. Schöne, üppige Brüste prophezeien Freude an den Töchtern. Befällt die Brüste ein Leiden oder werden sie verletzt, droht den Töchtern Krankheit; hat der Träumer keine Töchter, wird das Unheil die nächsten weiblichen Anverwandten treffen.

◆ 81 ◆
Über die Schulterblätter nach der Lehre
der Inder

Die Schulterblätter[165] bedeuten des Mannes rechtmäßige Ehefrau oder die Mutter seiner echten Kinder. Träumt jemand, daß eines seiner Schulterblätter verrenkt oder gebrochen sei, dessen Ehefrau wird erkranken, oder es wird zu einem Ehestreit, nicht aber zu einer Scheidung[166] kommen. Dünkt es einen, seine Schulterblätter seien größer und kräftiger geworden, wird seine Ehefrau die große Dame spielen und er ihren Weisungen wie ein Untergebener folgen. Träumt einem, sein Schulterblatt sei durch eine Verrenkung herausgesprungen, wird er seine Ehefrau durch den Tod schnell verlieren; hat eine Frau diesen Traum, wird ihre Tochter sterben, hat sie keine, die engste weibliche Verwandte.

♦ 82 ♦
Über die Schulterblätter nach der Lehre
der Perser und Ägypter

Die Schulterblätter bedeuten, weil die Arme an ihnen hängen, Reichtum und Manneskraft der Brüder. Träumt jemand, sein Schulterblatt sei von einem Leiden befallen, wird sein Bruder in arge Bedrängnis geraten; hat er keinen, wird das Unheil über seine Neffen oder engsten Verwandten kommen. Sind die Schulterblätter fester und kräftiger geworden, wird der Träumer an den Genannten seine Freude haben.

♦ 83 ♦
Über die Eingeweide und Gedärme nach der Lehre
der Inder

Träumt einer, seine Eingeweide[167] seien durch den After herausgetreten, aber hängengeblieben, wird einer seiner Familienangehörigen nach einem Streit mit Hab und Gut ausziehen, aber wieder zurückkommen, weil die Eingeweide nicht gänzlich abgegangen sind; freilich wird auch der Träumende in eine schwierige Lage kommen. Ißt jemand von seinen eigenen Eingeweiden, wird er sich auf Kosten seiner Angehörigen bereichern, wenn von fremden, auf Kosten fremder Personen.

Träumt der Kaiser, seine Leber sei aus dem After herausgetreten, werden seine Schätze ans Licht kommen, er selbst aber wird sterben; die Leber ist nämlich Quelle des Blutes,[168] Blut aber bedeutet Geld und Gut. Ist es ein gemeiner Mann, wird er an den Pranger kommen, seine Habe wird von der Obrigkeit eingezogen werden, und so wird es mit ihm zu Ende gehen. Findet jemand die Leber eines anderen Menschen und nimmt sie an sich, wird er einen Goldschatz entdecken, der Größe der Leber gleich, auf die er stieß. Dasselbe gilt für alle anderen Eingeweide; findet einer Leber und Lunge[169] eines Widders, Bockes oder eines anderen gehörnten Tieres, wird ihm der gesamte Reichtum eines hohen Würdenträgers zufallen; denn Hörner versinnbilden Ämter und Würden.

◆ 84 ◆

Über die Eingeweide und Gedärme nach der Lehre der Perser und Ägypter

Träumt ein Mächtiger und Reicher, seine Leber sei aus dem After herausgetreten, wird er seinen Hausverwalter und alles, was ihm lieb und teuer ist, verlieren, weil die Leber allem Fleisch Nahrung gibt. So entschieden auch ehemals unsere Gesetze, als jener junge Mann als Entführer der Tochter unseres Hohenpriesters entdeckt wurde: seine Leber sollte den Vögeln zum Fraß vorgeworfen werden, weil dieses Organ alle Leidenschaften und Begierden erregt und entzündet.[170] Aber auch derjenige, der dieses Gesicht schaute, wird in Trübsal sterben.

Träumt einer, seine Lunge sei durch Mund oder After abgegangen, wird er unter gefährlichen Umständen seinen besten Knecht, auf dessen Zuspruch er hört, verlieren, weil die Lunge mit ihrer kühlenden Luft die Glut des Herzens mildert.[171] Ein Armer wird nach diesem Traum bald aus dem Leben scheiden.

Träumt jemand, sei er Kaiser oder Bettelmann, ihn habe ein Herzleiden befallen, bedeutet auch dies seinen baldigen Tod, weil das Herz Mitte des menschlichen Lebens ist und heißt.[172]

Dünkt es einen, seine Eingeweide seien herausgetreten oder abgeschnitten worden, wird er sein Hab und Gut verlieren und im Elend enden. Träumt dies eine Frau, wird der Tod ihre heißgeliebten Kinder dahinraffen.[173]

◆ 85 ◆

Über Würmer im Bauch nach der Lehre der Inder

Träumt einer, sein Bauch habe sich mit Würmern gefüllt, die sich darin mästen, wird eine Menge Fremdlinge in sein Haus kommen und sich so lange aushalten lassen, bis sie ihm lästig fallen; der Kaiser wird nach diesem Gesicht neue Truppen aufbieten und gut besolden, eine Frau huren und schwanger werden. Schaut jemand, wie sein ganzer Leib voll von gefräßigen Würmern ist, wird er unfreiwillig anderen Leuten Unterhalt gewähren; ein Armer wird entsprechend der Menge der Würmer zu Geld kommen.

♦ 86 ♦
Über Würmer nach der Lehre
der Perser und Ägypter

Träumt einer, er esse Würmer, wird er Beisassen[174] bekommen und Geldrenten von ihnen einziehen. Dünkt es den Kaiser, sein Bauch habe sich mit Würmern gefüllt, wird er ein schlappes Heer zusammenbringen,[175] Leuten, die es nicht wert sind, Unterhalt zahlen und dadurch seinen Kronschatz erschöpfen; ein Armer wird seine Lage verbessern, aber ohnmächtige Gönner gewinnen. Scheidet jemand Würmer durch den After aus, wird er von Sorgen und von lästigen Leuten erlöst werden, die er ohne Nutzen bei sich hatte, und all seine Qual sich vom Halse schaffen. Ein Armer wird seine Gönner verlieren, eine Frau ein uneheliches Kind in die Welt setzen und großziehen. Träumt einer, er entferne Würmer aus Wunden, wird er zwar reicher, aber knausriger werden.

♦ 87 ♦
Über das Fleisch des Menschen insgesamt
nach der Lehre der Inder

Alles Fleisch bedeutet des Menschen ganzen Reichtum und all sein Geld. Träumt jemand, er sei dicker geworden, wird er entsprechend der Gewichtszunahme zu Geld und Reichtum kommen. Ist er abgemagert, wird er verarmen und erkranken. Ißt einer Menschenfleisch,[176] wird er sich durch Verleumdungen bereichern, je nachdem, ob er viel oder wenig Fleisch gegessen hat. Gebratenes Menschenfleisch zu essen bedeutet, man werde sich durch Wucher ungerecht die Taschen füllen. Ein Armer wird von seinem Vorgesetzten gestraft werden, eine Frau heimlich huren und schwächliche Kinder in die Welt setzen.

Über das Fleisch nach der Lehre der Perser und Ägypter

Das Fleisch läßt eine vielfache Bestimmung zu. Träumt einer, er sei dicker und fülliger geworden, wird er entsprechend seiner Körperfülle an Kleiderluxus Gefallen finden. Träumt ein Reicher, er habe abgenommen, wird er seinen Reichtum verbergen und aller Welt vortäuschen, arm zu sein; ein Armer wird in Krankheit und Elend enden, eine Frau von ihrem Mann oder ihren Angehörigen verabscheut werden.

Träumt einer, seine Haut von weißer Farbe sei schwarz geworden wie die eines Äthiopiers, wird er sich zu einem Lügner, Narren und Ungläubigen wandeln; eine Frau wird sich als Hure entpuppen[177] und von ihrem Mann den Scheidungsbrief erhalten. Dünkt es einen, seine weiße Haut sei gelblich geworden[178] geworden, wird er an einer langwierigen Fieberkrankheit daniederliegen. Träumt jemand, seine Haut sei von einem Ausschlag befallen, wird er so viele geprägte Goldstücke bekommen, wie er Blutflecken zählt.

◆ 89 ◆
Über die Aufpfählung oder das Hängen nach der Lehre der Inder

Träumt einer, er sei durch Urteil der Obrigkeit mit Gewalt und Zwang gehängt worden, wird er entsprechend der Höhe, in der er hängt, mit Amt und Würde geehrt werden; derjenige, den Krankheit oder Not plagen, wird sich die Übel gewaltsam vom Halse schaffen und schließlich heilfroh werden. Träumt der Kaiser oder ein Fürst, er lasse jemanden hängen, wird er zuerst über den Verurteilten in Wut und Zorn geraten, dann aber ihm Ehren erweisen; der Geehrte aber wird sich gegen Gott versündigen. Ißt einer Fleisch eines Gehängten, wird er sich auf sündhafte Weise an dem Vermögen eines Hochgestellten bereichern entsprechend der Menge Fleisch, die er verzehrte.

Über die Kreuzigung nach der Lehre
der Perser und Ägypter

Träumt ein Armer, er sei gekreuzigt worden, wird er reich werden, ein Reicher mit Zwang und Strafe noch größeren Reichtum durch Erbschaft erlangen.[180] Dünkt es einen, er sei mit Ochsenziemern ausgepeitscht und dann gekreuzigt worden, wird er nach der Zahl der Hiebe große oder geringe Machtbefugnis erhalten und das Volk regieren. Ist einer ans Kreuz geschlagen worden und dann wieder herabgestiegen, wird er seine hohe Stellung verlieren und sein Vermögen einbüßen. Träumt jemand, er sei gekreuzigt und dann verbrannt worden, wird er erhöht werden und über das Volk herrschen, danach aber wegen der Gewalt des Feuers im Krieg den Tod finden.

◆ *91* ◆
Über die Rippen nach der Lehre der Inder

Die Rippen versinnbildlichen die Frauen; die oberen, größeren bedeuten die rechtmäßigen Ehefrauen, die unteren die nächsten weiblichen Verwandten. Träumt jemand, daß einige von den oberen großen Rippen gebrochen seien, dem wird die Ehefrau bitteres Leid verursachen, sei es, daß sie krank daniederliegt oder mit ihm zankt; sind es die unteren Rippen, wird ihm Arges von den erwähnten weiblichen Anverwandten widerfahren. Dünkt es einen, seine Rippen seien kräftig und breit geworden, wird er mit seiner Ehefrau oder seinem Hausverwalter glücklich und zufrieden leben; die Rippen sind nämlich gleichsam die Wände des Hauses und[181] weisen auf die Personen, die über das Haus wachen;

◆ *92* ◆

je nachdem die Rippen Schaden erleiden oder sich kräftigen, dementsprechend wird es den Wächtern des Hauses ergehen. Träumt einem, seine Hauptrippen seien heillos gebrochen, wird sein Hausverwalter sterben, er selbst aber in arge Schwierigkeiten kommen.

Sind die Rippen kräftig und stark geworden, werden Hab und Gut des Träumenden in Sicherheit sein, und die Wächter des Hauses sein Wohlwollen finden.

♦ 93 ♦

Über die Hüften und Nieren[182] nach der Lehre der Inder

Die Hüften bedeuten die Person des Träumenden, weil alle Kraft in ihnen verankert ist. Große, ausladende und kräftige Hüften verheißen Spannkraft, Freude, Gesundheit und Kinderreichtum.[183] Dünkt es einen, diese Körperpartien seien gebrochen oder er könne infolge ihrer Schwäche sich nicht fortbewegen, wird er in Trübsal und Krankheit geraten und kinderlos bleiben. Zu träumen, die Hüften seien durch Prügel oder Schwerthiebe zerschunden, bedeutet baldigen Tod.

♦ 94 ♦

Über die Hüften und Nieren nach der Lehre der Perser und Ägypter

Träumt einer, seine Hüften seien größer und kräftiger geworden, wird er an seinen Frauen, ist er ledig, an seinen Erben Gefallen finden. Sind die Hüften eingefallen und kraftlos geworden, wird er seine Frauen verabscheuen. Träumt einem, ihm seien die Hüften mitten durchgeschnitten, wird er alle Hoffnung, die er auf seine Frauen und Verwandten gesetzt hat, verlieren und in der Fremde sterben.

♦ 95 ♦

Über das männliche Glied nach der Lehre der Inder

Das männliche Glied bedeutet des Mannes guten Namen, seine Stärke und seine Kinder.[184] Dünkt es einen, sein Glied sei größer und stärker geworden, wird er wegen seines Amtes in aller Munde sein und Söhne zeugen; hat der Kaiser dieses Gesicht, wird er vor allem lange leben und einen Sohn als Nachfolger schauen. Träumt derselbe, daß sich sein Glied kraftvoll erigiere, jemand hinzukomme und es ergreife, wird sein Herrschaftsgebiet sich vergrößern und der, welcher sein Glied ergriff, Mitwisser seiner Geheimnisse und Mitkaiser werden; ein gemeiner Mann wird es in seinem Beruf zu etwas bringen. Träumt eine Frau, sie habe ein männliches Glied bekommen, wird sie einem Knaben das Leben schenken, der ihrem Geschlecht alle Ehre machen wird. Besitzt einer zwei Glieder, wird er zu dem ersten noch einen zweiten Sohn bekommen, hat er keinen Sohn, zwei Söhne oder Zwillinge zeugen. Träumt einer, sein Glied sei ihm abgetrennt worden, dessen Sohn wird sterben und er selbst ihm bald in den Tod folgen; ist das Glied nicht gänzlich abgetrennt worden, wird seine Frau einen Knaben gebären, der bald nach der Geburt stirbt; der Träumende wird von Gram gebeugt, bald jedoch wieder aufgerichtet werden. Dünkt es einen, sein Glied habe sich über die Maßen erigiert, wird er an seinem Sohn Freude erleben und selbst berühmt und mächtig werden. Ist das Glied kleiner und schwächer geworden, wird er Amt und Würde verlieren und an den Bettelstab kommen, seine Kinder aber werden krank und elend werden.

◆ *96* ◆

Eine Frage

Ein Jungverheirateter kam zu Sirin, dem Traumdeuter des Mamun, und richtete folgende Frage an ihn: „Ich träumte, mir sei das Glied gänzlich abgetrennt worden." Sirin fragte: „Zu welcher Stunde hast du das geschaut?" Er antwortete: „Es war die sechste." Sirin sagte: „Rechne von dieser Stunde sechs Monate und im siebenten wirst du kinderlos sterben." Als der sechste Monat um war, kam es so.

Über das männliche Glied nach der Lehre
der Perser und Ägypter

Träumt das Oberhaupt des Volkes, sein Glied sei stark und kraftvoll geworden, wird sein Volk groß, kraftvoll und reich werden;[185] ein Armer oder ein gemeiner Mann wird in seinem Fach Außerordentliches leisten; dünkt es einen, sein Glied habe sich übermäßig erigiert, wird er durch seine Frau zu Ehren, Ansehen und Vermögen kommen. Wird jemandem das Glied abgeschnitten, prophezeit das schwere Strafe und Bettelarmut;[186] besitzt er viele Pferde, wird er sie verlieren.[187] Dünkt es jemanden, sein Glied sei entblößt und von anderen gesehen worden, wird er geschmäht und geächtet und sein Geheimnis der Öffentlichkeit preisgegeben werden. Hat er das Glied in seinen vier Wänden, unbemerkt von anderen, entblößt, wird ihm das Geheimnis seiner Frau offenbar werden. Zwei Glieder zu haben bedeutet, man werde in Kürze heiraten und Kinder in die Welt setzen. Schaut einer im Traum seine Frau mit einem männlichen Glied, wird er einen berühmten Sohn zeugen. Schläft einer mit einem bekannten Eunuchen wie mit einer Frau zusammen, wird er ihm seinen reichen Besitz und seine Geheimnisse anvertrauen, ist jener unbekannt, einem Feind Gutes erweisen.

Über die Hoden nach der Lehre der Inder

Träumt ein Soldat, er sei entmannt worden, wird er in Feindeshand geraten,[188] ein Herrscher wird den Untergang seines Volkes schauen und selber arm werden. Sind einem die Hoden zerdrückt worden, wird der Träumende von seinen Feinden überwunden werden. Dünkt es den Kaiser, seine Hoden seien größer und kräftiger geworden, wird er dem Feind kühn die Stirn bieten und niemanden fürchten; ein gemeiner Mann wird gleichermaßen ohne alle Furcht sein und sein Hab und Gut vermehren. Träumt einer, seine Haut sei aufgerissen und die Hoden herausgefallen, wird seine Frau ein Kind bekommen, aber von einem andern, und des Ehebruchs überführt werden. Sind die Hoden zu groß und lastend geworden, wird er nach der Größe des Bruchs eine entsprechende Geldsumme bekommen, aber vor seinen Feinden und der Obrigkeit in Furcht leben.

♦ 99 ♦

Über die Hoden nach der Lehre
der Perser und Ägypter

Träumt einer, der Kinder hat, er sei entmannt worden, werden seine Kinder sterben, ein Kinderloser wird keine Nachkommen zeugen, weil die Hoden Träger und Leiter des Samens sind. Dünkt es einen, seine Hoden seien zerdrückt worden, werden seine Kinder dahinsiechen. Sind jene aber kräftiger und größer geworden, wird der Träumende an seinen Kindern Freude erleben, hat er keine, Söhne zeugen. Träumt ein Eunuch, er habe seine Hoden wiederbekommen, wird er sehr geachtet und nach seinem Herzenswunsch reich werden, auch werden seine engsten Verwandten aus der Fremde wieder zu ihm kommen. Verliert einer im Traum die linke Hode, wird er keine Töchter zeugen, weil die linke Hode den Samen birgt, aus dem Töchter gezeugt werden. Verliert er die rechte Hode, wird er außerstande sein, Söhne zu zeugen.[189] Sind einem die Hoden mitsamt dem Glied abgenommen worden, wird er bald sterben und sein Erbe zugrunde gehen.

♦ 100 ♦

Über die Oberschenkel nach der Lehre
der Inder

Die Oberschenkel bedeuten jedermann die Blutsverwandten. Träumt einer, man habe ihm beide Schenkel amputiert, wird er verlassen in der Fremde sterben. Hat man ihm einen Schenkel abgenommen, wird er mit einigen wenigen einsam in der Fremde sein Leben enden. Dünkt es eine Frau, ihr seien die Oberschenkel amputiert worden, wird sie sich an einen fremden Mann hängen und sich gänzlich ihren Verwandten in der Heimat entfremden; ein Armer wird eines qualvollen Todes sterben. Träumt der Kaiser, seine Schenkel seien prall und länger geworden, wird er an seinen Hofleuten, seinen Truppen und Knechten Freude haben; denn dem Kaiser gegenüber darf man nicht sagen „deine Verwandten", sondern „deine Knechte",[190] weil ihm die Kaiserwürde von Gott verliehen ist[191]. Schaut ein gemeiner Mann dieses Gesicht, werden seine Verwandten Ansehen erlangen, und er wird sich in ihrem Glanz sonnen. Eine Frau wird auf ihre Kinder mächtig stolz sein.

◆ 101 ◆
Über die Oberschenkel nach der Lehre
der Perser und Ägypter

Träumt einer, seine Oberschenkel seien amputiert worden, wird er sein Leben lang gestraft sein und von allen verlacht werden, weil derjenige, dessen Schenkel amputiert sind, lächerlich verstümmelt ist und sich nur mühsam dahinschleppt. Einer Frau prophezeit das Gesicht Witwenschaft und den Verlust ihrer Kinder. Pralle und kräftige Schenkel versprechen jedermann erfolgreiches Durchsetzen seiner Vorhaben; denn sind die Schenkel kräftig, kann man um so besser laufen. Hat sich einer an den Schenkeln verletzt, wird er nicht ans Ziel seiner Bemühungen kommen, sondern mit Hindernissen und Widerwärtigkeiten zu kämpfen haben.

◆ 102 ◆
Über die Knie nach der Lehre
der Inder, Perser und Ägypter

Das Knie bedeutet jede menschliche Tätigkeit.[192] Hat sich jemand am Knie gestoßen oder einen Schlag dagegen bekommen, wird er eine Zeitlang in seinem Beruf in arge Bedrängnis geraten. Sind die Knie verbrannt oder erfroren, so daß er nicht mehr ungehindert gehen kann, wird er an den Bettelstab kommen und in engen Verhältnissen leben. Kuriert er seine Knie mit Erfolg, wird er seine Armut gegen Wohlstand eintauschen. Sind die Knie ganz verkrümmt und völlig unbeweglich geworden, wird jedermann nach langer Krankheit aus dem Leben scheiden. Dünkt es einen, seine Knie seien erstarkt, so daß er schnell laufen kann, wird alles, was er unternimmt, unter seinen Händen gelingen; eine Frau wird flinke Füße bekommen und auf Männerfang ausgehen.

Über Blut und Geschwüre nach der Lehre
der Inder

Blut und Geschwüre bedeuten Geld und Gut. Träumt jemand, er blute infolge einer Verletzung oder Wunde und das Blut röte ihm Kleid und Körper, wird er so viel Geld zusammenbringen, wie Blut geflossen ist. Hat ein Geschwür ihn besudelt, wird er nur mühsam zu Geld kommen; denn nur mühsam und unter Schmerzen wird das Blut zu einem Geschwür. Wenn sich einer aus freien Stücken einem Aderlaß unterzogen hat, wird er so viel Geld ausgeben, wie ihm Blut abgezapft wurde; geschieht es unfreiwillig, wird er eine Buße in entsprechender Höhe zahlen. Trinkt oder ißt jemand Blut, wird er auf sündhafte Weise fremdes Gut an sich bringen; denn Blut trinken oder essen ist wider Gottes Gebot.[193] Schaut einer an einem Körperteil einen Abszeß, wird er nach dessen Größe Reichtum erlangen.

Über Blut und Geschwüre nach der Lehre
der Perser und Ägypter

Blut ist Kraft- und Lebensquell des Menschen. Scheint es einem im Traum, als fließe ihm aus Nase oder Haupt Blut, so wisse er, daß sein Oberhaupt oder Vorgesetzter[194] empfindliche Geldausgaben haben wird; fließt das Blut aus einer Fleischwunde, wird der Träumende bitterarm werden und nicht lange leben. Träumt der Kaiser, daß seine Adern von Blut geschwollen sind, wird er lange leben[195] und seine Schätze vermehren; ein einfacher Mann wird in seinem Gewerbe Außerordentliches leisten. Dünkt es einen, der in Bedrängnis und Not lebt, man lasse ihn auf dem Krankenlager zur Ader, wird er die Plagen abschütteln, lebt er nicht im Elend, Schaden und großen Kummer leiden. Ist aus einem geschwürigen Körperteil Blut geflossen, wird der Träumende mit unlauteren Mitteln ein gutes Geschäft machen, aber überführt werden und das Geld zurückzahlen müssen.

Über Kot und Urin nach der Lehre
der Inder, Perser und Ägypter

Träumt einer, er hebe Menschenkot auf, wird er Geld verdienen, aber dadurch seinen guten Namen verlieren, weil der Kot, den er im Traum gefunden, übel riecht. Hat jemand seine Kleider mit Menschenkot beschmutzt und sich damit vor den Leuten gezeigt, wird er sich am Eigentum anderer vergreifen, aber ertappt werden.[196] Ißt einer Menschenkot, wird er sich das Geld seines Feindes mit Betrug und Streit verschaffen;[197] ist es Viehkot, wird der Gewinn noch größer, das Unrecht aber geringer sein. Erleichtert sich einer, sei er, wer er wolle, auf seiner Latrine, wird er für sein Haus Ausgaben machen. Denn die Latrine ist der Ort, wo man sich ausgibt.[198] Sind die Exkremente trocken, werden die Ausgaben gering, wenn feucht, größer sein. Entleert sich jemand auf einer fremden Latrine, wird er sich für eine fremde Person in Unkosten stürzen; macht er einfach auf fremde Erde, wird er Geld für Frauen und für eine Reise in die Fremde ausgeben. Träumt der Kaiser, er entleere sich oftmals unter Zwängen und Schmerzen, wird er seinen Kronschatz notgedrungen für die Besoldung seiner Truppen erschöpfen; ein einfacher Mann wird sich gezwungen sehen, seine Geldreserven anzugreifen, ein Armer Hunger und Not leiden; denn aller Kot, den Menschen oder Tiere ausscheiden, bedeutet Hab und Gut des Menschen. Gibt einer Blut oder Wasser von sich, wird der Schaden noch schlimmer sein. Sehen die Exkremente wie Hülsenfrüchte aus,[199] wird der Träumende von Drangsal frei werden. Scheidet jemand, der krank oder bedrückt ist, Steine aus, wird er die Übel sich vom Halse schaffen, ist er gesund, unnützes Gesinde davonjagen. Scheidet jemand eine Schlange aus, wird er einen Feind, der unter demselben Dach wohnt, hinauswerfen, wenn Bandwürmer, Hausgesinde, und zwar so viel, wie er Würmer ausgeschieden hat;[200] ein Armer wird wohlhabend werden, weil er die Schädlinge losgeworden ist. Dünkt es jemanden, er gebe nichts als Blut von sich, wird er sich von Reichtum und Sünden lossagen. Wälzt er sich im Blut oder besudelt er damit seine Kleider, wird er wieder sündigen und Reichtümer sammeln.

Blut harnen bedeutet, man werde zu seiner Schande Kinder zeugen, wenn Galle, ein Kind in die Welt setzen, das schwächlich ist und bald sterben wird. Läßt der Kaiser Wasser in ein gläsernes Gefäß,[201] wird er sich mit einer nicht standesgemäßen Frau einlassen, sie beschlafen und ein Kind zeugen, doch wird dieses vor der Geburt sterben; ein gemeiner Mann wird eine Frau heiraten, die häufig krank ist und nicht lange lebt.

Träumt einer, er stoße auf eine Grube voll Mist und stolpere darüber, wird er von Dieben und Betrügern hereingelegt werden. Fällt er kopfüber in die Grube, wird er durch deren Intrigen ruiniert werden. Gewahrt er nur die Grube und verspürt deren üblen Geruch, werden die Schurken nichts ausrichten, und er wird nur kurze Zeit seine Not haben.

◆ 106 ◆
Über Wunden und Verletzungen nach der Lehre der Inder

Träumt einer, er sei von einem Bekannten durch einen Messerstich verwundet worden, wird er Gutes von ihm erfahren, wenn von einem Unbekannten, Frieden mit einem Feind schließen. Heilt er die Wunde, wird er sich vor den Leuten brüsten. Dünkt es einen, er sei voller Geschwüre und vieler Abszesse, wird er schwerreich werden, aber vor der Obrigkeit bangen. Ist jemand von der Pest befallen worden, wird sein Reichtum, den er verbarg, ans Licht kommen. Hat sich sein Körper mit hellem Ausschlag bedeckt, wird er nach dessen Ausmaß Gold aus der Münze bekommen, wenn mit dunklem, entsprechend viele Goldstücke einbüßen und in arge Schwierigkeiten geraten. Ist einer wie ein Schlauch von bösartigen Geschwülsten aufgeschwollen, wird er einen großen Batzen Geld erwerben; hat ihn der Wind aufgeblasen, wird er in den Augen der Leute als reich gelten, daheim aber bittere Not leiden.

◆ 107 ◆
Über Wunden und Verletzungen nach der Lehre der Perser und Ägypter

Träumt jemand, er habe einen Ausschlag bekommen, wird er reiche Ernte einbringen und zu Wohlstand kommen; besitzt er kein Land, wird er nach dem Ausmaß des Ausschlags von der Bauern Arbeit reich werden. Verliert einer infolge einer Verletzung Blut, wird er Erfolge über seine Feinde erringen, die mit Geldausgaben verbunden sind. Träumt einer, sein Leib sei von Geschwüren angeschwollen, bedeutet es allgemein Reichtum entsprechend der Deutung, die hinsichtlich der geschwürigen Körperteile gilt; denn der Kopf bezeichnet den Vorgesetzten, der Hals den Träumenden selber, die Schlüsselbeine die Konkubinen, die Arme den Bruder oder liebsten Angehörigen, die Schulterblätter und Rippen die Ehefrau des Träumers, die Hände den Oberknecht, die Oberschenkel die Blutsverwandten; die Beine und Füße bedeuten einem Armen seinen Lebensunterhalt, dem Kaiser seinen obersten Geheimsekretär.

♦ 108 ♦
Über Lepra oder Aussätzige nach der Lehre der Inder

Die Lepra[202] bedeutet in jedem Fall Reichtum, der freilich mit übler Nachrede verbunden ist. Träumt jemand, er sei von der Lepra befallen, wird er entsprechend deren Ausmaß reich werden, aber mit Schmach bedeckt sein und sich vor den Menschen verbergen. Dünkt es einen, die Krankheit habe lediglich den Körper ohne das Gesicht befallen,[203] wird er zu Vermögen kommen, ohne von den Leuten verabscheut zu werden.

♦ 109 ♦
[Über Lepra oder Aussätzige nach der Lehre der Perser und Ägypter

Träumt einer, er sei von der Lepra befallen, wird er ein ehrenvolles Amt bekommen], dadurch reich werden,[204] aber vielen Schaden zufügen; schaut der Kaiser dieses Gesicht, wird er von seinen Untertanen gehaßt werden,[205] seine Erlasse werden beim Volk auf Ablehnung stoßen, und er wird nicht lange leben; eine Frau wird sich einem großen Herrn hingeben und durch ihn zu Wohlstand kommen.

Über Besessene nach der Lehre der Inder[206]

Träumt der Kaiser, er sei vor allem Volk oder in der Kirche von einem
Dämon besessen, wird er Freude und ein langes Leben haben und
Sieg und Triumph über seine Feinde feiern; ein Mann von niederem
Stand wird vom Landesfürsten erhöht werden und von allen Leuten
Gutes erfahren, weil die Menschen Besessenen gewöhnlich Mitleid
bezeigen. Dünkt es den Kaiser, ein Dämon plage ihn, ohne daß
andere es bemerken, wird er auf dunkle Machenschaften gegen
seine Feinde sinnen, sie überwinden und seinen Willen durchsetzen; ein einfacher Mann wird zu Reichtum kommen, ihn verbergen,
und dieser wird nicht ans Licht kommen; eine Frau wird einem
Sohn das Leben schenken, der im Volk hohe Achtung genießen wird.

Über Besessene nach der Lehre
der Perser und Ägypter

Träumt einer, er sei von einem Dämon besessen, wird er vom Landesfürsten Gutes erfahren und lange leben. Sieht einer im Traum
einen Dämon, ohne daß dieser Besitz von ihm ergreift, wird er an
den kaiserlichen Minister ein Bittgesuch richten; spricht der Dämon ihn an, wird er bei dem Kaiserlichen Gehör finden. Von einem
Dämon oder Besessenen geschlagen werden prophezeit Schrecken
und Strafe von seiten des Landesfürsten oder eines Hochgestellten.
Zu träumen, man schlage einen Dämon oder Besessenen und über-
wältige ihn, ist für einen Armen nicht möglich, sondern nur für
einen hohen Herrn; denn dieser wird seinen Widersacher niedertreten und überwinden.

Über den Aussatz nach der Lehre
der Inder, Perser und Ägypter

Träumt der Kaiser, er sei vom Aussatz befallen, wird er sich wegen
einer Liebschaft öffentlich bloßstellen, ferner eine neue Mode er-

sinnen und damit neue Einnahmequellen erschließen; ein gemeiner Mann wird mit Kleidern sein Geschäft machen, eine Frau dem lockeren Gewerbe nachgehen und sich damit Garderobe verschaffen. Dünkt es einen, er habe sich vom Aussatz befreit, wird er voll Reue seinen Kleiderluxus aufgeben und sich wieder einen ehrlichen Namen machen.

◆ 113 ◆
Über die Trunkenheit nach der Lehre der Inder

Träumt einer, er habe sich am Wein berauscht, wird er nach der Stärke des Rausches Reichtum und Macht gewinnen. Ist er ohne Wein trunken geworden, droht ihm entsprechend der Trunkenheit Schrecken und Strafe von seiten der Obrigkeit. Hat sich jemand an einem künstlich zubereiteten süßen Getränk betrunken, wird er einem großen Herrn dienen und durch ihn wohlhabend werden. Ist einer von Wasser trunken geworden, wird er nur den Schein erwekken, reich zu sein, und sich mit fremder Macht brüsten.

◆ 114 ◆
Über die Trunkenheit nach der Lehre
der Perser und Ägypter

Trunkenheit bedeutet Geld in Überfluß. Ist einer vom Wein überwältigt, wird er Geld in Hülle und Fülle haben, ist er ohne Wein trunken geworden, in eine schwere Krankheit fallen. Hat sich jemand am Wein betrunken und ihn wieder von sich gegeben, wird der Landesfürst das Geld von ihm zurückfordern, das er unrechtmäßig gewonnen hat. Leidet einer nach einem Rausch an einer Magenkolik, wird er einen sehr großen Profit machen, aber von seinen eigenen Leuten angezeigt werden und deshalb in Angst leben. Dünkt es einen, er sei von Wasser oder nüchtern und ohne Wasser trunken geworden, wird er vom Gouverneur zu Zwangsleistungen[207] herangezogen werden.

Über Körperschwund oder Abmagerung
nach der Lehre der Inder, Perser und Ägypter

Nichts Gutes bedeutet es, wenn der Körper abmagert oder ein einzelner Körperteil, mit Ausnahme der weiblichen Zunge.[208] Träumt einer, der gut bei Fleisch ist, er sei mager geworden, wird ihm in Beruf und Arbeit alles verquer gehen. Ist ein einzelner Körperteil abgemagert, wird der Traum entsprechend der Bedeutung des betreffenden Körperteils für ihn in Erfüllung gehen; dabei bezeichnet der Kopf den Vorgesetzten, der Hals den Träumenden selber, die Schlüsselbeine die Konkubinen, die Oberarme die Brüder und engsten Verwandten, die Schulterblätter und Rippen die Ehefrauen, der Bauch die Familie und den Reichtum des Träumers, die Oberschenkel seine Blutsverwandten; träumt der Kaiser, daß seine Schenkel dünn geworden sind, deutet das auf seine Leibdiener. Die Hände weisen auf den vertrautesten Knecht, bei einem Armen auf dessen Lebensunterhalt. Die Beine und Füße bedeuten dem Kaiser oder einem Fürsten seinen obersten Geheimsekretär, einem Armen seinen Lebensunterhalt. Jeder Körperteil, der strotzend, stark und gut bei Fleisch ist, bedeutet etwas Gutes entsprechend seiner Beziehung zu den genannten Personen.

Über Beine und Füße nach der Lehre der Inder

Träumt einer, seine Beine seien zerbrochen oder ein Fuß abgeschlagen worden, so gilt folgende Deutung: Der Kaiser wird sich von seinem ergebensten und vertrautesten Sekretär trennen müssen; ein gemeiner Mann wird die Hälfte seines Lebensunterhalts verlieren und seines Reichtums und erworbenen Gutes beraubt werden, eine Frau den Tod eines geliebten Angehörigen oder eines Knechtes[209] beklagen. Träumt dem Kaiser, ihm seien beide Füße abgehauen worden, wird er nicht lange leben und vor seinem Tod persönliche und ergebene Diener verlieren; ein gemeiner Mann wird bald in Armut und Pein sterben, eine Frau ihre Liebsten zu Grabe tragen und bald selbst bestattet werden.

Träumt der Kaiser, seine Beine und Füße seien eisern geworden,[210] wird er lange leben, seine Feinde niedertreten und seinem liebsten Diener zu hohem Ansehen verhelfen; ein einfacher Mann wird zu sicherem und beständigem Vermögen und zu Wohlstand kommen, eine Frau über Mann und Kinder glücklich sein und lange leben. Dünkt es einen, seine Beine seien gläsern geworden, wird er nicht lange leben und plötzlich sterben, weil Glas leicht zerbricht.

Die Zehen bedeuten die Gebete; Entsprechendes ist schon über die Finger der Hände gesagt worden.

◆ 117 ◆
Über Beine und Füße nach der Lehre der Perser und Ägypter

Die Beine und Füße sind die Stützen des Körpers, und ohne sie müßte der Körper zusammenbrechen und sich qualvoll winden. Träumt jemand, seine Beine und Füße seien so schwach geworden, daß er nicht mehr gehen kann, wird er, sei er, wer er wolle, in der Ausübung seines Gewerbes, mit dem er seinen Lebensunterhalt verdient, arg behindert werden. Träumt ein großer Herr oder Reicher, Beine und Füße seien ihm abgeschlagen worden, wird er seine Knechte verlieren und qualvoll enden; ein Armer wird schnell sterben; denn der Arme verdient sich mit der Beweglichkeit seiner Füße das tägliche Brot, der Reiche kann auch ohne Füße, wenn auch unter Schmerzen, leben, weil er sich auf die Füße seiner Träger stützen kann. Dünkt es einen hohen Herrn, er hinke und finde keine Heilung, wird ihm sein Oberknecht großen Ärger bereiten; hat er aber Heilung gefunden, wird er seinen Knecht in harte Zucht nehmen und zurechtweisen; einem gemeinen Mann wird in seinem Beruf alles schiefgehen.

◆ 118 ◆
Über die Nacktheit nach der Lehre der Inder

Schaut sich einer im Traum plötzlich irgendwo nackt und bloß und dünkt es ihn, seine Blöße sei von jedermann gesehen worden, dessen Geheimnisse werden offenbar werden, und er wird geschmäht und mächtig drangsaliert werden.[211] Sieht er sich in seinen vier Wänden splitternackt, so wisse er, daß er in einer Sache große Anstrengungen unternehmen wird; welcher Art sie auch ist, gut oder schlecht, er wird sie zu Ende führen. Träumt einer, er stehe nackt in einem Gotteshaus, wird er sich vor seinem Herrn bloßstellen. Dünkt es den Kaiser, das Volk habe ihn nackt gesehen, wird sein persönliches Geheimnis vor allem Volk enthüllt werden. Hat eine Frau dieses Gesicht, wird ihre Hurerei aller Welt zum Schauspiel werden;[212] ein Knecht wird an den Bettelstab und sein Betrug ans Licht kommen. Hat sich einer, der nur mit einem Schurz oder einer Unterhose bekleidet ist, in seinen vier Wänden ausgezogen, wird er von Sorgen und bedrängender Not erlöst werden; ein Kranker wird gesunden, ein Schuldner schuldenfrei werden.[213] Träumt dies eine Frau, wird sie mit ihrem Mann zetern und hadern.

◆ 119 ◆
Über die Nacktheit nach der Lehre
der Perser und Ägypter

Träumt einer, er habe sich seiner Kleider entledigt und sei nackt, um mit einem anderen zu ringen, wird er, falls er ihm feind ist und Schaden zufügen will, seine Absicht erreichen, ist er ihm freundlich gesinnt, Gutes erweisen. Hat sich einer ausgezogen, um zu baden, wird ihm ein kleines Mißgeschick zustoßen entsprechend der Dauer des Badens. Dünkt es einen, er habe sich ausgezogen und schwimme durch einen Fluß oder wate bis zum Hals durch das Wasser, wird er sich mit einem großen Herrn, der der Größe des Flusses gleicht, auseinandersetzen; überquert er den Fluß, wird er den hohen Herrn in die Schranken weisen und die Furcht vor ihm ablegen, überquert er ihn nicht, wird das Gegenteil eintreffen. [Hat sich jemand ausgezogen, um über das Meer zu schwimmen, wird er eine Bitte an den Kaiser richten; schwimmt er sicher hinüber, wird sie gewährt, andernfalls abgeschlagen werden.] Hat sich eine Frau daheim in ihren vier Wänden nackt ausgezogen, wird sie ihren Mann betrügen, aber ertappt werden.

• 120 •
Über das Köpfen nach der Lehre
der Inder

Träumt einer, er sei enthauptet und sein Kopf vom Rumpf getrennt worden, wird er die Freiheit erlangen, wenn er ein Sklave ist,[214] ein Kranker wird geheilt, ein Notleidender oder Schuldner sorgenfrei werden. Hat der Kaiser diesen Traum, wird all seine Sorge, Furcht und Kümmernis in Freude sich wandeln. Von einem Bekannten enthauptet zu werden, verheißt Anteil an dessen Freude. Träumt ein Kranker, er werde von der Hand eines Knaben[215] enthauptet, wird er bald sterben; der Kaiser wird nach diesem Traumerlebnis von einem Engel gestärkt und verherrlicht werden.[216] Eine Frau, die schwanger ist, wird einem Knaben das Leben schenken, ihren Mann aber verlieren; denn der Mann ist das Haupt der Frau. Ist einem der Kopf nur halb abgeschlagen worden, wird das Gesagte nur [zur Hälfte] eintreffen. Träumt einer, er sei erstochen worden, wird er von einem anderen Unrecht erleiden; ersticht er selbst einen anderen und kennt er ihn, wird er ihm Unrecht antun, kennt er ihn nicht, einem Fremden Schaden zufügen. Träumt einer, er werde als Glaubenszeuge enthauptet, wird er, sei er, wer er wolle, unsterblichen Ruhm erlangen und im Himmel das Heil seiner Seele finden.

• 121 •
Über das Köpfen nach der Lehre
der Perser und Ägypter

Träumt einer, der einem andern untertan ist, er sei geköpft worden, wird er seinen Herrn verlieren und voller Freude seinen Weg machen. Wird jemandem im Kampf der Kopf abgeschlagen, wird er von einem Mächtigen Wohltaten empfangen; schlägt er einem bewaffneten Gegner das Haupt ab, wird er einem Hochgestellten dienen, und dieser wird von ihm Wohltaten empfangen. Bekommt jemand von einem Bekannten von vorn einen Schlag mit dem Schwert und fließt Blut, wird der Geschlagene von dem, der den Schlag führte, eine große Gunst erfahren; ist kein Blut geflossen, wird die Gunst geringer sein. Kommt einer durch Schwertstreiche zu Tode, wird der, welcher die Streiche versetzte, dem Träumenden entsprechend deren Zahl viel Gutes erweisen.

Träumt der Kaiser, er greife gegen einen andern im Zorn und in der Aufwallung zum Schwert, wird er dem Betreffenden entsprechend seinem Ungestüm in Kürze Gnaden erweisen. Dünkt es aber den Kaiser oder einen anderen, es versetze ihm hinterrücks jemand einen Schlag, wird derjenige, der den Schlag führte, dem Geschlagenen in Aufrichtigkeit dienen. Eine Frau, die träumt, sie bekomme einen Schwertstreich oder versetze einen solchen wie ein Krieger, wird Ruhm gewinnen und einen Knaben gebären.

◆ 122 ◆
Über Mord und Totschlag nach der Lehre der Inder

Träumt einer, er bringe einen Menschen um, wird er demselben Gewalt und Unrecht tun; denn es ist wider Gottes Gebot, einen Menschen zu töten,[217] ebenso wider andere Gesetze, die es verbieten. Streckt jemand seine Hand aus, als wolle er jemand umbringen, dessen Handlungen werden in Gewalt und Unrecht enden. Tötet jemand einen Menschen, wird er das Opfer mit dem Schönsten und Kostbarsten entschädigen, was er besitzt. Ebenso wird derjenige, der einen anderen in seiner Ehre kränkt oder beleidigt, des Gekränkten Ehre wiederherstellen; in jedem Fall wird der, welcher Gewalt oder Unrecht erleidet, von dem Unterdrücker Genugtuung bekommen.

Wirft jemand im Ringkampf einen andern zu Boden, wird er dem Unterlegenen alle Ehre erweisen; denn dieser wird größer sein als derjenige, welcher ihn niederrang. Träumt einer, er habe einen Totschlag verübt oder er sei selber von einem andern umgebracht worden, die Därme wären aus dem aufgeschlitzten Bauch herausgetreten, dann von einem andern ausgewaschen und wieder in die Bauchhöhle eingeführt worden, wird er bald sterben, aber sein Heil finden, weil die Därme reingewaschen wurden.

Über Mord und Totschlag nach der Lehre
der Perser und Ägypter

Träumt einer, er bringe einen Menschen um, wird der Täter das Geld seines Opfers rauben oder es wegen des Blutvergießens verlieren. Erschlägt jemand einen andern mit einem Stab, wird er diesem durch einen Dritten eine Wohltat erweisen; der Stab bedeutet nämlich einen mächtigen Herrn. Tötet jemand einen andern mit dem Dolch, wird er ihm durch eine Frau Gutes tun; steinigt er ihn zu Tode, wird er dem Opfer durch wirksame und machtvolle Rede[218] nützlich sein; dünkt es ihn, er habe ihn mit einem Steinwurf verletzt, aber nicht getötet, wird er versuchen, ihm Gutes zu tun, es aber nicht zustande bringen.

Träumt einer, er schieße auf jemanden einen Pfeil oder er werde selbst von einem Pfeil verletzt, so gilt folgendes: Stirbt der vom Pfeil Getroffene, wird er schnell sterben, stirbt er nicht, bis an sein Lebensende von Krankheit geplagt sein. Derjenige aber, der den Bogen spannte, wird dem, auf den er das Geschoß richtete, nachstellen; traf er ihn, wird er sein Ziel erreichen, wenn nicht, erfolglos sein. Träumt der Kaiser, er ziele mit dem Bogen auf ein Tier, wird er seine Fürsten gegen Feinde ins Feld schicken; erlegt er das Tier, wird er seine Feinde unter seinen Willen zwingen, wenn nicht, ihnen unterliegen. Trifft des Kaisers Bogen einen bekannten Diener oder legt er auf ihn an, wird der Betreffende des Kaisers Zorn zu fürchten haben; ist der Mann unbekannt, wird der Kaiser gegen seine Feinde eine Intrige ersinnen.

Über das Augenzwinkern und das
Verheiraten nach der Lehre der Inder

Träumt einer, er rufe durch Augenzwinkern die Zustimmung eines andern hervor, wird er seinen Herzenswunsch verwirklichen. Hat er einer Frau verliebte Zeichen gemacht und diese ihre Zuneigung bekundet, wird er in dem betreffenden Jahr eine Freude erleben, die der Schönheit der Frau gleichkommt, ist sie häßlich, Kummer, entsprechend deren Häßlichkeit; hat die Frau nicht ihr Einverständnis zu erkennen gegeben, wird das Gegenteil von dem eintreten, was er wünscht.

Träumt jemand, man habe ihm den Brautschmuck angelegt, wird er bald sterben oder einem Anschlag zum Opfer fallen und getötet werden. Dünkt es einen, er sei eine Ehe eingegangen, wird er eine neue Freude und neue Gewalt erlangen, sofern die Frau schön ist, oder Sorgen, wenn sie häßlich ist. Ist einer von seiner Frau geschieden worden, wird er seine Gewalt verlieren und in Not geraten; ein Armer wird bitterarm werden und darben.

Die Ehefrau ist des Mannes Stärke und Macht. Je nachdem einer seine Frau gepflegt oder ungepflegt schaut, dementsprechend wird es ihm ergehen, ihre Ungepflegtheit wird ihm Leid, ihre Gepflegtheit Freude bringen.

◆ 125 ◆

*Über das Augenzwinkern nach der Lehre
der Perser und Ägypter*

Träumt jemand, er zwinkere einem Bekannten zu, wird er ihn in sein Geheimnis einweihen und ihm sein Geld und Gut anvertrauen, vorausgesetzt, der andere habe die Art und Weise seines Zwinkerns verstanden. Hat er einem unbekannten alten Mann[219] gewinkt und dieser den Wink verstanden, wird das Schicksal des Träumenden zum Besseren sich wenden, kennt er den Alten, wird der Traum sich für den Bekannten erfüllen. Winkt jemand einer feschen Frau zu und bekundet diese ihre Zuneigung, wird er über die Ernten seiner Felder beglückt sein, hat er keine, aus seinem Gewerbe Freude und Gewinn schöpfen.

◆ 126 ◆

*Über den Kaiser und das Kreuz
nach der Lehre der Inder*

Träumt einer, er trage ein Kreuz in eine Kirche oder in sein Haus, wird er von einem hochgestellten und mächtigen Herrn, vielleicht sogar vom Kaiser, große Freude erlangen und über seine Feinde siegen. Dünkt es einen, man habe ihm das Kreuz fortgenommen, wird er in arge Bedrängnis kommen und von seinem Feind unterjocht werden. Hat er das Kreuz wiederbekommen, wird er seinen Kummer von sich werfen.

Träumt einer, er finde das kostbare Holz des Kreuzes Christi[220] oder bekomme es, d. h. das ganze Kreuz, wird er Kaiser und der allerchristlichste Herrscher werden. Verehrt einer das Kreuz an einem ihm bekannten Ort, wird er vom Kaiser Freude und Reichtum erlangen und gerecht genannt werden. Begibt sich einer an den Ort, wo das Kreuz steht, wird er an den Kaiser eine Bitte richten; ist er wohlbehalten dorthin gekommen und hat er sein Begehren vorgetragen, wird auch seine Bitte erhört werden.

Träumt der Kaiser, er erwerbe ein neues, kostbares Kreuz, wird er einen Sohn zeugen, der einmal den Kaiserthron innehaben wird. Schenkt er seiner Gemahlin ein Brustkreuz, wird er ihr ein aufrichtiges Wort sagen, bald auch Nachkommen mit ihr zeugen; dieser Traum des Kaisers kann sich aber einzig und allein an der Augusta[221] erfüllen.

Ist an einem Ort, wo kein Kreuz stand, eines errichtet worden, wird bald danach ein neues Oberhaupt dorthin kommen; wohnen Christen am Ort, wird ein christlicher Römer über sie herrschen, wenn nicht, ein Andersstämmiger.

Träumt es einem, der Kaiser oder die Kaiserin komme unerwartet in sein Haus, werden bald Freude und Wohlstand dort einziehen, weil der Kaiser überall willkommen ist; erblickt jemand den Kaiser in seinem Ornat an einem ungewohnten Ort und ist der Kaiser ihm unbekannt, halte er ihn für einen Engel des Herrn, und alles bittere Leid am Ort wird sich in Freude und Heil wandeln; herrscht Krieg, wird der Kaiser siegen. Spricht einer mit einem bekannten Kaiser, halte er seine Worte, wenn er sich an sie erinnert, für unerschütterlich wahr, weil der Kaiser Christus gleicht[222] und niemals eine Lüge über seinen Mund kommt. Empfängt jemand vom Kaiser Geschenke, wird er reich werden und seine Seele retten. Erhält der Träumende gemünztes Gold[223] von ihm, wird er durch den Kaiser oder durch seine Glaubenshaltung in Verstrickung geraten.

Schaut der Kaiser einen seiner älteren Vorgänger oder den Herrscher eines fremden Landes, weist dieser auf Christus, und deshalb halte er alles fest, was dieser ihm sagt. Alle seine Worte verheißen Gutes; denn von Christus kommt nichts Böses.

Über die Frauen nach der Lehre der Inder

Erblickt jemand im Traum eine schöne, unbekannte alte Frau, bedeutet diese das Schicksal des Menschen; gibt er sich ihr hin, wird er so viel Glück haben, wie er Liebe von ihr erfuhr; wechselt er mit ihr nur vertrauliche Worte, wird er in dem Maße in allem seine Wünsche befriedigen, wie er der Frau angenehm war. Schaut er ein bekanntes altes Weib[224] von häßlichem Aussehen, wird ihm so viel Unheil widerfahren, wie er sich zu ihr hingezogen fühlte, ist das Weib schön, wird das Unheil geringfügiger sein. Auch ein unbekannter alter Mann, der wohlgestaltet ist, bedeutet das Schicksal des Menschen, ein bekannter meist das des Träumenden. Ein unbekannter junger Mann dagegen bezeichnet stets einen Feind; jedoch bedeutet ein bekannter junger Mann entweder diesen selbst oder eine ihm ähnliche Person oder einen Namensvetter.

Ein junges Mädchen[225] prophezeit großes Glück und Freude, je nachdem wie schön sie ist. Schaut jemand ein verschleiertes junges Mädchen, das mit ihm vertraute Worte wechselt oder spricht, wird er heimlich eine Freude und ein Glück erleben, das der großen Menge verborgen bleibt. Ebenso wird es ihm im Hinblick auf die übrigen Frauenspersonen ergehen; dabei weist die Verschleierung auf die heimliche Lust. Um es einfach zu sagen: Geht es um Liebesfreuden, ist die Deutung günstiger, wenn man von Jungfrauen träumt; dabei bringt eine unbekannte mehr Glück als eine bekannte. Auch verheißt eine, die auf Grund ihrer Schönheitspflege ein schönes Äußeres zeigt, mehr Glück und Freude als eine ungepflegte. Auch eine unbekannte Hetäre ist glückbringender als eine bekannte.

Je häufiger einer im Traum mit Hetären verkehrt, um so reicher wird er werden, wenn er ein Kind dieser Welt ist.[226] Frommen und Einsiedlern[227] bedeutet es Trübsal. Läßt sich jemand mit einer Dirne ein, wird er zwar seinen Reichtum vermehren, aber um den Preis schreienden Unrechts. Träumt einer, daß ein Bekannter seiner Frau beiwohnt, werden er, seine Frau und Angehörigen von dem Beischläfer reiche Geldmittel und jede nötige Hilfe bekommen. Hat letzterer seine Frau nur geküßt oder vertrauliche Worte mit ihr gewechselt, nicht aber mit ihr geschlafen, werden die Genannten nur schöne Worte als Hilfe von ihm zu hören bekommen. Schläft jemand bei einer schönen Frau, wird er im selben Jahr Freude und Reichtum erlangen. Ist die Frau unbekannt, wird ihm das Glück noch mehr gewähren.[228] Träumt einem, er schlafe mit einer Frau und entdecke an ihr männliche Geschlechtsteile, wird er im selben Jahr Freude und Glück haben und einen Sohn zeugen, der sein ganzes Geschlecht adeln wird. Dünkt es einen, seine oder eine andere Frau oder eine Konkubine, die mit ihm verkehre, trage schmutzige Kleider, wird er erniedrigt und von seinen Feinden unterjocht werden.

Träumt jemand, seine Frau, die guter Hoffnung ist, schenke einem Sohn das Leben, wird sie ein Mädchen gebären, der Träumende aber wird darüber sehr bedrückt sein; ist die Frau aber nicht schwanger und dünkt es ihn, sie gebäre einen Sohn, wird große Trübsal und Trauer über ihn kommen. Träumt er, seine Frau, die schwanger ist, gebäre eine Tochter, wird sie einem Sohn das Leben schenken, und der Träumende wird sich glücklich schätzen; ist die Frau aber nicht schwanger und träumt ihm, sie gebäre eine Tochter, wird er einen Schatz, Vermögen und Freude erlosen. Schaut einer, seine Frau oder er selbst sei schwanger, wird er neuen Reichtum gewinnen und in Freude schwelgen.[229]

Träumt jemand, er kaufe einen Sklaven von kleiner Statur, werden Sorge und Not ihn bedrücken; erwirbt er eine Sklavin auf dem Markt, werden ihm Freuden bevorstehen.

Träumt einer, ein anderer oder er selber säuge einen Knaben, wird er gefesselt und in den Kerker geworfen werden. Man muß aber wissen, daß Träume von Frauen, seien sie klein oder groß, Freude bedeuten, große oder kleine entsprechend ihrer Schönheit.

Alles, was ein kleines Kind träumt, geht für die Mutter in Erfüllung. Träumt ein Kind, es sei gestorben, wird die Mutter des Kindes Vollmacht bekommen, aber ihren Glauben verlieren. Träumt dasselbe, seine Mutter esse gebratenes Fleisch, wird diese dem lockeren Gewerbe nachgehen und, wegen des Gebratenen, mächtig ins Gerede kommen; auf Grund des Umstandes aber, daß sie das Fleisch gegessen hat, wird sich die Sache bewahrheiten. Schaut das Kind, seine Mutter esse rohes Fleisch, wird diese ohne allen Zweifel öffentlich Unzucht treiben.[230]

Über die Frauen nach der Lehre
der Perser und Ägypter

Träumt einer, er lasse sich mit einer alten Frau ein, wird er von einem Mächtigen, der schon bei Jahren ist, Macht erlangen; hat er sie aber nur um den Beischlaf gebeten oder ihr solches zu verstehen gegeben, sein Begehren aber nicht befriedigt, wird er sich in einer unmöglichen Sache abmühen, aber nichts ausrichten. Verkehrt einer mit einem bekannten Eunuchen oder mit einem jungen Mann, wird er ihnen sein Geheimnis anvertrauen und ihnen wohlwollen. Ertappt man ihn bei den Genannten, wird sein Geheimnis in die Öffentlichkeit gezerrt werden. Träumt einer, der Ackerland besitzt, er schlafe bei einer schönen Frau, wird er auf vielfältige Weise Freude an seinen Feldern haben, besitzt er keine, ein schönes, weites Stück Land erwerben.[231] Träumt der Kaiser, er verkehre mit einer Jungfrau, wird sein Sehnen und heißester Wunsch in Erfüllung gehen; ein Mann von geringer Geburt wird reiche Mittel von der Obrigkeit erlangen, die aber Angst einflößen.

Sieht der Kaiser oder ein Fürst eine elegant gekleidete Frau in seinem Palast, seine eigene oder eine fremde, und dünkt es ihn, er scherze und verkehre mit ihr, wird er ein Jahr erleben, das in allem nach seinem Wunsch verläuft. Greift er nach ihren Brüsten und preßt Milch heraus, wird er sich in jenem Jahr eine große Freude verschaffen, aber auch die Frau wird die Gesellschaft des Geliebten genießen; ein gemeiner Mann wird in seinem Gewerbe ein gutes Jahreseinkommen erwirtschaften, ein Sklave bald die Freiheit erlangen,[232] ein Armer zu Vermögen kommen.

Träumt der Kaiser, er schlafe bei einem bekannten Freudenmädchen, wird er sich Freude verschaffen, sie aber niemanden merken lassen, ein Mann aus dem Volk wird sein Glück machen und sein gutes Auskommen finden. Dünkt es den Kaiser oder einen Fürsten, er habe mit einer verheirateten Frau ein Liebesverhältnis, wird er ihr Geschlecht adeln, mit reichen Gaben ausstatten und ihrem Mann einen so hohen Rang verleihen,[233] wie das Gerücht von dieser Liebschaft[234] weit und breit in der Öffentlichkeit bekannt wurde; hat ein einfacher Mann diesen Traum, wird die Familie der Frau von dem Beischläfer Vorteile haben; ein Armer wird von der besagten Frau reichlich bedacht werden.

Träumt dem Kaiser, seine Gemahlin sei schwanger und fülliger geworden, wird er Gold in seinen Schatzkammern aufspeichern, doch werden Sorgen und Kummer nicht ausbleiben; ein gemeiner Mann wird in seinem Gewerbe Hervorragendes leisten. Dünkt es den Kaiser, die Augusta habe einen Knaben geboren, wird er einen Drohbrief[235] von seinen Feinden erhalten; einen einfachen Mann werden Sorgen, Drangsal und Krankheit peinigen. Träumt der Kaiser, die Augusta habe einem Mädchen das Leben geschenkt, wird er Schätze fremder Könige aufspüren und seinen Feind niederwerfen. Kommt es ihm vor, als sei er selbst schwanger geworden, wird sein Kriegsvolk an Schlagkraft gewinnen und andere Reiche erobern. Träumt ihm, er habe wie eine Frau geboren, einen Sohn oder eine Tochter, wird er eines seiner Herrschaftsgebiete und ein großes Heer im Kampf gegen seine Feinde verlieren und in Not und Sorgen fallen; schaut dies ein Mann von niederem Stand und dünkt es ihn, er säuge das Neugeborene, wird er von der Obrigkeit bestraft und drangsaliert werden.

Träumt der Kaiser oder ein Fürst, er bekomme viele junge Mädchen für seinen Palast, wird er fremden Reichtum gewinnen und so viele Jahre in Freude leben, wie die Zahl der Mädchen beträgt; sind es deren gar viele, bedeutet es Monate. Schaut dies ein gemeiner Mann – was ungewöhnlich ist –, wird er viel Geld, aber auch Sorgen haben.

Alles, was noch nicht erwachsene Kinder im Traum sehen, wird auf die Eltern gedeutet, und zwar die Gesichte von Knaben auf die Mutter, von Mädchen auf den Vater.

Träumt jemand, seine Frau sei als Hure ertappt worden, wird diese erkranken und sich den Haß ihres Mannes zuziehen; ist ihr Verführer dem Träumenden bekannt, wird dieser ihn um Gnade bitten und Gnade bei ihm finden, kennt er ihn nicht, ist es sein Feind, der ihn versklaven wird. Dünkt es einen, seine Tochter sei von einem bekannten Ehebrecher entführt worden, wird der Entführer den Vater des entführten Mädchens arglistig bestehlen, ist der Entführer unbekannt, wird sein Feind ebenfalls sich an seinem Vermögen vergreifen.

Die Mutter oder Schwester zu beschlafen bedeutet, man werde einem, der es nicht wert ist, wohlwollen, deshalb harte Vorwürfe einstecken und seine Tat bereuen. Kauft jemand ein junges Mädchen und erwählt es zu seiner Lebensgefährtin, weil er Gefallen an ihr gefunden und es liebgewonnen hat, wird er zu früher erworbenen Rechten noch andere gewinnen.

Stattet einer seine Frau mit einem Kleid aus, dessen Kosten seine finanziellen Verhältnisse übersteigen, wird er seiner Stellung und seinem Beruf höheres Ansehen geben. Schmückt er ihre Arme mit goldenen Ringen, wird sie schwer erkranken und in Bedrängnis kommen. Setzt einer seiner Frau einen Kranz von reinem Gold auf, drohen ihm Krankheit und Leid; denn das Haupt der Frau ist der Mann.[236] Ist der goldene Kranz mit Perlen und Edelsteinen geschmückt, wird seine Krankheit weniger schwer sein, und er wird wegen der Edelsteine und Perlen wieder Freude an der Welt gewinnen. Steckt er seiner Frau Fingerringe an, so wird ihr beider Wunsch sich erfüllen. Träumt eine Frau, sie habe ihren Kranz verloren oder zerbrochen, wird sie bald zur Witwe; bekommt sie einen anderen Kranz, wird sie einen anderen Mann heiraten. Verliert sie ihre Fingerringe, wird sie um ihr Vermögen kommen und in Armut sterben, sind es die Armringe, aus Not ins Glück wechseln. Kleidet jemand seine Frau in rote Gewänder, wird er Freude erleben und einen Sohn zeugen. Träumt eine Frau, sie trage Männerkleidung, jedoch keine Schuhe, wird sie einen Knaben gebären, falls sie schwanger geht; ist das nicht der Fall, wird sie einen Mann nehmen; denn die Schuhe bedeuten bei allen ihren Handlungen Drangsal und Beklemmung. Ist sie verheiratet, wird sie wegen eines Knechtes mit dem Mann in Streit geraten. Dünkt es sie, ihr Mann habe ihr neuerlich Ohrringe geschenkt, wird sie einer Tochter das Leben schenken, wenn sie schwanger geht, wenn nicht, empfangen und eine Tochter gebären;[237] ist sie ledig, wird sie zu ihrem Vergnügen eine Magd erwerben. Träumt sie, ihre Ohrringe seien in Stücke gegangen, wird ihre Tochter oder ihre vertraute Magd erkranken; sind die Ohrringe verlorengegangen oder gestohlen, wird sie wegen ihrer Tochter oder ihrer Magd Trübsal leiden.

◆ *129* ◆
Über die Hochzeit nach der Lehre der Inder

Träumt einer, er rüste ein Hochzeitsmahl, wird er für die Geheimnisse seiner Macht die Hilfe von Freunden in Anspruch nehmen. Schenkt er ihnen Wein ein, wird er Schaden von ihnen erleiden.

Bringt er Zymbeln, Harfen[238] und Tänzer herbei, werden Trübsal und Jammer über ihn kommen. Läßt er zum Hochzeitsmahl brennende Kerzen aufstellen, wird er Macht gewinnen und sie mit anderen teilen. Ertönen bei Kerzenschein süße Lieder, wird er lange leben und entsprechend dem Wohlklang des Gesangs über seine Macht frohlocken.

◆ 130 ◆
Über die Hochzeit nach der Lehre der Perser und Ägypter

Träumt einer, er habe zahlreiche Gäste zu seiner Hochzeit geladen, werden ihm entsprechend deren Zahl viele Gefolgschaft leisten und von ihm gefördert werden. Hat er auch allerlei Kurzweil und Harfen dabei, wird er Botschaften zu hören bekommen, die ihn bedrücken. Salbt er seine Gäste mit verschiedenen Ölen, wird er sich bei den Leuten entsprechend dem Wohlgeruch einen guten Namen machen. Beräuchert er seine Freunde mit Wohlgerüchen, wird er schlimme Anordnungen treffen und sie entsprechend dem Wohlgeruch durchsetzen. Träumt er, er mische viele süße, duftende Weine, wird er den Gästen seine Machtfülle zu kosten geben und sie reich beschenken. Beschläft er die Frau, mit der er Hochzeit feiert, wird er all sein Begehren befriedigen; hat er sich aber nur an ihre Seite gelegt, ohne sie zu berühren, wird er in seiner Geschäftstätigkeit mit Schwierigkeiten und Untätigkeit zu kämpfen haben.

◆ 131 ◆
Über Tote, Tod und Bestattung nach der Lehre der Inder

Träumt jemand, er sei gestorben, so bedeutet der Tod den Verlust des Glaubens, aber auch ein langes Leben. Dünkt es einen, er sei begraben worden, so weist das Begräbnis auf die Endgültigkeit seines Verderbens und die Unfähigkeit zur Umkehr. Wird er ohne die üblichen Zeremonien und Trauergesänge beigesetzt, zeigt das noch Hoffnung auf Heil an.

Träumt jemand, ein längst Verstorbener sei wieder lebendig und sage: „Ich bin nicht gestorben, sondern lebe", und ist der Träumer darüber verwundert, so bedeutet solches Bekenntnis das Heil des Toten, das sich auf Grund der Heiligen Schrift erfüllt, wo es heißt: „Gott ist kein Gott der Toten, sondern der Lebenden."[239] Deshalb ist ein Toter, von dem man träumt, daß er lebt, selig, ein Lebender, aber, von dem man träumt, er sei tot, auf ewig verdammt.

Träumt einer, er sei gestorben, obwohl er lebe, und werde auf einer Bahre hinausgetragen, wird er zwar seinen Glauben aufkündigen, aber im Rang so weit erhöht werden, daß er das Volk führt und sich untertan macht entsprechend der Zahl derer, die ihm das letzte Geleit gaben; doch bleibt noch Hoffnung auf Sinnesänderung, weil er noch nicht begraben ist. Schaufelt jemand sein eigenes Grab, wird er sein Herz zur Umkehr wenden und sich im Himmel eine Wohnung bereiten.[240] Zu träumen, man sei noch nicht gestorben, werde aber schon begraben, kündigt Fesseln, Kerker und Drangsal an.[241]

Träumt jemand, er sei an einem unbekannten Ort eingekerkert, wird er bald sterben; denn niemand kennt den Ort, wo die Seelen der Toten weilen werden. Kennt der Träumer aber den Ort seiner Einkerkerung, wird er Qual und Drangsal dieser Welt erfahren.

Bekommt jemand von einem Toten ein weltlich Ding, wird er zeitliche Güter und Zuwachs an Reichtum erlangen. Redet der Tote mit ihm oder unterweist[242] er ihn in Glaubensfragen, wird der Träumende Gnade in seinem Glauben finden, weil der Tote auf die jenseitige Welt deutet. Gibt einer einem Toten zu essen oder zu trinken, wird er erkranken und sein Geld verlieren. Schenkt er dem Toten neue Kleider, die noch kein anderer getragen hat, wird er schwer erkranken und seinen Besitz schmälern. Bekleidet er ihn aber mit Kleidungsstücken, die er selber getragen und abgelegt hat, oder hat er nur die Absicht, es zu tun, wird der Spender bald sterben;[243] derjenige aber, der solches nur tun wollte, wird ebenso enden, aber nicht gar so bald.

Träumt jemand, er trage einen Toten fort, ohne ihm die letzten Ehren zu erweisen, wird er sich schändlich auf unehrliche Weise bereichern; erweist er ihm aber die letzten Ehren, wird er einem mächtigen Fürsten Gefolgschaft leisten, ihm dienen und seine Gunst erlangen. Dünkt es einen, er nehme einen Toten auf, spreche mit ihm, küsse[244] oder berühre ihn, wird er lange leben, doch häufig von Krankheiten geplagt sein. Träumt es einem, daß der Verstorbene freundlich auf ihn zukomme, wird er dessen Seele wohltun, und der Tote wird es verspüren, aber der Träumende wird auch dessen Erben auf Erden Gutes tun. Weist der Tote den Träumer mit bösen Worten von sich, wird dieser dessen testamentarische Wünsche nicht erfüllen, aber aus Gottesfurcht seinen Fehler wiedergutmachen. Liegt jemand wie ein Toter unter Toten im Grabe, wird er eine weite Reise[245] unternehmen, sich mit Ungläubigen verbrüdern und seinen Glauben beflecken. Dünkt es ihn aber, er liege lebendig unter Toten, wird er unter Ungläubigen als Fremder leben, seinen Glauben aber nicht beflecken.

Schaut jemand einen Toten, der wieder aufgelebt ist, in schmutzigen Kleidern oder Not und Drangsal leiden, so wird dieser gerichtet werden..., und so wird sich der Traum erfüllen. Träumt einer, ein ihm bekannter Verstorbener sterbe zum zweitenmal, wird der Träumende eine Frau nehmen.

Dünkt es jemanden, ein Toter rufe ihn heimlich, wird der Lebende ihm folgen, wenn er dessen Stimme erkennt. Schleppt der Tote ihn fort und verläßt ihn dann irgendwo, wird auch er bald dahingehen. Träumt einer, er schleppe einen Toten fort, sie kämen beide an einen unbekannten Ort, der Träumende kehre aber nicht um, wird er schnell sein Leben enden; ist er aber umgekehrt, wird er schwer erkranken, jedoch nicht sterben. Dünkt es ihn, der Tote fordere ihn auf, mit ihm zusammen auf sein Landgut oder zu seinem Grabmal[246] zu gehen, wird er sterben, aber nicht gar so bald. Schleppt der Tote ihn gewaltsam oder sonstwie fort, wird auch er sterben, aber nicht so bald. Ruft jemand einen Toten zu sich, der ihm zunächst folgt, dann aber wieder verschwindet, wird der Träumende unter den Zwang eines Machthabers geraten, aber wieder freikommen.

Tritt einer in die Fußstapfen eines Toten, wird er in jeder Hinsicht dessen Spur folgen und nach einem kurzen Leben sterben. Verkehrt einer geschlechtlich mit einem bekannten Verstorbenen, wird er dessen Erben Gutes erweisen, wenn mit einem unbekannten, einen Feind niederringen, der große Macht besitzt. Träumt jemand, ein Toter wohne seiner Frau oder Tochter bei, werden dessen Erben es ihm mit Dank und Lohn vergelten.

Schaut einer einen Toten, der wieder lebendig geworden ist und schläft, so bedeutet der Schlaf dessen ewige[247] Ruhe und Seligkeit. Erblickt jemand einen Toten von häßlicher Gestalt, schmutzig gekleidet, in Lumpen oder voller Staub, weist all das auf Marter und Drangsal des Toten und auf die Verurteilung seiner Taten.

Schaut einer einen Toten, der leidet, so wisse er, daß dieser vor Gott wegen seiner Missetaten Rechenschaft ablegen muß. Klagt der Tote über heftige Kopfschmerzen, hat er sich für sein Verhalten gegenüber seinem Vorgesetzten, gegenüber Vater, Mutter oder dem Landesfürsten zu verantworten und dafür zu büßen, daß die Genannten ihm Vertrauen schenkten, er aber es mißachtete. Klagt er über Halsschmerzen, hat er Rechenschaft über sein Leben und seine Schulden abzulegen, schmerzen ihn die Arme, über seine Brüder, wenn die Hände, über seine treuen Knechte, wenn Schultern und Rippen, über seine Frauen; klagt der Tote über Bauchschmerzen, hat er sich für seine Kinder und die Vernachlässigung seines Hauswesens zu verantworten, wenn über die Schenkel, für die nächsten Verwandten, wenn über Bein- und Fußschmerzen, für seine treuen Knechte und sein Geld. Diese Deutung gilt in den genannten Fällen ohne jede Ausnahme und unumstößlich.

◆ *132* ◆
Über Tote, Tod und Bestattung nach der Lehre der Perser und Ägypter

Träumt einer, er sei gestorben, wird er einem mächtigen Fürsten dienen und klingenden Lohn erlangen, aber scheele Blicke auf anderer Leute Reichtum werfen. Dünkt es ihn, er sei bestattet worden, wird er so viel Geld gewinnen, wie Erde über ihn geworfen wurde. Zu träumen, man erkranke und werde von jedermann aufgegeben, verheißt Reichtum, aber einen geschmälerten. Dünkt es einen, er oder ein anderer Verstorbener sei wieder lebendig, wird er zwar viel Geld verdienen, aber seine Macht verlieren; der Kaiser wird nach diesem Traum von Drangsalen, Zwängen und Kriegen erlöst werden und Siege erringen, ein gemeiner Mann keinem Herrn mehr botmäßig sein und wohlhabend werden. Dünkt es den Kaiser, er sei gestorben oder er bekomme von anderen die Nachricht, daß er gestorben sei, werden ihm Freude und ein langes Leben winken, doch wird er seine Pferde verlieren. Wird jemand wie ein Toter auf einer Bahre hinausgetragen, so weist letztere auf eine mächtige Person und der Umstand, daß der Träumer auf den Schultern fortgetragen wurde, auf seine bevorstehende Erhöhung und auf ein langes Leben; ein Armer darf nach diesem Gesicht auf ein Dasein in gesicherten Verhältnissen hoffen. Schaufelt jemand sein eigenes Grab, wird er das hohe Ziel, das er sich im Leben gesteckt hat, erreichen und reich werden. Wird einer lebendig begraben, wird er auf lange Zeit in seinem Beruf in große Bedrängnis geraten. Dünkt es einen, er werde in den Kerker geworfen, wird er, falls er eine Reise plant, diese aufgeben, andernfalls in allen seinen Bemühungen auf Hindernisse stoßen.

Träumt einer, er bekomme etwas von einem Toten, wird er beim Landesfürsten Unterstützung finden, aber auch erkranken. Hat ihm der Tote freundliche Worte gesagt, wird er von der hohen Obrigkeit eine gnädige Antwort bekommen.

Träumt der Kaiser, er rede mit einem der schon verstorbenen Herrscher oder geleite ihn, wird er durch ungeschlachte,[248] unbekannte Feinde in Kriegsnot geraten, aber schließlich doch siegen.

Ringt oder kämpft einer mit einem Toten, der ihm bekannt ist, wird er, falls der Tote siegt, vom Landesfürsten gestraft werden und erkranken,[249] unterliegt jener, keine Furcht mehr vor dem Fürsten haben und Mut beweisen. Träumt der Kaiser, er ziele mit dem Bogen auf einen Toten und treffe ihn, wird er seine Leute gegen einen ungeschlachten, unbekannten Feind ins Feld schicken und ihn aufreiben; verfehlt er das Ziel, tritt das Gegenteil von dem Gesagten ein.

Nimmt jemand von einem Toten etwas an sich, was diesem gehört, wird er entsprechend dem Gegenstand vom Landesfürsten Gewinn haben. Gibt einer im Traum einem Toten sein Gewand oder seine Schuhe und nimmt der Tote die Schuhe an, wird er seinen geringsten Knecht durch den Tod verlieren; gibt er ihm ein Untergewand oder Hemd, wird seine Tochter sterben; schenkt er ihm einen Chiton[250] oder eine Diploïs,[251] wird er seine Frau oder eine nahe Verwandte zu Grabe tragen; überläßt er dem Toten eine Toga[252] oder ein Skaramangion, wird seine Frau bald sterben, wenn einen Turban oder ein Kamelaukion,[253] er selber; ist es der Lendenschurz, den er verschenkt, wird der Tod seine Kinder oder, ist er kinderlos, die engsten Verwandten dahinraffen. Diese Deutung trifft für jedermann zu, auch für den Kaiser.

Träumt der Kaiser, er trage einen Toten hinaus, um ihn zu bestatten, wird er von seinen Feinden geknechtet werden und einen Unwürdigen unter seiner Herrschaft erhöhen; ein gewöhnlicher Mann wird hohen Herren dienen und ihnen Gefolgschaft leisten. Nimmt einer aus einem Grab Fleisch oder Gebein, wird er vom Landesfürsten Geld bekommen, das Angst einflößt.

Träumt jemand, er werde lebendig in ein Grab eingeschlossen, wird er entsprechend dem Modergeruch von der Obrigkeit gestraft werden. Stirbt er daselbst, wird er seinen Glauben ändern und zusammen mit denen, die ihn bestraften, erhöht werden. Träumt jemand, er sei gestorben und lebe wieder auf, wird er von großer Angst erlöst werden, aber in die äußerste Bedürftigkeit fallen.

Verkehrt einer mit einer toten, schön gekleideten Frau, wird er die Frau eines Mächtigen beschlafen. Dünkt es einen, er habe das Haus eines Verstorbenen geerbt, wird er des Landesfürsten Gunst und hohe Gewalt erlangen. Nimmt ein Armer oder gemeiner Mann die Haare eines Toten an sich, wird er reich werden; der Kaiser wird Kriegsvolk und Macht anderer Herrscher mit starkem Arm an sich ziehen, je nachdem, ob er viel oder wenig Haar genommen hat.

Träumt der Kaiser, man bringe einen Toten in seinen Palast, wird er einen Mächtigen in Fesseln legen. Bringt man ihm Köpfe von Kriegsgefallenen, wird er führende Häupter feindlicher Völker in seine Gewalt bringen. Träumt ein gemeiner Mann, er haue den Kopf eines Toten ab und trage ihn fort, wird er mit Furcht und Zittern reiche Geldmittel vom Landesfürsten bekommen.

Träumt eine Frau, sie besuche Gräber oder spreche mit einem Toten, wird sie ihren Mann betrügen; ist sie unverheiratet, wird sie das Leben einer Hure führen.

◆ *133* ◆
Über Unzucht mit Tieren nach der Lehre
der Inder

Treibt jemand mit einem bekannten Tier Unzucht, wird er einem Unwürdigen Gutes erweisen, einem Menschen, der keinen Dank kennt, kein anerkennendes Wort findet, keinen Lohn von Gott bekommt; ist das Tier unbekannt, wird er einen mächtigen Feind unterwerfen, danach ihm Wohltaten erweisen, aber keinen Dank finden. Wohnt jemand einem wilden Tier bei, wird er sich einem mächtigen Feind gefügig machen entsprechend der Stärke und

Größe des Tieres. Dünkt es ihn, das Tier wohne ihm bei, wird er von einem Feind einen großen Vorteil haben entsprechend der Stärke und Größe des Tieres. Auch abgesehen von der Unzucht mit Tieren gilt allgemein: Verkehrt der Träumende mit jemandem geschlechtlich, wird er dem Partner Gutes erweisen.

◆ 134 ◆
Über Unzucht mit Tieren nach der Lehre der Perser und Ägypter

Läßt sich jemand mit einem Tier ein, wird er sich gegen einen dummen, gesetzlosen und fremdländischen Menschen auflehnen und ihn erniedrigen. Verkehrt einer mit einem Vogel, der zu der Gattung der eßbaren gehört, wird er von jemandem einen Gefallen bekommen, aber zugleich einen schlechten Ruf sich zuziehen; ist das Fleisch des Vogels ungenießbar und dieser krummschnäbelig, wie z. B. der Adler und ähnliche Vögel, wird er entsprechend der Natur des Vogels mit einem hohen Herrn Freundschaft schließen und großen Nutzen aus dessen Reichtum ziehen.

◆ 135 ◆
Über den Kuß nach der Lehre der Inder

Träumt einer, er küsse jemanden aus Liebe und Zuneigung, wird er demselben aus Liebe Gefälligkeiten erweisen; tut er es aber, um intim mit ihm zu verkehren, wird der, der geküßt hat, von dem anderen Gutes erfahren. Küßt jemand einen anderen auf den Hals, wird der Liebkosende dem anderen gefällig sein, wenn auf die Schulter, seinen Frauen, wenn auf den Arm, seinem Bruder oder getreuen Knecht. Entsprechendes gilt, wie schon gesagt, von den übrigen Körperteilen. Küßt jemand einen bekannten Verstorbenen, wird er dessen Seele oder dessen Erben Gutes tun, wenn einen unbekannten Verstorbenen, einem Fürst Dank abstatten, ihm aber auch dienen.

Über den Kuß nach der Lehre
der Perser und Ägypter

Träumt jemand, er küsse einen Bekannten, der ihm feind ist, um sich mit ihm zu versöhnen, wird er ihm noch mehr feind sein; ist er nicht dessen Feind, wird er ihn in sein Geheimnis einweihen. Küßt jemand einen Toten,[254] wird er, sei er, wer er wolle, Kaiser oder gemeiner Mann, so krank werden, wie er beim Küssen des Toten Liebe empfand. Liebkost jemand ein Tier, wird er Gewinn und Glück in seinem Leben haben, wenn einen Affen oder ‚Nachäffer‘, einen verschlagenen, aber machtlosen Feind kennenlernen, der Liebe nur vortäuscht. Küßt jemand einen nahen Verwandten, wird er ihm entsprechend der Zuneigung, die im Kuß ihren Ausdruck fand, wohlwollen.

Über das Erbrechen nach der Lehre
der Inder

Träumt der Kaiser, er erbreche aus freiem Willen und ohne Beschwerden, wird er seine Entscheidungen und Verträge, die er mit anderen Völkern traf, widerrufen; einem gemeinen Mann wird in seinem Beruf alles verquer gehen. Träumt ein Frommer oder Einsiedler,[255] er erbreche unfreiwillig und unter Schmerzen, wird er vom geraden Weg zu Gott abweichen; von einem einfachen Mann wird man hart zurückfordern, was er mit unlauteren Mitteln zusammengerafft hat. Erbricht einer nur die Speisen, die er gegessen, wird er sich von Bosheit und Bitterkeit nicht ohne Verlust oder Schaden freimachen. Will jemand mit Hilfe eines Trunks sich gewaltsam erbrechen, vermag es aber nicht, wird der Landesfürst ihn mit Geldforderungen unter Druck setzen, er wird aber kein Geld einbüßen noch zahlen, sondern Lohn von Gott bekommen.

Über das Erbrechen nach der Lehre
der Perser und Ägypter

Träumt einer, er erbreche Speisen,[256] wird es in seinem Haus Krach und Streit um Geld und Gut geben; denn alles, was der Bauch einschließt, bedeutet des Hauses Geld und Gut. Spuckt einer Blut, wird er wider Willen so viel Gold einbüßen, wie er Blut von sich gegeben hat; speit jemand nur Wasser, bedeutet auch dies Geldverlust; Auswurf von Galle verheißt Befreiung von Krankheit,[257] freilich um den Preis von Ausgaben; gibt einer Speis und Trank von sich, bedeutet auch dies Geldverluste.

◆ *139* ◆
Eine Frage

Eine Frau wandte sich einmal an den Traumdeuter Sirin und sagte: „Was wird mir geschehen? Mir träumte in dieser Nacht, daß ich wie ein Priester oder Geistlicher für das Volk betete." Sirin fragte: „Zu welcher Stunde hattest du den Traum?" Sie erwiderte: „Nach Mittag, um drei." Er entgegnete: „Drei Monate werden vergehen, dann wirst du dich von deinem Mann trennen, dem lockeren Gewerbe nachgehen, schwanger werden und ein Kind gebären." Und so kam es auch.

◆ *140* ◆
Über Purgiermittel nach der Lehre der Inder

Träumt einer, er nehme wegen einer Krankheit eine Arznei, wird er Läuterung in seinem Glauben finden; nimmt er sie aber, ohne krank zu sein, bedeutet es eine Vorsorge für die Erhaltung der Gesundheit und eine Abrundung des Vermögens entsprechend der Wirksamkeit der Arznei. Nimmt einer ein Abführmittel und entleert mächtig den Darm, wird er so viel Geld ausgeben, wie er Exkremente ausgeschieden hat; ist das Mittel ohne Wirkung, wird er in eine arge Zwangslage kommen und sie nicht bewältigen; spuckt er das Abführmittel wieder aus, wird er von des Landesfürsten peinlicher Strafe befreit werden.

Über Purgiermittel nach der Lehre
der Perser und Ägypter

Träumt jemand, er nehme ein Abführmittel, wird er durch Zank und Streit sein Geld verlieren. Schaut dies der Kaiser, wird er seine Schatzkammern leeren, um die Feinde niederzuwerfen; hat er die Krankheitsursachen beseitigt, wird er seinen Feind vernichten, wenn nicht, Plagen und Widrigkeiten von seinen Gegnern erdulden. Dünkt es eine Frau, sie führe ab, wird sie die Leibesfrucht, mit der sie geht, schädigen und kein Kind mehr gebären; ist sie nicht schwanger, wird sie auf Verhütung der Empfängnis sinnen, um sich dem lockeren Gewerbe zu verschreiben, und ihre Absicht erreichen. Macht jemand eine Reinigungskur und scheidet eine Menge Exkremente aus, so daß er sehr matt wird, wird er infolge von Krankheit und Not an den Bettelstab kommen.

Greift einer zu einem tödlich wirkenden Mittel und zeigen sich als Folge davon Blutflecken oder andere Merkmale an seinem Körper, wird er, sei er, wer auch immer, von seinen Feinden gedemütigt werden. Nimmt einer ein Mittel und fallen ihm davon alle Haare aus, wird er entsprechend dem Haarausfall verarmen; ist es der Kaiser, wird er mit List einen Feind vernichten entsprechend der Stärke seiner Streitmacht. Hat jemand ein Medikament eingenommen und ist dadurch wie ein Schlauch aufgeschwollen, wird er das Geld eines Feindes an sich bringen, jedoch um den Preis mächtiger Furcht vor der Obrigkeit, je nachdem, ob die Schwellung groß oder klein gewesen ist. Träumt einer, er nehme ein Mittel ein, seine Nägel fielen davon aus und er werde sehr mager, drohen ihm Krankheit und Strafe seitens des Landesfürsten, und worin einer erfolgreich tätig ist, darin wird er Schiffbruch erleiden. Greift jemand zu einer Arznei, um die Wirkung eines gefährlichen Mittels abzuschwächen, und hat er Erfolg, wird er durch Vermittlung und Fürsprache eines anderen aus seiner Notlage befreit werden; hat die Arznei keine Wirkung, wird das Gegenteil eintreten.

Über den Besitz von Haus und Hof
nach der Lehre der Inder

Träumt einer, er sei Herr über ein bekanntes, fest umgrenztes Stück
Land, wird er entsprechend der guten Erdscholle eine schöne Frau
finden; ist das Land aber nicht fest umgrenzt, sondern unermeß-
lich weit, werden ihm unermeßlicher Reichtum und Freude winken. Erblickt er in dem fest umgrenzten Land auch Wiesen und
grüne Felder, wird die Frau von einzigartiger Schönheit und Glau-
bensstärke sein. Wenn er in diesem Land Äcker schaut, die mit
leuchtendheller, reifer Gerste[258] besät sind, zeigt es Vermögen und
Gesundheit an; ist es einzig mit Weizen bestellt, bedeutet es mit
Sorgen und harter Arbeit verdientes Geld, weil das Korn erst durch
Mahlen, durch das Backen und anderes mehr bereitet werden muß,
ehe es zu Brot wird; trägt das Feld Hülsenfrüchte,[259] zeigt es Mühsal und Strafe an, wenn Sesam und Kolbenhirse, sagenhaften
Reichtum, der leicht zu gewinnen und mit großer Freude gepaart
ist. Baut einer auf dem Grund und Boden Häuser, verheißt es Zuwachs an Hab und Gut und eine gute Haushaltung; einem, der
kein Land besitzt,[260] oder einem Einsiedler prophezeit es ein hohes
Maß an seelischen Kräften.

Träumt einer, er komme in ein unbekanntes, ebenes, weites und
großes Land, wird er in die Fremde ziehen, aber wohlbehalten
zurückkommen, weil das Land eben ist.[261] Gräbt er das Land um
und ißt er von dem ausgehobenen Erdreich, wird er von der Reise
so viel Geld heimbringen, wie er Erde gegessen hat. Dünkt es einen, es befinde sich in diesem Land eine Grube, er stürze hinein
und werde verschüttet, wird er unter die Räuber fallen und umkommen; herrscht aber in der Grube nicht völlige Finsternis, sondern
dringt noch ein Lichtschein hinein, wird er zwar unter die Räuber
fallen, aber nicht des Todes sein, sondern die Heimat wiedersehen.
Ist die Grube nicht allzu groß, zeigt der Sturz in dieselbe das Anrük-
ken von Räubern und eine Drangsal an, die der Größe und Tiefe
der Grube entspricht. Gräbt jemand auf seinem Grund und Boden
nach Wasser, findet aber keines, wird er andere hintergehen, aber
selbst in Bedrängnis geraten; stößt er auf reichlich Wasser, wird er,
wenn es der Kaiser ist, der Wasserader vergleichbar, einen Goldschatz finden, auch wird ihm ein Erbe geboren werden; ein gemei-

ner Mann wird herrlich und in Freuden leben, wenn das Wasser klar ist. Hat er den Brunnen nur für sich allein angelegt, wird er allein dessen Nutznießer sein; läßt er auch andere daraus schöpfen, wird er auch seiner Sippe nützlich sein.

Entsprechend bedeuten Neubauten Zuwachs an Hab und Gut, baut einer nur für sich allein, wird er sein eigenes Hab und Gut vermehren, tut er es auch zu Nutzen anderer, wird er viele andere mit seinen reichen Mitteln fördern. Träumt einer, sein Haus sei größer, fester und lichter geworden, zeigt es Freude und irdischen Reichtum an; einem Einsiedler prophezeit es die Fülle beschaulichen Lebens. Entsprechend bedeuten Schäden am Haus für jeden von ihnen Unheil.

Träumt jemand, es öffneten sich plötzlich in seinem Haus unbekannte Türen und Tore, wird er aus der Welt scheiden und seine Seele aus dem Leibe fahren, auf natürliche oder unnatürliche Weise. Öffnen sich die Türen und Tore nach dem Innern des Hauses, bedeutet es den Untergang seines Geschlechts; wenn nach außen, den eigenen Tod oder den der nicht blutsverwandten Hausgenossen.

Träumt einer, die Erde spreche und rede mit ihm, wird alle Welt in dem Maße, wie es ans Wunderbare grenzt, daß die Erde reden kann, über die Glücksgüter und den Segen sich verwundern, der dem Träumer zufließt; der Kaiser wird nach diesem Gesicht lange leben und auf wunderbare Weise ohne Krieg seine Feinde unterwerfen und ihr Land in Besitz nehmen. Erinnert sich einer, daß die Worte der Erde weltliche Dinge betrafen, wird die Freude, die sie bedeuten, gewiß für ihn in Erfüllung gehen, mahnten sie aber wegen Sünden und Vergehen, so sind ohne Zweifel letztere gemeint; der Träumende soll deshalb Gott fürchten und von seinen bösen Taten ablassen. Erinnert er sich nicht mehr an die Worte, wird die angedeutete Freude und Erwartung von Leib und Seele geringer sein.

Träumt jemand, er besitze ein ebenes, weites Land, in dessen Mitte sich ein Berg erhebt, so bedeutet dieser, seiner Höhe entsprechend, einen hochgestellten Herrn und alles um den Berg herumliegende Land dessen reichen Besitz; der Träumer wird also entweder den Hochgestellten samt seinen Gütern in seine Gewalt bringen oder ihm Gefolgschaft leisten, mit ihm zusammenleben und viel Gutes von ihm erfahren, wobei er in allem ihm untertan ist. Hat er sich nur seitlich von dem Berg angesiedelt, ohne ihn zu besitzen, wird er sich dem erwähnten hohen Herrn anschließen und unter dessen Schutz stellen, aber nur so viel Schutz genießen, wie er dem Berg nahegekommen ist.

Träumt der Kaiser, sein Land sei um die Hälfte kleiner geworden, wird ihm sein halbes Reich von Feinden entrissen werden, und er selbst wird bald sterben; einem gemeinen Mann droht Bettelarmut und ein baldiger Tod. Dünkt es einen, sein Grund und Boden sei um ein Stück kleiner geworden, drohen ihm, sei er, wer er wolle, Beklemmung, Not und Elend. Widerfährt solches dem Besitz eines anderen bekannten Grundherrn, wird dieser der Leidtragende sein, ist er aber nicht bekannt, der Träumer selbst. Träumt der Kaiser, sein Land habe sich gespalten und sei größer geworden, wird er lange leben und das Land seiner Feinde in Besitz nehmen, ein gewöhnlicher Mann wird sein Vermögen und seine Einnahmen verdoppeln; ist nur ein Stück des Grundes und Bodens doppelt so groß geworden, wird auch des Träumers Gewinn entsprechend sein.

◆ *143* ◆
Über den Besitz von Haus und Hof
nach der Lehre der Perser und Ägypter

Träumt der Kaiser, er habe ein Land bekommen, das dicht bewachsen, waldreich, schattig und bewässert ist, wird er über Länder, Menschen, Sippen und deren Reichtum gebieten: über Menschen wegen der Bäume, über Sippen wegen des dichten Pflanzenwuchses, über den Reichtum wegen des Wassers; ein gewöhnlicher Mann oder ein Armer wird vom Landesfürsten bedeutende Mittel erlangen. Dünkt es den Kaiser, er habe dürres, ebenes und flaches Land erworben, wird er in dem Ödland Städte gründen; jagt er daselbst und macht er Beute, wird er an den neugegründeten Städten seine Freude haben entsprechend dem Jagdglück, das er hatte; einer aus dem gemeinen Volk wird in jedem Fall in seinem Gewerbe vorwärtskommen.

Träumt einer, er habe Weizen auf seinen Acker gesät und die Saat sei gut aufgegangen, wird er sich in Sorgen um erhofften Reichtum verzehren, hat er Gerste gesät, wird der Reichtum sich sofort einstellen; denn Gerste ist Futter für die Pferde;[262] sind es

Hülsenfrüchte, wird er in der Hoffnung auf reichen Ertrag große Enttäuschung erleben. Sind all die genannten Saaten nicht wohlgeraten, wird er wegen des Mißwachses seine Sorgen abwerfen. Gräbt er seinen Acker um und ißt er von dem ausgehobenen Erdreich, wird er völlig nutzlose Mittel erwerben, weil man die ausgeworfene Erde nicht essen kann.

Träumt dem Kaiser, er habe ein schluchtenreiches, steiles und abschüssiges Gebiet bekommen, wird er eine wankelmütige Völkerschaft, die in großer Ferne wohnt, unterwerfen; jagt er mit Falken dort und macht er Beute, wird er die Einheimischen durch einen energischen Bevollmächtigten unter seine Herrschaft zwingen, weil der Falke scharf zupackt; hat er keinen Jagderfolg, wird sein Unternehmen erfolglos sein. Ein einfacher Mann wird in jedem Fall Schwierigkeiten in seinem Beruf haben und nicht viel verdienen.

Träumt einer, er grabe auf seinem Grund und Boden einen Brunnen und stoße auf klares Wasser, wird er eine schöne Frau bekommen und mit ihr bildschöne und wohlgestaltete Kinder zeugen,[263] weil das Wasser rein ist, aber auch reich werden entsprechend der Fülle des Wassers.

Träumt der Kaiser, er lasse Häuser in seinem Land bauen, wird er es mit Menschen besiedeln, an denen er seine Freude haben wird entsprechend der Schönheit der Häuser; ein gemeiner Mann wird erleben, wie seine Sippe und sein Besitz wachsen und gedeihen. Baut einer ein Haus aus Ziegelsteinen mit Zement, wird der Traum sich ebenso an ihm erfüllen, nur daß es dabei nicht ohne Gewalt und Zwang vonstatten geht, weil die Ziegel im Feuer gebrannt werden müssen; ist das Bauwerk teils aus Luftziegeln,[264] teils aus Holz, werden der Reichtum ansehnlicher, die Menschen angesehener sein wegen des Holzes, das dabei ist.

Dünkt es den Kaiser, die Erde spreche mit ihm, wird er unverhofft eine freudige Botschaft erhalten, weil das Sprechen der Erde etwas Unverhofftes ist; ein gemeiner Mann wird in seinem Fach in jedem Fall vorwärtskommen.

Träumt der Kaiser, er lasse in seinem Land Berge oder Hügel errichten, wird er nach deren Größe und Zahl von neuem hohe Beamte entsenden, die das Land verwalten sollen. Dieses Gesicht kann aber nur der Kaiser oder ein Fürst schauen, auf keinen Fall eine andere Person.

Träumt dem Kaiser, es seien etliche Leute in seine Bergwälder gezogen, um Holz zu fällen, und zwar in seinem Auftrag, wird er willentlich einige seiner Gefolgsleute töten lassen, geschieht der Holzschlag gegen seinen Willen, werden jene von der Hand seiner Feinde fallen. Sieht er seine Bergwälder in loderndem Feuer bei heftigem Sturm brennen, wird sein Volk in einem Krieg gegen seine Feinde wie eine Saat vertilgt werden, tobt kein Sturm, wird das Blutvergießen geringer sein. Auch diesen Traum kann nur der Kaiser oder ein Fürst schauen; selbst wenn ihn ein anderer träumen sollte, erfüllt er sich an der Person des Kaisers oder des Fürsten. Leidet einer von ihnen unter dem Rauch oder dem Feuer, wird ihm ein Mißgeschick zustoßen.

Träumt einer, sein Grund und Boden sei kleiner geworden, werden seine Rechte geschmälert werden, und jedermann wird in seinem Beruf Rückschläge erleiden. Dünkt es aber einen, sein Land oder Haus sei weiter und größer geworden, werden auch seine Rechte und seine Güter wachsen.

◆ 144 ◆
Eine Frage

Einer von den Würdenträgern Mamuns hatte einen Traum und wandte sich deshalb an den Traumdeuter Sirin: „Mir träumte, ich stünde auf einem weiten, ebenen Feld, das zuerst dicht bewachsen und voller Gras war, dann aber dürr und kahl wurde." Der Traumdeuter Sirin antwortete: „Derjenige, der dieses träumte, hat ein unbeständiges und zwiespältiges Wesen." Und wie Sirin geurteilt hatte, so bestätigte sich sein Urteil an dem Träumenden.

◆ 145 ◆
Über das Erdbeben nach der Lehre der Inder, Perser und Ägypter

Träumt jemand in seinem Heimatort von einem Erdbeben, deutet das auf einen neuen Erlaß des Kaisers, der die Gemüter der Einwohner in Furcht und Schrecken versetzen wird;[265] ist das Beben überall zu verspüren, wird des Kaisers Erlaß für das ganze Land gelten, wenn nur hier und dort, für diesen oder jenen Ort. Dünkt es einen, einzig sein Haus sei erschüttert worden, wird der Kaiser oder Gouverneur lediglich für sein Haus eine Anordnung treffen. Fallen nach dem Beben die Türen ein, brechen die Balken oder stürzen Hauswände ein, ist die Anordnung des Kaisers Ausdruck seines Zorns; dabei bedeutet das Einfallen der Türen den Tod der engsten Familienangehörigen des Hausherrn, das Brechen der Balken den Untergang der Höhergestellten im Haus, der Einsturz der Wände den Tod des Hausherrn. Träumt einer, daß einzig der Kaiserpalast erschüttert worden ist, prophezeit das den Tod des Kaisers oder seines Sohnes, seiner Tochter, seiner Gemahlin oder eines Blutsverwandten, oder gefährliche Erkrankungen derer, die dem Kaiser besonders nahestehen. Schaut der Kaiser selbst, daß seine Stadt,[266] sein Land oder Palast erbebten, weist das nicht auf den Tod der genannten Personen, sondern auf Krieg und Schrecken, der von Feinden droht, oder auf einen Anschlag gegen den Kaiser[267] und die Entlarvung seiner Widersacher. Dünkt es ihn, durch das Erdbeben sei sein Palast oder Thron zusammengestürzt, wird ihn bald der Tod ereilen; ist aber durch das Beben nichts eingestürzt, wird ihn, wie gesagt, die Kunde von feindlichem Schrecken ganz bestürzt machen; hat das Erdbeben nur eines der geheimen Gemächer des Palastes zerstört, nicht aber den Thronsaal oder die kaiserlichen Gemächer, wird einer von den Vertrauensleuten des Kaisers zu Fall kommen, aus Entsetzen vor dem Feind.

Träumt jemand, eine Gegend, die ganz eben oder aber bergig ist, sei durch ein Beben versunken, wird kleinen Leuten vom Kaiser Gefahr drohen; denn ebenes Land bedeutet solche Leute, Bergland dagegen weist entsprechend seiner Höhe auf große und reiche Herren. Ist eine Stadt infolge eines Erdbebens versunken und ist sie bekannt, wird sie durch eine Seuche, die Bubonenpest[268] oder durch des Kaisers Zorn zugrunde gehen; ist die Stadt unbekannt, wird das Verderben über ein dem Kaiser feindlich gesinntes Volk kommen.

◆ 146 ◆
Über Gebäude nach der Lehre der Inder

Träumt einer, er betrete ein unbekanntes Haus, das verschiedene Räume hat, dessen Ort, Erdreich und Bewohner ihm unbekannt oder bekannt, letztere aber schon verstorben sind, so wisse er, daß dieses Haus die andere Welt ist und bedeutet und daß er bald sterben wird; betritt, beschaut und verläßt er das Haus am selben Tag, wird er sein Herz zur Umkehr wenden, sich um die himmlischen Wohnungen sorgen und Heil und Rettung finden;[269] sind ihm aber Haus, Räume, Ort und Erdreich bekannt, verheißt es irdische Freude und Überfluß an materiellen Gütern entsprechend dem Zustand und der Ausstattung der Räume. Ist das Haus aus Lehm, Luftziegeln und Holz gebaut, wird der Träumende Reichtum und Freude auf lautere Weise erlangen; ist es aus Glanz- oder schlichtem Stein, wird er lange leben und sein Hab und Gut unangreifbar sein; sind Ziegelsteine[270] und Zement das Baumaterial, werden dem Träumer ebenso Freude und Reichtum winken, jedoch um den Preis von Mühe und Arbeit, weil Ziegel im Feuer gebrannt werden. Zieht einer aus seiner Wohnung in eine andere, und ist die neue schöner, werden sein Ansehen und seine Freude größer als zuvor sein; ist er in Elend oder Krankheit, wird er neuen Lebensmut fassen und gesund werden; kommt er aber in eine Wohnung, die häßlich und kleiner ist, wird er aus Freude in Trübsal, Armut und Bedrängnis geraten. Zieht einer um, weiß aber nicht, wohin, bedeutet es seinen Tod und den Übergang in die andere Welt.

Träumt der Kaiser, daß seine Gemächer weiter, größer, heller und lichter geworden sind, wird er Freude erleben und mehr Land in Besitz nehmen, ein gemeiner Mann wird in seinem Gewerbe mehr Geld verdienen. Träumt einem, in seinem Haus sei eine Wand, eine Terrasse oder ein Bogen eingestürzt, Balken gebrochen oder die Tür habe ihre Nägel verloren oder sei verbrannt, prophezeit all das den Tod des Hausherrn oder seiner nächsten Verwandten; dabei weist das Bersten der Balken auf die Mannspersonen, das der Türen und Wände auf die Frauen.[271]

◆ 147 ◆
Eine Frage

Eine Frau stellte an den Traumseher Sirin folgende Frage: „Mir träumte, der obere Türpfeiler meines Hauses stürze auf den unteren und von den beiden Türflügeln fiele der eine nach innen, der andere nach außen." Sirin fragte die Frau: „Hast du Mann und Kinder?" Sie antwortete: „Ja, jedoch ist mein Mann mit meinem Sohn in der Fremde, meine Tochter ist bei mir." Sirin erwiderte: „Dein Mann – auf ihn weist der obere Türpfeiler – wird bald zu dir zurückkommen, zusammen mit deinem Sohn und dessen Braut, weil der eine Türflügel nach innen fiel; deine Tochter aber wird heiraten und in die Fremde ziehen, weil der andere Türflügel nach außen fiel." Und wie Sirin den Traum gedeutet hatte, so kam es auch.

◆ 148 ◆
Über Gebäude nach der Lehre
der Perser und Ägypter

Träumt der Kaiser, er komme in ein fremdes, unbekanntes Haus, das prächtige Räume hat, wird er Freude erleben und staunen entsprechend dem wundervollen Anblick der Räume; dünkt es einen gemeinen Mann, als habe er Häuser erlost oder geerbt, wird er Vermögen und eine bildhübsche Frau gewinnen entsprechend der Schönheit der Häuser.

Dünkt es den Kaiser, er komme in eine neue Stadt, die er noch niemals gesehen, und schaue ihre stattlichen Bauten, die ihm wohlgefallen, und ist die Stadt ihm untertan, wird er voller Stolz sein und sich mit der schönsten seiner Frauen in Liebe vereinen. Ist die Stadt aber nicht seiner Herrschaft oder Gewalt unterworfen, wird er an einem fremden Volk sein Gefallen finden und mit einer landesfremden Frau der Liebe pflegen, weil die Stadt ihm fremd ist. Läßt der Kaiser einen neuen Palast für seine Zwecke bauen, wird er, falls der Bau vollendet wurde, einen Sohn zeugen, der ihm auf den Thron folgen wird. Sind die Fundamente zu dem Palast gelegt, weist das auf eine Schwangerschaft der Augusta. Stürzt eine Wand des Palastes ein, wird die Kaiserin sterben. Träumt ein einfacher Mann,[272] er veräußere sein Haus und ziehe in ein anderes, schöneres, wird er in allem, was er wünscht und plant, Glück haben, wenn in ein schlechteres, Unglück. Läßt der Kaiser die Säulen in den Heiligtümern höher richten, und man befolgt seine Weisung, wird er die Großen seines Reiches in ihrer Würde erhöhen; befiehlt er, anstelle der alten Säulen neue zu errichten, wird er neue Würdenträger anstelle der alten einsetzen. Dünkt es ihn, er lasse eine Kirche höher bauen und ausschmücken, prophezeit das Erfolge, Erhöhung und Krönung seines Kaisertums.[273] Schaut ein anderer, daß eine Kirche höher gebaut und ausgeschmückt wird, weist das, wie gesagt, auf die Person des Kaisers.

Stürzt die Hauptkirche des Ortes ein oder brennt sie nieder, droht dem Kaiser der Tod. Erleidet eine der Nebenkirchen Schaden und hat der Kaiser oder ein anderer diesen Traum, wird der Kaiser in arge Bedrängnis kommen; denn alle Kirchen deuten auf ihn oder denjenigen, der am Ort die höchste Gewalt inne hat; ebenso weist die Ausschmückung oder der Einsturz einer Kirche auf den Kaiser.

◆ *149* ◆

Über Priester

Träumt einer, ein Priester in geistlichem Gewand besuche einen Ort, den er sonst nicht aufzusuchen pflegt, droht den Einwohnern Bedrückung und Schrecken von seiten der Obrigkeit; besucht letztere gegen ihre Gewohnheit einen Ort, steht den Einwohnern ebenso Bedrückung und Schrecken bevor, aber in geringerem Maß. Dünkt es einen, ein Priester suche ihn auf und schlafe in seinem Bett, wird er Freundschaft mit ihm schließen, der Priester ihn aber hintergehen, seine Frau beschlafen und ihn beerben;[274] zu träumen, der Ortsgeistliche sei gestorben, deutet an, daß dieser seinen Glauben verlieren wird. Schaut einer den Priester auf dem Krankenbett, deute er dies als Krise dessen Glaubens und als deren Symptom, ferner, daß jenem ein langes Leben und Gesundheit beschieden sein werden.

Träumt einem, der Kopf des Priesters sei größer geworden, wird dessen Gewalt über die Bauern größer werden. Hat sich sein Antlitz geweitet, werden seine Worte und Reden kraftvoll und furchterregend sein; ist sein Hals kräftig und stark, wird er in Gottesdienst und Amt seine ganze Kraft aufbieten; sind seine Hände lang und stark geworden, wird er tüchtige Knechte und Helfer finden. Träumt einer, der Priester habe einen mächtigen Bauch bekommen, wird dieser zahlreiches Gesinde und großen Reichtum erwerben und viele Blutsverwandte um sich sammeln. Sind seine Füße kräftiger und stärker geworden, wird er zu Geld kommen und hilfreiche Knechte gewinnen. Sind die genannten Körperteile aber matt und kraftlos geworden, wird das Gegenteil von dem Gesagten eintreten.

110

Träumt jemand, ein Priester gebe sein Amt auf, wird dieser sündigen, aber Buße tun. Geht der Priester mit dem gemeinen Volk um, wird er sich vor Gott demütigen und in seinem Glauben erstarken. Schaut einer den Priester an einem finsteren Ort wandeln, so wisse er, daß dieser im Finstern gegen Gott sündigt; wandelt er aber an einem lichten, grünen Ort, wandelt er vor Gott im Licht und tut gute Werke.[275]

Träumt ein Kaiserlicher, er sei als Laie zum Priester erwählt worden, wird er vom Kaiser ein sehr hohes und wichtiges Amt bekommen, ein einfacher Mann oder ein Armer wird einem Mächtigen Gefolgschaft leisten und Ehre und Gunst bei ihm finden; ist jemand aus dem Laienstand zum Diakon geweiht worden, wird auch er Gunst und Ehren erlangen, die freilich geringer sein werden, als wenn er Priester geworden wäre. Träumt einer, er sei zum Priester oder Diakon gewählt worden, habe aber die Wahl nicht angenommen, wird er Vollmacht und Geltung erlangen, sie aber bald verlieren und in Gefahr kommen.

Träumt ein Priester, er habe ein Stück seines geistlichen Gewandes verloren, wird er von einem anderen in seinem Amt hintergangen und gehaßt werden; findet er das Stück wieder, wird er, jedoch nicht ohne Zwang und Strafe, in seinem Amt wieder bestätigt werden.

◆ 150 ◆
Über heilige Bilder[276]

Träumt einer, ihm erscheine unser Herr und Gott Jesus Christus – einen Traum, den im allgemeinen nur die reinen, heiligen Menschen oder die glaubensstarken Kaiser schauen oder aber die ärgsten Sünder, auf daß sie sich bekehren – und rede mit ihm, halte er die Worte, welche sie auch sein mögen, unerschütterlich fest; spricht der Herr aber nicht mit ihm, wird er, wenn es der Kaiser ist, von Freude erfüllt werden und einen vollständigen Sieg über seine Feinde erringen; einer der reinen Herzens, heilig und gottesfürchtig ist, wird in seinem Streben zu Gott und in seiner Freude Beständigkeit, Glorie und Wachstum finden; ist der Träumende ein arger Sünder, wird er umkehren und sein Leben in Bußgesinnung enden. Auch der Kaiser gibt Zeugnis für diese Auslegung: hat ein Diener des Kaisers sich vor dessen Zorn zu fürchten und träumt er, der Kaiser lasse ihn kommen und blicke ihn an, wird dieser ihm alle Missetaten verzeihen und vergeben; deswegen wird auch besagter Sünder durch die Schau des Herrn gerettet werden. Träumt dem Kaiser, ein Apostel, Prophet oder Heiliger rede mit ihm, halte er alle Worte ohne jeden Zweifel fest; spricht er nicht mit ihnen, sondern schaut er nur ihre Erscheinung, wird er von einer Freude erfüllt werden, die geringer ist, als wenn er den Herrn gesehen hätte; ein einfacher Mann wird in seinem Glauben wachsen und in seinem Beruf vorwärtskommen. Deswegen stellen wir jene auch im Bild dar.

Träumt der Kaiser, er verehre ein Bild unseres gekreuzigten Herrn Jesus Christus, küsse es oder richte eine Bitte an das Bild, wird er über seine Feinde siegen und sich seines Ruhms freuen, weil das Kreuz mit dem an ihm haftenden Leib unseres Herrn Jesus Christus gewaltigen Sieg[277] und Rettung aus aller Not bedeutet; schaut er nur das Bild unseres Herrn Jesus Christus ohne das Kreuz, bedeutet es geringere Freude und geringeren Sieg. Ein gemeiner Mann wird Freude und Erfüllung seiner Bitte finden. Schaut der Kaiser das Bild eines Apostels, Propheten oder Heiligen, wird er die Nachricht von einem glänzenden Sieg erhalten, jedoch wird der Sieg nicht so groß sein, weil er jene nicht selbst geschaut hat, sondern nur deren Bild; deswegen wird auch der Sieg geringer sein. Ein einfacher Mann wird in seinem Gewerbe Befriedigung und Erfolg finden. Träumt jemand, die Bilder sprächen mit ihm, und er erinnere sich an die Worte, werden die Verheißungen in der Regel sich erfüllen; dem Kaiser werden nach diesem Traum Freuden und ein wunderbarer Sieg über die Feinde bevorstehen, so wie es ans Wunderbare grenzt, daß Bilder mit Menschen reden; einer aus dem gemeinen Volk wird auf wunderbare Weise wohlhabend werden. Schaut jemand im Traum vergoldete oder nichtvergoldete Bilder, ist nur bei den letzteren die Deutung günstig; die vergoldeten prophezeien nämlich häufig wegen des Goldes Trübsal. Läßt der Kaiser Heiligenbilder malen, wird er Vorbereitungen und Rüstungen zum Kampf gegen die Feinde treffen; ist die Wiedergabe der Bilder gelungen,[278] werden auch seine Pläne gelingen, wenn nicht, fehlschlagen. Entsprechend wird es jedem gemeinen Mann in seinem Beruf ergehen, je nachdem, ob die Wiedergabe geglückt ist oder nicht.

Über Bäume und Pflanzen nach der Lehre
der Perser, Inder und Ägypter

Die Deutung der Bäume läßt eine vielfache Bestimmung zu, denn mannigfaltig ist die Natur ihrer Früchte. Die Blätter der Bäume versinnbilden die Gesinnung der Menschen; die grünen und frischen bedeuten die Lauterkeit, die dürren, fallenden und welken die Minderwertigkeit der Gesinnung.[279] Ähnlich weisen die Früchte auf den Glauben[280] und auf Reichtum, auch sind die meisten Bäume Abbilder des Glaubens und der Danksagung gegen Gott.[281]

Wie die Früchte, Blätter, Äste, Stämme und Wurzeln der Bäume Nahrung und Wachstum aus Wasser und fruchtbarem Erdreich ziehen, so nährt der Glaube an Gott alle Tugenden und macht sie vollkommen; dabei weisen die Festigkeit des Stammes und der Wurzeln auf das Gebet, Äste und Blätter auf die Kinder und die Neigungen der Menschen. Träumt einer, er wässere und pflege Bäume sorgsam, wird er großmächtig und ein Wohltäter des Volkes sein.

Schaut einer Bäume im Meer, auf Felsen oder anderswo, wo Bäume unmöglich wachsen können, werden absonderliche Fremdlinge[282] aus jenen Himmelsstrichen kommen, so zahlreich, wie die Bäume sind; solche, die dem Meer entwachsen sind, weisen in jedem Fall auf die Person des Kaisers, [und zwar] auf Fremdlinge, die zum Kaiser kommen; Bäume, die auf Felsen oder sonstwo gewachsen sind, wo sie gar nicht gedeihen können, zeigen an, daß ein Ausländer dort auftauchen wird, der sich Gewalt anmaßen, aber nichts ausrichten wird. Träumt einer, in seinem Haus, wo vorher kein Baum stand, sei ein Baum emporgewachsen, wird daselbst sich in Kürze ein Gast einstellen; trägt der Baum Früchte, wird es ein enger Verwandter, trägt er keine Früchte, ein Fremder sein. Träumt ein Lediger, in seinem Haus sei ein edler oder wilder Weinstock gesprossen,[283] wird er eine Frau nehmen und so viele Kinder mit ihr zeugen, wie er Trauben an dem Weinstock erblickte; schaut er keine Trauben, darf er gleichwohl auf Kinder hoffen. Hat einer Bäume gepflanzt, weiß aber nicht, ob sie gewachsen sind, werden ihn entsprechend deren Zustand Not und Sorgen drücken; der Kaiser wird nach diesem Gesicht neue Beamte einsetzen, die, sofern die Bäume gewachsen sind, seine Anerkennung finden werden; treiben die Bäume keine Sprößlinge, wird das Gegenteil eintreten. Pflanzt oder gräbt einer Kerne von harten Früchten ein, werden Sorgen und Kummer ihn drücken.

Dünkt es einen, im Innern seines Hauses sei eine Dattelpalme oder Zypresse gewachsen – ein Traum, den unmöglich ein einfacher oder armer Mensch schauen kann, sondern nur ein Mächtiger –, so wisse er, daß die Zypresse die Kaiserin bedeutet[284] wegen der Schönheit des Baumes, wegen seines Wohlgeruchs, weil er nicht welkt und nie seine Blätter verliert; ebenso bezeichnet die Dattelpalme die Kaiserin wegen ihres Blütenschmucks, der Süßigkeit ihrer Früchte und weil sie schmale spitze Blätter hat, die sie nie verliert; daher kann der Träumende Freude und die Ankunft der erwähnten Personen erhoffen. Schaut der Kaiser diese Bäume in seinem Palast, wird er heiraten, wenn er ledig ist, hat er eine Gemahlin, glücklich mit ihr sein und Kinder zeugen, sofern die Zypresse Äste getrieben hat und gewachsen ist, auch wird er lange leben; den gleichen Ausgang wird für ihn der Traum von der Dattelpalme haben: er wird Kinder zeugen[285] und voller Freude sein entsprechend der Fülle der Datteln und der Zweige. Diese Auslegung gilt auch hinsichtlich der Kaiserinmutter wegen der Zweige und für die Schwester des Kaisers, wenn der Baum keine Zweige hat.

Träumt jemand von einem Granatbaum,[286] dessen Früchte süß sind, wird er die Bekanntschaft eines reichen Mannes machen und herrlich und in Freuden mit ihm leben; sind die Früchte aber sauer, wird er auf einen harten Menschen treffen, der ihn entsprechend der Menge der Früchte schlecht behandeln wird. Dünkt es einen, er habe eine Eiche und sich in ihren Schatten niedergesetzt, wird er eine mächtige, wankelmütige Person[287] kennenlernen und mit ihr sein Auskommen haben, jedoch mit Mühe und Arbeit, weil Eicheln nicht zu essen sind; träumt einer von einem Nußbaum, in dessen Schatten er sitzt, wird er auf einen wohlhabenden, aber sparsamen Mann stoßen, weil die Nuß eine harte Schale hat, aber gut mit ihm zusammenleben. Träumt eine Frau von all dem, wird sie heiraten, wenn sie ledig ist, hat sie einen Mann, nur Liebe vortäuschen, um ihrem schamlosen Gewerbe nachzugehen. Besitzt jemand einen Apfelbaum, wird er eine edle Frau gewinnen, sofern die Äpfel von edler Art sind;[288] sind sie aber sauer, wird er in Unfrieden, wenn aber kugelrund, süß und wohlriechend, in Eintracht mit ihr leben und Kinder zeugen.

Träumt einer, er komme in einen umfriedeten Garten und pflük-
ke Früchte von den Bäumen, wird er bei sehr vornehmen Leuten
wohnen und so viel Gunst und Reichtum erlangen, wie er Früchte
gepflückt hat; sind diese aber sauer, wird er mitsamt den Herr-
schaften arg geplagt werden; süße Früchte bedeuten das Gegenteil.
Träumt der Kaiser, er komme in Gärten mit allen möglichen Bäumen, mit Dattelpalmen, Citrusgewächsen[289] und Zypressen und
pflücke Datteln von der Palme, wird er von einer adligen Frau
einen Sohn bekommen; hat er eine Zitrone abgebrochen, wird er
glücklich über seinen Sohn sein, hat er keinen, einen männlichen
Nachkommen rechtmäßig zeugen und an ihm, dem Wohlgeruch
der Zitrone gleich, seine Freude haben; pflückt er mit leichter
Hand andere Früchte und sind diese reif, wird er aus freien Stücken
gegen seine Würdenträger wohlwollend, sind sie unreif, ungnädig
sein.

Läßt der Kaiser Bäume in seinen Gärten mitsamt der Wurzel
ausreißen, wird er so viele Diener von seinem Angesicht verstoßen,
wie er Bäume entwurzeln ließ; sind letztere infolge ihres Alters faul
geworden und umgestürzt, werden seine Würdenträger ohne jeden
Zweifel eines natürlichen Todes sterben. Dünkt es ihn, die Reiser
seien zu Bäumen gewachsen, werden anstelle der alten Würdenträger neue treten. Läßt der Kaiser die Blätter der Bäume in seinen
Palast schaffen, wird er dorthin Gold und Gut seiner Magnaten
bringen lassen, entsprechend der Menge Blätter, die er sammeln
ließ; ein einfacher Mann wird entsprechenden Reichtum von großen Herren erlangen.

Träumt jemand von einem Myrtenbaum, wird er sich einem edlen, aber armen Mann anschließen, weil der Baum wohl riecht, und
in Harmonie mit ihm leben. Erwirbt einer neue Weinberge, wird er
wegen des Weines Vermögen und Gewalt erlangen. Sammelt einer
in den neuen Weinbergen einen Teil der Trauben ein, wird er einen
ehelichen Sohn zeugen; sind die Trauben reif, wird der Sohn dem
Vater zur Seite stehen, wenn nicht, ihn vernachlässigen. Hat der
Kaiser diesen Traum, wird er Gefallen an seinen Konkubinen finden, bald auch eine von ihnen zur Kaiserin erwählen, wegen der
Stärke des Weines; ein Armer wird aus dem gleichen Grund Freude erleben und Gewalt gewinnen.

Alle fruchttragenden Bäume werden folglich nach der Art ihrer
Früchte gedeutet; Bäume, deren Früchte sauer sind und eine ad-

stringierende Wirkung haben, zeigen Unglück an, solche, die süße und wohlschmeckende Früchte tragen, Glück und Heil.

♦ *152* ♦
Über Pferde nach der Lehre der Inder

Pferde bedeuten verschiedene Personen. Träumt einer, er reite langsam und gelassen auf einem Araberhengst,[290] der dem Zügel gehorcht, wird er Amt und Würde und einen großen Namen erlangen, entsprechend der Schönheit und Folgsamkeit des Tieres. Reitet jemand ein Pferd, das einen großen, dichten und langen Schwanz hat, wird er entsprechend dessen Dichte und Länge Gefolgsleute seiner Macht finden. Hat das Pferd zwei oder mehr Schwänze, wird die Zahl seiner Diener noch größer sein. Ist das Pferd kurz- oder dünnschwänzig,[291] drohen ihm Sorgen und Verlust seiner Macht entsprechend der Spärlichkeit der Schwanzhaare; träumt einer, der ein freier Mann oder ein Herrscher ist, er reite auf einem Pferd mit dichtem und langem Schwanz und dieser werde abgeschnitten, wird er seine Freiheit oder Herrschaft in Kürze verlieren. Reitet einer auf einem edlen, aber hinkenden Pferd, wird er in Bedrängnis kommen und in seinem Handel und Wandel auf arge Hindernisse stoßen. Ist das Pferd zwar rassig, aber störrisch und schwer zu zügeln, wird der Träumer eine schwere Sünde begehen und in arge Schwierigkeiten geraten entsprechend der Störrigkeit des Pferdes. Ist das Tier ohne Sattelzeug, werden die erwähnten Übel noch größer sein. Gehört das Pferd einem anderen, aber bekannten Mann, wird dem Träumenden Ehre und Freude von dem Besitzer des Pferdes, von einem Bekannten oder Namensvetter zuteil werden, gehört das Pferd einem Unbekannten, darf er eine unerwartete Freude erhoffen.

Träumt jemand, ein prächtiges Pferd trabe in sein Haus, Feld oder Land und ist das Pferd unbekannt, ungesattelt und ohne Zaumzeug, wird dorthin ein mächtiger Fürst kommen entsprechend dem Erscheinungsbild des Pferdes; hat dieses weiße Nüstern und vier Hufeisen, wird die Macht des Fürsten um so gewaltiger sein.

Eine Frage

Ein Statthalter des Kalifen Mamum stellt an Sirin folgende Frage:
„Ich träumte, daß ich einen arabischen Falben eine Meile lang ritte
und dann der Falbe auf mir." Sirin fragte: „Zu welcher Stunde hast
du das geschaut?" Er antwortete: „Zur Stunde des Morgengebetes
oder bei Tagesgrauen." Sirin erwiderte: „Weil du nur eine Meile
geritten bist, wirst du, noch ehe dieser Monat vergeht, in einem
Aufruhr dein Leben verlieren." Es geschah, daß die Araber einen
Aufruhr anzettelten und der Träumende umgebracht wurde.

◆ *154* ◆
Über Rassepferde nach der Lehre der Perser und Ägypter

Träumt einer, er reite ein Rassepferd, das gesattelt und gezäumt ist,
wird er eine adlige, bildschöne[292] Frau gewinnen, falls ihn dünkt,
daß das Pferd sein eigen sei; gehört es aber einem anderen, wird er
Gewalt und Freude durch eine fremde Frau erlangen.

Träumt ein großer Herr oder der Kaiser, er schenke jemandem
aus freien Stücken ein fürstlich gezäumtes Pferd aus seinem Reit-
stall, wird er ihm eine von seinen Frauen überlassen; besteigt jemand gegen seinen Willen oder ohne sein Wissen sein Pferd, wird
dieser mit einer seiner Frauen huren und dabei ertappt werden.

Dünkt es einen, er reite auf seinem Pferd schnurstracks in schar-
fem Galopp und erklimme einen Berg, wobei das Pferd ihm willig
gehorcht, wird er Freude und Gehorsam in seinem Haus und in
seinem Amt finden, sofern das Pferd schnell und in gestrecktem
Galopp den Berg erklommen hat.

Träumt jemand, er spiele mit dem Kaiser oder einem Magnaten
das Ballspiel zu Pferd oder Polo,[293] wird er Gunst[294] und Ansehen
bei ihnen erlangen entsprechend der Treffsicherheit im Spiel und
der Geschicklichkeit des Pferdes. Dünkt es den Kaiser, er spiele
Polo, wird er in der Ausübung seiner Herrschaft eine glückliche
Hand und Erfolg haben, sofern er den Ball mit Geschick zu schlagen versteht, wenn nicht, bedeutet es das Gegenteil. Schaut ein
anderer den Kaiser beim Polospiel, wird er ebenso an dessen Freu-

de teilhaben. Träumt der Kaiser, sein Pferd strauchele bei diesem Spiel und stürze, wird er schwer erkranken und in der Ausübung seiner Herrschaft in Bedrängnis geraten, stürzt es nicht, wird seine mißliche Lage nicht so schlimm und nur von kurzer Dauer sein.

Die Reitpferde der Kaiser bedeuten ihre Frauen und ihr Kaisertum; was die Pferde des Volkes betrifft, so bedeuten die der Soldaten ihre Waffen und ihr Glück, die der gemeinen Leute deren Beruf; die Pferde der Kaiserin deuten unmißverständlich auf ihre Würde und ihren Rang.

◆ *155* ◆
Über Verteidigungs- und Angriffswaffen nach der Lehre der Perser, Inder und Ägypter

Die Waffen bedeuten Furchtlosigkeit vor dem Feind und das Handwerk kriegserprobter Männer. Träumt ein Herrscher, er ziehe in voller Rüstung ins Feld, wird er seine stärksten Feinde zerschmettern und im Kampf großen Ruhm erwerben; ein gemeiner Mann oder ein Armer wird in jedem Fall zu Vermögen kommen und in seinem Gewerbe etwas Tüchtiges leisten, falls die Waffen aus Eisen sind. Schaut jemand ein bekanntes Volk in Waffen, das zum Krieg gerüstet ist, werden jene Männer übergroße Freude haben und einen überwältigenden Sieg erringen; ist ihm aber das Volk unbekannt und der Träumende ein mächtiger Herr, werden seine Feinde ihm hart zusetzen; denn alles, was unbekannt ist, bedeutet Feinde.

Übt sich einer unter den Augen des Volkes im Speerwurf, wird er Namen und Ansehen gewinnen, sofern er zielsicher in dieser Sportart ist; zerbricht der Speer, wird sein Ansehen verblassen, und er wird einen Angehörigen oder Freund durch den Tod verlieren. Träumt einer, er finde oder ziehe einen Brustpanzer oder Lederkoller[295] an, wird er über den Untergang seiner Feinde frohlocken und so reich werden, wie der Brustpanzer schwer ist. Legt einer den einteiligen Kettenpanzer an, wird er in jedem Fall in seinem Beruf in die Klemme geraten, wenn den mehrteiligen und aus vielen Stücken zusammengesetzten, entsprechend der Vielzahl der Teile vermögend werden und vor den Feinden sicher sein; setzt sich einer einen Helm auf, wird sein Oberhaupt Kraft und Standhaftigkeit bezeigen; legt er die sogenannten Arm- und Beinschienen an, wird er Freude und Beständigkeit an seinen Knechten erleben.

118

Findet oder führt einer ein Schwert, wird ihm entsprechend dessen Glanz strahlende Freude winken; auch wird dieser Traum nach der Auslegung der Perser auf Frau und Kinder gedeutet. Dünkt es einen, das Schwert sei zerbrochen, [die Scheide aber heil geblieben, wird sein Sohn sterben, die Mutter aber am Leben bleiben; im umgekehrten Falle] wird die Mutter sterben, der Sohn aber am Leben bleiben.[296] Träumt eine Frau, sie nehme eine Waffe in die Hand, einen Speer, ein Schwert, einen Dolch oder Pfeile, wird sie einen Knaben gebären, wenn sie schwanger geht; der Bogen bedeutet nach der Auslegung der Ägypter Frau oder Tochter.

Träumt der Kaiser, er und sein ganzes Heer trügen Waffen und er empfinde Stolz darüber, wird er Freude an seinen Soldaten haben, und diese werden ein fremdes Volk niederwerfen. Trägt er selbst keine Waffen, schaut aber voller Stolz seine Truppen unter Waffen, wird er eine Freudenbotschaft, die er ersehnt, erhalten; schaut er aber seine Truppen ohne Waffen, wird ihn Furcht und Zittern vor den Feinden ergreifen.

◆ 156 ◆
Über Kleidungsstücke nach der Lehre der Inder

Die Deutung der Kleidungsstücke läßt eine vielfache Bestimmung zu entsprechend ihrer Verschiedenheit und Farben.[297] Trägt jemand ein seidenes Skaramangion,[298] auch Kabadi genannt, wird er Macht und Würde erringen nach der Schönheit und kunstvollen Arbeit des Gewandes; ist dieses ein Chasdion,[299] wird er von Schurken viel Geld bekommen, weil das Kleid aus der Wolle des Bibers gemacht ist. Trägt einer einen Überwurf oder ein Sabanon,[300] wird er eine Frau heiraten, deren Vorzüge der Schönheit und Festigkeit des Gewebes gleichen. Zieht einer eine neue Diploïs[301] an, wird er eine neue Frau finden; ist der Mantel rötlich,[302] wird die Frau nach seinem Herzen, wenn weiß, wunderschön sein, wenn gelb, stets kränkeln und dem Mann bittere Stunden bereiten; ist der Mantel von grüner Farbe,[303] wird sie Gottes Gebote halten, wenn blau, reich, aber häßlich sein, wenn schwarz, infolge ihrer Bösartigkeit zur Plage werden. Träumt einer, es entreiße ihm jemand mit Gewalt eines dieser Kleidungsstücke oder es verbrenne, wird er seine Frau verlieren; ist ihm aber ein Stück gestohlen worden oder abhanden gekommen, wird er lediglich Kummer mit seiner Frau haben, weil derlei gestohlene oder verlorengegangene Sachen sich häufig wiederfinden.

Das Hemd bedeutet den gesamten Zustand des Hauswesens, der Lendenschurz oder die Unterhose die Konkubine oder die Ehefrau. Zieht einer gegen seine Gewohnheit ein dünneres Hemd an, wird sein Vermögen schrumpfen; denn je fester das Gewebe, um so größer die Einnahmen. Träumt jemand, seine Unterhose sei weiter geworden, wird er mit Lust und Liebe bei seiner Frau sein. Dünkt es eine Frau, sie habe sich Mannskleider angezogen ohne den zweiteiligen Chiton, deutet dies alles auf die Geburt eines Knaben, falls sie schwanger geht; trägt sie aber den zweiteiligen Chiton, wird sie eine Tochter gebären. Hat jemand ein geistliches Kleid angelegt,[304] weist dieses auf seinen Glauben; ist das Kleid weiß, wird sein Glaube makellos, wenn schmutzig, voller Makel sein.

Entsprechend bezeichnet nach der Bedeutung der erwähnten Farben die kaiserliche Chlamys[305] die Majestät und die Gemahlin des Kaisers. Träumt dieser, seine Chlamys sei eingerissen oder schmutzig geworden, wird er in seiner Herrschaft in Bedrängnis geraten und die Augusta erkranken; ist die Chlamys aber schöner und prächtiger geworden, wird er sich in seinem Glanz und in der Liebe seiner Gemahlin sonnen; bekommt er eine zweite, neue Chlamys, wird er, wenn er ledig ist, sich vermählen und einen Sohn zeugen, ist er vermählt, ebenfalls einen Sohn zeugen und seine Freude an ihm haben.

Alle Kleidungsstücke, die dünner und enger geworden sind, prophezeien Schwachheit und Armut; denn in der Auslegung der Träume bedeutet dasjenige, was fest, ungewalkt und neu ist, stets etwas Gutes. Alle Kleider, die Symbol des Glaubens sind, bedeuten, wenn sie schmutzig geworden sind, Befleckung des Glaubens; diejenigen, die Symbol weltlicher Dinge sind, prophezeien, wenn sie schmutzig geworden sind, Trübsal in der Welt, die dem Schmutz der Kleider gleicht; ebenso bedeutet jegliche Unsauberkeit an Körper und Haaren entsprechende Not und Drangsal. Träumt einer, er trage weiße Kleider, wird er Freude und Glorie in seinem Glauben[306] in dieser Welt gewinnen, und so werden aller Augen auf ihm ruhen. Rote Gewänder verheißen größere Freude, meistens den Frauen. Trägt einer gegen Stand und Brauch ein rotes geistliches Gewand, eine Unterhose oder ein Nachthemd, wird er weltliche

Freuden kosten, aber auch Schimpf und bösen Zwist mit seinen
Freunden haben wegen der roten Farbe der Stücke. Die gelbe Farbe bedeutet bei jedem Kleidungsstück Krankheit entsprechend der
Färbung, und jedes Gewand wird, wie gesagt, nach seiner Art gedeutet. Grün bezeichnet bei jedermann den wahren Glauben und
bei Toten [wie] Lebenden deren ewiges Heil.

◆ 157 ◆
Über Kleidungsstücke nach der Lehre
der Perser und Ägypter

Die Kleider bedeuten [jedermann] Ehre und Ansehen, ausgenommen die bunten Stücke[307] und der kaiserliche Purpur.[308] Trägt einer
verschiedene Kleidungsstücke von unterschiedlicher Farbe, hat er
vom Kaiser oder Gouverneur Schrecken und Strafe zu erwarten;
trägt er gegen seine Gewohnheit nur ein buntes Kleid, gilt dieselbe
Deutung, aber in geringerem Maß, auch wird er Streit mit seinen
Freunden haben.

Alle derben, neuen und ungewalkten Kleider bedeuten gemeinen
Leuten etwas Gutes;[309] dem Kaiser und den großen Herren sind
dünne und luftige Gewänder angemessen. Träumt der Kaiser, er
ziehe derbe, grobe Kleider an, wie das Volk sie trägt, werden Not
und Sorgen ihn bedrängen.

Schenkt der Kaiser einem seiner Großen eines seiner Gewänder
oder bekleidet ihn damit, und zwar mit einem Purpurkleid, wird er
ihm größere Ehre und Macht verleihen und ihm sein Geheimnis
anvertrauen; ist es ein anderes Gewand, wird der Gunsterweis entsprechend geringer und niedriger sein. Schenkt der Kaiser jemandem sonst ein Kleid, jedoch keines aus seiner eigenen Garderobe,
wird er ihn reich beschenken und vor allem Volk auszeichnen;
empfängt eine Frau ein Kleid aus seiner Hand, wird er an ihr oder
an einer Frau ihres Geschlechts Gefallen finden; hat ein gewöhnlicher Mann diesen Traum, wird dieser sich in der gleichen Weise an
ihm erfüllen. Läßt der Kaiser neue Purpurkleider färben, wird er
darauf bedacht sein, mit diplomatischer Klugheit[310] Erfolge über
seine Feinde zu erringen; gerät die Farbe gut, werden seine Bemühungen von Erfolg gekrönt, wenn nicht, erfolglos sein. Träumt dem
Kaiser, er und der gesamte Senat[311] trügen auf sein Geheiß rote

Gewänder, wird er allen Gunst und Wohlwollen erweisen. Dünkt es ihm, seine Untertanen trügen gelbe oder schwarze Kleider, wird er elend und krank werden und endlich gar sterben; sind die Leute blau gekleidet, prophezeit das ihm Reichtum, der jedoch mit unlauteren Mitteln und Ärgernis erworben wurde.

Träumt einer, seine Kleider seien schmutzig geworden, wird er so viel Zeit in der Fremde und auf Reisen verbringen, wie die Kleider verschmutzt sind; ist er fortgezogen, um gegen fremde Völker zu kämpfen, wird es ihm übel ergehen, ebenso, wenn er Geschäfte machen will. Der Verlust eines Kleidungsstückes bedeutet einen Schaden, der dem Wert des Kleides entspricht. Ebenso bringt es dem Träumer Schimpf und Bettelarmut, wenn das Kleid zerfällt, aufreißt oder mürbe wird.

Trägt einer einen neuen Pelz,[312] wird er von einem hohen Herrn so viele Geldmittel bekommen, wie der Pelz Haare hat; ist es Sommer und wird es ihm im Pelz gar zu heiß und drückend, wird er ebenfalls zu Geld kommen, aber mit Schweiß und Ärger.

Zieht der Kaiser einen Fuchspelz[313] oder sonst einen Pelz an, wird er seine Feinde besiegen und ihnen große Beute abjagen, ist es ein Schafspelz, werden seine Einkünfte, gemessen an der Wolle, zunehmen; legt er einen alten, zerrissenen Pelz an, hat er mit Verlust und Schwund seiner finanziellen Mittel zu rechnen. Zieht ein gemeiner Mann einen Fuchspelz an, wird er mit List und Verschlagenheit reich werden.

◆ *158* ◆
Über das Feuer [314] *nach der Lehre der Inder*

Auch das Feuer bezeichnet mancherlei Personen. Träumt jemand, ein Ort, Feld oder Haus brenne infolge einer Feuersbrunst vollständig nieder, werden der Herr des Hauses und die Ortsbewohner durch Krieg oder schwere Krankheit ums Leben kommen; brennt das Feuer ohne Flamme und vernichtet es nicht alles, sondern nur Teile, wird das Unglück geringer sein. Träumt dies der Kaiser oder ein Gebieter, wird das Unheil Staat und Volk treffen. Verbrennen die eigenen Kleider, droht denjenigen Personen Verderben, die durch das jeweilige Kleidungsstück, wie dargelegt, bezeichnet werden; träumt jemand, eines seiner Glieder verbrenne, so wird das

Unglück diejenigen Personen treffen, die durch das betreffende Glied, wie oben gesagt, bedeutet werden.

Verzehrt einer glühende Kohlen ohne Rauch und Flamme, wird er so viel Gold von Waisen erlangen, wie er Kohlen verzehrte. Findet, hat oder hütet einer glühende Kohlen ohne Flamme und Rauch, wird er entsprechend viel Gold bekommen. Wird jemand von Flammen ergriffen, aber nicht vernichtet, wird er nach dem Maß der züngelnden Flammen von einem Schurken verklagt werden; ist er aber ein Raub der Flammen geworden, wird er vom Landesfürsten gestraft werden oder im Krieg gegen Feinde umkommen oder von der schweren Bubonenkrankheit oder sonst einem Leiden heimgesucht werden; hat ihn aber ein Feuer ohne Flammen verbrannt, wird er mit einer Geldstrafe belegt werden. Nimmt einer Asche oder Aschenlauge auf, wird er falsches Zeugnis geben oder andere verleumden; fängt einer an einem Ofen oder Backofen Feuer, wird er von einem großen Herrn, der ein Wohltäter des Volkes ist, gestraft werden.

Träumt einer, er mache Feuer unter einem Topf, wird er mit dem Hausvater, in dessen Haus er dieses Gesicht schaute, handgreiflich in Streit geraten; dieser Traum wird deshalb so gedeutet, weil die Augen aller Hausgenossen auf den Topf gerichtet sind. Feuert er mit Holz an, wird er einen Wortstreit mit dem Hausherrn austragen. Wärmt einer zum Essen Brot[315] oder Speisen auf dem Feuer, wird er unter der Gewalt eines anderen sein Brot verzehren oder mit Furcht und Zittern sich nähren.

Hält jemand eine brennende Fackel in Händen, wird er Gewalt bekommen entsprechend der lodernden Fackel; entzünden auch andere Feuer an der Fackel, wird er ihnen Anteil an der Macht gewähren. Jedes Feuer, das ohne Rauch und Flamme ist, bedeutet unrechtmäßig erworbenes Gold,[316] solches mit Flamme und Rauch Gewalt, Krieg und Krankheit, wie oben gesagt ist. Tappt einer im Dunkeln umher und zündet eine Fackel an, um sich zurechtzufinden, wird er, falls er wieder sehen kann, sich mit aller Kraft bemühen, Freude und Gewalt zu erlangen und solches auch zuwege bringen, sofern er die Fackel entzündete; ist dies nicht der Fall, wird das Gegenteil eintreten. Träumt dies der Kaiser, wird er alles daransetzen, größeren Ruhm zu erlangen, und [sein Ziel auch erreichen; ein Mönch wird nach diesem Traum] in seinem Glauben erstarken. Spendet jemand einem anderen Licht, wird er ihn ehren und rühmen. Zündet einer ein Feuer an, um sich zu wärmen, und wärmt er sich daran, wird er an den Landesfürsten ein Bittgesuch richten und so viel Unterstützung finden, wie er sich gewärmt hat; denn Kälte bedeutet allgemein Armut; macht er aber ein Feuer, um Fleisch zu braten, und brät er es, wird er es darauf anlegen, Leute zu verklagen und hinter Gitter zu bringen entsprechend seinem Hantieren beim Braten; ißt er das Gebratene, wird er vor aller Augen Sünde und Schande auf sich laden, aber auch sich bereichern entsprechend der Menge, die er verzehrte, und geplagt werden.

Keinesfalls kann man einen Feuerbrand günstig auslegen, ausgenommen, es handele sich um einen Kaufmann; träumt er nämlich, sein Geschäft oder der Ort, wo es sich befindet, sei niedergebrannt, prophezeit es seinem Unternehmen glänzende Zeiten und rasches Wachstum, freilich verbunden mit Furcht und Spott.

◆ 159 ◆
Über das Feuer nach der Lehre der Perser und Ägypter

Dem Feuer kommt eine ganz besondere Bedeutung zu; es ist nämlich Symbol der Götter.[317] Träumt jemand, sein Haus sei niedergebrannt, wird er vom Kaiser oder Landesfürsten gestraft werden. Haben seine Kleider Feuer gefangen, werden die Genannten sein Ansehen und seine Würde ruinieren. Sieht einer die Polster seines Bettes brennen, wird er seine Ehefrau oder seine Konkubinen verlieren. Ist eines seiner Glieder verbrannt, wird er in größte Not und Bedrängnis kommen, je nach der Bedeutung eines jeden Gliedes. Ißt jemand glühende Kohlen, wird er vom Kaiser oder einem Großen des Landes reiche Geschenke erhalten; zündet er Kohlen in einem Gefäß an, wird er entsprechend der Feuersglut großen Herren dienen; löscht er die Kohlen mit Wasser, wird er jenen übel mitspielen; verehrt einer das Feuer fußfällig, wird er an hohe Herren eine Bitte richten und erhört werden; sammelt er die Asche, wird er von ihnen ein kleines, bescheidenes Vermögen erhalten. Träumt der Kaiser, er zünde eine Fackel an und trage sie,[318] prophezeit es ihm Ruhm, Siege und Untergang seiner Feinde, ein gemeiner Mann wird nach der Größe der Fackel Amt und Würde erlangen. Reicht der Kaiser anderen brennende Fackeln und kennt er die Betreffenden, wird er ihnen Ämter und Machtbefugnisse verleihen, sind sie ihm unbekannt, seinen Feinden Gnade gewähren. Läßt er viele Lichter und Fackeln im Tempel oder in seinem Palast anzünden, wird er nach der Zahl der Lichter die vornehmsten Herren zusammenrufen, um ihnen eine frohe geheime Botschaft zu verkünden, und sie alle beglücken; erlöschen die Lichter gegen seinen Willen, wird er entsprechend der Finsternis von seinen Feinden hart bedrängt werden.

Träumt einer, die Lampe des Hauses sei erloschen, wird der Hausherr sterben, auf den alle zu blicken pflegen;[319] zündet er die Lampe wieder an, wird ein anderer das Regiment im Haus übernehmen; wird das Licht der Lampe so schwach, daß es fast erlischt, wird der Hausherr erkranken und verarmen. Füllt sich das Haus mit Rauch, wird der Hausherr je nach der Dichte und Schärfe des Rauches von der Obrigkeit gestraft werden; ist der Rauch aber wohlriechend,[320] wird er anderen mit sanften Worten seine Gewalt leihen, sich selbst aber einen guten Namen machen entsprechend dem Wohlgeruch und der Milde des Rauches. Träumt der Kaiser, er trage eine Fackel und sie erlösche, wird er in Bedrängnis kommen und nicht lange leben, ein gemeiner Mann wird seine Stellung verlieren und das Ziel seines Strebens nicht erreichen. Dünkt es einen, er trage Feuer in seinem Gewand,[321] ohne daß es verbrenne, wird er Vertrauter des Kaisers werden und dessen Geheimnisse erfahren. Träumt jemand, wie das brennende Licht den Behälter in Brand steckt, wird der Hausherr Rang und Ansehen gewinnen, danach aber umkommen.

Sieht der Kaiser die Säulen des Tempels oder seines Palastes brennen, prophezeit das die Herrschaft eines andern und den Tod der Würdenträger, die er eingesetzt hat;[322] steckt er selbst die Säulen in Brand, wird er selbst seine Würdenträger aus dem Weg räumen; läßt er andere Säulen errichten, wird er andere Amtspersonen einsetzen.

Wärmt sich jemand an einem Feuer, wird er sich einem Fürsten verpflichten und entsprechend der Erwärmung zu Wohlstand kommen; Kälte bedeutet nämlich Armut. Träumt einem, seine Haare auf dem Kopf hätten Feuer gefangen, wird er sein Vermögen durch die Obrigkeit verlieren entsprechend dem Schaden, den das Feuer verursachte; der Kaiser wird sein Volk in einem Krieg gegen Feinde verlieren entsprechend dem Verlust an Haaren.

Träumt der Kaiser, sein Gefährt oder Kriegswagen sei in Brand geraten, wird er in seiner Würde gedemütigt werden; ist der Sessel mitsamt seinem Wagen ein Raub der Flammen geworden, wird er ums Leben kommen; ist nur der Sessel niedergebrannt, wird seine Gemahlin sterben. Träumt ihm, er fahre mit dem Wagen und die Räder fingen infolge der Reibung Feuer, wird er entsprechend der Stärke des Brandes erkranken; plant er einen Feldzug, wird er ihn aufgeben.

Alle Lichter, die ein Haus erleuchten, bedeuten für jedermann Glück, Ansehen und Gewalt;[323] erlöschen sie, bezeichnen sie das Gegenteil.

◆ *160* ◆

Über das Fliegen, Springen und über
Sprünge nach der Lehre der Inder,
Perser und Ägypter

Träumt einer, er fliege in die Weite von Ort zu Ort,[324] wird er auf Reisen gehen, aufsteigen und so viel Geld verdienen, wie er im Flug an Höhe erreichte; auch wird die Reise gut oder übel verlaufen, je nachdem das Fliegen wohl oder übel vonstatten ging. Springt einer von Ort zu Ort, halte er sich an dieselbe Deutung, nur ist diese weniger günstig. Steil in die Höhe zu fliegen prohezeit Schaden und ein schnelles Ende;[325] träumt einer, er werde geradewegs in den Himmel emporgetragen und mühe sich, ihn mit den Händen zu ergreifen, wird sein Verderben härter und schneller sein; scheint es ihm, als komme er durch den Himmel hindurch, wird auch er bald sterben und vor seinem Tod noch der Sinne beraubt werden. Träumt einer, er sitze im Himmel, wisse aber nicht, wie er hinaufgekommen, wird er Gnade in seinem Glauben finden; gehört er zu denen, die die nötigen Fähigkeiten besitzen, wird er Kaiser werden[326] und Namen und Macht erringen. Dünkt es einen, er besitze schöne, ganz ungewöhnliche Häuser in der Luft, wird er bald sterben; ist das Haus aber wie andere Häuser gebaut, werden Besitz und Geschäft des Träumers, sei er, wer er wolle, an den Rand des Ruins kommen, weil das Haus nicht auf festen Grund gebaut ist.

Wird einer von Ort zu Ort in die Höhe getragen, wird er schnell seinen Beruf aufgeben und einen anderen ergreifen, einen schlechteren oder besseren, je nach der Beschaffenheit und Lage der Orte,

126

und zwar ohne Hindernisse. Der Weite eines Sprunges entspricht die Weite einer Reise. Springt einer mit Hilfe eines Stabes, bezeichnet dieser einen mächtigen Adligen; mit dessen Unterstützung wird der Träumer eine Reise unternehmen und großes Vergnügen[327] haben; stemmt sich einer beim Springen auf eine Säule, wird er sich auf seinen Reichtum stützen und eine weite Reise machen; führt er den Sprung mit Hilfe eines eisernen Stabes aus, wird er um so dauerhafteren Reichtum erlangen, je schwerer der Stab ist.

◆ 161 ◆
Über dasselbe Thema nach der Lehre der Perser und Ägypter

Zu träumen, man fliege wie ein Vogel ohne Flügel in den Lüften hin und her, verheißt hohes Ansehen und Rang und Würde; hat der Kaiser dieses Gesicht, wird er alle seine Ziele, die er sich im Krieg oder sonst gesteckt hat, erreichen. Träumt ihm, er fliege gen Himmel, wo die Sterne stehen, wird er die anderen Herrscher an Hoheit und Namen übertreffen; hört er dort oben die Gestirne reden oder liest er dort Schriftzeichen und erinnert er sich an die Worte, halte er alles, was er vernommen oder gelesen hat, unumstößlich fest, auch wird er lange leben entsprechend der Höhe, die er erreichte; spricht er von der Erde mit den Sternen oder liest er am Himmel Schriftzeichen, wird der Traum denselben Ausgang für ihn nehmen. Träumt der Kaiser, er steige gen Himmel und setze sich dort nieder, wird er ein größeres Land gewinnen, als er besitzt; scheint es ihm, als habe er dort oben einen Palast, wird er das größere, fremde Land unterwerfen und in Besitz nehmen und dort seinen Wohnsitz nehmen; strauchelt er beim Aufstieg und stürzt er hinunter, wird er seine Herrschaft verlieren und ums Leben kommen; springt er von Ort zu Ort furchtlos und mit Vergnügen, wird er von Ort zu Ort mit Vergnügen reisen; springt er voller Furcht, wird er einen gefahrvollen Feld- und Kriegszug unternehmen. Träumt dies ein einfacher Mann oder ein Armer, ist der Ausgang weniger bedrohlich und ungünstig als beschrieben.

Über die Wolken nach der Lehre der Inder

Die Wolken versinnbilden die Weisheit.[328] Träumt einer, er ergreife ein Stück von einer Wolke, wird er entsprechend deren Größe Weisheit erlangen. Dünkt es ihn, er mische sich unter die Wolken, ergreife aber nicht Besitz von ihnen, wird er mit Weisen Umgang pflegen, aber keinen Nutzen davon haben. Träumt es ihm, als trügen ihn die Wolken empor und führten ihn, wohin er wolle, wird er den Gipfel der Weisheit erreichen, wenn er zu denen gehört, die nach Weisheit streben; trachtet er nach weltlichen Dingen, wird er von einem Fürsten Reichtum erlangen, jedoch vor dem Fürsten bangen.

Über die Wolken nach der Lehre der Perser und Ägypter

Träumt einer, er sei von einer einzelnen Wolke tüchtig naß geworden oder in eine dunkle Wolke geraten, wird er erkranken entsprechend der Nässe und der Dunkelheit der Wolke. Träumt der Kaiser, sein Palast sei in Wolken gehüllt und von ihnen ganz naß geworden, so bedeutet der Palast seine Herrschaft, und leidet das von ihm regierte Land unter Hungersnot, wird es reiche Ernte einbringen; herrscht keine Not, werden alle seine Soldaten reiche Geldgeschenke bekommen und froh und zufrieden sein; ein gemeiner Mann wird vor dem Landesfürsten bangen. Träumt der Kaiser, er sitze auf den Wolken und werde dorthin getragen, wohin er wolle, werden fremde Völker ihm botmäßig werden, er wird über sie herrschen und unerhoffte Siege und Freuden erleben.

Über die Winde nach der Lehre der Inder

Träumt jemand, ein starker Wind hebe ihn empor und trage ihn von Ort zu Ort, wird er eine weite Reise unternehmen und so viel Macht erlangen, wie der Wind ihm günstig und förderlich war. Wird einer vom Wind mit Staub überschüttet, [ohne daß seine Augen darunter litten, wird er bekommen, was er sich wünscht; mindert der Staub] aber seine Sehkraft, wird er Sorge und Furcht vor der Obrigkeit haben, auch wird sein Glaube[329] so schwach werden, wie seine Augen sich verdunkelten. Träumt einer, es wehe ein allgemeiner oder ein örtlicher Wind, wird der Kaiser Schrecken verbreiten.[330] Knickt der Wind Bäume um, werden Vornehme dem Zorn des Kaisers zum Opfer fallen entsprechend der Zahl der geknickten Bäume; deckt der Wind Häuser ab, werden Fürsten zugrunde gehen. In gleicher Weise folgt auf jeden Sturz und Fall Unheil und Verwüstung. Kälte, die der Wind mit sich bringt, bedeutet Armut und Beschlagnahme[331] von Hab und Gut, denn durch Armut erleidet man Kälte; ebenso zeigt ein glutheißer Wind Beklemmung an. Träumt einer, es wehe in der Zeit, wo alles blüht, ein starker Wind, der jedoch Bäume nicht knickt, prophezeit er Segen der Erde, weil der Wind den wachsenden Pflanzen auch zu Hilfe kommt.

◆ 165 ◆
Über die Winde nach der Lehre der Perser und Ägypter

Schreitet einer, mit einem kräftigen Wind im Rücken, rüstig aus, wird er zu jeder Zeit bei der Obrigkeit Förderung, Wohlwollen und Unterstützung finden. Bläst ihm aber der Wind ins Gesicht und hindert ihn am Gehen, wird das Gegenteil eintreffen. Wird der Kaiser unterwegs von einem Wind am Vorwärtskommen gehindert, wird ihn eine Botschaft aus einem fernen Land beunruhigen, wird er vom Wind unterstützt, mit Freude erfüllen.

Zu träumen, es wehe ein widriger Wind, der den Feldfrüchten schadet, prophezeit dem Landstrich, wo der Wind weht, Plage und Krankheit;[332] ist der Wind so heftig, daß er Bäume entwurzelt oder Häuser wegreißt, wird der Kaiser oder Gouverneur in dem Maße Schrecken und Drohung verbreiten, wie der Sturm Verwüstungen angerichtet hat. Dünkt es einen, alle Winde hätten sich erhoben und das Volk sei kleinmütig, wird am selbigen Ort ein Erdbeben eintreten, und der Gouverneur kraft- und machtlos werden. Weht im Winter ein warmer Wind, deute[333] man dies als Vorboten reicher Ernteerträge des Landes, weht aber winters ein kalter und schneidender Wind, schließe man auf das Gegenteil. Entsprechend wird es dem Land Segen bringen, wenn im Sommer ein kühler Wind weht, wenn nicht, Schaden. Träumt der Kaiser, es wehe aus einer Himmelsrichtung ein heftiger Wind, hat er von dem Volk, das in dieser Richtung wohnt, Böses oder Gutes zu erwarten, je nachdem der Wind günstig oder ungünstig ist.

◆ 166 ◆
Über Sonne, Mond und Sterne [334] nach der Lehre der Inder, Perser und Ägypter

Die Sonne bedeutet ohne jeden Zweifel die Person des Kaisers,[335] der Mond den nach ihm mächtigsten Mann, die Venus die Augusta, die übrigen großen Gestirne die Würdenträger des Kaisers und die anderen Sterne die Welt insgesamt. Träumt einer, er komme der Sonnenscheibe nahe oder ergreife sie, wird ihm der Kaiser so viel Gunst schenken, wie er der Sonne nahegekommen ist; eine Frau wird nach diesem Gesicht Kaiserin werden; hat der Kaiser diesen Traum, wird er einen anderen Herrscher unterwerfen. Kämpft oder streitet jemand mit der strahlenden Sonne, wird er sich wider den Kaiser erheben; ein gemeiner Mann wird von diesem gestraft werden. Scheint es einem, er sende wie die Sonne Strahlen aus, wird er entsprechend dem Lichtglanz die Kaiserkrone erringen; der Kaiser wird sich noch ruhmvoller in seiner Majestät erweisen; bei einer Frau gilt dieselbe Deutung. Träumt eine Frau, sie gebäre eine Sonne, wird sie, sei sie, wer sie wolle, einen Kaiser zur Welt bringen. Scheint es einem im Traum, als gingen Strahlen von ihm aus, so daß die Leute ihn nicht anschauen können, wird auch er Kaiser werden.

Wenn jemand die Sonnenkugel in Händen hält, diese aber keine Strahlen sendet, wird er gesunden und froh werden, falls er krank ist oder in Trübsal lebt; ein Mächtiger wird den Kaiser mißachten, dieser einen mächtigen König oder Fürsten gefangen halten. Dünkt es einen, die Sonne erhelle ganz ungewöhnlich sein Haus mit ihren Strahlen, wird ihm der Kaiser, dem Sonnenlicht gleich, Freude und Reichtum spenden;[336] sieht der Kaiser die Sonne oder die Sonnenscheibe in seinen Palast kommen, wird er einen Thronfolger zeugen,[337] ein großer Herr oder ein geringer Mann wird erhöht und beglückt werden, bald auch den Kaiser selbst in seinem Haus empfangen. Verachtet einer die Sonne, die zu ihm gekommen, wird er dem Kaiser nach dem Leben trachten. Träumt einer, der Sonnenschein erwärme ihn auf dem Wege, wird er vom Kaiser so viel Reichtum erlangen, wie die Sonne ihm Wärme spendete; hat diese ihn aber über alle Maßen gebrannt, wird der Träumer entsprechend dem Sonnenbrand Schaden leiden.

Schaut einer die Sonne am Himmel ohne Licht und Strahlen, drohen dem Kaiser Unheil und Ruhmlosigkeit;[338] hat ein Fürst diesen Traum, wird er den Kaiser gering schätzen. Dünkt es ihn, auch das Volk sehe die Sonne wie er, werden auch die einfachen Leute den Kaiser schlechtmachen. Eine Sonnenfinsternis wird Drangsal und Kriegsnöte über den Kaiser bringen; strahlt die Sonne wieder in reinem Licht, wird er siegen, wenn nicht, unterliegen. Zu träumen, die Sonne werde von Wolken verdeckt, prophezeit dem Kaiser Bedrängnis und Krankheit entsprechend der Verdüsterung der Sonne. Schaut einer die Sonne strahlend in seinem Bett aufgehen, wird er, falls er ledig ist, eine reiche Frau nehmen, ist er verheiratet, sich in eine wohlhabende Frau verlieben und sich durch deren Einfluß in der Gunst des Kaisers sonnen, ferner, dem Lichtglanz gleich, Würde und Hoheit erlangen. Wird die Sonne durch schwache Wolken verhüllt, werden weniger drückende Not und Krankheit den Kaiser plagen; gewinnt die Sonne wieder ihr volles Licht, wird er Gesundheit und Zuversicht wiedererlangen. Aus allem erkenne man, daß die Sonne Symbol des Kaisers ist; je nachdem einer Nutzen oder Schaden von ihr hat, erwarte er das Entsprechende vom Kaiser.

Träumt einer, daß Sonne, Mond und alle Sterne mit ihrem Licht an einem Ort versammelt seien, und dünkt es ihn, als habe er Gewalt über sie, wird er Kaiser oder so mächtig werden, daß er Kaiser und Reich nach seinem Willen lenkt; der Kaiser wird nach diesem Gesicht alle feindlichen Völker unterwerfen, eine Frau Gebieterin im Kaiserpalast werden. Dünkt es einen Großen, Sonne, Mond und Sterne seien ohne irgendein Licht versammelt und er habe Gewalt über sie, wird er wegen der Finsternis gänzlich dem Untergang und dem Verderb ausgeliefert sein; der Kaiser wird von allen bedrängt und bekriegt werden und in große Drangsal geraten. Die Verfinsterung der Sterne bedeutet dem Träumenden auch Beschlagnahme von Geld und Gut; ist er ein Übeltäter, wird ihn das Volk doppelt für seine Untaten büßen lassen.[339]

131

Die Sonne bezeichnet den Hauptkaiser;[340] befindet sich derjenige, der die aufgeführten Träume schaut, im Land oder in den Provinzen[341] des Kaisers, wird sich alles für letzteren erfüllen, lebt er aber in einem fremden Land, für dessen regierendes Oberhaupt.

Der Mond bedeutet, wie gesagt, den nach dem Kaiser mächtigsten Mann, die Venus[342] die Augusta, Merkur den Leiter der kaiserlichen Kanzlei, Mars des Kaisers obersten Heerführer, Jupiter den kaiserlichen Schatzmeister, Chef der Verwaltung und Finanzen, Saturn den obersten Beamten, der Strafen und Bußen verhängt.

Träumt einer, der Mond gehe strahlend in seinem Haus auf, wird er Gunst und Unterstützung von dem mächtigsten Mann nach dem Kaiser gewinnen; ist der Träumende ledig, wird er die Frau nach seinem Herzen heiraten und wohlhabend werden. Führt einer im Traum die Mondscheibe in sein Haus oder hat er sie in seiner Gewalt, wird er über Reichtum und Macht des einflußreichsten Mannes gebieten und nach seinem Willen verfügen. Scheint es dem Kaiser, als habe sich der Mond verdunkelt oder verfinstert, wird der nach ihm mächtigste Mann einen Anschlag und eine Erhebung gegen ihn planen, sein Vorhaben wird aber aufgedeckt und er öffentlich der Tat überführt werden; schaut ein anderer dieses Gesicht, wird es sich ebenfalls an dem mächtigsten Mann erfüllen. Wird der Mond wieder klar und bekommt er sein altes Licht, wird jener wieder an den Hof berufen und in seine hohe Stellung eingesetzt werden.

Träumt der Kaiser, der Venusstern gehe mit schwachem Licht auf, wird er die Augusta verachten. Wird das Gestirn ganz und gar von Wolken verhüllt, werden Krankheit und Trübsal dieselbe heimsuchen. Leuchtet der Stern aber in vollem Licht und noch strahlender als sonst, wird der Kaiser Wonne und Liebe für seine Gemahlin empfinden und einen Sohn zeugen. Fällt der Stern vom Himmel herab, wird die Augusta sterben. Auch wenn ein anderer diesen Traum hat, wird dieser sich an der Kaiserin erfüllen; dünkt es einen, der Venusstern werfe seinen Glanz auf ihn oder sein Haus, wird die Kaiserin ihm ihre Gunst schenken.

Die übrigen großen Gestirne bedeuten, wie gesagt, die genannten Personen nach der dargelegten Weise, und zwar wenn der Schauende weit entfernt ist; befindet er sich im Land des souveränen Kaisers, wird sich das Gesicht für diesen erfüllen, wenn in einem fremden, für das regierende Oberhaupt des betreffenden

Landes. Nur kommt es selten vor, daß man solches in einem fremden Land träumt.

♦ 167 ♦

Über dasselbe Thema nach der Lehre
der Perser und Ägypter

Der Mond bezeichnet den nach dem Kaiser mächtigsten Mann. Schaut jemand den Mond am Himmel in vollem Licht, wird er vom Kaiser Gunst und Reichtum erlangen; sieht ein Mann den Mond ganz in der Nähe oder dünkt es ihn, er halte ihn in seinem Gewandbausch oder in der Hand, wird er eine reizende Frau heimführen,[343] falls die Mondscheibe voll gewesen ist, eine Frau wird gleichermaßen einen liebenswürdigen Mann heiraten. Spendet der Mond dem Träumenden oder seinem Haus Licht, wird er oder sein Geschlecht des Kaisers Huld erfahren. Sieht er den Mond finster und ohne Schein, wird er zu seinem Verhängnis und Ruin eine Frau nehmen, auch wird er bald vom Kaiser gestraft werden; träumt dies ein gemeiner Mann, wird das Unheil den Kaiser treffen.

Die Menge der übrigen großen Gestirne bedeutet die Adligen und Reichen, ferner diejenigen, die Zutritt zum Kaiser haben, sie wohnen, wo sie wollen; günstiger sind diejenigen Gestirne, die in der Nähe gesehen werden, als die, welche man von ferne schaut. Träumt jemand, die großen Gestirne seien mit vollem Licht an einem Ort versammelt, deute er es als die Zusammenkunft der genannten Personen und als Freude, die dem Volk von ihnen zuteil wird; haben die Gestirne nur schwaches Licht, sind sie zerstreut oder finster, wird das Unglück das Volk und die Statthalter des Kaisers treffen; sind die Gestirne halb dunkel, halb hell, bedeutet es teils Freude, teils Betrübnis.

Scheint es einem, als habe er Gewalt über alle Sterne, wird er alle Völker in seine Gewalt bekommen und, falls er dazu fähig ist, ihr Herrscher werden; hat er nur über einen Teil der Sterne Gewalt, werden seiner Herrschaft Grenzen gezogen sein. Träumt einer, er leite, ordne und lenke die Sterne, wird er vom souveränen Kaiser Vollmacht über das Volk bekommen entsprechend der Dauer und dem Ordnen der Sterne. Verzehrt einer Sterne, wird er so viele Menschen vernichten, wie er Sterne gegessen hat;[344] verschlingt er

133

die Sterne, ohne sie zu kauen, werden ungewöhnliche Leute in sein Haus kommen und freundschaftlich mit ihm verkehren.

✦ 168 ✦
Über die Gestirne nach der Lehre der Perser

Verehrt einer fußfällig die Gestirne, die zu den Göttern gezählt werden, wird er an den Kaiser ein Bittgesuch richten und dessen Wohlwollen finden, sofern die Gestirne ihn mit ihrem Licht beschienen. Vergießt er Tränen vor ihnen, wird er so viel Gnade vor dem Kaiser finden, wie er Tränen vergoß. Räuchert er im Tempel der Gestirne, wird er wegen des Feuers Macht einen bedeutenden Ruf und Gewalt beim Kaiser erringen entsprechend dem Wohlgeruch des Räucherwerks. Opfert einer den Gestirnen, wird er vollkommene Liebe und Wahrhaftigkeit dem Kaiser bezeigen, sei er geringen oder hohen Standes.

✦ 169 ✦
Über die Gestirne nach der Lehre der Inder

Verehrt einer fußfällig die Gestirne, die zu den Göttern gezählt werden,[345] wird er bei vielen als Lügner und Betrüger gegenüber den Großen gelten, so wie seine Verehrung den Gestirnen gilt, weil alles, was außer dem Schöpfer aller Dinge angebetet wird, Lüge und Nichtigkeit ist; Gott allein gebührt Anbetung.[346] Träumt der Kaiser oder ein großer Herr, er blicke zum Himmel und schaue die Sterne in ihrer wahren Gestalt oder in Form von Schriftzeichen, wird seine Macht erstarken, und er wird lange leben entsprechend seiner Schau und Betrachtung der Sterne. Liest er die Zeichen, ist das Gesicht gewichtiger; alles, was er gelesen hat, halte er unter allen Umständen fest; hat er die Schriftzeichen nicht gelesen, wird die Gnade, die er empfängt, geringer sein. Reist einer, von den Sternen geführt, über Land und Meer und kommt er glücklich ans Ziel, wird er sich einem hohen und gerechten Richter anschließen und dessen Gunst erwerben; führt ihn der Weg aber in die Irre, wird er zu einem ungerechten Richter kommen, der ihn plagen wird. Träumt einer, die Sterne stürzten ins Meer, droht etlichen Leuten vom Kaiser Verderben.[347] Hat der Kaiser dieses Gesicht, wird er den Untergang von Fürsten und Untertanen schauen. Scheint es ihm, als bekämpften die Sterne feuerrot[348] einander, wird er schlimme Botschaften über sein Volk erhalten und dessen Untergang erleben entsprechend dem Ausmaß des Feuerbrandes. Träumt der Kaiser oder die Kaiserin, ein Gestirn steige vom Himmel herab, rede mit ihnen und komme in ihre Nähe, werden sie von Gott jegliche Freude und Erfüllung ihrer Wünsche erlangen; ein gemeiner Mann wird getröstet und gesund werden, wenn er krank oder betrübt ist, ist das nicht der Fall, wird er Freude in seinem Beruf finden.

◆ *170* ◆
Über den Regen nach der Lehre der Inder

Der Regen bedeutet Erfüllung einer Bitte und Barmherzigkeit. Träumt jemand, es habe auf sein Feld geregnet, wird er Segen, Freude und Barmherzigkeit von Gott erlangen. Hat der Kaiser diesen Traum in der Zeit, in der man Regen dringend braucht, wird Gott ihm schenken, worum er ihn bittet,[349] und leidet sein Land Hungersnot,[350] wird es reiche Frucht geben; herrscht kein Mangel an Regen, ist der Ausgang weniger günstig und schwächer. Trinkt einer Regenwasser, und zwar sauberes,[351] wird er, abgesehen von dem erwähnten allgemeinen Segen, auch persönlich große Wohltaten empfangen; ist das Wasser schmutzig, werden Krankheit und Drangsal über ihn kommen, der Menge an Wasser gleich, die er getrunken hat. Träumt einer, es habe einzig auf sein Haus geregnet, wird seine Familie mit einer Seuche und schweren Krankheiten zu kämpfen haben; dieselbe Auslegung trifft zu, wenn man solches von anderen Häusern träumt. Sammelt einer solches Regenwasser, wird er so viel Trübsal und Not leiden, wie er Wasser gesammelt hat.

Über den Regen nach der Lehre
der Perser und Ägypter

Träumt einer, ein milder Regen falle auf seinen Heimatort, werden die dortigen Einwohner Wohltaten vom Kaiser empfangen; regnet es aber zu stark und unaufhörlich, werden die Bewohner des Kaisers Ungnade zu spüren bekommen, später aber wieder Gnade finden. Dünkt es den Kaiser, er werde unterwegs vom Regen überrascht, werden seine Wünsche nicht in Erfüllung gehen entsprechend dem Umstand, daß der Regen seine Gewänder durchnäßte; ist er auf einer Reise oder einem Kriegszug, wird er ihn aufgeben. Entsprechendes gilt für den einfachen Mann und für jede andere Person. Wird ein Ort nicht von Wolken oder Regen, sondern sonstwie naß und feucht, werden die Erwartungen und Hoffnungen der dortigen Bewohner sich nicht erfüllen, vielmehr werden sie ein neues, ungewöhnliches Unheil und widernatürliche Krankheiten erdulden. Wo immer es regnet, sauberer Regen bringt jedermann Glück, trüber aber Unglück.

◆ *172* ◆
Über den Lehm nach der Lehre der Inder

Träumt einer, er stampfe durch Lehm,[352] werden Sorgen und Kummer ihn bedrücken, der Menge Lehm gleich, durch die er stampfte; ist der Lehm von üblem Geruch, wird er noch drückendere Not und üble Nachrede zu ertragen haben wegen des widerlichen Geruchs. Töpfert einer mit reiner Erde, wird er sein Geld in Sorgen und Not schlecht verwalten. Dünkt es einen, daß eines seiner Kleidungsstücke von Lehm schmutzig geworden sei, wird er durch jemanden in Bedrückung kommen entsprechend der obigen Deutung, nach der jedes Kleidungsstück auf eine Person bezogen ist; dieselbe Auslegung gilt für die Körperteile, von denen jeder eine bestimmte Person bedeutet, wie wir oben gesagt haben.

Über Erdspalten, die durch Regenwasser entstanden sind, nach der Lehre der Inder, Perser und Ägypter

Träumt einer, er komme zu einer Erdspalte, die durch Regenwasser entstanden ist, oder wolle sie überqueren, hat er von einem kühnen und mächtigen Feind Gewalt und Bedrückung zu erwarten; überquert er die Spalte, wird er unter großer Anstrengung aus der mißlichen Lage befreit werden. Wenn ihm das reißende Wasser sein Kleid entführt, wird der Träumende durch die Gewalt eines mächtigen Feindes seinen Reichtum oder eine von den Personen, die durch das betreffende Kleidungsstück bezeichnet werden, verlieren. Ertrinkt einer in dem reißenden Wasser, wird er im Krieg gegen einen mächtigen Feind umkommen. Schaut der Kaiser, daß das flutende Wasser Bäume oder Häuser fortreißt, wird er, dem Verlust an Bäumen gleich, Menschen und Länder verlieren; einem gemeinen Mann steht in jedem Fall der Tod auf dem Schlachtfeld bevor.

◆ *174* ◆
Über Flüsse nach der Lehre der Inder

Flüsse bedeuten, ihrer Größe entsprechend, Personen niedrigen oder hohen Standes.[353] Kommt einer zu dem . . .[354] größten Fluß, um ihn zu überqueren oder Wasser zu schöpfen, und überquert er ihn ohne Schiff, wird er an den Statthalter des Kaisers ein Bittgesuch richten und erhört werden; schöpft er Wasser aus dem Fluß, wird er entsprechend der geschöpften Menge von dem Überfluß des mächtigen Herrn reich werden. Trinkt er aus dem Fluß und ist das Wasser rein und süß, wird er herrlich und in Freuden in dem Haus des Mächtigen leben, ist es aber schmutzig und widerlich, von ihm arg geplagt werden und erkranken. Schöpft einer aus einem anderen fließenden Wasser, wird er von einem Mann des Volkes so viel Geldmittel bekommen, wie der Fluß groß und wasserreich ist. Schwimmt einer in dem Fluß, um an das andere Ufer zu kommen oder um zu baden, wird er überlegen in einem Prozeß, den er mit einem anderen führt, die Oberhand behalten, vorausgesetzt, er erreiche das andere Ufer, ist das nicht der Fall, unterliegen;

schwimmt er, um sauber zu werden, wird er seine Schwierigkeiten mit Hilfe eines einflußreichen Mannes, dessen Macht der Größe des Flusses entspricht, sich vom Halse schaffen.

Träumt der Kaiser, er erteile den Befehl, einen Fluß [abzuleiten], und solches geschehe, wird er einen Fürsten, dessen Macht der Größe des Flusses gleicht, sich dienstbar machen und ihn versetzen, wohin er will; strömt der Fluß wieder in sein altes Bett zurück, wird der Fürst dem Kaiser Frieden und Freundschaft kündigen. Läßt der Kaiser einen Fluß überbrücken, wird er mit einer mächtigen Persönlichkeit aus freien Stücken, nicht gezwungen, dem Brückenschlag gleich, Frieden und Freundschaft schließen. Läßt der Kaiser fließendes Wasser in Becken leiten, wird er entsprechend der Wassermenge den Reichtum eines Mächtigen in seine Schatzkammern fließen lassen. Baut jemand ein Auffangbecken wie einen Wasserspeicher und leitet Flußwasser hinein, wird er von andern Geld nehmen und scheffeln.

Ruhig fließendes Wasser, das ein einzelner Mensch aufzuhalten und zu sperren vermag, weist nicht auf einen Mächtigen, sondern auf das Leben[355] der Menschen. Sammelt einer dieses Wasser und nimmt es in Besitz, wird er ein Leben führen, das so glücklich oder armselig sein wird, wie das Wasser klar oder trüb ist. Trinken auch die Nachbarn daraus und ist es sauber und süß, wird er ihnen von seinem Überfluß Gutes tun; ist es aber schmutzig und widrig, werden er und alle, die davon trinken, ein elendes Leben führen. Bewässert einer seinen Grund und Boden, wird er fürstliche Gewalt bekommen und Gutes unter den Leuten wirken. Trinkt einer unterwegs an einem unbekannten Ort Wasser, und zwar einen vollen Becher, wird er bald sterben; ist im Becher noch ein Rest geblieben, wird er dementsprechend kurz oder lange leben.

Reißend dahinströmendes Wasser gibt der Deutung ein größeres Gewicht als das ruhig dahinfließende.

Träumt einer, er komme an ein Flußufer oder setze sich dort nieder, wird er sich mit einem Mann anfreunden, der dem Fluß gleicht, und sein Nachbar werden. Hat ihn der Fluß beschmutzt oder erschreckt, wird er entsprechend von dem Mann schikaniert werden; hat er aber mit dem Wasser seinen Schmutz abgespült, werden seine Sorgen und Nöte von dem Mann verscheucht werden. Geht ihm das Wasser des Flusses bis zum Hals oder gar über den Kopf, stehen ihm von der erwähnten Person Unterdrückung und

Elend bevor. Gelangt er schwimmend bis zur Flußmitte, wird der Mann ihn festsetzen und unterdrücken; nähert er sich dem Land, wird er entsprechend der Entfernung zum Land von den Übeln befreit werden. Dünkt es einen, er ertrinke im Fluß, wird er von der Hand eines Menschen, der dem Fluß gleicht, umgebracht werden.

◆ 175 ◆
Über Flüsse nach der Lehre der Ägypter

Flüsse, die das Land bewässern, bedeuten das Leben der Menschen. Träumt jemand, der Fluß, der gewöhnlich das Land bewässere, sei ausgetrocknet, werden Hungersnot, Sorgen und Elend das Land heimsuchen; ist der Fluß aber über die Ufer getreten, werden die Bewohner jubeln und reiche Ernte einfahren, und der Pharao wird mit seinen Würdenträgern überglücklich sein. Schaut einer, der Fluß habe das Land unter Wasser gesetzt und es seien Fische angeschwemmt worden, werden die Einwohner Segen, aber auch Krankheiten zu erwarten haben; bleiben Schlangen, Frösche und Kriechtiere zurück, werden sie mit Feinden zu kämpfen haben, sie aber niederwerfen, falls sie Herr über das Getier wurden, andernfalls unterliegen. Ebenso bedeuten Flüsse, die das Land nicht bewässern, Personen, mächtige oder niedrige, je nachdem, ob die Flüsse groß oder klein sind; alles, was sich an den Flüssen ereignet, Gutes oder Böses, wird sich für die Betreffenden erfüllen.

Träumt dem Kaiser, er werfe Netze in den Fluß, um Fische zu fangen, und mache einen reichen Fang, werden die Sorgen, die ihn wegen eines Krieges oder sonstwie drücken, sich in Glück wandeln; fängt er nichts, wird das Gegenteil eintreten. Ein einfacher Mann wird nach diesem Traum entsprechend dem Fischzug zu Wohlstand kommen, fängt er nichts, leer ausgehen.

◆ 176 ◆
Über ein Gesicht

Einer, der die Rolle seines Herrn übernommen hatte, wollte den Traumdeuter Sirin auf die Probe stellen und fragte ihn: „Mir träumte, ich tränke den ganzen Tigris aus."[356] Sirin antwortete:

„Das hast du nicht geschaut; es ist unmöglich." Jener mußte es eingestehen und sagte: „So ist es; nicht ich habe den Traum gehabt, sondern mein Herr, der mich gesandt hat." Und Sirin sagte: „Wenn du zurückkommst, wirst du ihn tot finden." Und wie er gesagt hatte, traf es ein.

◆ 177 ◆
Über das Meer nach der Lehre
der Inder, Perser und Ägypter

Das Meer mit seiner Tiefe bedeutet den Hauptkaiser. Wie alle Flüsse ins Meer münden, so fließt auch aller Reichtum der Welt dem Kaiser zu.[357] Träumt diesem, es flössen neue, unbekannte Flüsse ins Meer, wird er von fernen Völkern Reichtümer und Freude erlangen. Schaut er, wie die bekannten Flüsse nicht mehr ihr Wasser ins Meer ergießen, werden seine Einkünfte zurückgehen, er selbst aber nicht an Macht verlieren; denn auch das Meer erfährt keine Minderung. Trinkt einer Meerwasser, wird er vom Kaiser Reichtum erlangen, so viel oder so wenig, wie er Meerwasser getrunken. Träumt einer, er sei Herr über das Meer geworden, wird er dem Kaiser auf dem Thron folgen und herrschen. Schöpft jemand Wasser aus dem Meer und bringt es in Gefäßen in sein Haus, wird er vom Kaiser mit kaiserlichen Gütern überhäuft werden, sofern er viele Gefäße mit Meerwasser füllte.

Angelt einer mit Ködern Fische im Meer, wird er reiche Mittel vom Kaiser bekommen, sofern er viele Fische gefangen hat; fängt er sie mit Netzen, wird er dem Kaiser aufrichtig ergeben sein und sichtbar reichen Unterhalt von ihm beziehen entsprechend dem Fang, den er machte. Geht einer am Meeresufer spazieren, die Füße im Wasser, wird er sich dem Kaiser nahen und, der angenehmen Kühlung gleich, Freude erleben; ist er am Meeresufer in den Schmutz gefallen, wird er beim Kaiser so tief in Ungnade fallen, wie er in den Schmutz gesunken ist. Sieht einer das Meer in der Ferne in ruhiger Bewegung, wird die Freude, die er vom Kaiser erfährt, geringer sein. Geht einer ins Meer bis zur Hüfte und wäscht sich, wird er ein ergebener Gefolgsmann des Kaisers werden und entsprechend dem Bad seine Gunst erfahren; schlägt aber das Wasser über ihm zusammen, drohen ihm große Sorgen, Bedrückung und

Zwang von seiten des Kaisers; schwimmt[358] er nur, wird er von ihm bedrängt und unterdrückt werden, und es wird ihm entsprechend der Nähe oder Ferne vom Land ergehen: ist er nahe dem Land, werden die Plagen geringfügiger, ist er weit entfernt, heftiger sein. Träumt es einem, er ertrinke im Meer, wird er vom Kaiser am Leben gestraft werden. Schaut jemand das Meer aus der Nähe in ruhiger Bewegung,[359] wird er jeden Kummer abwerfen und Freude empfinden.

Träumt der Kaiser, wie das Meer von einem bekannten Wind mächtig hochgeht, wird er von dem Volk, das in der Windrichtung wohnt, in Schrecken versetzt werden; wirft das Meer nach solchem Tosen Haifische und anderes Meeresgetier heraus, werden Mächtige des Reiches dem Zorn des Kaisers zum Opfer fallen; schaut er das Meer in ruhiger Bewegung, wird er sich seiner Macht und Würde erfreuen, ist das Meer in Aufruhr, außer sich geraten. Auch wenn ein anderer dieses Gesicht schaut, wird es für den Kaiser in Erfüllung gehen. Im Traum auf den Wogen des Meeres zu wandeln,[360] verheißt Mut, Macht und ein enges Verhältnis zum Kaiser; dünkt es einen, er werde rücklings auf den Wogen dahingetragen, wohin er wolle, wird der Traum noch glücklicher ausgehen als der vorige; freilich schauen nicht alle dieses Gesicht, sondern nur die führenden Männer und diejenigen, die dem Herrscher besonders eng verbunden sein werden. Träumt der Kaiser, er fange Fische, ziehe sie aus der Tiefe herauf, gebe sie andern oder lege sie irgendwo nieder, wird er seine Untertanen reich beschenken oder Schätze sammeln.

♦ 178 ♦

Über Schiffe nach der Lehre der Inder

Schiffe bedeuten verschiedene Personen. Träumt jemand, er sterbe an Bord eines Schiffes, bedeutet der Tod daselbst Leben und Befreiung von Not und Elend. Belädt jemand ein Schiff mit seinem Hab und Gut, um in die Fremde zu fahren, werden Sorgen und Not ihn bedrücken. Hat er das Schiff bestiegen und segelt er mit günstigem Wind,[361] wird er vorwärtskommen und von dem Landesfürsten, wie vom Wind, begünstigt werden; ist aber der Wind widrig, erwarten ihn Krankheit, Not, Fesseln und Schwierigkeiten, die seine Wünsche vereiteln; gelingt es ihm, vor Land zu ankern, wird seine Bedrängnis um so erträglicher sein, je mehr er sich dem Land genähert hat. Ist das Schiff mit Korn und Hülsenfrüchten beladen worden, werden große Sorgen und Ängste ihn plagen entsprechend der Menge des Ladegutes, er wird aber nicht zugrunde gehen; denn das Schiff bedeutet Rettung.[362]

Träumt einer, er baue ein Handelsschiff, wird er wegen geheimer Pläne etliche Leute um sich sammeln; diesen Traum schauen aber nur Mächtige. Führt der Träumende den Bau nach seinem Begehr aus, wird er seine Wünsche in allem erfüllt sehen; mangelt etwas am Bau, wird sein Vorhaben unzweifelhaft langsamer vorangehen entsprechend der Arbeit am Bau. Träumt einer, er segle auf dem trockenen Land, wird er große Sorgen auf einer weiten Reise haben, und das Ende davon wird sein Untergang sein.

◆ *179* ◆
Über Schiffe nach der Lehre
der Perser und Ägypter

Fährt einer zu Schiff über einen Fluß oder das Meer, bedeutet das Schiff sein Heil und Sicherheit vor Feinden; gerät das Schiff in Gefahr, wird der Träumer seinen Schirm und Schutz verlieren und erkranken, hatte er aber glatte Fahrt, wird er in seinem Beruf gutes Verdienst haben. Erwirbt jemand Handelsschiffe, wird er Sklaven erwerben nach Art seiner Hausgenossen; geraten die Schiffe in Seenot, droht seinen Sklaven Gefahr und ihm selbst Bettelarmut. Baut einer Schiffe, wird er entsprechend deren Zahl mit einem Zuwachs seines Vermögens rechnen und ihn auch bekommen.

◆ *180* ◆
Über kaiserliche Schiffe

Kaiserliche Kriegsschiffe deuten auf Kriege. Das Schiff, auf dem der Kaiser sich befindet, bedeutet die Augusta, entsprechend weist das Schiff der Augusta auf den Kaiser. Birst der kaiserliche Schnellsegler[363] oder gerät er in Seenot, prophezeit das den Tod der Kaiserin; [widerfährt solches dem Schiff der Kaiserin, droht dem Kaiser der Tod]. Träumt der Kaiser, sein Schnellsegler sei leck geworden oder beschädigt,[364] wird die Kaiserin entsprechend dem Schaden erkranken. Ist das Schiff bis an den kaiserlichen Thron aufgerissen, wird die Kaiserin sterben. Läßt der Kaiser einen neuen Schnellsegler bauen, wird er entsprechend dessen Farbe und Schönheit eine Frau nehmen;[365] läßt er auf diesem Schiff einen Thron errichten, wird er von ihr einen Sohn bekommen, der ihm in der Herrschaft folgen wird; schaut der Kaiser, daß der Thron zerbricht, niederbrennt oder beschädigt wird, bedeutet das den Tod seines Sohnes. Bleibt sein Schiff bewegungslos im Meer stecken, wird die Kaiserin so lange Drangsal und Schmach erdulden, wie das Schiff manövrierunfähig geblieben ist; sie wird aber nicht ums Leben kommen. Läßt der Kaiser eigene Schnellsegler bauen, wird er sich Konkubinen zulegen und ihnen Rang und Würde verleihen. Schaut er, wie das Schiff der Kaiserin Schiffbruch erleidet, wird sich der Traum an ihm erfüllen. Träumt der Kaiser, seine Flotte sei gerüstet, steche zum Kriegszug in See und halte gute Fahrt, wird er entsprechend dem guten Kurs Erfolge haben, im anderen Fall wird das Gegenteil eintreffen. Dünkt es ihn, daß seine Geschütze weitreichender und stärker als vordem geworden sind, wird er voller Freude sein und über seine Feinde siegen. Schießen die Geschütze Feuer ab,[366] um feindliche Schiffe und Stellungen in Brand zu setzen, wird der Sieg über die Feinde so gewaltig sein, wie die Wirkung des Feuers war; sind die feindlichen Schiffe in Brand geschossen, wird deren Untergang besiegelt sein. Läßt der Kaiser eine neue Flotte von vielen Schiffen bauen, wird er eine mächtige Streitmacht entsprechend der Zahl der Schiffe gegen seine Feinde zusammenbringen; schaut ein anderer dieses Gesicht, deutet es auf den Kaiser.

◆ 181 ◆
Über Brunnen nach der Lehre
der Inder, Perser und Ägypter

Träumt jemand, er schöpfe reines Brunnenwasser,[367] wird er, falls er selbst den Brunnen angelegt hat, von einer zarten Jungfrau so viel Gold bekommen, wie er Wasser geschöpft hat; ist es aber schmutziges Wasser, drohen Krankheit und Unheil von ihr. Gibt er anderen aus dem Brunnen zu trinken, reines oder schmutziges Wasser, wird er mit Hilfe des Mädchens andere reich oder elend machen. Führt einer Wasser über eine Leitung in sein Haus und spendet auch anderen davon, wird er durch einen unerwarteten Erbfall reich werden, und andere werden es durch ihn. Und dieses Wasser bringt noch mehr Glück als Brunnenwasser; denn es weist auf das Leben der Hausbewohner. Trocknet das Wasser aus oder versiegt es, deute man es als deren Tod.

◆ 182 ◆
Über Springquellen nach der Lehre
der Perser, Inder und Ägypter

Träumt jemand, er komme zu einer Quelle und trinke daraus, werden so viel Sorgen und Not ihn bedrücken, wie er Wasser trank, sofern der Ort ihm unbekannt ist. Dünkt es einen, es sprudele aus einer Wand, einem festen Platz oder einem Haus auf ungewöhnliche Weise Wasser, werden die Bewohner nach dem Ausmaß des Sprudelns Sorgen und Nöte haben; weit häufiger weist der Traum auf Tränen und Tod. Sammelt einer eine Menge Wasser davon, wird das Unheil entsprechend länger dauern. Versiegt der Quell und hört er auf zu sprudeln, wird das Ende der Leiden bevorstehen.

◆ 183 ◆
Über warmes Wasser nach der Lehre
der Inder, Perser und Ägypter

Trinkt einer warmes Wasser, wird er Ärger und Verdruß bekommen,[368] der der Hitze des Wassers entspricht; denn wie kaltes Wasser Glück bedeutet, so heißes Unglück. Wäscht sich jemand mit warmem Wasser, wird seine Bedrängnis geringer sein. Wein mit warmem Wasser vermischt zu trinken prophezeit schwere Belastung durch den Landesfürsten. Watet einer in warmen Wassern, wird er Plage mit seinen Knechten haben. Spült jemand mit warmem Wasser seinen Mund, wird er in seiner Familie Verdruß haben; wäscht er mit warmem Wasser sein Gesicht, werden die Leute auf ihn wütend sein, entsprechend dem Hitzegrad des Wassers.

Über das Bad nach der Lehre
der Perser, Inder und Ägypter

Das Bad bedeutet Beklemmung und Ärger.[369] Geht einer ins Bad,
um sich zu waschen, und ist das Bad sehr heiß, wird er großen
persönlichen Kummer haben entsprechend der Hitze, die im Bad
herrscht. Dünkt es einen, das Bad sei zwar heiß gemacht, er lege die
Kleider ab, gehe aber nicht ins Wasser, werden arge Schwierigkeiten ihm bevorstehen, sich aber bald verflüchtigen. Träumt ein Reicher, er gehe ins Bad, salbe und wasche sich, wird er in arge Bedrängnis kommen und sein Geld verlieren, so wie ihm beim Baden
die Haare ausfielen; ist der Träumer in Bedrängnis, Krankheit oder
Fesseln, wird er alle diese Übel loswerden. Badet einer in lauwar-
mem Wasser, wird seine Bedrängnis nicht gar so groß und arg sein;
wäscht er sich mit Wasser, das nicht allzu kalt ist, und wird er
sauber, wird er seine Plage sich vom Halse schaffen, ist es aber
eiskalt, nimmt das Gesicht denselben Ausgang wie im Falle des
heißen Wassers.

Über das Wasserschöpfen mit Keltertrögen,
Kleidern oder Gefäßen, mit denen man niemals
Wasser schöpfen kann, nach der Lehre der Inder

Träumt einer, er trage Wasser in einem Keltertrog oder in einem
Gefäß, das kein Wasser hält, wird er sein Geld einem unzuverlässi-
gen Menschen anvertrauen oder es an einem leicht zu entdecken-
den Ort verstecken. Fließt das Wasser in solchen Gefäßen gleichwohl nicht aus, wird auch das Geld gesichert sein, aber um den
Preis großer Furcht; fließt das Wasser aber aus, wird der Träumer
sein Geld verlieren. Bekommt das Gefäß durch das Wasser einen
Riß, wird sein Geldschatz entdeckt werden, wo er auch sei. Vergräbt
einer das Gefäß mitsamt dem Wasser, wird es ihm zum Verhängnis
und Skandal ausgehen.

Über das Trinken von Wasser aus
Trinkgefäßen nach der Lehre der Inder

Ein Trinkgefäß bedeutet eine Frau. Nimmt jemand ein gläsernes
Trinkgefäß voll Wasser in die Hand, wird er eine Frau nehmen und
Kinder mit ihr zeugen; alles Gläserne weist nämlich auf eine
Frau[370] aus dem Mittelstand. Dünkt es ihn, das Gefäß sei zerbrochen, das Wasser aber darinnen geblieben, wird die Frau sterben,
das Neugeborene aber am Leben bleiben; ist das Wasser aber aus-
geflossen und das Gefäß ganz geblieben, wird das Kind sterben, die
Frau aber am Leben bleiben. Schenkt einer den Leuten Wasser aus
einer gläsernen Karaffe[371] ein, wird er Gutes tun und Lohn und
Namen dafür erlangen, gemessen an der Menge Wasser, das er
verteilte; schenkt einer Wasser aus und nimmt dafür Geld, hat er
seinen Lohn schon bekommen,[372] und er wird in üblen Ruf kommen. Schenkt der Kaiser dem Volk reines Wasser aus und die Leute
trinken es durstig, wird er bedrängte Menschen beglücken, sie fördern und reich beschenken; ein gemeiner Mann wird erhöht, Gouverneur oder Richter werden. Ein Mönch wird Lehrer und Förderer
des Heils sein; ist das Wasser aber schmutzig, wird er Ketzereien
und gotteslästerliche Lehren verbreiten.

◆ *187* ◆
Über das Wassersprengen im Haus
und das Tünchen nach der Lehre der Inder

Träumt einer, er sprenge Wasser in seinem Haus, wird er so viel
Sorgen und Not haben, wie er Wasser sprengte. Hat er aber das
Haus nur besprengt, um den Staub zu löschen, wird er dem Übel-
stand ein wenig abhelfen. Träumt ein Mächtiger, er reinige mit
Besen sein Haus, das voller Schmutz ist, und werfe den Kehricht auf
eine bekannte Stelle, wird er sein Vermögen in Ordnung bringen
und anderswo deponieren, ein einfacher Mann wird Not und Sorgen, die ihn bedrücken, loswerden. Reinigt jemand sein Haus von
Spinnweben, wird er von seinen Fehlern und Mängeln gereinigt
werden; träumt er aber, es wären Spinnweben an seinen Kleidern
oder an seinem Gesicht hängengeblieben, wird er in arge Bedräng-

nis kommen entsprechend dem Netzwerk, das die Spinnen webten. Tüncht einer sein Haus und ist die Tünche weiß und feucht, wird er Freude und Mühsal zugleich haben, ersteres wegen der weißen Farbe, letzteres wegen der Feuchtigkeit; ist der Anstrich schwarz, wird er in arge Bedrängnis und Kümmernis kommen.

◆ 188 ◆

Über Ziegelsteine nach der Lehre der Inder

Träumt einer, er finde fertige trockene Ziegel und hebe sie auf, wird er mühelos zu Geld kommen, das andere hart verdient haben, und zwar so viel, wie er Ziegel gefunden. Formt ein Armer Ziegelsteine, wird er mit harter Arbeit viel Geld verdienen, ein Reicher wird sein Vermögen nutzbringend anlegen und an einen sicheren Ort bringen, freilich mit Mühe und Arbeit, dieweil Ziegelsteine häufig gewässert werden müssen. Baut einer ein Haus mit Ziegelsteinen, wird er reicher werden, als er ist, und sich weltliche Freuden verschaffen; dünkt es ihn, das Haus falle zusammen, wird es ihm mit seinem Reichtum übel ergehen, und dieser wird offenbar werden.

◆ 189 ◆

Über regennasse Kleider nach der Lehre
der Inder, Perser und Ägypter

Träumt einer, seine Kleider seien naß geworden, wird er entsprechend der Nässe Trübsal und Sorgen wegen derjenigen Personen haben, die, wie aufgezeigt, durch das jeweilige Kleidungsstück bezeichnet werden; rüstet sich der Träumende zu einer Reise oder einem geschäftlichen Unternehmen, wird er daran gehindert werden. Ist er bis auf die Haut naß geworden, wird er noch schlimmere Bedrängnis und Krankheit zu ertragen haben. Sind die Schuhe feucht geworden, wird er Sorgen und Plagen mit seinen niederen Knechten haben, nicht aber mit den Angehörigen. Trocknet er die feuchten Kleider an einem Kohlenfeuer, wird er mit Hilfe des Landesfürsten seine Plage loswerden und in geordnete Verhältnisse kommen; trocknet er sie an der Sonne, wird er in allen seinen Nöten Hilfe vom Kaiser oder dessen Vertrauensmann bekommen;

hat ein Armer dieses Gesicht, wird er lediglich vom Kaiser oder von einem großen Herrn einen Gunsterweis bekommen.

◆ 190 ◆
Über Schnee, Hagel und Eis nach der Lehre der Inder, Perser und Ägypter

Schnee, Hagel und Eis bedeuten Plagen, Sorgen und Qualen.[373] Träumt einer, ein Ort oder Land, wo es gewöhnlich nicht schneit, sei von lockerem Schnee bedeckt, werden die Bewohner eine Mißernte bekommen. Ist dichter Schnee gefallen, werden Feinde in großen Scharen entsprechend der Größe des Ortes die Leute bedrängen. Schneit es gewöhnlich dort, wird die Plage noch härter und schlimmer sein. Schaut dies jemand im Winter, wird die Not leichter zu ertragen sein, wenn im Sommer, schwerer und ärger.

Hagelt es an einem Ort, droht ein plötzlicher Einfall von Feinden. Zerschlägt der Hagel die Weizen- oder Gerstenhalme, werden daselbst zahlreiche Menschen, den geknickten Halmen gleich, dem Krieg zum Opfer fallen; wenn der Hagel die Blätter der Bäume schädigt, wird der Feind dort einbrechen, aber nichts ausrichten. Läßt der Hagel schnell nach, werden die Bewohner schnell von den Leiden befreit werden; hält er länger an, wird die Not entsprechend länger dauern. Richtet der Hagel keinen Schaden an, wird der Kaiser Kriegsvolk in den Ort schicken, dieses sich aber keine Übergriffe zuschulden kommen lassen.

Eis bedeutet eine noch schlimmere Prüfung. Sind die Wasser am Ort zu Eis gefroren, werden über die Einwohner Not, Niedergeschlagenheit, Jammer und Mißernte kommen entsprechend der Eiseskälte, die sie zu ertragen haben. Schaut dies einer im Winter, wird das Leid erträglicher, wenn im Sommer, ärger und schwerer sein.[374] Erblickt jemand in seinem Haus Eis, bedeutet es für ihn Not, Jammer und Verlust seiner Habe. Die üble Bedeutung des Eises gilt für jedermann.

Über die Traufe von den Dachziegeln
ohne Regen nach der Lehre der Perser

Träumt einer, wie die Dachziegel des Hauses ohne Regen von Wasser triefen, und kommt das Wasser vom Eis, bedeutet es entsprechend dem Triefen Befreiung vom Elend; trieft es aber ohne ir-
gendwelchen äußeren Grund, wird eine schlimme Nachricht vom
Kaiser oder vom Gouverneur eintreffen, später sich aber als Trug
herausstellen; wenn das Wasser aber aus einer Regenwolke läuft,
klar und mäßig ist,[375] werden die Einwohner Gnade und Barmherzigkeit von Gott erlangen und reiche Ernte einbringen; strömt das
Wasser mehr als nötig und ist es nicht klar, werden sie nach dessen
Menge und Trübung Strafe vom Kaiser oder vom Gouverneur erleiden. Scheint es einem, als werde der Ort von Asche, Staub oder
etwas anderem ohne Regen überschüttet, werden die Einwohner
etwas Gutes vom Kaiser erfahren entsprechend dem Stoff, der sich
über sie entlud. Dünkt es einen, es komme am Ort bei hellem
Sonnenschein und wolkenlosem Himmel Feuchtigkeit herab, deutet das, gleichgültig, wer der Träumer ist, auf den Kaiser; denn ihm
wird Gott Hilfe und Sieg über seine Feinde schenken, und Freude
wird bei den Einwohnern herrschen, weil häufig die Erde auch vom
Tau des Himmels erfrischt wird. Aber auch wenn es am Ort aus
Wolken regnet und das Wasser sauber ist, wird etwas Gutes bevorstehen, wenn trübe, das Gegenteil.

Eine Frage

Aman, der zweite Feldherr des Kalifen, kam zu Sirin und fragte ihn:
„Mir träumte, es flösse von allen Dächern der Stadt ohne einen
Tropfen Regen ein trübes Wasser und alle Bewohner fingen es auf
außer mir und meinen Leuten." Sirin antwortete: „Zahlreich werden diejenigen sein, die Leben und Besitz des Kalifen bedrohen, du
aber wirst ihnen nicht in die Hände arbeiten." Nach zehn Tagen
wurde der Kalif umgebracht und sein Besitz geplündert. Aman
selbst aber machte nicht gemeinsame Sache mit den Rebellen, wie
Sirin es vorhergesagt hatte.

Über die Mühle und das Mahlen
nach der Lehre der Inder

Träumt jemand, er besitze eine Mühle, die mahlt,[376] wird er mit seiner Arbeit Glück haben und einen sicheren Unterhalt gewinnen entsprechend der Stärke und Güte der Mühlsteine und der Größe des Ortes, in dem die Mühle steht. Dient einer in einer fremden Mühle, wird er ein gutes Auskommen bei dem Mühlenbesitzer finden, sofern er ihn kennt, ist das nicht der Fall, wird sein Unterhalt unerwartet dürftig sein. Zerbricht der Mühlstein in zwei Teile, prophezeit das den Tod des Mühlenbesitzers; ist der Stein dünner geworden oder in Stücke gegangen, werden dessen Einkünfte geschmälert werden. Nimmt ihm einer mit Gewalt seine Mühle, wird er in Armut sterben.

• *194* •
Über die Mühle nach der Lehre
der Perser und Ägypter

Träumt einer, er besitze eine Mühle, die von einem kräftigen Esel getrieben wird, weist das auf das Schicksal des Menschen; ist der Esel stark und kräftig, wird der Träumer entsprechend dessen Stärke Glück und Segen in seinem Leben haben, ist es aber ein Maulesel, sich mühsam durchs Leben schlagen, denn erbärmlich ist der Maulesel von Natur.[377] Träumt jemand, ein williger Ochse drehe seine Mühle, wird er sich einen Mann von Rang und Würde dienstbar machen und von ihm seinen Lebensunterhalt beziehen; dieses Gesicht kann aber in der Regel nur ein Mächtiger oder einer, der Macht erringen wird, schauen. Treibt ein Kamel oder Pferd die Mühle, wird der Träumende mit streitbaren Leuten um seinen Unterhalt kämpfen und siegen entsprechend der Folgsamkeit der Tiere, aber auch erkranken. Betreibt jemand eine Wassermühle, die er gebaut, wird er sich einen Herrn gefügig machen, der so mächtig wie der Fluß groß ist, und durch ihn reich werden.

Läßt der Kaiser Wassermühlen bauen, wird er Heerführer in den Krieg entsenden, deren Stärke der der Wasserläufe gleicht; arbeiten die Mühlen gut, werden jene erfolgreich sein und große Beute aus fremden Ländern heimbringen, wenn nicht, erfolglos sein. Träumt der Kaiser, seine Mühlen seien von den Wasserläufen hinweggerissen worden, wird er Komplotten von Widersachern, die jenen an Größe gleichen, auf die Spur kommen.

Im großen und ganzen versinnbildet die Mühle den Lebensunterhalt, die Landwirtschaft und Reichtum; alles, was der Mensch Gutes oder Böses von der Mühle träumt, betrifft sein Leben und seinen Unterhalt.

◆ 195 ◆
Über den Wein und andere Getränke
nach der Lehre der Inder

Träumt einer, er trinke unvermischten oder mit Wasser gemischten Wein,[378] wird er so viel Geld und Macht gewinnen, wie er Wein getrunken. Hat er sich am Wein betrunken, wird er auf unrechtmäßige Weise Geld und, der Trunkenheit entsprechend, eine höhere Stellung gewinnen; hat er keinen Wein getrunken, gleichwohl aber einen Rausch bekommen, wird er Macht erlangen, diese aber in Nichts zerrinnen. Scheint es dem Kaiser, er sei trunken, wird er mächtige Herren sich untertan machen und hochbeglückt sein, weil der Wein lieblich eingeht.

Dünkt es einen, er trinke Dattelwein, wird er von Adligen Reichtum erlangen, aber Strafe zahlen, weil der Wein bei großer Flamme eingekocht wird.[379] Trinkt einer Wein aus Zuckerrohr, den man Zulapis[380] nennt, und berauscht sich daran, wird er wegen des Feuers mit Mühe und Anstrengung vermögend und mächtig werden; berauscht er sich nicht, verspricht der Traum ihm einzig und allein Vermögen. Träumt jemand, er trinke Korinthenwein, und zwar über den Durst, wird er von Frauen furchterweckenden Reichtum und Macht bekommen. Ein klarer Wein verspricht Geld ohne Mühe und Arbeit und ein hohes Amt. Die künstlich hergestellten Getränke bezeichnen deshalb große Anstrengungen und ein verantwortungsvolles Amt, weil sie auf Feuer eingekocht werden.

Schaut einer, wie er mit einem andern, den er kennt, um einen Becher Wein zankt, wird er mit ihm um Geld prozessieren, und der Sieger wird Prozeß und Geld gewinnen, kennt er ihn nicht, wird er aus demselben Grund mit einem Feind vor Gericht gehen; gerät er wegen eines gläsernen Trinkgefäßes in Streit, wird er sich mit ihm wegen eines Frauenzimmers[381] überwerfen. Trinkt jemand gemischten Wein, wird er entsprechend dem Sieden in finanzielle Schwierigkeiten kommen. Mischt ihm ein anderer, ein Bekannter, den Wein, wird dieser ihm arg zusetzen, wenn ein Unbekannter, ein Feind.

Träumt einer, er trete die Kelter und mache Wein, wird er einem mächtigen Fürsten dienen und wichtige Verwaltungsaufgaben übertragen bekommen. Schaut jemand einen Fluß, der von Wein fließt, einen Traum, den nur der Kaiser oder Fürsten haben können, wird er, sofern der Fluß in seinem Machtbereich liegt, noch größere Macht erringen, Krieg wider seine Feinde führen und unüberwindbar sein; liegt der Fluß nicht in seinem Gebiet, steht solche Macht dem Herrn des fremden Landes zu. Träumt einer, er nähere sich diesem Fluß oder schöpfe daraus, wird er von dem Herrn des Flusses so viel Macht bekommen, wie er Wein schöpfte.

Dünkt es einen, er habe großen Durst, wird er reich werden und keine Not mehr haben, sofern er reichlich getrunken hat. Träumt einem, wie er hungere und wie er esse und satt werde, wird er Trost in seinem Glauben[382] und Glück in dieser Welt finden entsprechend dem Hunger, der ihn quälte. Trägt einer Most in einem Gefäß, wird er Geld im Überfluß, jedoch keine Macht besitzen; denn von frischem Most wird keiner trunken. Most zu trinken bedeutet, man werde willkommenen Reichtum von einer Frau bekommen. Träumt einer, in seinem Haus sei Wein aus einem Faß ausgelaufen, werden ihm Plagen, Prozesse, Ärger und Schaden daselbst bevorstehen; sammelt er den trüben, ausgelaufenen Wein wieder, wird seine mißliche Lage so viele Tage dauern, wie er Zeit auf die mühevolle Arbeit verwendete. Hat man Wasser in seinem Haus vergossen, wird er entsprechend dessen Menge Kummer haben, jedoch nicht in Zorn geraten.

◆ 196 ◆
Über den Wein und andere Getränke nach
der Lehre der Perser und Ägypter

Alles, was die Menschen trinken und was in ihren Bauch wandert, zeigt Gewinn an; was berauscht, bedeutet Macht. Träumt einer, er trinke, aber nicht über den Durst, wird er seine Macht schwächen und verbergen; betrinkt er sich aber, wird er von seinem Fürsten erhöht werden, sofern er viel getrunken.

Träumt einer, er trinke Wasser aus dem Nil und werde trunken davon, wird er von einem großen Wohltäter oder vom Herrscher Macht bekommen; ist er nicht trunken geworden, wird er von den Genannten entsprechend der Menge, die er getrunken, Gewinn ohne Macht erlangen. Trinkt er Nilwasser mit Zucker, wird ihm von den erwähnten Personen echte Freude und Wohlwollen zuteil werden. Bereitet einer mit Nilwasser Wein zum Trinken, wird er entsprechend den verwendeten Zutaten von mächtigen Herren mit Geschick und Verstand Gunst erlangen. Träumt jemand, er leite Wasser aus dem Nil in geringer Menge in sein Haus, wird ihm von einem Mächtigen oder vom Herrscher entsprechender Reichtum zufließen, und nicht allein ihm, sondern auch seinem Geschlecht. Trinkt einer Wein aus einer Kleopatrakaraffe,[383] wird er mit einer Frau Vermögen und Macht erlangen entsprechend der Schönheit des Gefäßes. Ist einem vom Trinken übel geworden und hat er einen Darmkatarrh bekommen, wird er seinen Reichtum ohne Nutzen verlieren. Hat er sich vom Weingenuß aufgebläht, wird er der Aufblähung entsprechend Geld in Hülle und Fülle haben. Bereitet einer einen künstlichen Wein zum Trinken, wird er dem Landesfürsten Lügen auftischen, um ein gutes Geschäft zu machen; trinkt er vom Wein, wird er sein Vorhaben nicht ohne Anstrengung zuwege bringen, trinkt er nicht, wird das Gegenteil eintreten.

Träumt jemand, er dürste und bitte einen andern um einen Trunk und bekomme ihn auch, wird er mit dessen Hilfe der Armut entrinnen, sofern der Trunk nicht warm gewesen ist; ist er aber warm, wird er statt Hilfe nur leere Ausflüchte von ihm zu hören bekommen. Trinkt einer aus einem Gefäß Wasser, das ihm ein bekannter Verstorbener darreicht, wird er, er sei, wer er wolle, bald sterben;[384] trinkt er von dessen Hand gemischten Wein, wird ihn eine schwere Krankheit dahinraffen. Das Trinken von saurem Wein bedeutet weder Reichtum noch Macht, sondern Bitterkeit und Trübsal entsprechend dessen Säure. Trinkt einer ein künstlich zubereitetes Getränk, wird er, gleich wie das Getränk widerwärtig ist, bittere Stunden durchmachen. Träumt einer, er trinke Obstwein, wird er sich trügerische Macht einreden, die keinen Nutzen bringt.

Über Dattelpalmen und ihre Früchte

Dattelpalmen bedeuten adlige Frauen und solche aus kaiserlichem Geblüt. Träumt einer, er gehe in einen Hain von Dattelpalmen und pflücke reife Palmfrüchte, wird er so viel Gold und Reichtum von adligen und kaiserlichen Frauen erlangen, wie er Früchte pflückte; sind diese noch unreif, wird der Träumende sich abmühen, Gunsterweise von jenen zu bekommen, aber entsprechend den Früchten, die er pflückte, nur Übles erleiden, weil diese eine adstringierende Wirkung haben. Reißt einer Palmblätter ab, wird er von denselben Frauen große Macht erlangen, weil die Blätter spitzig sind, aber nur geringen und mäßigen Reichtum. Träumt der Kaiser oder ein großer Herr, er nehme etliche Dattelkerne aus der Samenkapsel, wird er mit einer adligen Dame ein Kind zeugen, ein gemeiner Mann wird sich über ein Kind von einer hohen Adligen freuen, sofern die Kerne Zweige getrieben. Löst einer vom Stamm der Palme die wollige Rinde, wird er von einer Frau nur geringe und mäßige Geldmittel bekommen; reißt er von einer dürren Palme etwas ab, wird er von eines fremden Weibes Erbteil entsprechend reich werden.

Über Bäume nach der Lehre der Inder, Perser und Ägypter

Der indische und der gewöhnliche Nußbaum bedeuten einen Mann von hohem Adel, der mit seinem Geld kargt, weil die Nuß eine feste, steinharte Schale hat, die Zypresse die Kaiserin[385] oder eine adlige, schöne Dame, der Granatbaum einen wohlgeborenen, strengen und schwerreichen Mann, einen strengen, weil die Frucht fest und stachelig ist; der Weinstock versinnbildlicht eine Frau, der Ölbaum einen fröhlichen, freundlichen und begüterten Mann; der Apfelbaum bedeutet eine Frau entsprechend dem süßen Duft und der edlen Art der Frucht; der Strauch, auf dem die Baumwolle[386] wächst, bezeichnet einen niedrigen, nicht allzu vermögenden Mann, der Citrusbaum einen reichen Adligen wegen seines Wohlgeruchs, der Birnbaum einen spröden und wenig begüterten Menschen. Alles, was man von diesen Bäumen träumt, es sei Gutes oder Böses, erfüllt sich für die betreffende Person.

Träumt jemand, er schüttle einen Nußbaum und sammle Nüsse, wird er von einem knausrigen Herrn mit Mühe und Anstrengung Geldmittel bekommen, die dieser selber vor kurzem erworben hat. Findet einer irgendwo Nüsse, ohne zu wissen, wieviel es sind, wird er einen alten Goldschatz entdecken; weiß er aber, wieviel es sind, wird er ebensoviel Gold gewinnen, aber Aufregungen[387] erleben. Findet jemand Holz von einem Nußbaum und trägt es fort, wird er von einem bejahrten Mann etwas Nützliches erben. Pflückt einer von einem Granatbaum einen Granatapfel und ist dieser süß, wird er von einem Reichen große Mittel erlangen, ist der Apfel aber sauer, erkranken und durch einen üblen Kerl in arge Schwierigkeiten geraten, sofern der Apfel sehr sauer gewesen ist. Wenn sein Kleid in den Stacheln des Granatbaums hängengeblieben und eingerissen ist, wird der Träumer mit einem Begüterten prozessieren; dünkt es ihn, er breche den Ast ab, an dem er hängengeblieben, wird er den Prozeß gewinnen. Steigt jemand auf einen Ölbaum und pflückt Oliven, wird er von einem Mann, der sonst fröhlich und freundlich ist, schlecht behandelt werden,[388] weil die Olive eine adstringierende Wirkung hat. Ißt er auch von den Oliven, wird er entsprechend deren Menge saure und böse Tage verbringen. Bricht einer Blätter vom Ölbaum ab, wird er von einem wohlhabenden und löblichen Mann mit Kleidern reich beschenkt werden. Träumt einer, er sammle Wolle von der Baumwollpflanze, wird er von einem andern, der nicht allzu begütert ist, entsprechend der Menge, die er gesammelt, bescheidene Geldmittel bekommen. Nimmt er alle Wolle mitsamt dem Strauch an sich und pflanzt ihn an einem anderen Ort ein, wird er einen gehorsamen, willigen Knecht gewinnen, sofern er den verpflanzten Strauch behalten hat. Findet jemand einen Citrusbaum, wird er die Bekanntschaft eines edlen, reichen und gut beleumundeten Herrn machen wegen des Wohlgeruchs und der Fruchtbarkeit des Baumes. Pflückt er Blätter von dem Baum, wird er von solch einem trefflichen Mann ein kleines Vermögen und einen guten Namen erlangen. Dünkt es ihn, er breche Früchte ab, wird er einen Sohn zeugen, der sein Geschlecht adeln wird; sind die Früchte faul geworden, wird dem Sohn ein Leid widerfahren. Steigt einer auf einen Citrusbaum, wird er von einem mächtigen, gut beleumundeten Herrn erhöht werden; träumt er, er falle von dem Baum herunter, wird er von dem Gönner verstoßen und geplagt werden.

◆ 199 ◆
Eine Frage

Ein Mann kam zu Sirin und stellte ihm im Beisein vieler Leute folgende Frage: „Mir schien im Traum, als stiege ich auf einen Aprikosenbaum[389] und äße von den Früchten." Sirin sagte zu ihm: „Du wirst durch einen Reichen zu Glück und Wohlstand kommen." Nach etlichen Tagen kam ein anderer zu Sirin und fragte ihn im Beisein derselben Leute: „Mir träumte, ich stiege auf einen Aprikosenbaum und äße von den Früchten." Sirin entgegnete: „Du wirst Plagen und Qualen erdulden." Die Leute, die dabei saßen, konnten es nicht begreifen, wie Sirin ein und dasselbe Gesicht verschieden auslege. Er antwortete: „Folgendes ist der Grund: Als der erste die Frage stellte, war die Zeit der reifen Früchte, als der zweite fragte, Spätherbst. Deswegen fiel die Deutung anders aus." Als die Zuhörer nachforschten, fanden sie in beiden Fällen den Ausgang bestätigt, so wie es der Traumdeuter vorhergesagt hatte.

◆ 200 ◆
Über die verschiedenen Früchte nach
der Lehre der Perser

Alle Früchte der Bäume, die von gelber Farbe sind, kündigen wegen der Farbe Krankheit an, ausgenommen die Zitronen; denn diese zeigen die Geburt von Kindern und Freude an, und ihre Farbe hat keinerlei üble Vorbedeutung. Alle Früchte der Bäume, die sauer sind, prophezeien Trübsal und Sorgen. Träumt einer, er pflücke zitronenfarbene Früchte, wird ihn ein leichtes Unwohlsein befallen; ißt er von ihnen, deutet das wegen der Farbe auf eine ernste und schwere Erkrankung; gibt er solche Früchte einem anderen, wird der Empfänger von dem Geber Unheil erfahren und erkranken.

Im großen und ganzen bedeutet bei allen Obstbäumen die Ernte etwas Gutes, ausgenommen die der gelben und sauren Früchte.

Träumt einer, er pflücke im Herbst Früchte, zeigt das ihm Plagen und Sorgen an. Was die Obstbäume betrifft, die Reichtum ankündigen, so verheißen diejenigen einen beständigeren und ansehnlicheren, deren Früchte sich lange halten. Die dunkle Weintraube prophezeit zur Zeit der Weinlese Bedrängnis und Plagen seitens der Obrigkeit, die helle ist hinsichtlich der Auslegung günstiger. Schaut jemand Trauben außerhalb der Zeit der Lese, zeigen sie reichen Gewinn an; die Lese dunkler Trauben verspricht Vermögen, die der hellen ist aber noch weit günstiger.

Träumt einer, er pflücke von einem Weinstock Trauben, wird er durch eine Frau[390] wohlhabend werden. Pflückt er sie ab, um Wein daraus zu machen, wird er große Anstrengungen unternehmen, Macht zu gewinnen, aber sein Ziel nicht erreichen. Schaut jemand einen Weinstock ohne Trauben, wird er ein unfruchtbares Weib nehmen; reißt er den Weinstock, und zwar den eigenen, mitsamt der Wurzel heraus, wird er in große Bedrängnis kommen und seine Frau durch den Tod verlieren, ist es ein fremder Weinstock, wird er beim Ehebruch mit einem fremden Weib entdeckt und drangsaliert werden.

Alle Bäume, die keinen kräftigen Stamm haben, bedeuten arme Leute entsprechend der Art der Stämme. Schaut jemand einen Baum mit zwei Stämmen, deute er das als eine Persönlichkeit von großem Ansehen und gutem Ruf entsprechend den Stämmen und Früchten.

◆ 201 ◆
Über den Kürbis und die Melone nach der Lehre der Perser

Träumt einer, er finde ein Kürbisgewächs, wird er auf einen Mann treffen, der nicht lange regieren wird. Hält er sich unter seinem Schatten auf, wird er bei dem Besagten Ruhe finden. Entdeckt er einen Kürbiskopf, wird er Vermögen, trügerischen Glanz und Namen erwerben. Ißt er Kürbis, wird er gesunden, falls er krank ist, wenn nicht, gesund bleiben. Rohen Kürbis zu essen bedeutet, man werde die Leute mit Lügen über seine Besitzverhältnisse hinters Licht führen; Kürbis hat nämlich keinen Nährwert.[391] Trocknet einer Kürbis, wird er seine Worte nach der Wahrheit ausrichten.

Über Rosen und Basilienkraut nach der
Lehre der Perser und Ägypter

Bekommt einer von jemandem Okimon oder Basilienkraut[392], werden ihn, an dessen Menge gemessen, Not und Sorgen bedrücken; ist ihm der Geber bekannt, wird der Träumende durch ihn oder seinesgleichen in Bedrängnis kommen, wenn unbekannt, durch einen Feind. Sät einer Basilienkraut und gedeiht es, werden Sorgen, Qual und Not seiner warten. Dünkt es ihn, daß auf seinem Grund und Boden Basilienkraut in Menge wachse, werden Jammer und Not über seine Hausgenossen kommen; nimmt er auch das Kraut von ihnen, wird er mit ihnen leiden, wenn nicht, jene allein.

Die Rose bedeutet Reichtum und Freude.[393] Pflückt einer Rosen, wird er Freude von einem groben Menschen haben, weil die Rosen stachlig sind. Träumt der Kaiser, sein Palast werde mit Rosen bestreut, wird er eine Freudenbotschaft erhalten wegen des Wohlgeruchs und der Röte der Rosen, einem gemeinen Mann werden Glück und Wohlstand winken. Dünkt es einen, er bekomme ein Riechfläschchen voll Rosenwasser oder besitze es, wird ihm ein Wunschkind geschenkt werden entsprechend dem köstlichen Duft; schaut er zwei oder drei Riechfläschchen, wird er entsprechend viele Kinder zeugen. Dieser Traum geht so für einen adligen Herrn in Erfüllung.

Scheint es einem Armen im Traum, als streue er ganz gegen seine Gewohnheit Blätter von der Myrthe, von Rosmarin oder von Lorbeer[394] in seinem Haus, wird er von vornehmen Herren Reichtum erlangen; schaut dies aber ein Mächtiger, bei dem solches Bestreuen ohnehin üblich ist, bedeutet es ihm Trübsal. Träumt der Kaiser, er habe Myrthenzweige,[395] wird er mit einer nicht standesgemäßen Frau verkehren; haben die Zweige Wurzeln, wird er mit ihr Kinder zeugen, wenn nicht, keine Kinder in die Welt setzen; ist der Träumende ein einfacher Mann, hat das Gesicht hinsichtlich Frau und Kind dieselbe Bedeutung.

◆ 203 ◆
Über Speisetrüffeln nach der Lehre
der Perser und Ägypter

Trüffeln bedeuten gemeine Frauenzimmer, weil Trüffeln weder oben Blätter noch unten Wurzeln haben. Findet jemand eine, zwei oder drei Trüffeln, wird er mit ebensovielen ordinären Weibern zusammenkommen; sind es bis zu zehn Trüffeln, betrifft es die gleichen Frauenzimmer; sind es deren noch mehr oder ohne Zahl, wird er dementsprechend Geld von üblen Weibern beziehen. Dünkt es ihn, er bekomme eine Trüffel mit einer zweiten, kleineren, wird er eine Frau heiraten, die eine Tochter in die Ehe bringt. Gebratene Trüffeln essen verheißt Reichtum von einem Weib, zugleich aber Trübsal wegen der Gewalt des Feuers. Ißt einer gekochte Trüffeln, wird er ebenso Reichtum erlangen, aber einen geringeren, weil beim Kochen Wasser absetzt. Versteckt einer Trüffeln irgendwo und kennt er deren Zahl, wird er Huren Unterschlupf gewähren; weiß er nicht, wieviel Trüffeln es sind, wird er Geld von üblen Frauenzimmern einheimsen.

◆ 204 ◆
Über Gemüse und Hülsenfrüchte nach der
Lehre der Inder, Perser und Ägypter

Träumt einer, er esse Kraut und Salat, der mit Essig[396] angerichtet ist, wird er sehr übel daran sein entsprechend der Menge, die er gegessen, und der Schärfe des Essigs; besitzt jemand einen Kräuter- und Gemüsegarten, werden ihn nach der Menge der Gewächse Sorgen drücken; reißt er die Pflanzen samt Wurzeln heraus und säubert er seinen Garten, wird er seine Plage mit Mühe und Arbeit sich vom Halse schaffen. Ißt einer Knoblauch, Zwiebeln oder Lauch, wird er Trübsal und Jammer leiden entsprechend der Schärfe der Zwiebelgewächse und in schlechten Geruch kommen, weil diese Gewächse einen übelriechenden Atem verursachen;[397] dünkt es ihn, er esse nicht davon, sondern trage sie nur bei sich, wird das Unheil schwächer sein; schenkt er einem Bekannten Zwiebelgewächse, wird der Empfänger durch den Geber so viele böse Tage erleben, wie er Zwiebeln bekommen hat; ißt einer derlei gekocht, wird er von der Obrigkeit eine milde Strafe bekommen, weil die Zwiebeln auf Feuer gekocht wurden. Träumt einer, er esse Sellerie oder Petersilie, wird er genesen, falls er krank ist,[398] wenn nicht, ein bescheidenes Glück finden.

Bohnen, Linsen, Kichererbsen, Feigbohnen oder dergleichen bedeuten Not und Sorgen entsprechend deren Menge;[399] dabei sind die Feigbohnen von üblerer Vorbedeutung als alle anderen Hülsenfrüchte, weil sie bitter sind; schaut einer Hülsenfrüchte ausgestreut in seinem Haus, wird er Streit und Zank daheim bekommen, zumal wenn deren Menge groß ist; gekochte Hülsenfrüchte zu essen bedeutet, man werde entsprechend dem Verzehr in Krankheit und Trübsal fallen.

Hirse und Sesam verheißen Reichtum und Geld, noch günstiger aber ist Sesam wegen seines Ölgehalts. Bekommt, besitzt oder lagert jemand Hirse und Sesam in seinem Haus oder ißt er davon, wird er geprägtes Gold, Vermögen und Ansehen erlangen, gemessen an deren Menge, und das eine wie das andere wird ihm Geltung verschaffen.

♦ 205 ♦
Über Pfeffer und Senf nach der Lehre
der Inder, Perser und Ägypter

Der Pfeffer bedeutet in jedem Fall Prozesse, Streitigkeiten und Bedrängnisse, der Senf Krankheit,[400] Not und Jammer gleich wie die Zwiebeln. Findet oder bekommt einer Pfeffer, wird er mit Prozessen und Plagen innerhalb und außerhalb seines Hauses zu schaffen haben; ißt einer Pfeffer, wird er nach dessen Menge und Schärfe von der Obrigkeit gestraft werden; kauft einer Pfeffer nach Gewicht, wird er auf Grund eines Richterspruchs in Bedrängnis und Not kommen wegen der Doppelwaage; verteilt er Pfeffer unter die Leute, wird er Zwietracht unter ihnen säen entsprechend der Menge, die er verteilte. Dünkt es jemanden, er finde oder nehme Pfefferkörner an sich, wird er Krankheit und Plagen zu bestehen haben, gemessen an deren Menge; nimmt er zum Essen Pfefferkörner, werden Not und Tränen seiner harren entsprechend deren Schärfe. Träumt einer, er bereite das Essen mit Senf, wird er viele Leute vor Gericht ziehen und schädigen; ißt er selbst davon, wird ihn die Not nicht verschonen.

Über das Medikarion nach der Lehre der Perser

Das Medikarion[401] bedeutet Überfluß und höheres Ansehen und weist auf verschiedene Personen; denn einmal gesät, wird es sieben Jahre geerntet. Träumt einer, er bestelle sein Feld mit diesem Kraut, wird er von seiner Hände Arbeit zu Wohlstand kommen; trägt sein Feld reiche Ernte davon, wird er großen Reichtum und rechten Glauben finden. Schließt er Samen der Pflanze in Speichern ein, wird der Reichtum weniger Arbeit kosten und ansehnlicher sein. Drischt er das Medikarion aus, um Samen zu bekommen, wird er entsprechend dessen Menge geprägtes Gold und ein ansehnliches Vermögen erlangen. Hatte die Aussaat keinen Erfolg, werden seine Erwartungen zuschanden, und er wird in drückender Armut leben. Ißt er selbst von der Pflanze, wird er entsprechend der verzehrten Menge Not leiden.

Über den Rettich und Möhren nach der Lehre der Inder

Träumt einer, er esse Rettich, wird er ein winziges Vermögen erwerben, das keinen Nutzen bringt, bei den Leuten als Lügner und Bösewicht gelten und wegen des üblen Geruchs beim Aufstoßen verhaßt sein.[402] Träumt der Kaiser, man bringe ihm Rettiche, wird er in Kürze so viele schlechte Nachrichten erhalten, wie man ihm Rettiche gebracht hat; ein gemeiner Mann wird einen Prozeß auf den Hals bekommen. Dünkt es den Kaiser, man tische ihm Rettiche auf, wird er wegen einer schlimmen Order seine Räte zusammenrufen, ein niedriger Mann wird Zank und Streit zu Hause haben. Sät oder pflanzt einer Rettiche, wird er Übles tun, andere verleumden und schmähen.

Träumt einer, er esse Möhren, wird er ein kleines Vermögen gewinnen,[403] aber auch erkranken, einesteils weil Möhren süß schmecken, andererseits wegen ihrer fahlen, gelben Farbe; ißt einer gekochte Möhren, wird er eine Krankheit durchmachen, die jedoch nicht lange dauert, weil Möhren schnell verdaut sind. Träumt einer, er trinke Möhrenwein und werde davon trunken, wird er mit Anstrengung zu Macht kommen, aber auch entsprechend der Trunkenheit erkranken; hat er sich aber nicht betrunken, wird er in Krankheit und Trübsal fallen.

◆ 208 ◆

Über Acker-[404] und Saatland nach der Lehre der Inder

Saatfelder bedeuten die Werke der Menschen. Träumt ein gläubiger, frommer Mensch oder ein Einsiedler, er bestelle ein ihm bekanntes Feld mit Weizen, dieser gehe schön auf und es sei die Zeit des Wachsens, weist das auf seine Werke gegen Gott;[405] ein gemeiner Mann oder ein Bauer wird nach diesem Traum in Beruf oder Landwirtschaft ganze Arbeit leisten. Träumt ein Fürst oder der Kaiser, daß in einem unbekannten Land die Felder erntereif sind, wird er das Volk sammeln und zum Krieg rüsten, und die Menschen werden, wenn der Tag der Ernte gekommen ist, bereit sein, ihr Blut zu vergießen; verzögert sich aber die Ernte,[406] wird sich auch das Blutvergießen verzögern; ein einfacher Mann wird mit Arbeit und Mühe zu Wohlstand kommen. Träumt dem Kaiser, wie die Felder abgeerntet werden oder schon abgeerntet sind, und dünkt es ihn, es seien seine eigenen, wird er bald die Nachricht vom Untergang seines Volkes bekommen, sind es fremde Felder, von dem fremder Völker. Bringt man dem Kaiser abgehauene Ähren vom Kornfeld, und zwar von seinen eigenen, werden seine Untertanen hingeopfert und entsprechend der Menge der Ähren als Gefangene in die Fremde weggeführt werden, sind die Ähren von fremden Feldern, wird er entsprechend deren Menge Gefangene aus [fremden][407] Völkerschaften bekommen.

Träumt ein gläubiger und frommer Mensch, er besitze ein Weizenfeld, das nicht trage, deute er es als persönlichen Mangel an guten Werken; ein einfacher Mann wird bald seine Hoffnungen, die er hegt, zu Grabe tragen. Ein Gerstenfeld oder das Ausdreschen von Gerste prophezeit Reichtum und Körperstärke. Erntet einer viel Weizen, wird er durch langwierige Arbeit zu Vermögen kommen, weil das Bereiten von Brot viel Mühe kostet. Weizenmehl verspricht Reichtum, der ansehnlicher ist als der, den Weizen, Gerste und Brot verheißen; denn das Brot ist in der Deutung weniger günstig, weil es erst im Feuer gebacken werden muß. Besitzt einer ein Stück Land oder eine Scheune voll Sesam, wird sein Reichtum über das Gesagte hinaus größer sein. Ein Stück Land oder ein Acker von Kolbenhirse zeigt geringere Einkünfte als Sesam an. Besitzt jemand ein Reisfeld,[408] wird er mit viel Streit, Prozessen und Plagen zu Wohlstand kommen, weil der Anbau von Reis viel Plackerei mit sich bringt. Reis essen prophezeit Reichtum, jedoch um den Preis großer Übel.

Träumt ein Glaubender, er säe eine bestimmte Pflanzenart und ernte eine andere, und ist die geerntete schlechter als die gesäte, wird er kein Heil in seinem Glauben finden, einem gemeinen Mann werden seine beruflichen Erwartungen fehlschlagen; ist aber das Geerntete besser als das Gesäte, wird der Traum für jeden glücklich enden.

◆ 209 ◆
Über Acker- und Saatland nach der Lehre der Perser und Ägypter

Eine jede Saat bedeutet Hoffnung auf vielfältigen Segen. Träumt jemand, er habe gesät und die Saat sei gut aufgegangen, wird der Segen, auf den er gehofft, sich einstellen, andernfalls, ausbleiben. Bringt einer auf der Tenne nur Spreu zusammen, wird er ohne Arbeit zu Geld, wenn aber mehr Korn als Spreu, zu ansehnlicherem Reichtum kommen, freilich mit größerer Arbeit.

◆ 210 ◆
Über Ackerland nach der Lehre der Ägypter

Träumt einer, er habe ein Stück Land mit Lein besät und der Lein stünde gut und gedeihe, wird er Vermögen und Ansehen bei den Leuten gewinnen, weil man aus Lein Kleider fertigt. Dünkt es einen, er habe ungewöhnlicherweise ein mit Lotos bepflanztes Feld, wird er entsprechend dessen Ausmaß willkommenen und großen Reichtum erlangen, ist es nichts Ungewöhnliches für ihn, wird er ebenso, aber weniger reich werden. Ein Lupinenfeld zeigt Sorgen und Plagen an. Träumt jemand, er backe Brot nicht aus Korn, sondern aus einem anderen Getreide, wird er durch betrügerische Handlungen viel Geld verdienen.

Über Gras, Dornen und über die Rute oder den Stock nach der Lehre der Inder, Perser und Ägypter

Das Gras oder das Heu bedeutet im allgemeinen für jedermann Reichtum und Geld, mehr jedoch das Heu als das grüne Gras. Sammelt, findet oder setzt einer Heu in Haufen, wird er entsprechend dessen Menge und Güte Geldschätze anhäufen. Ist das Heu naß geworden, wird er entsprechend der Nässe in finanzielle Schwierigkeiten geraten, ist es verbrannt, wird sein Vermögen von der Obrigkeit unter Strafe konfisziert werden. Bekommt jemand von einem Bekannten Heu, wird er entsprechend dem Geschenk Segen und Reichtum von ihm haben. Verkauft einer sein Heu um Gold oder Silber, wird er mit Ärger und Streit sein Vermögen verlieren.

Die Rute oder der Stock weist auf einen adligen Herrn entsprechend der edlen Art und Festigkeit des Holzes. Trägt jemand einen Stock oder stützt sich auf ihn, wird er sich einen Adligen zum Freund machen und Ansehen und Macht erringen. Träumt der Kaiser, sein Stock sei zerbrochen oder in Stücke gegangen, wird er einen geschätzten, tüchtigen Diener verlieren, ein einfacher Mann einen Menschen, dem er am meisten vertraute; dünkt es den Kaiser, sein Stock sei faul geworden, wird das Unheil über den besagten Diener kommen; entsprechend geht das Gesicht für einen einfachen Mann aus. Träumt der Kaiser, er lasse jemanden durch einen Diener mit dem Stock traktieren, wird er dem Geschlagenen Gunst erweisen.

Ein Dorn bedeutet einen bösen, verschlagenen Kerl, je nachdem wie der Dorn beschaffen ist; ausgenommen sind jedoch die dornigen Bäume, die Früchte tragen, von denen oben die Rede war; denn diese bezeichnen die Kraft und Würde der Menschen; die kleinen dornigen Sträucher dagegen weisen auf einen ohnmächtigen, bösen Kerl, der andere Leute nur plagt. Träumt einer, Dornen hätten ihn umklammert, wird er in dem Maß Ärger und Trübsal

leiden, wie die Dornen ihn umklammerten.[409] Haben sich seine
Kleider in Dornen verfangen, werden Sorgen und Nöte ihn drükken. Tritt einer mit bloßen Füßen unterwegs in die Dornen, wird
er, wenn er ein hoher Herr oder ein Heerführer ist, entsprechend
dem Schmerz, den die Dornen verursachen, verwundet werden;
ein einfacher Mann wird Ärger und Mißerfolg in seinem Gewerbe
haben.

♦ 212 ♦
Über die Dornen

Dornenzweige bedeuten Irrwege des Glaubens.[410] Träumt jemand,
er werde von Dornen der Dattelpalme verwundet, werden vornehme und einflußreiche Frauen ihm Streit und Ärger verursachen, gemessen an dem Schmerz, den er erlitt. Im allgemeinen
weist jede Dorne auf Bedrängnis, dem Schmerz gleich, den sie
verursacht.

♦ 213 ♦
Über Früchte der Bäume nach der Lehre
der Perser

Träumt einer, er pflücke Früchte von Bäumen, wird er von einem
mächtigen Herrn entsprechend dem Wuchs des Baumes und der
Menge an Früchten Reichtum gewinnen. Sitzt jemand unter einem
Baum und sammelt Früchte, wird er ohne Arbeit und Mühe zu
Geld kommen. Dünkt es den Kaiser oder einen Großen, der Baum
selber neige seine Zweige und mache ihm das Pflücken leicht, werden Männer sich in seinen Dienst stellen, so wie die Zweige sich
neigten, und ihm als Leibwächter[411] dienen; ein Mann von niederem Stand wird in seiner Stellung erhöht werden und Gunst und
Macht von hohen Herren erlangen.

Über das Reden mit Wesen und Dingen,
die von Natur nicht sprechen können,
nach der Lehre der Inder, Perser und Ägypter

Träumt der Kaiser, ein Großer oder Feldherr, es redeten Wesen und Dinge mit ihm, die sonst nicht mit Lauten begabt sind,[412] werden ihm Freude und Sieg über die Feinde winken, und er wird sich kaum fassen vor Erstaunen und Freude gleichwie über die Rede derjenigen, die nicht der Sprache mächtig sind. Mit einem Baum oder Haustier zu sprechen prophezeit jedem viel Geld und Reichtum, er sei, wer er wolle. Spricht einer mit einem wilden Tier oder mit einer Schlange, bedeutet das ebenso Sieg über seine Feinde; denn die wilden Tiere und Schlangen haben Feindschaft mit den Menschen.[413] Redet jemand mit Vögeln, weist das auf seinen Reichtum[414] wegen der Flügel.

◆ 215 ◆

Über das Tragen von schwarzen Kleidern
nach der Lehre der Ägypter

Träumt jemand, er trage, wie gewohnt, schwarze Kleider, wird er entsprechend seiner Gewohnheit Freude haben, ist es nicht seine Gewohnheit, Kummer erleiden, der Weitfaltigkeit des Gewandes gleich. Trägt er ein schwarzes Hemd, wird seine Bedrängnis noch ärger sein. Entsprechendes gilt für alle anderen Kleidungsstücke, die jeweils eine bestimmte Person bezeichnen. Zieht einer, der für gewöhnlich schwarze Kleider trägt, weiße an und erachtet er dies als Vermessenheit, wird er in seinem Gewerbe und Beruf einen Rückschlag erleben. Weiße Kleider bedeuten nämlich sonst einen Schmuck, doch gibt in diesem Fall die Gewohnheit den Ausschlag;[415] schwarze Kleider weisen auf Trübsal, diese Deutung gründet in dem Ungewöhnlichen. Trägt einer verschiedene, jedoch einfarbig gefärbte Kleidungsstücke, hat er von seiten des Kaisers oder des Statthalters Bedrückung und Zwang zu erwarten.

Über das Kamelaukion nach der Lehre
der Inder, Perser und Ägypter

Trägt einer ein Kamelaukion,[416] wie es gewöhnlich alle tragen, bedeutet dieses sein Haupt oder seinen Vorgesetzten. Sitzt die Kappe
bequem auf seinem Kopf, wird sein Haupt oder Vorgesetzter ihm
wohl-,[417] wenn nicht, übelwollen; denn in diesem Fall wird der
Träumer seinem Haupt mißfallen. Dünkt es einen, sein Kamelaukion sei schmutzig, wird sein Vorgesetzter entsprechend dem
Schmutz in Nöten sein. Ist die Kappe eingerissen oder alt geworden,
weist das Unheil auf eben diese Person. Fällt sie vom Kopf, wird der
Träumer seinem Oberhaupt, dem er unterworfen ist, den Rücken
kehren; wird sie ihm von einem Unbekannten zerrissen, wird der
Vorgesetzte sterben; ist der Übeltäter ein Bekannter, wird der Träumer durch diesen oder einen seinesgleichen von dem Vorgesetzten
getrennt werden. Ein Kamelaukion zu tragen, das mit dem Fell von
Katze, Fuchs oder einem ähnlichen Tier überzogen ist, bedeutet,
man werde ein Oberhaupt bekommen, das gegen Gott und die Welt
übel gesinnt ist, weil die genannten Tiere auf List und Tücke ausgehen. Setzt sich einer gegen seine Gewohnheit ein Kamelaukion auf,
wird er zu hoher Würde aufsteigen, gemessen an der Schönheit der
Kappe. Ist diese weiß, wird er von den Leuten geehrt und geachtet
werden, ist sie grün, hoch steigen und in seinem Glauben einen
großen Namen erlangen, wenn purpurn, voller Freude sein. Entsprechendes gilt von den übrigen Farben, wie schon ausgeführt
wurde. Setzt sich einer ein Kamelaukion von kaiserlichem Purpur
auf, wird er vom Kaiser Würde und Hoheit erlangen; ist das Kamelaukion sehr groß, wird ihm das Glück noch günstiger sein.

Das Kamelaukion auf dem Haupt des Kaisers bedeutet die Kaiserin und seinen Sohn. Träumt es dem Kaiser, er setze sich ein neues
Kamelaukion auf, wird er sich vermählen, wenn er ledig ist, hat er
eine Gemahlin, einen Sohn zeugen. Ist das Kamelaukion vielfar-
big,[418] wird der Sohn nicht seinen Wünschen entsprechen, ist es das
übliche, kaiserliche, wird er ihm Freude machen und sein Thronfolger werden. Trägt der Kaiser sein gewohntes Kamelaukion, wird
er an dem Neugeborenen und an der Kaiserin seine Freude haben.
Setzt er sich das Kamelaukion auf, um sich vor Regen oder Sonne
zu schützen, wird er über seine Feinde triumphieren, und sein Sieg

wird so groß sein wie der Schutz, den ihm seine Kappe gewährte. Dünkt es ihn, das Kamelaukion sei aus Fellen gearbeitet, wird er den Reichtum seiner Feinde an sich bringen, weil Tierfelle auf Beute weisen, die man Feinden abgenommen hat.

◆ 217 ◆
Über gestreifte Gewänder[419] nach der Lehre der Perser und Ägypter

Die gestreiften Chitone bedeuten adlige Personen und hohes Ansehen. Träumt einer, er lege gegen seine Gewohnheit ein gestreiftes Gewand an, wird er Adel, Freude und hohes Ansehen gewinnen. Ist das Gewand purpurn, wird ihm noch größere Freude, wenn blau, größerer Reichtum, wenn gelb, eine zweifache Krankheit bevorstehen; ein Kleid teils von weißer, teils von schwarzer Farbe zeigt wegen der zweifachen Bedeutung Eleganz und Trübsal an.

Gestreifte Gewänder aus Seide[420] prophezeien dauerhafteren Reichtum, die anderen geringeren; solche aus der Wolle des Bibers oder sonstiger Pelztiere, nämlich gestreifte Chasdia,[421] verheißen mehr und größeren Reichtum als die obigen. Die sogenannten fußlangen Gewänder bedeuten allergrößten Reichtum. Träumt jemand, er trage ein solches Kleid, wird er ein Vermögen erwerben, das viele zusammengetragen haben, weil die Arbeit an diesem Kleid viele Nadelstiche erfordert. Hat letzteres rote Punkte, wird ihm entsprechend deren Zahl klingende Münze winken, sofern er das Kleid nicht zu tragen pflegt, trägt er es aber gewöhnlich, nur geringer Gewinn. Trägt jemand ein langes, golddurchwirktes Gewand, wird er entsprechend der Menge Goldfäden in Trübsal und schlechtem Ruf leben, ist es blaufarbig oder wasserblau, entsprechend der Farbfülle Silbermünzen scheffeln; wenn das Kleid gelb oder von verschiedenen Farben ist, wird ihm nach deren Zahl eine Prügelstrafe drohen.

Über das Auspeitschen oder Prügeln
nach der Lehre der Perser und Ägypter

Träumt jemand, er werde von einem Bekannten mit Ochsenziemern ausgepeitscht,[422] wird er nach der Zahl der Striemen entsprechend viel gemünztes Gold bekommen; hat derjenige, der die Hiebe versetzt, Macht und Gewalt, wird dieser ihm Anteil daran geben. Läßt der Kaiser jemanden mit Ochsenziemern auspeitschen, wird der Geschundene nach der Zahl der Striemen große Freude und Vermögen erlangen. Versetzt der Kaiser selbst jemandem Hiebe mit der Peitsche[423] oder mit Riemen, wird der Betreffende von ihm mit einem verantwortungsvollen, äußerst wichtigen Amt bekleidet werden. Schlägt der Kaiser eigenhändig jemanden mit seiner Rute, wird der Gezüchtigte von dem ersten Minister des Kaisers mit dessen Wissen und Zustimmung Huld und Macht erlangen. Gibt der Kaiser jemandem einen Schwertstreich[424] und ist der Geschlagene Sklave, wird er ihm die Freiheit schenken, ein Armer wird wohlhabend, ein Reicher oder Großer vom Kaiser mit Ehren überschüttet werden, je nachdem wie wuchtig der Schlag war; wenn der Schlag schwach war und kein Blut geflossen ist, wird die Gunst in allen erwähnten Fällen geringer sein.

Über Wolle, Seide und Baumwolle nach der
Lehre der Inder, Perser und Ägypter

Trägt jemand ein Kleid, das statt aus Baumwolle aus Seide ist, wird er Geld wie Heu haben entsprechend der Fülle der Seide. Findet einer Seide in vielen Farben oder nur einfarbige, ausgenommen gelbe, wird er entsprechend reich werden, ist aber gelbe Seide darunter, kommen zu dem Reichtum Trübsal und Krankheit. Ist der Chiton innen mit Wolle gefüttert und ist es Winterzeit, wird der Träumende sich behaglich fühlen, ist es Sommer, zu Vermögen kommen, das aber mit einem beklemmenden Gefühl gepaart ist, weil Kleider dieser Art im Sommer wenig geschätzt sind. Erwirbt einer Wolle von der Schafschur, wird er über gute und feste Einkünfte von Mächtigen verfügen, weil Schafe Hörner haben. Findet jemand Baumwolle, wird er von mäßig begüterten Leuten ein kleines Vermögen erlangen; denn Baumwolle ist weniger wert als Schafwolle. Diese weist im allgemeinen auf lauteres Gold. Ziegenhaare und Ziegenwolle bedeuten Reichtum, dem Krankheit nachfolgt; träumt einer, er trage ein Kleid aus Ziegenhaar, wird er mit viel Arbeit und Mühe ein unregelmäßiges Einkommen verdienen, weil Ziegen keine Regel noch Ordnung kennen.[425] Findet jemand ein Hasenfell, wird er eine entsprechende Summe Geld von einer Hetäre[426] bekommen, weil Hasen Zwitter sind. Träumt einer, er finde Flachs, der schon gehechelt ist, wird er mit harter Arbeit seinen Unterhalt verdienen, weil die Verarbeitung von Flachs viel Mühe kostet; ist letzterer ungehechelt, wird er mit weniger Anstrengung zu Geld kommen. Ist der Flachs noch in seinen Hülsen,[427] wird er einer entsprechenden Marter und Verurteilung entgegensehen. Findet jemand einen Haufen, der aus all den erwähnten Arten zusammengeworfen ist, wird er entsprechend dessen Größe Wege und Mittel finden, zu Reichtum zu kommen.

◆ 220 ◆
Über das Auslegen von Teppichen im Haus nach der Lehre der Perser und Ägypter

Träumt einer, er lege neue Teppiche in einem geräumigen Haus aus, werden ihm Reichtum und weltliche Freuden winken, gemessen an der Schönheit, Breite und Kunstfertigkeit der Teppiche; es zeigt aber auch Erhöhung seines Ranges und Wohlhabenheit an; sind die Teppiche alt, wird er auch an Freude und Reichtum wachsen, jedoch Rang und Stellung nicht verbessern. Ausgerollte Teppiche sind hinsichtlich der Deutung günstiger als eingerollte. Nimmt jemand einen eingerollten Teppich auf und bringt ihn an einen unbekannten Ort, deute er dies als seinen baldigen Tod; schaut jemand einen Teppich eingerollt auf dem Boden liegen, so wisse er, daß die Stunde seines Glücks noch nicht gekommen ist.[428] Verwendet einer viel Zeit darauf, einen Teppich auszurollen, so hat er noch Freude und alle Güter dieser Welt zu erhoffen. Träumt der Kaiser oder ein Fürst, er lasse neue Teppiche in seinem Palast auslegen, deute er dies als neue Freude und neue Siege; sind es alte Teppiche, wird ein Vorhaben, über das er sich lange Zeit Gedanken

machte, glücklich vonstatten gehen. Läßt er die Teppiche fortneh-
men, deute er dies als Schrumpfung seines Reichtums und Goldes
und als Bedrängnis und Not. Schaut er, wie die Teppiche mürbe
geworden oder in Stücke gegangen sind, wird sein Leben sich dem
Ende nähern, so wie einem Greis das Lebensende bevorsteht.

◆ 221 ◆

Über Kopfkissen, Handtücher oder Mandylia nach der Lehre der Perser und Ägypter

Alle Kopfkissen und Handtücher bedeuten Sklaven. Träumt einer,
daß sein Kopfkissen schöner geworden ist, als es vordem war, wird
er an seinem Leibsklaven Gefallen finden, häufig weist der Traum
auch auf Konkubinen; dünkt es ihn, das Kissen sei ihm gestohlen
oder zerrissen worden, wird das Unheil die erwähnten Personen
treffen. Das Kopfkissen weist auch auf einen niederen Sklaven;
alles, was man von dem Kissen träumt, Gutes oder Böses, wird an
dem Sklaven in Erfüllung gehen. Handtücher[429] bedeuten Sklaven
insgesamt entsprechend dem Unterschied eines jeden Tuchs; dasjenige, mit dem man sich das Gesicht trocknet, bedeutet den Ver-
trauenssklaven, der dem Herrn den Unmut vertreibt. Alles, was mit
den Handtüchern geschieht, sei es, daß sie gestohlen werden, verbrennen oder mürbe werden, wird sich an den genannten Sklaven
erfüllen; sind die Handtücher schöner geworden, wird jenen entsprechend Gutes widerfahren. Träumt der Kaiser, er bekomme ein
neues Kopfkissen, wird er einen neuen, geschätzten Sklaven in seiner Stellung erhöhen; dünkt es ihn, das Kissen sei verschwunden
oder habe Schaden gelitten, droht dem betreffenden Sklaven Gefahr.

◆ 222 ◆

Über das Unterbett und Bett nach der Lehre der Inder, Perser und Ägypter

Das vertraute Unterbett bedeutet die Ehefrau.[430] Träumt einem,
dasselbe sei ihm gestohlen worden, so bedeutet dies den Tod seiner
Ehefrau; ist es verbrannt, wird sie durch eine schwere Krankheit

171

umkommen. Dünkt es ihn, er bekomme ein anderes Unterbett, wird er entsprechend dessen Schönheit eine andere Frau nehmen. Trägt er dasselbe von einem Ort zum andern, wird seine Frau von einer Hand in die andere wechseln. Ist der Ort, wohin das Bett getragen wurde, besser oder schlechter, wird sich die Lage der Frau entsprechend verbessern oder verschlechtern. Findet jemand eine andere Matratze, wird er eine andere Frau zu sich nehmen. Schläft einer in einem fremden Haus in einem fremden Bett und kennt er den Hausherrn, wird er dessen Frau zum Ehebruch verführen, kennt er ihn nicht, Unzucht treiben. Schnürt einer sein Bettzeug zusammen und trägt es anderswohin, wird er von seiner Frau fortgehen und sie bei seiner Rückkehr züchtig und unbescholten vorfinden; ist sein Bettzeug voller und praller geworden, wird er, wenn er wieder heimkommt, seine Frau schwanger von ihm finden. Dünkt es einen, er habe ein unbekanntes Bett, wird er in der Fremde eine Frau nehmen, deren Art und Wesen der Schönheit, Größe und Ausstattung des Bettes gleicht. Schaut einer ein bekanntes oder fremdes Polster auf seinem Bett[431] und sich selbst darauf liegen, wird er große Verantwortung und Freude erlangen, weil das Polster auf einem hölzernen Bett liegt, Holz aber auf mächtige Männer weist; je länger er auf dem Bett liegt, um so mehr wird er über diese Männer erhöht werden. Setzt sich jemand auf einen Thron, wird er nach dessen Schönheit große Macht erringen, weil ein Thron aus Holz gearbeitet ist. Träumt der Kaiser, er bekomme einen Thron oder lasse einen arbeiten, deutet das auf einen Sohn und Erben seiner Herrschaft. Läßt er in der Kirche einen zweiten Thron aufstellen, wird er, wenn er einen Sohn hat, ihn zum Mitkaiser erwählen,[432] hat er keinen, einen anderen dazu ernennen. Die Kirche bedeutet nämlich allgemein das Herrscherhaus. Schläft einer auf weichem Polster ohne Sorgen, wird er seine Frau betrüben und sich nicht um sie sorgen; ruht er auf buntem Polster, wird der Traum entsprechend den oben gedeuteten Farben ausgehen.

Über den Turban nach der Lehre
der Perser und Ägypter

Träumt einer, er trage einen Turban,[433] wird er einen hohen militäri-
schen Rang bekleiden entsprechend der Länge der Umwindungen
des Turbans. Ist dieser aus Chasdion, wird er zu größerem Reichtum kommen, wenn aus Seide, zu geringerem. Löst sich der Turban
auf seinem Kopf, werden Glück und Erfolg von Ärger und Verlust
überschattet sein, fällt er herunter, wird er seinen Rang verlieren.
Entreißt ihm ein Bekannter den Turban, mit Gewalt oder aus heftigem Verlangen, wird dieser seinen Rang und Besitz übernehmen;
ist es ein Unbekannter, wird ein Feind an seine Statt kommen.
Träumt einem, der Turban sei aus Baum- oder Schafwolle, werden
sein Ansehen und sein Rang geringer sein; ist er von gelber Farbe,
wird er erkranken, vielleicht auch sterben, weil der Turban auf dem
Kopf sitzt. Ist er von einer anderen Farbe, erfüllt sich jedes Gesicht
der Bedeutung gemäß, die jeweils die betreffende Farbe hat, wie
oben gesagt wurde. Träumt der Kaiser, er setze sich einen Turban
auf, weist das auf eine Konkubine hin entsprechend seinem Begehr
und der Farbe des Turbans; ist dieser weiß, wird sie bildschön sein,
wenn rot, ihm größte Freude bereiten, wenn purpurn, von ihm
vielleicht in den Stand der Augusta erhoben werden.

Über Halbschuhe oder Pantoffel nach der Lehre
der Inder

Träumt einer, er ziehe neue, wohlriechende Pantoffel[434] an, wird er
Armen aus seinen Mitteln Almosen stiften, sind jene aber übelrie-
chend, wegen deren üblen Geruchs auf Grund seiner dürftigen
Spenden in üblen Ruf kommen. Der Pantoffel schützt nämlich den
Fuß, dieser aber bedeutet einen Knecht, ferner Geld und des Menschen Lebensunterhalt; Bestand und Erhalt all dessen hängt aber
von dem Mitleid mit den Armen ab, und deswegen legen Wohl-
oder übler Geruch Zeugnis davon ab. Zieht einer farbige Pantoffel
an, werden seine Almosen mehr Ehre einlegen entsprechend den
oben ausgelegten Farbtönen, ausgenommen Gelb; denn diese Far-

be bedeutet mangelnde Unterstützung. Träumt jemand, seine Pantoffel seien verbrannt, wird er vom Landesfürsten hinsichtlich seiner Knechte und seines Vermögens mit harter Strafe belegt werden; sind sie ihm durch Lug und Trug eines Feindes gestohlen worden, bedeutet es Plagen und [Schwierigkeiten] wegen seiner Knechte und seines Reichtums. Träumt der Kaiser, er ziehe neue Pantoffel an, wird er entsprechend deren Festigkeit seine besten und vertrautesten Knechte reich beschenken. Erblickt er an den Pantoffeln schadhafte Stellen, deutet das auf seine Knechte. Drükken sie ihn, wird er seine Knechte so schlecht behandeln, wie die Schuhe ihn drücken. Träumt er, sein Fuß sei lahm geworden, aber er heile ihn wieder, wird die Lähmung die Gefährdung, die Heilung die Zurechtweisung seines Knechtes anzeigen entsprechend dem Erfolg der Heilkur.

◆ *225* ◆
Über den Mantel nach der Lehre
der Perser und Ägypter

Träumt ein Machthaber, er ziehe sich einen Mantel[435] an, wird er einen großen Namen und guten Ruf bekommen, weil der Mantel stets über den anderen Kleidungsstücken getragen wird und entsprechend ein guter Name alles Tun und Lassen des Menschen umkleidet; ist der Träumende kein Machthaber, sondern ein gemeiner Mann, wird er reiche Einkünfte, Schutz und Sicherheit in seinem Gewerbe finden. Zieht er einen Mantel aus Chasdion an, wird sein Reichtum noch ansehnlicher sein, als seinem Namen und Stand gebührt; ist der Mantel aus Leinen oder Baumwolle, wird er in seiner Arbeit Schutz und Hilfe von geringen Leuten erhalten, ist er blau, zu größerem Vermögen kommen, wenn rot, große Mittel in Form von gemünztem Gold erwerben entsprechend der Dichte und Festigkeit des Mantels; einer von gelber Farbe prophezeit finanzielle Schwierigkeiten und Verlust der Macht, ein grüner Reichtum und Machtzuwachs mit Hilfe einer Frau. Dünkt es einen, er habe seinen Mantel verloren, wird er seines Reichtums verlustig gehen, in Not geraten und seine Macht verlieren. Verbrennt der Mantel, wird er vom Machthaber gestraft werden, ist er in Stücke gegangen oder mürbe geworden, werden sein Vermögen und seine Stellung

Schaden leiden. Träumt der Kaiser, er ziehe sich einen Mantel an, weil es regnet oder taut, wird er Schutz zur Linderung seiner Bedrängnis finden; ist der Mantel aus Biberfell, wird er ein übelgesinntes, mächtiges Volk zur Hilfeleistung im Kampf gegen Feinde verpflichten. Wirft er wegen der Kälte einen Mantel über, wird er seine Schätze und seinen reichen Besitz sichern und schützen. Dünkt es ihn, es zeige sich irgendein Schaden am Mantel, wird das Gesicht sich an den erwähnten Völkerschaften erfüllen.

◆ *226* ◆
Über Sandalen nach der Lehre
der Inder, Perser und Ägypter

Träumt einer, er ziehe Sandalen an und gehe fort, wird er eine Reise unternehmen; dünkt es ihn, ein Schnürriemen sei gerissen, wird er freiwillig die Reise aufgeben; ist der Riemen aber vollständig abgerissen, so daß die Sandale vom Fuß fällt, wird er voller Betrübnis wider seinen Willen an der Reise gehindert werden. Zieht einer neue Sandalen an, geht aber nicht fort, wird er heiraten,[436] ist er verheiratet, einer neuen Konkubine beiwohnen. Träumt jemand, daß er die Sandalen als erster trage und sie, noch unberührt, in Händen halte, wird er ein junges Mädchen oder eine reine Jungfrau heimführen; sind die Sandalen aber schon getragen, wird er eine Witwe[437] zur Frau nehmen. Sind die Sandalen von schwarzer Farbe und haarig, wird er eine vermögende Frau heiraten, wenn rot, eine, die nach seinem Herzen ist, wenn gelb, eine kränkelnde und übelwollende, wenn weiß, eine bildhübsche. Bunte Sandalen bedeuten ein böswilliges Weib, das große Ansprüche ans Leben stellt; rindslederne zeigen an, man werde mit einer adligen, hochstehenden Römerin[438] – darauf weist das Horn des Rindes – eine Tochter zeugen. Sind die Sandalen aus Kamelleder, wird die Frau aus arabischem Geschlecht, wenn aus Büffelhaut, aus einer mächtigen, aber dummen Sippe sein, wenn aus Pferdehaut, von edlen und mächtigen Herren abstammen. Träumt einer, er ziehe zwei Sandalen an und gehe fort, eine Sandale aber zerreiße, wird er auf Reisen gehen und Bruder oder Schwester verlieren; dünkt es ihn, eine Sandale sei ihm gestohlen worden, wird ihm seine Frau großen Kummer bereiten, sei es infolge einer schweren Krankheit oder infolge ihres Ablebens. Ist der Träumer auf Reisen, wird er sie nicht durchführen können. Nach einer anderen Auslegung bedeutet der Verlust der Sandalen einen Betrug seitens der Frau, der Tochter oder Schwester. Träumt einer, jemand entreiße ihm gewaltsam die Sandalen, deute er es als den Tod seiner Ehefrau.

◆ 227 ◆
Über seidene Ärmel an Hemden nach der
Lehre der Perser

Der seidene Ärmel[439] am Hemd bedeutet die Grundlage und den Erwerb des Lebensunterhaltes. Träumt einer, der Ärmel sei zerrrissen und abgefallen, deute er es als völligen Verlust seines täglichen Unterhalts; das Hemd bedeutet nämlich die ganz persönlichen Lebensverhältnisse und den Hausstand. Träumt einer, der Ärmel sei fest und verziert, beziehe er es auf sein Vermögen. Träumt der Kaiser, der Ärmel sei in Stücke gerissen, betrifft das Unglück sein Feldheer und seine kriegerischen Unternehmungen; ist die gerissene Stelle wieder ausgebessert, wird der Mißstand, der sein Heer belastet, beseitigt werden; ist der Ärmel heil und fest, weist die Festigkeit und Unversehrtheit auf seine Heeresmacht. Denn alle Ehre, Stärke[440] und das Leben der Kaiser stehen auf ihrer Heeresmacht.[441]

◆ 228 ◆
Über Körperreinigung und das Anziehen
von sauberen Kleidern nach der Lehre der Inder

Träumt einer, er habe sich gewaschen und ziehe neue, saubere Kleider an, wird er von aller Niedergeschlagenheit, von Sorgen und Krankheit befreit[442] und entsprechend der körperlichen Frische und der Pracht der Kleider frohen Muts sein und von den Leuten geehrt werden. Sind die Kleider, die er gewechselt, neu, aber zerrissen und nicht mehr auszubessern, wird der Träumende nie wieder Kinder zeugen; gibt es aber noch eine Möglichkeit, die Stücke auszubessern, wird er seine Zuflucht zu Zaubermitteln nehmen, um sein

Ziel zu erreichen. Schaut er, wie ein Weber oder er selbst die Stücke von neuem webt, wird er viel Ärger und Streit mit seiner Frau haben, weil die Arbeit von neuem begonnen werden muß. Flickt er die Stücke selbst, deute er es als persönliches Glück, auch wird er nicht mehr genötigt sein, nach Zaubermitteln zu greifen. Flickt er das Kleid seiner Frau, bedeutet es ihm Schande, Trübsal und Sorgen; webt er das Kleid neu, wird er seiner Frau gegenüber leere Ausflüchte machen und beim Huren ertappt werden.

◆ 229 ◆
Über Körperreinigung und das Ankleiden
nach der Lehre der Perser und Ägypter

Träumt jemand, er habe sich gründlich gewaschen, wird er lästige Verpflichtungen[443] abschütteln. Zieht einer gegen seine Gepflogenheit neue Kleider an, wird er Ehre und Ansehen im Volk erlangen, auch reichen Besitz entsprechend der Haltbarkeit und Eleganz der Kleider. Legt er ein Chasdion[444] an, wird er Reichtum und Macht üblen und mächtigen Feinden abtrotzen, weil die Tiere, aus deren Wolle das Kleid gemacht ist, bösartig sind. Zieht jemand ein Gewand aus Seide an, wird der Reichtum, den er erwirbt, beständiger, aber geringer sein; sind die Kleider weiß und rein, wird er entsprechend deren Reinheit und Eleganz von jeglicher Betrübnis erlöst werden; Kleider aus Wolle, Leinen oder Baumwolle[445] bedeuten gute Einkünfte, doch nicht Macht. Sind alle die aufgeführten Stücke zerrissen, wird der Träumende aus einem Jammer in den anderen fallen; flickt oder bessert er sie aus, wird er die Mißstände entsprechend beseitigen. Sind die Kleider über die Maßen kurz nach Art derjenigen, die eng und knapp am Körper sitzen, wird der Träumer eine große Freude erhoffen, aber entsprechend deren Schnitt nur eine kleine erlangen. Träumt der Kaiser, er wasche den Schmutz, der ihm anhaftet, ab, wird er die Sorgen, die ihn quälen, abwerfen. Legt er ein neues Purpurgewand an, werden seine Unternehmungen herrlicher und glänzender ablaufen. Sind es alte Gewänder, die er gegen seine Gewohnheit anzieht, wird er zwar wegen der Reinigung seine Sorgen abwerfen, seine Unternehmungen werden aber wegen des Alters der Gewänder nicht vorangehen. Legt er zerrissene Stücke an, wird er ein neues,

177

ungewohntes Übel erdulden, weil der Kaiser zerrissene Kleider nicht anzuziehen pflegt; zieht er sie aus, wird er auch dieses Übel loswerden.

◆ *230* ◆

Über Hengste und Stuten nach der Lehre der Inder, Perser und Ägypter

Der edle Araberhengst wird in der Traumdeutung mit hoher Stellung und Würde gleichgesetzt, entsprechend die Stute mit einer adligen Dame; die gewöhnlichen Pferde bedeuten geringere Abkunft und geringeres Ansehen, ebenso die gewöhnlichen Stuten Frauen, die niederen Standes sind. Reitet einer auf einem schnellen, stampfenden Araberhengst, werden ihn ein großer Name, Hoheit und edle Haltung im Volk auszeichnen. Ist der Träumende der Kaiser, wird er an der Kaiserin und an seinem kaiserlichen Hof Freude und Ruhm haben entsprechend der Schönheit des Hengstes, ein gemeiner Mann wird Vorzügliches in seinem Beruf leisten. Träumt jemand, er sitze auf einem solchen oder ähnlichen Pferd und treibe es scharf an, wird er geadelt und erhöht werden und entsprechend dem Lauf des Pferdes zu Glück und Erfolg kommen.

Reitet einer gewappnet auf einem Araberhengst, wird er Macht und einen guten Namen erlangen, sofern Waffen und Rüstung stattlich sind. Reitet er mit einem Schild bewehrt, wird er ohne Furcht vor den Feinden und, wie der Hengst, voller Kraft sein. Träumt dies der Kaiser, wird er einen beherzten Feldherrn für den Kampf gegen seine Feinde gewinnen. Der Schild bedeutet nämlich seinen Feldherrn. Dünkt es ihn, daß der Schild von schwarzer oder blauer Farbe ist, wird sein Feldherr beherzt und ein fähiger Kopf sein, weil der Schmutz auf diesen Farben nicht leicht zu sehen ist. Ist der Schild weiß, wird jener feig und hasenfüßig sein, weil diese Farbe leicht Schmutz ansetzt, ist er rot, wird der Kaiser helle Freude an seinem Dienstmann haben; ein purpurner Schild bedeutet des Kaisers Sohn oder Bruder; ein goldner oder gelber einen boshaften und übelwollenden Menschen.

Reitet einer auf einer gesattelten, langschwänzigen Araberstute, wird er entsprechend deren Schwanz eine angesehene Frau heimführen und mit ihrer Hilfe avancieren; ist die Stute schwarz, wird die Frau reich sein. Träumt einer, er steige freiwillig von der Stute

178

ab, wird er freiwillig eine Minderung seiner Macht hinnehmen; stürzt er wider Willen infolge der Störrigkeit des Pferdes zu Boden, wird er Schrecken und Marter leiden oder einem Nachfolger in seiner Würde Platz machen. Ißt einer Pferdefleisch, wird er einen großen Namen bekommen und geadelt werden. Trinkt er Stutenmilch, wird er beim Machthaber Gunst und Wohlwollen finden.

◆ 231 ◆
Über die Farbe der Pferde und der kaiserlichen Sattelpferde nach der Lehre der Perser und Ägypter

Der Schimmel[446] bedeutet im Traum des Kaisers dessen Gemahlin. Der Apfelschimmel bezeichnet, wenn er des Kaisers Sattelpferd ist, eine Frau, die der Augusta nicht ebenbürtig ist; träumt jemand, er besitze dieses Pferd, wird seine Macht geringeren Grades sein. Ist das kaiserliche Sattelpferd rosenfarbig, bedeutet es eine anmutige Frau, wogegen der Rappe wegen der schwarzen Farbe auf ein reiches, aber lästiges Weib weist. Um es mit ein paar Worten einfach zu sagen: Alle Sattelpferde des Kaisers, die man im Traum schaut, bedeuten dessen Frauen. Bekommt jemand vom Kaiser eines seiner Reitpferde, wird er Freude, Macht und eine Frau von ihm bekommen; reitet[447] einer ohne dessen Wissen gegen seine Gepflogenheit eines seiner Pferde, wird er heimlich mit einer seiner Frauen Unzucht treiben.

Träumt jemand, eine schwarze Stute, die auf beiden Seiten gebündelte Pfeile trage, komme in sein Haus, wird er eine Frau mit Vermögen heiraten, und zu seinen Füßen werden viele Hausbewohner zugrunde gehen entsprechend der Zahl der Pfeile. Träumt einer, eine junge Araberstute, die noch nicht abgerichtet ist, komme in sein Haus, wird er eine edle Jungfrau heimführen. [Dünkt es den Kaiser oder einen Mächtigen, er bringe eine edle Stute in sein Haus, deutet das auf die Person einer edlen Frau], wenn aber eine gemeine Stute, auf eine Magd; denn gemeine Stuten bedeuten Edelleuten Mägde; hat ein Mann des Volkes dieses Gesicht, beziehe er es auf seine Frau. Alles, was den Stuten widerfährt, Gutes oder Böses, deute man auf die genannten Weibspersonen.

Über Maulesel nach der Lehre der Perser
und Ägypter

Träumt einer, er reite auf einem Maulesel, wird er aus freien Stük-
ken auf Reisen gehen, aber nur Ärger und Ungemach davon haben; denn alle Maulesel, ob männlich oder weiblich, bedeuten jedermann Mißlingen eines jeglichen Vorhabens, weil sie keine Füllen haben können.[448] Dünkt es einen, er reite auf einem Maulesel
und komme in ein Haus, das voll von Akten[449] ist, und nehme sie
mit, wird er eine Reise antreten, um Steuern einzutreiben, aber der
Kaiser wird durch ihn geschädigt werden[450] und er selbst keinen
Vorteil dabei haben, weil der Maulesel zeugungsunfähig ist. Reitet
jemand eine mit Gepäck beladene Mauleselin, bezeichnet diese
jedermann eine ehrlose, arme Frau; schaut ein Großer dieses Gesicht, wird er auf eine ehrlose Frau hereinfallen und wegen der
Mauleselin in Bedrängnis kommen. Verliert jemand einen Maulesel, wird Trübsal über ihn kommen, die sich in Freude verwandeln
wird. Verkauft jemand einen Maulesel mit Gewinn, wird er von
Kummer und Leid erlöst werden. Wird einer von einem Maulesel
getreten, wird er in arge, zeitlich begrenzte, plötzliche Bedrängnis
kommen.

Über Esel nach der Lehre der Perser,
Inder und Ägypter

Die Auslegung des Esels[451] läßt eine vielfache Bestimmung zu, meistens bedeutet er das Schicksal des Menschen. Träumt einer, er
setze sich auf eine Eselin, wird er durch eine Frau glücklich werden, besteigt er einen Esel, weist das Gesicht ebenso auf sein Geschick; auch ihm wird das Glück in dem Maße hold sein, wie er
den Esel lenkt und dieser sich lenken läßt; ist der Esel schwarz,
wird ihm das Glück klingende Münze bescheren, wenn weiß, Glück
und Aufschwung von Frau und Kindern herrühren. Kauft oder bekommt jemand einen Esel geschenkt und führt er ihn ohne Wider-
streben in sein Haus, wird er Gnade bei Gott finden und Reichtum
in seinem Haus häufen,[452] so wie er auch den Esel mühelos ins

Haus führte. Findet jemand einen Esel, der sich losgemacht hat und nimmt ihn mit, wird er eine unerwartete Freude haben. Milch von einer Eselin trinken prophezeit schwere Krankheit, aber nicht den Tod. Führt jemand einen mit Last beladenen Esel in sein Haus, wird er entsprechend dessen Last sein Glück machen, ferner Reichtum und Freude haben; trägt das Tier keine Last, wird er Bitternis und Furcht von sich werfen. Träumt einer, sein Esel sei verendet, wird er selbst bald sterben. Fällt er vom Esel, wird er bettelarm werden. Milch von einer Wildeselin zu trinken verheißt Erhöhung, aber auch Krankheit. Dünkt es einen, er führe einen Esel an einem Strick und dieser folge ihm willig, wird ihm entsprechend dessen Folgsamkeit auch das Glück folgen.

Träumt einer, er habe eine Eselin und diese verende, wird seine Frau sterben, er selbst verarmen. Bricht sein Esel zusammen, wird er so arm werden, daß ihm nicht mehr zu helfen ist, sowenig wie dem Esel noch zu helfen ist. Eselsfleisch zu finden oder zu essen kündet Gewinn, aber auch Krankheit an, je nachdem, ob man viel oder wenig Fleisch gegessen hat. Bringt einer Eselsmist in sein Haus, wird er entsprechend dessen Menge ohne Anstrengung zu Geld kommen. Findet einer die Haut eines fremden Esels und kennt er dessen Besitzer, wird er diesen beerben, kennt er ihn nicht, unerwartet reich werden. Fleisch vom Wildesel zu essen prophezeit einen großen Namen und Vermögen. Scheint es einem, als werde seinem Esel der Schwanz abgeschnitten, wird er, sofern er in Amt und Würden ist, beides verlieren, ist er reich, Verluste in seinen Einkünften erleiden. Schaut jemand, wie sein mit Lasten beladener Esel ausrutscht und in den Dreck stürzt, wird er Krankheit und Not daheim haben; steht der Esel aber aus dem Dreck wieder auf und trabt er weiter, wird er Not und Krankheit von sich werfen und neuen Lebensmut fassen. Träumt einer, er besitze eine Eselin und diese werfe Junge, wird sein Vermögen sich verdoppeln, er selbst Karriere machen; ist er verheiratet, wird seine Frau einem Sohn das Leben schenken.

Träumt der Kaiser, er bekomme von jemandem Esel geschenkt, wird ihm unerwartet eine Freude zuteil werden entsprechend dem kräftigen Wuchs der Esel; bringt man ihm Wildesel, wird er in Kürze eine frohe Botschaft und reiche Geschenke von fremden Völkern bekommen, weil der Wildesel ein schnelles Tier ist. Dünkt es ihn, daß seine Esel verenden, deute er es als Bedrängnis und Tod seiner Gefolgsleute.

Esel bedeuten für jedermann das Schicksal des Menschen; alles, was sie dem Menschen bringen, Gutes oder Böses, wird sich an ihm erfüllen.

◆ 234 ◆

Über Reitkamele nach der Lehre der Perser und Ägypter

Die schnellen arabischen Kamelstuten bedeuten Elend, Tod und Trübsal. Träumt einer, er reite auf einem Kamel und dieses trage ihn in schnellem Lauf dahin, wird Charon[453] ihn holen, weil kein Tier dem Kamel im Lauf gleichkommt. Dünkt es einen, er besteige ein Kamel, reite eine kurze Strecke und sitze dann wieder ab, wird er in eine böse Krankheit fallen, aber wieder gesunden. Träumt einer, er finde ein Kamel, bringe es in seine Gewalt und zähme es, wird er vom Kaiser Macht bekommen wegen der Gefangennahme eines mächtigen Sarazenen. Wird einer von einem Kamel an einem Körperteil gebissen, wird er von der Obrigkeit gestraft werden; was der einzelne Körperteil bedeutet, ist oben gesagt worden. Träumt jemand, ein Kamel trete ihn, wird er zwar vor der Obrigkeit bangen, aber keinen Schaden leiden, weil das Kamel keinen Huf wie das Pferd hat. Erwirbt einer aus dieser Gattung Kamelstuten und melkt sie, wird er Macht und Herrschaft über das Volk der Sarazenen erringen; der Kaiser wird nach diesem Traum eine fremde Völkerschaft unterwerfen, sofern die Kamele sich abrichten ließen. Ißt einer Kamelfleisch, wird er eine langwierige Krankheit durchmachen, aber wieder genesen.

Dünkt es einen, als laufe er wie ein Kamel, wird er trügerischen Ruhm erlangen, indem er große Töne redet, aber sich mit Schande bedecken. Träumt einer, er rede mit einem ihm gehörigen Kamel, wird er so viel Macht und Reichtum bekommen, wie er Worte gewechselt hat; [spricht er mit einem fremden Kamel, wird er eine hohe Stellung bekleiden und aus fernen Ländern merkwürdige und unerwartete Menschen empfangen]. Träumt jemand, ein unbekanntes Kamel komme in sein Haus, wird ein einflußreicher Fürst zu ihm kommen; ist das Kamel mit einem Teil von seinem Hab und Gut beladen worden und wieder davongetrabt, wird einer von seinen Hausgenossen sterben; trägt das Kamel einige seiner Kleidungsstücke fort, trifft das Unheil die Person, die zu dem Kleidungsstück in Beziehung steht, wie im einzelnen oben ausgeführt wurde.

Über Lastkamele nach der Lehre der Perser und Ägypter

Träumt jemand, er stoße auf ein wütendes Kamel, bringe es in seine Gewalt und binde es, wird er einen fremdländischen mächtigen Feind gefangennehmen, falls der Träumende ein Fürst oder der Kaiser ist; ein Mann aus dem gemeinen Volk wird von einer tödlichen Krankheit genesen. Dünkt es einen, das Kamel beiße ihn, wird er erkranken und Gewalt vom Machthaber erleiden.

Träumt der Kaiser, Kamele drängen in sein Herrschaftsgebiet ein, hat er den Einfall feindlicher Völkerschaften in sein Land zu befürchten; dem Schaden, den die Tiere anrichten, wird derjenige entsprechen, den die Eindringlinge verursachen. Schaut der Kaiser, daß die Kamele mit Gütern befrachtet aus seinem Land abziehen, wird der Feind so viel Hab und Gut daraus wegschleppen, wie die Tiere mit Gütern beladen wurden.

Erwirbt einer Lastkamele, wird er Sklaven und Macht von Freunden übernehmen; erwirbt er Kamele und bekommt er junge Tiere, wird er entsprechend deren Zahl zu Ansehen, Macht und Besitz kommen. Träumt einer, er besitze eine Kamelstute und verkaufe oder werde sie sonstwie los, wird er von einem üblen Weib entweder durch den Tod oder durch Scheidung erlöst werden; wirft die Kamelstute ein männliches Junges, wird er von einem bösartigen Frauenzimmer einen nichtsnutzigen Sohn bekommen, wenn ein weibliches Junges, eine Tochter, die ebenso geartet ist wie die Mutter.

Trinkt einer Kamelmilch, wird er vom Landesfürsten große Mittel erlangen, jedoch mit Schrecken und Krankheit. Schlachtet jemand ein Kamel in seinem Haus und behält er das Fleisch, wird er vom Landesfürsten gestraft werden, ferner in Schrecken, Krankheit und Elend fallen. Findet einer eine Kamelhaut und trägt sie fort, wird er das Vermögen eines Fürsten oder großen Herrn gewinnen; träumt ein Mächtiger, er trage den Kopf eines Kamels fort, wird er den Besitz eines Feindes an sich reißen, ein gewöhnlicher Mann wird von einem hohen Herrn einen Gewinn von zehn, hundert oder tausend Goldmünzen einstreichen, weil das Haupt eine Hauptsumme[454] bedeutet und die genannten Zahlen vollkommene Zahlen[455] sind.

◆ 236 ◆
Über Rinder oder Ochsen nach der Lehre
der Perser und Ägypter

Ochsen bedeuten mächtige Fürsten, Kühe aber Jahre. Träumt einer, er reite auf einem schwarzen Ochsen, wird er einen reichen, mächtigen Herrn sich dienstbar machen. Führt jemand Pflugochsen in sein Haus und bindet sie an, wird er ein großes Glück, Herrschaft und Macht erringen, Menschen sich untertan machen und alle Sorgen loswerden.[456] Dünkt es einen, er besitze viele Joch Ochsen, die willig und folgsam sind, und führe sie, wohin er wolle, wird er große Macht erringen, Mächtige unterwerfen und anderen von seiner Machtfülle Anteil geben; dieses Gesicht kann aber nur ein großer Herr schauen oder einer, der es noch zu etwas Großem bringen wird. Verkauft einer um Geld sein Joch Pflugochsen, wird er seine Macht verlieren und so viel bittere Not leiden, wie er Geld für die Ochsen bekam.

Träumt der Kaiser, er schenke einem Bekannten Ochsen, wird er ihm einen höheren Rang verleihen und ihn zum Fürsten machen; ist es ein Unbekannter, werden Feinde seine Untertanen arg bedrücken. Dünkt es den Kaiser, man bringe ihm wilde, störrische Ochsen,[457] die gefesselt sind, wird er fremde Fürsten als Gefangene übernehmen und hocherfreut sein; sind die Tiere in Herde und nicht gefesselt, wird er über rechenschaftspflichtige Verwalter mächtiger Völkerschaften gebieten. Läßt der Kaiser Pflugochsen schlachten, droht seinen Edlen Gefahr von ihm, sind es störrische Tiere, wird das Unheil über Fürsten fremder Länder kommen. Träumt der Kaiser, er lasse Herden von nicht arbeitenden Rindern in seinem Land auf die Weide treiben, wird er das Land durch Fremdstämmige bebauen und besiedeln lassen.

Dünkt es einen, der Macht oder Herrschaft hat, er werde von einem Ochsen auf die Hörner genommen,[458] wird er mit seinesglei-

184

chen in Streit geraten und Schaden erleiden, der Verletzung entsprechend, die er davongetragen; ein Mann des Volkes wird vom Landesfürsten geschädigt werden. Ist einer von einem Ochsen getreten worden, wird der Schaden geringer sein. Reitet jemand auf einem rosenfarbigen Ochsen, wird er Macht erlangen, jedoch werden seine Kinder oder seine Frau erkranken. Schaut einer, wie unbekannte Ochsen in sein Haus kommen, werden hohe Herren ihn aufsuchen; nehmen die Tiere ihn auf die Hörner, werden jene ihm Schaden zufügen, wenn nicht, ihn unbehelligt lassen. Träumt einer, ein Ochse aus fremdem Land, der drei, vier oder mehr Hörner habe, sei auf der Weide, wird ein Fürst in das Land kommen und das Volk so viele Jahre regieren, wie der Ochse Hörner hat. Dünkt es einen, sein Ochse sei wild geworden, wird der Provinzgouverneur gegen ihn wüten; bändigt er das Tier, wird er jenen in die Schranken weisen; behält der Ochse die Oberhand, wird der Gouverneur seine Macht spüren lassen.

◆ 237 ◆
Über Rinder oder Ochsen nach der Lehre der Ägypter

Ochsen deute jedermann als Fürsten wegen der Hörner, Kühe als Jahre. Fette Kühe prophezeien fruchtbare, magere und dünnleibige unfruchtbare Jahre; entsprechend weisen feiste Ochsen auf gütige, magere aber auf unbarmherzige und ungerechte Fürsten. Pflugochsen bezeichnen mächtige Fürsten, solche aber, die nicht den Pflug ziehen, adlige Herren, die bald das Regiment bekommen werden. Findet jemand eine oder viele fette Kühe, wird er ein oder etliche gute und fruchtbare Jahre haben und in seinem Beruf nach oben kommen. Wenn einem träumt, wie er eine Kuh oder eine Herde Kühe findet, die mager sind, und sie in Besitz nimmt, wird er ein oder etliche harte Jahre ausstehen müssen, gemessen an der Zahl der Kühe, ferner Hungersnot, Schaden und Armut entsprechend deren Magerkeit.

Träumt der Kaiser, man bringe ihm fette Kühe, wird er gesegnete, in Kriegszeiten glückliche Jahre haben, ferner Reichtum und Fruchtbarkeit des Landes entsprechend der Fettheit und Zahl der Kühe;[459] denn hat der Kaiser diesen Traum, deutet dieser auf alle, die unter seiner Herrschaft leben. Bringt man ihm magere und dünnleibige Kühe, wird er sorgenvolle Jahre in Kriegszeiten und Not im Land erleben entsprechend der Zahl und Magerkeit der Kühe, desgleichen auch alle seine Untertanen.

Ißt jemand Rindfleisch, wird er von einem Mächtigen Vermögen erwerben, er wird auch einen Sohn zeugen. Butter[460] von einer Kuh zu essen verspricht willkommenen, aber spät sich einstellenden Gewinn; trinkt einer Kuhmilch, wird er Reichtümer aufhäufen. Melkt jemand eine Kuh und trinkt von der Milch, wird er die Freiheit erlangen, wenn er ein Sklave ist, vielleicht auch das Haus seines Herrn erben oder sich an dessen Stelle setzen; ein gemeiner Mann wird noch größere Freude und Wonne haben; dem Kaiser wird dieses Gesicht überreiche Freude schenken. Schafs- und Büffelmilch haben dieselbe Bedeutung. Scharrt einer Kuhmist zusammen, wird er entsprechend dessen Menge von großen Herren reiche Mittel erlangen. Findet jemand eine Rinderhaut und trägt sie fort, wird er den Besitz eines mächtigen Würdenträgers erben, ist es ein Rindskopf, den reichen Schatz eines Fürsten bekommen, weil der Kopf das Hirn birgt. Schlachtet jemand ein Rind in seinem Haus, wird er entsprechend der Menge Fleisch das Vermögen eines Mächtigen gewinnen, jedoch mit Furcht vor der Obrigkeit. Nimmt einer Leber und Lunge eines Rindes an sich, wird er ... finden; [träumt ein Mächtiger davon,] wird er einen Schatz lauteren Goldes von einem anderen Fürsten erwerben. Findet jemand einen Rindermagen, wird ihm aus dem Hause eines Großen eine Wohltat zuteil werden; der Magen ist nämlich das Haus eines Großen. Nimmt er von dem Blut des Tieres, wird er das Geld des Mächtigen bekommen.

◆ *238* ◆
Über Gefährte und den zwei- und vierrädrigen Wagen nach der Lehre der Ägypter

Der kaiserliche Wagen weist auf des Herrschers Hoheit, ein gewöhnlicher auf verschiedene Personen. Fährt jemand mit dem kaiserlichen Wagen, wird er hohes Ansehen erlangen und berühmt werden; gehört er zu den fähigen Köpfen, wird er die Krone erringen. Fährt einer zu Wagen, der von edlen Pferden gezogen wird, winken ihm Hoheit, Freude und Erfüllung seiner Hoffnungen, auch wird er Zutritt zum Kaiser haben. Wird der Wagen von Ochsen gezogen, wird er in Kürze mächtige Herren in seine Gewalt bringen, sich aber als schwacher Regent erweisen, weil Ochsen langsam und schwerfällig sind. Alle, die im Traum den Wagen des Kaisers schauen, werden in ein näheres Verhältnis mit ihm kommen; durften doch sowohl Joseph,[461] als er nach seiner Freilassung aus dem Gefängnis über Ägypten herrschte, als auch andere zum Zeichen der Hoheit und Würde, die ihnen die alten Könige verliehen, den königlichen Wagen besteigen. Träumt einer, er lenke den kaiserlichen Wagen in der Rennbahn,[462] siege und werde bekränzt, wird er über die Feinde siegen, falls er Feldherr oder Soldat ist, gehört er zu den Großen am Hofe, wird er wegen des Kranzes der erste unter seinesgleichen werden; unterliegt er im Rennen, wird er von Trübsal frei und eine geringere Freude haben; denn Trübsal im Traum bedeutet Kummerlosigkeit.[463] Ein einfacher Mann wird nach diesem Traum Freude und mehr Verdienst in seinem Gewerbe finden. Eine Frau wird, sei sie wer immer, mit angesehenen Männern huren und öffentliches Ärgernis erregen.

Träumt der Kaiser, er lenke selbst den Wagen, wird er noch größeren Ruhm erwerben, seine Feinde unterwerfen und ans Ziel aller seiner Wünsche kommen, sofern er den Wagen geschickt lenkt. Dünkt es ihn, er werde, auf seinem Streitwagen thronend, von Pferden gezogen, und zwar langsam und ruhig, wird sein Erscheinen überall im Volk Freude, Frieden und Jubel auslösen. Scheint es ihm, als sei sein Wagen zerbrochen, wird er erkranken und in seiner Würde Schaden leiden. Kommt ein Pferd oder Ochse, die ihn ziehen, zu Schaden, wird er in seiner Würde Einbuße erleiden; verenden die Tiere oder straucheln sie, wird er zu seinem Verhängnis seine Würde und sein Ansehen verlieren und in große Bedrängnis geraten.

Bauernwagen bedeuten Krankheit und Belastungen durch die Obrigkeit. Fährt einer mit einem Bauernwagen, drohen ihm arger Schrecken und Belastungen durch die Obrigkeit. Dünkt es ihn, er steige vom Wagen herunter, wird er schnell der Sorgen ledig werden.

Über das Schachspiel nach der Lehre
der Perser und Ägypter

Träumt einer, er spiele mit einem Bekannten Schach,[464] werden beide Gewinn halber um den Sieg kämpfen, und wer im Traum siegt, wird ein gutes Geschäft machen und das Ziel, das er sich gesteckt hat, erreichen; spielt er aber mit einem Unbekannten, wird er mit einem Feind, jedoch ohne Blutvergießen, streiten und, wenn er siegt, seinen Willen durchsetzen. Träumt der Kaiser, ein Großer oder Feldherr, er spiele nach Kriegsart Schach, wird er mit Feinden kämpfen; gewinnt er, wird er alle seine Ziele im Krieg erreichen, unterliegt er dem Mitspieler, von seinen Feinden eine Niederlage erleiden. Dünkt es ihn, er nehme im Spiel viele Schachfiguren weg, wird er viele Feinde gefangennehmen, wenn nicht, eine Schlappe erleiden; freilich wird der Krieg keine Entscheidung bringen. Träumt der Kaiser, ein Großer oder Feldherr, sein Schachspiel sei verlorengegangen, zerbrochen oder gestohlen, wird er sein Heer verlieren und in größte Bedrängnis kommen.

◆ *240* ◆

Über verschiedene Arten von Schafen,
über Hirsche und Ziegenböcke
nach der Lehre der Inder, Perser und Ägypter

Träumt einer, er finde oder bekomme einen Widder,[465] wird er Amtsgewalt für ein Jahr erhalten; sind es viele Widder, wird die Amtszeit so viele Jahre dauern, wie die Zahl der Widder beträgt, und er wird entsprechend deren Fettheit reich werden. Findet ein Fürst Widder, wird er einen Machtzuwachs bekommen, der der Differenz zwischen der Summe der gezählten Widder und der früheren Jahre seiner Machtausübung entspricht. Träumt jemand, man raube ihm die Widder, die er besitzt, wird man ihm seine Macht entwinden; verkauft er sie aus freien Stücken, wird er seine Amtsgewalt aufgeben und entsprechend dem Gold, das er dafür bekommen, in Bedrängnis geraten.[466] Erhält er Silber, wird er vor Gericht streiten. Schlachtet jemand einen Widder, wird er einen mächtigen Fürsten umbringen. Träumt einer, man bringe ihm viele

Widderköpfe, ein Gesicht, das nur Kaiser schauen können, werden ihm Häupter überwundener Feinde vorgeführt werden, und er wird darüber frohlocken. Läßt der Kaiser Widder schlachten, und zwar eigene, werden hohe Würdenträger in Ungnade fallen, sind es fremde, wird er so viele Feinde wie Widder töten lassen. Träumt der Kaiser oder ein Feldherr, er fange Widder und schließe sie in Ställen ein, wird er so viele Fürsten feindlicher Völker in Haft nehmen, wie er Widder gefangen. Dünkt es ihn, als reite er auf einem Widder, wird er einen Machthaber unterjochen. Bringt man ihm den Kopf eines gehörnten Bockes, wird ihm ein ungeschlachter Krieger in Fesseln vorgeführt werden.

Träumt jemand, es weideten Widder an einem Ort, werden entsprechend deren Zahl Fürsten dorthin kommen, um das Regiment zu führen. Sind es Ziegenböcke, werden ungerechte, raubgierige und habsüchtige Männer dort regieren; weiden Hirsche oder anderes gehörntes Wild daselbst, wird ein mächtiger Feind eindringen.

Dünkt es den Kaiser, man bringe ihm Hirsche, wird er namhafte und mächtige Feinde als Gefangene übernehmen. Zieht er aus, um Hirsche oder anderes gehörntes Wild zu jagen, wird er einen Feldzug gegen feindliche Fürsten unternehmen; erlegt er das gesuchte Wild, wird er auch den Feind tödlich treffen und frohlocken, wenn nicht, erfolglos sein. Fängt der Kaiser auf der Jagd junge Hirsche, wird er Söhne mächtiger Fürsten in Fesseln legen. Zieht er ein Rehkitz in seinem Palast auf, ein männliches oder weibliches, deute er es als einen Sprößling seines Geblüts.

Hirschfleisch zu essen prophezeit Wohlwollen und Reichtum von einem großen Herrn des Landes. Ziegenfleisch entsprechend dem Verzehr Krankheit. Schlachtet einer Gazellen, wird er mit Not und zeitlich begrenzten Sorgen zu kämpfen haben, bald aber davon befreit werden. Ißt einer fettes Schafsleisch, wird er Freude, Vermögen und Ansehen erlangen, wenn Ziegenfleisch mit geronnener Milch, in eine schlimme und langwierige Krankheit fallen. Findet jemand ein Lamm, wird er eine Frau nach seinem Herzen heiraten. Gibt er das Lamm weg, wird er von seiner Frau getrennt werden, entweder durch den Tod oder aus irgendeinem anderen Grund; verkauft er das Lamm um ein Gewicht Gold, wird er wegen eines Zerwürfnisses von seiner Frau gerichtlich geschieden werden, weil das Gold auf der Waage gewogen wird. Findet oder kauft einer viele Milchschafe, wird er entsprechend deren Zahl Reichtum, Freude und

Knechte[467] finden. Hat der Kaiser diesen Traum, wird er ein fremdes Volk unterwerfen, tributpflichtig machen und große Genugtuung darüber empfinden, gemessen an der Zahl der Schafe. Weidet einer Schafe, wird er ein Amt und Regierungsgewalt erringen entsprechend deren Zahl. Dünkt es einen, er besitze Schafe und verliere sie, wird er verarmen und in große Bedrängnis kommen; träumt der Kaiser oder einer von den Großen, seine Schafe gingen an einer Krankheit zugrunde, wird er unter der Gewalt eines anderen Fürsten in seinem Volk große Not haben. Schafsmilch zu trinken bedeutet Freude und Segen; träumt dem Kaiser, er trinke Milch aus einem Gefäß, wird er helle Freude erleben und einer Frau beiwohnen entsprechend der Schönheit des Gefäßes und dem Wohlgeschmack der Milch.

Träumt einer, er finde eine Herde Böcke und treibe sie auf sein Landgut, wird er, wenn die Tiere willig folgen, die Herrschaft über ein ungeschlachtes Volk übernehmen, jedoch mit Mißvergnügen; sind die Böcke störrisch, wird er von fremder Obrigkeit Bedrückung und Zwang erdulden. Ißt einer rohes Ziegenfleisch, wird er erkranken[468] und von der Obrigkeit gestraft werden, wenn rohes Schaffleisch, seine Mitmenschen verleumden und denunzieren; der Träumende fürchte aber Gott und lasse von seinen bösen Werken ab. Dünkt es einen, man bringe etwas Geschlachtetes und Abgehäutetes in sein Haus, wird er oder ein anderer aus seinem Haus sterben. Ist das Geschlachtete ein weibliches Tier, wird das Unglück seine Frau treffen, wenn ein männliches, ihn oder einen Verwandten. Verspeist einer den Kopf eines Schafes, wird er unerwarteten Reichtum und ein langes Leben haben.

Träumt einer, es seien ihm wie einem Widder Hörner auf dem Kopf gewachsen, wird er ein hohes Amt bekommen und entsprechend der Art der Hörner mit seinen Feinden Kämpfe austragen; brechen die Hörner ab, wird er in seiner Würde Ehrverlust und Kränkung vor den Leuten hinnehmen müssen. Verzehrt jemand die Füße eines Schafes, wird er Gesundheit und ein bescheidenes Maß von Wohlhabenheit erlangen. Verzehrt einer ein fettes Essen und trinkt Brühe, wird er seinen Reichtum vermehren, jedoch nicht ohne Zank und Streit, wegen der kochendheißen Brühe; ißt er die Leber eines Schafes, wird er viel Gold finden, wenn dessen Schwanz, desgleichen, entsprechend dem Verzehr; ist es ein Widderschwanz, wird das Gold von einem mächtigen Herrn stammen, wenn ein Lämmerschwanz, von einer Frau. Ißt einer Fleisch, das im Topf gekocht, aber kalt und fett ist, wird er ohne Arbeit von den Anstrengungen anderer profitieren.

Findet oder nimmt jemand ein Lamm an sich, wird er einen sehnlichst gewünschten Sohn bekommen; ißt er Lammfleisch, wird er erträumten Reichtum erlangen und sich blühender Gesundheit erfreuen. Findet einer eine ganze Herde Lämmer, wird er überglücklich sein entsprechend deren Zahl.

◆ 241 ◆
Über verschiedene Speisen nach der Lehre der Inder, Perser und Ägypter

Ißt einer ofenwarmes Brot,[469] wird er ein stattliches Vermögen erwerben, jedoch mit Not und Pein wegen der Gewalt, die aus dem Feuer kommt; ißt er aber kaltes Brot mit Butter, wird er Reichtum und glückliche Zeiten sehen, gemessen an der Menge, die er verzehrte. Zum Brot Milch trinken ist noch günstiger und glückverheißender; denn stampft man Milch, so gibt es Butter. Datteln zu essen verheißt Glück, Freude und Vermögen von einer hohen Frau. Verzehrt jemand eine Bienenwabe aus einem Bienenstock, wird er gewinnen, was er nie erhofft hätte, und er wird klug sein, weil die Arbeit der Bienen von großer Klugheit zeugt. Träumt einer, er zerbreche einen Bienenstock, wird er seinen Sklaven die Freiheit schenken; ist der Träumende selbst ein Sklave, wird er freigelassen, ist er bettelarm, reich werden. Träumt der Kaiser, man bringe ihm Honigwaben und er esse davon, werden ihm reiche Abgaben, gepaart mit Freude, von seinem Volk zufließen; die Honigwabe bedeutet nämlich die Arbeit des Volkes. Bringt man ihm Honigwaben, die keinen Honig enthalten, werden seine Einkünfte dürftig sein.

Träumt jemand, er schlecke Zucker, wird er süße, langwährende Freude erleben, gemessen an der Menge Zucker, die er geschleckt hat. Oliven prophezeien ein saures Leben, reife Melonen Krankheit wegen ihrer Farbe; denn alles Obst, das von gelber Farbe ist, bezeichnet Krankheit. Gewöhnliche Melonen verheißen Gesundheit, Gurken flüchtigen Reichtum. Verzehrt einer Tetrangoura,[470] ist die Deutung günstiger und gewisser, ißt er Pflaumen, werden Angst, Krankheit und Schwierigkeiten ihm überall bevorstehen.

Träumt einer, er stoße auf Dattelpalmen, finde deren Früchte aufgehäuft am Stammende der Bäume und esse einen Teil, den anderen trage er fort, wird er entsprechend deren Menge bedeutende Mittel von einer Frau durch Hurerei erwerben; gibt er auch anderen von den Früchten ab, wird er auch anderen mit dem Reichtum dienen. Pflückt einer reife Feigen von einem Feigenbaum, wird er von einem Reichen Geld in Hülle und Fülle bekommen, weil die Feigen viele Samenkörner enthalten. Sind die Feigen unreif, wird er von ihm Streit und Prozesse[471] zu erwarten haben.

Der Verzehr von Äpfeln[472] kündigt etwas Gutes an, wenn sie süß sind, wenn aber sauer, Kummer und Krankheit; reife Birnen sagen einen nur bescheidenen Gewinn von einem hartherzigen Großen voraus. Ißt einer indische Nüsse, werden ihm Fremdlinge aus fernen Ländern Freude und Reichtümer ins Haus bringen, sind es gewöhnliche Nüsse, wird er bei einem mächtigen, aber knausrigen Herrn mit harter Arbeit sein Auskommen haben. Trinkt jemand Olivenöl, wird er die Sorgen von sich werfen und voller Freude sein entsprechend der Milde des Öls; preßt er Oliven aus, um Öl daraus zu machen, wird er mit großer Anstrengung zu Wohlstand kommen. Ißt einer Kuchen, wird er etwas Gutes bekommen, was er sich gewünscht, wenn die sarazenische Süßspeise, die man Paloudakis[473] nennt, erkranken, wegen deren Farben und weil sie auf Feuer gekocht wird, und daran gemessen, ob man viel oder wenig davon gegessen. Verzehrt einer den Kopf eines Menschen, wird er sich auf ungerechte Weise die Taschen füllen.

◆ *242* ◆
Über Schuhwerk, Strümpfe und Hosen
nach der Lehre der Perser

Träumt einer, er trage neue Schuhe, werden Beklemmung und Fesseln seiner warten; zieht jemand, der in Fesseln schmachtet, die Schuhe aus, wird er der Fesseln ledig; wer von Not und Sorgen bedrängt ist, wird diese abschütteln. Dünkt es einen, seine gewöhnlichen Schuhe seien aufgerissen, werden seine Knechte schwach und krank werden, hat er keine, gilt das Entsprechende für seine Hoffnungen und sein Gewerbe; sind seine Schuhe verbrannt, wird er durch den Landesfürsten seiner Knechte beraubt werden.

Zieht einer neue Strümpfe an, wird er neue Freude an seinem Hab und Gut haben, weil die Strümpfe die Schienbeine bedecken und schützen. Rote Strümpfe verheißen noch größere Freude; sind die Strümpfe aus Wolle oder mit Wolle gefüttert, wird er von einem Fürsten ohne Mühe entsprechenden Reichtum erlangen, wenn aus Baumwolle, gleichermaßen durch einen gütigen Hausvater wohlhabend werden; seidene Strümpfe zeigen geringeren, aber wertvolleren Besitz an. Träumt eine Frau, sie trage Strümpfe, wird sie einen Sohn gebären, sofern sie guter Hoffnung ist, wenn nicht, einen empfangen. Hat einer seine Strümpfe verloren, wird er den größten Teil seines Vermögens verlieren und in Bedrängnis und Armut geraten. Zerrissene Strümpfe zeigen Krankheit und Angst um Geld und Gut an.

Träumt jemand, er trage neue Hosen,[474] wird er ein neues Haus erwerben. Dünkt es einen, er habe in die Hosen gemacht, wird er für sein Haus entsprechend dem bösen Geschäft unfreiwillige Ausgaben haben. Sind die Hosen gerissen, wird sein Haus Schaden leiden, sind sie praller geworden, wird er aus freien Stücken Geld dafür aufwenden, Freude erleben und ein gutes Leben daheim und mit seiner Frau führen. Verliert er die Hosen, wird er Trübsal und Zwang in seinem Haus leiden, bald auch von seiner Frau geschieden werden. Hat einer einen neuen Gürtel um den Leib, wird er entsprechend dessen Schönheit einen neuen Hausverwalter einsetzen; ist der Gürtel minderwertig, wird sein Verwalter unfähig und nichts wert sein; ist der Gürtel gerissen, wird jener ihm Sorgen und Kummer bereiten. Ist der Gürtel abhanden gekommen oder gestohlen worden, wird er den Verwalter durch den Tod verlieren. Träumt eine Frau, die guter Hoffnung ist, sie trage gegen ihre Gewohnheit Hosen, wird sie einen Knaben gebären und damit das Haus erben; ist sie nicht schwanger, wird sie von dem Mann ihres Herzens empfangen.

◆ *243* ◆
Über den Zimt nach der Lehre der Inder

Der Zimt[475] bedeutet einen edlen und strengen Fürsten, weil er einerseits beißt, andererseits wohlriechend ist. Ißt einer Zimt, wird er Macht und einen guten Namen von einem mächtigen und strengen Fürsten erlangen. Bekommt jemand Zimt geschenkt, kauft oder findet er ihn, wird er Freude und Reichtum von solch einer Persönlichkeit gewinnen. Hat einer einen Zimtrindenbaum auf seinem Feld oder Gut, wird er Kaiser oder ein mächtiger Fürst werden; dieser Traum kommt aber nur Kaisern, Fürsten oder künftigen Kaisern zu; denn der Zimtrindenbaum weist auf einen mächtigen und berühmten Herrscher; wie könnte es darum sein, daß derjenige, der davon träumt, ein gewöhnlicher oder einfacher Mann ist? Gibt jemand einem anderen von der Frucht des Zimtrindenbaums ab, wird er mit diesem Reichtum und Macht teilen. Träumt der Kaiser, er bekomme einen solchen Baum und pflege ihn sorgsam, wird er einem seiner Verwandten Gunst erweisen und ihn erhöhen, läßt er aber den Baum ausreißen, wird er ihn aus seinem Palast verstoßen.

◆ 244 ◆
Über den Zimt nach der Lehre
der Perser und Ägypter

Träumt einer, er esse Zimt, wird er hohes Ansehen und einen guten Namen in seinem Geschlecht haben, weil der Zimt wohlriechend ist. Bekommt einer Zimt, wird er reich werden und einen edlen Sohn bekommen. Empfängt einer Zimt als Gastgeschenk, wird ihm aus fremdem Land[476] Freude zuteil. Zimtwein trinken prophezeit dem Trunk entsprechend ein schwieriges, aber ansehnliches Amt; berauscht sich einer daran, wird ihm Reichtum zufallen. Träumt der Kaiser, man bringe ihm Zimt, wird er von fremden Völkern eine Botschaft empfangen, die jenen Verdruß und Not verursachen wird, weil Zimt beißt, ihm aber übergroße Freude, weil Zimt wohlriechend ist. Träumt derselbe, er schenke anderen Zimt, wird er sie mit einer entsprechenden Botschaft beglücken.

Über Kronen, Perlen und Edelsteine
nach der Lehre der Inder

Die Krone[477] bedeutet im allgemeinen die Person des Kaisers, der Kranz den mächtigsten Mann nach ihm oder das Glaubenszeugnis eines Bekenners; Perlen und Edelsteine weisen zumeist auf Gottes Wort, auf Gotteserkenntnis und göttliche Weisheit. Träumt einer, er trage eine Krone, wird er Kaiser werden, wenn er aus kaiserlichem Geblüt ist, ein gemeiner Mann und einer, der nicht die entsprechenden Fähigkeiten besitzt, wird erhöht werden, Zutritt zum Kaiser haben und nach ihm den zweiten Platz einnehmen. Schaut eine Frau dieses Gesicht und hat sie einen Mann, der fähig und tüchtig ist, wird er Kaiser werden, hat er nicht die Fähigkeiten, wird er gleichwohl wie der zuvor Genannte zu hohen Ehren kommen und einen Sohn zeugen. Dünkt es einen, ihm werde ein Kranz von Edelsteinen und Perlen auf das Haupt gesetzt, wird er, wer er auch sei, entsprechend der Schönheit des Kranzes Reichtum, eine hohe Stellung und Ruhm erringen; gehört er zu den Bekennern und Frommen, wird er für Christus Zeugnis ablegen und sich einen Namen machen;[478] wenn eine Frau solches träumt, wird sie einen mächtigen Mann heiraten und Hoheit und Ruhm erlangen; denn der Mann ist des Weibes Krone und Kranz. Findet oder empfängt einer von jemandem Perlen oder Edelsteine, wird er entsprechend deren Größe und Pracht die Herrlichkeit göttlicher Gebote entdecken.[479]

Träumt der Kaiser, er trage eine strahlende Krone[480] von Perlen vor allem Volk, wird er Würde und Haltung vor seinem Volk zeigen und ebenso Schönheit; ist die Krone aus roten oder leuchtenden Steinen,[481] wird er noch mehr Würde ausstrahlen und seinen Feinden noch größere Furcht einflößen; eine Krone aus blauen Steinen prophezeit wegen der Farbe eine Schwächung und Minderung seiner Herrscherwürde; ist die Krone aus grünen Steinen, wird er von allen wegen seines Glaubens und wegen seiner Herrschaft hoch gerühmt werden; denn die grüne Farbe der Edelsteine bedeutet ganz allgemein Rechtgläubigkeit und Gottesfurcht. Dünkt es den Kaiser, er empfange eine zweite, neugeschaffene Krone, wird er einen Sohn bekommen, der sein Erbe und Mitregent sein wird. Krönt der Kaiser einen anderen, der zu seinen Blutsverwandten gehört, wird er ihn zum Mitkaiser machen, ist er nicht von seinem

Geschlecht, droht dem Gekrönten der Tod. Denn alle, die sich kaiserliche Ehre anmaßen, sind des Todes schuldig.[482] Träumt einer, er empfange vom Kaiser eine Krone und werde damit gekrönt, wird er, falls er nicht zu dessen Blutsverwandten gehört, in seinem Ansehen erhöht werden, aber ein schreckliches Ende nehmen; gehört er aber zum Kreis der Verwandten, wird er Mitkaiser werden. Träumt dem Kaiser, seine Krone werde ihm von einem Bekannten unter dem Schein der Freundschaft oder mit List[483] geraubt, wird er durch diesen oder einen anderen seinen Thron verlieren. Dünkt es ihn, Schmuck, Perlen und Edelsteine seines Purpurgewandes seien ungewöhnlich reich geworden, wird er in seinem Glauben und seiner Majestät Glanz, Erhabenheit und Würde gewinnen; ist der genannte Schmuck geringer geworden, werden sein Glaube und seine Majestät geschwächt werden.

◆ 246 ◆
Über Kronen und Perlen nach der Lehre
der Perser und Ägypter

Träumt einer, er trage die Kaiserkrone, die, wie bekannt, mit Edelsteinen und Perlen geziert und geschmückt ist, wird er, sei er, wer er wolle, Kaiser werden und entsprechend der Schönheit der Krone Ruhm erlangen. Hängen die Steine und Perlen wie Ohrgehänge an der Krone herab, wird seine Herrschaft der Länge und Schönheit der Edelsteine gleichen. Träumt der Kaiser, daß das Gehänge oder die Bänder seiner Krone abgeschnitten sind, wird sein kaiserlicher Hof wenig glanzvoll und nur von kurzer Dauer sein. Gibt er seine Krone einem andern oder einer Frau, mit der Weisung, sie zu tragen, wird derjenige, der sie empfangen hat, mit seiner Zustimmung Anteil an der Macht erhalten; hat er aber die Krone übergeben, damit sie an ihren Platz gestellt werde, wird derjenige, der sie entgegennahm, ein enges persönliches Verhältnis zum Kaiser haben; gibt dieser die Krone einer bekannten Frau und ist sie die Augusta, wird sie einen Kaiser zur Welt bringen, ist sie eine andere Person, seine Kurtisane werden. Händigt er die Krone einer unbekannten Frauensperson aus, wird der Kaiser ein glückliches Jahr verleben entsprechend der Schönheit der Frau, ist sie aber häßlich, ein schlimmes und unglückliches. Träumt ihm, seine Krone sei zu Boden gefallen und zerbrochen und Schmuck und Edelsteine seien zerstreut worden, wird er Widerwärtigkeiten, Anschlägen und Bedrängnissen ausgesetzt werden, aber aller Übel Herr werden, weil es möglich ist, die Schmuckstücke aufzulesen und die Krone wiederherzustellen. Träumt der Kaiser, ein anderer entreiße ihm die Krone mit Gewalt, sie werde gestohlen oder gehe verloren, so daß sie nirgends zu finden sei, wird er seine Herrschaft einbüßen und sterben; denn keinesfalls kann ein Kaiser, der seine Herrschaft verloren hat, am Leben bleiben.

Der Mantel des Kaisers bedeutet seine Gattin, aber auch seine Zierde und seine Freude. Schaut er, wie Schmuck, Perlen und Edelsteine seines Mantels reicher geworden sind, wird er an der Augusta sein Wohlgefallen haben und glanzvoller vor dem Volk erscheinen; ist der Schmuck aber unscheinbarer geworden, wird Unheil über die Augusta und ihren Schmuck kommen.

Ebenso bezeichnet der Chiton die Person des Kaisers. Träumt er, daß sein Chiton prächtiger geziert sei und mehr Perlen und Edelsteine als zuvor habe, wird auch sein Kaisertum glanzvoller und großartiger sein; wenn aber dessen Schmuck geringer und Perlen und Edelsteine gedunkelt und unscheinbar geworden sind, wird sein Kaisertum geschwächt und geschmälert werden. Dünkt es ihn, daß einer seiner Würdenträger Teile seines Schmuckes trage, wird dieser sich in dessen Glanz sonnen, aber ein schlimmes Ende nehmen.[484]

Träumt der Kaiser, er finde eine überaus kostbare Perle, wird er, an deren Schönheit gemessen, eine stattliche Frau nehmen. Bringt man ihm Edelsteine und Perlen, wird er entsprechend deren Zahl sich glücklich schätzen. Schaut ein anderer, daß er eine Menge Perlen und Edelsteine bekomme, wird er entsprechend deren Zahl Reichtum, ferner Ansehen und Namen vom Kaiser erhalten; denn diese Kostbarkeiten kommen einzig und allein dem Kaiser zu. Träumt eine Frau, sie bekomme oder trage solchen Schmuck, werden ihr und ihrem Mann Ehre und Freude winken.

Über verschiedene Erscheinungen und Dinge
nach der Lehre der Perser und Ägypter

Träumt einer, er habe sich gewaschen und ziehe neue Kleider an, wird er seine Sorgen abschütteln und Freude und Ansehen gewinnen entsprechend der Schönheit der Kleider.

Dünkt es einen, die Wand seines Hauses sei eingestürzt, wird seine Frau sterben, ist er ledig, sein Hausverwalter; baut er die Wand wieder auf, werden andere an deren Stelle treten. Träumt jemand, die Türflügel seines Hauses stürzten ein, wird die zweitwichtigste Person nach dem Hausherrn sterben. Richtet er die Türflügel wieder auf, wird die betreffende Person erkranken, aber wieder gesunden.

Sammelt einer Wurfgeschosse oder Pfeile, wird er auf den Tod von Menschen sinnen. Träumt jemand, er schieße einen Pfeil ab oder er werde von einem Pfeil getroffen, so wird der vom Pfeil Getroffene sterben; stirbt er aber nicht, wird er in größte Bedrängnis und Marter geraten. Bekommt einer von einem anderen ein blankes Schwert, wird seine Ehefrau sterben [wenn aber ein Schwert samt Scheide, am Leben bleiben]; ist die Scheide heil, das Schwert aber zerbrochen, wird sein Sohn sterben, seine Frau aber am Leben bleiben.

Träumt jemand, er trage ein geistliches Gewand aus Biberfell oder Seide, wird ihn seine Frau glücklich machen. Bekommt oder findet einer leinene Bettücher oder wollene Bettdecken,[485] wird er entsprechend deren Schönheit eine bildhübsche Frau gewinnen. Dünkt es einen, der ein großer Herr ist, er erwerbe viele Waffen, deute er es als Sicherheit vor seinen Feinden; ist der Träumende bettelarm, wird er reich werden.

Findet oder bekommt einer einen Brustpanzer oder Lederkoller, wird er mit Unerschrockenheit und Wagemut Geld und reichen Besitz erringen. Findet jemand ein Schwert und trägt es, wird er ein Amt und einen Sohn bekommen; ist es ein gespannter Bogen, wird er eine Reise machen und glücklich wieder heimkehren; dünkt es ihn, die Sehne des Bogens sei gesprungen, wird er an seiner Reise gehindert werden und in Bedrängnis geraten. Träumt einer, er habe Pfeile und Bogen, wird er über seine Feinde frohlocken; ist sein Bogen aber zerbrochen, wird er sich vor ihnen fürchten, auch wird seine Frau erkranken, vielleicht auch sterben.

Bekommt jemand von einem andern ein Schwert, einen Dolch

oder ein eisernes Gerät, das schneidet oder nicht schneidet, oder ein unbearbeitetes Stück Eisen, wird ein Reicher noch reicher, ein Armer wohlhabend werden entsprechend der Art und Form des Gegenstandes, den er bekam. Ist es eine Lanze, wird er entsprechend deren Größe einen großen Namen und einen Sohn bekommen. Entreißt ihm ein anderer die Waffe, wird er seinen guten Ruf verlieren. Bekommt jemand eine Peitsche geschenkt, wird er Macht erringen; wird sie ihm entrissen und besitzt er Macht, wird er diese verlieren; zerbricht seine Peitsche, wird er in seiner Machtausübung entsprechend der Länge der zerbrochenen Peitsche in langwierige Bedrängnis kommen. Findet jemand einen Riemen, wird er ein Amt erhalten, das geringer ist als dasjenige, das durch die Peitsche angezeigt wird; jedoch haben Peitschen und Riemen dieselbe Bedeutung. Findet jemand eine Rute, wird er entsprechend der Härte des Holzes von einem Mann Vollmacht bekommen; zerbricht sie, wird er diese verlieren. Träumt ein Gewalthaber, er versetze jemandem einen Hieb mit dem Schwert, wird der Verletzte entsprechend der Verletzung Anteil an seiner Gewalt bekommen; hat jener keine Gewalt, wird der betreffende Vollmacht von ihm erhalten und Gunst, die seinem Reichtum entspricht.

Träumt eine Frau, sie finde ein Schwert, einen Speer, Schild oder Pfeile, wird sie einen Knaben gebären, ist sie ledig, wird sie empfangen und einem Sohn das Leben schenken. Schaut eine Frau, sie finde eine Spindel, Nadel oder Spitze, wird sie eine Tochter gebären.

♦ 248 ♦
Über den Spiegel nach der Lehre der Perser

Findet jemand einen Spiegel und betrachtet sich darin, wird sein Bruder wegen der Ähnlichkeit des Spiegelbildes genauso schön und trefflich sein wie der Spiegel. Ist der Spiegel voller Grünspan, wird der Bruder des Träumenden Schande auf sich laden oder, hat letzterer keinen, sein bester Freund. Dünkt es ihn, er reinige den Spiegel, wird er sie zurechtweisen und Bruder oder Freund von dem Makel befreien. Zerbricht der Spiegel, wird er gestohlen oder geht er verloren, wird er Bruder oder Freund durch den Tod verlieren. Findet er einen anderen Spiegel, werden die Betreffenden am Leben bleiben oder er wird andere Freunde oder Genossen finden.

199

Über den Zucker nach der Lehre der Ägypter

Ißt einer Zucker, wird er Freude und willkommenen Reichtum gewinnen. Verzehrt er Zuckerplätzchen, wird er so viele glückliche Tage verleben, wie er Plätzchen gegessen hat; ist es nur eines, wird ihm das Glück einen Tag, einen Monat oder ein Jahr hold sein, sind es zwei oder mehr, entsprechend deren Zahl. Schleckt einer zerriebenen Zucker, wird er großen Reichtum erwerben, der für viele Tage reicht; gibt er anderen von dem Zucker ab, wird er auch anderen Gutes erweisen. Träumt einer, sein Zucker habe sich in Wasser aufgelöst, wird sein Hab und Gut mehr und mehr schwinden. Trägt jemand sehr viel Zucker in sein Haus, wird er ohne Arbeit und Sorgen ein großes Vermögen erwerben. Verteilt er Zucker unter die Armen, wird er bedürftigen Menschen mit Rat und Tat zur Seite stehen.

Über Eier nach der Lehre der Perser

Träumt jemand, er esse gekochte Eier, wird er durch Sklavenarbeit wohlhabend werden,[486] gemessen an der Zahl der verzehrten Eier; eine Henne bedeutet nämlich eine Sklavin. Schlürft er rohe Eier, wird ihm eine Sklavin Kummer und Ärger bereiten. Rebhuhneier[487] verheißen große Mittel von einer bildschönen Frau; denn auf ein solches Frauenzimmer weist das Rebhuhn; sind es Gänseeier, wird er von einer schwerreichen und gutmütigen Frau Nutzen haben. Scheint es ihm, er verliere Eier dieser oder jener Art, wird er auf Grund der gegebenen Auslegung seinen Reichtum einbüßen. Vielfach bedeuten Eier auch junge Sklaven.

Über Käse nach der Lehre der Perser

Ißt einer frischen Käse, wird er entsprechend der verzehrten Menge Glück haben, wenn trockenen, Unglück. Käse mit geschälten Nüssen essen bedeutet, man werde nur geringe Mittel und obendrein

Ärger bekommen. Frischer oder trockener Schafskäse prophezeit Segen oder Unsegen von einer Frau; ist es frischer oder trockener Kuhkäse, wird der Segen oder Unsegen ein Jahr dauern; denn die Kuh bedeutet ein Jahr.

✦ 252 ✦
Über Gesänge, Tänze, Flöten- und Zitherspiel
nach der Lehre der Perser

Träumt jemand, er singe, tanze, spiele Flöte oder Zither aus Lust und Vergnügen, werden an jenem Ort Tränen und Trübsal über ihn kommen. Rezitiert er oder ein anderer mit wohlklingender Stimme, wird er, sei er wer immer, eine gute Botschaft erhalten, eine noch günstigere, wenn er einen anderen rezitieren hört. Schaut dies der Kaiser oder ein Großer, wird er entsprechend dem Wohllaut eine Verordnung erlassen und damit Zustimmung beim Volk finden; ist die Stimme unangenehm, wird die Verordnung dem Volk mißfallen. Spielt einer Zither zum Tanz, wird er Worte finden, die Tränen hervorrufen. Hört einer Zitherspiel, wird er Wehklagen vernehmen; singt er zur Zither, wird er eine gute Botschaft hören entsprechend dem Wohlklang der Stimme.

✦ 253 ✦
Über das Pflanzen von Weingärten und anderem
nach der Lehre der Perser

Träumt einer, er lege einen Weingarten an, wird er Reichtum, Adel und Macht gewinnen wegen des Weines, aber erst nach geraumer Zeit. Reißt er die Pflanzung heraus, wird er Reichtum und Macht einbüßen und an den Bettelstab kommen.

✦ 254 ✦
Über Wiesen und Paläste nach der Lehre der Inder

Träumt einer, er besitze einen Palast inmitten von Wiesen und einen Fluß, der diese durchfließt, weist dieses Gesicht auf sein ewiges

Heil. Scheint es ihm, er betrete und verlasse wiederum den Palast, wird er sich von seinem guten Glauben abwenden; ißt er von den Früchten der Bäume, wird er auf Erden und im Jenseits sein Heil finden. Schaut jemand eine hohe Palme, um die ringsherum kleine Palmen wachsen, wird er einer hochadligen Dame nebst ihrer Familie begegnen und ihr Wohlwollen gewinnen. Reißen andere seine und viele andere Palmen aus dem Boden, deute er es als den Tod von edlen und weisen Männern und Frauen.

◆ 255 ◆

Über geprägtes Gold, Silber und Kupfer
nach der Lehre der Inder, Perser und Ägypter

Träumt einer, er finde oder bekomme von jemandem Goldmünzen, werden ihm seine Untergebenen und Dienstleute so viel Sorge und Kummer bereiten, wie Wert und Menge der Goldmünzen ausmachen. Schenkt jemand anderen Goldmünzen, wird er auch andere Anteil an seinem Mißgeschick nehmen lassen. Findet einer eine oder zwei Münzen, wird er geliebten Personen in die Augen schauen; sind es mehr als zwei, lege er es als Sorgen und Plagen aus, wie schon gesagt wurde. [Dünkt es einen, er präge Goldstücke, wird er] Strafgewalt über andere bekommen, und sein Ende wird Gefahr und Tod sein.[488] Findet oder bekommt einer von einem Bekannten Miliaresia,[489] werden harte Worte zwischen ihnen fallen. Findet jemand eine Menge dieser Münzen oder bekommt sie von jemandem in einem Topf oder trägt sie unberührt darin fort, wird er entsprechend dem Gewicht Reichtum und Freude erlosen. Träumt der Kaiser, er schenke einem anderen gemünztes Gold, wird er ihn entsprechend dem Geschenk peinigen; gibt er ihm ein Miliaresion, wird er ein hartes Urteil über ihn fällen. Bekommt einer Miliaresia vom Kaiser, erwarte er diesen Ausgang für sich selbst. Prägt einer solche Münzen, wird er Richter werden, falls er dazu fähig ist, hat er Geist und Verstand, Reden und Schriften verfassen; ist er nicht mit Talenten ausgestattet, wird er andere verleumden und streitsüchtig sein. Verliert einer die Münzen, die er besitzt, wird er unterliegen, falls er einen Prozeß führt, wenn nicht, in Bedrängnis kommen, aber bald von ihr befreit werden. Findet einer Pholleis,[490] wird er Streitigkeiten, Prozesse und Prüfungen auf den Hals bekommen entsprechend deren Zahl. Entdeckt jemand eine Menge davon in einem Topf oder gibt er sie anderen, wird er erkranken und Zank und Streit mit Freunden und Angehörigen haben entsprechend der Zahl der Münzen; denn Pholleis bedeuten allgemein Hader und Prozesse.

♦ *256* ♦

Über Schmuckstücke und andere
Wertgegenstände aus Gold, Silber, Edelsteinen
und Perlen nach der Lehre ebenderselben

Träumt einer, er trage eine Kette aus Edelsteinen und Perlen, wird er ein sehr hohes Staatsamt bekommen und das Volk gut regieren; verliert er die Kette oder zerbricht sie, wird er Amt und Würde verlieren. Dünkt es ihn, die Edelsteine und Perlen seien ihm geraubt worden, wird er das Volk schlecht regieren. Auf der Brust ein goldenes Beutelchen[492] zu tragen prophezeit Bedrängnis, Beklemmung und Krankheit; [zieht der Träumer das Beutelchen heraus, wird er die Bedrängnis abschütteln.] Trägt jemand ein Ohrgehänge, wird er Schönheit mit Macht vereinen und wegen der Ohren eine Tochter zeugen. Dünkt es einen, er trage einen Gürtel[493] aus Gold, Edelsteinen und Perlen oder eine Schärpe,[494] wird er in der Mitte seines Lebens große Macht, einen guten Namen, reichen Besitz und einen Sohn bekommen, der ihm Ehre macht.

Bekommt einer etliche Silberarbeiten verschiedener Art geschenkt, wird man ihm Geheimnisse anvertrauen, und er wird entsprechend der Zahl der Stücke Macht und Reichtum gewinnen; sind ihm diese Kostbarkeiten in einem Sack oder einem anderen Behältnis ausgehändigt worden, wird man ihm ein Geheimnis anvertrauen und Geld in Verwahrung geben. Erhält einer von jemandem eine silberne Schärpe und legt sie an, wird er mit der kaiserlichen Eilpost[495] in dienstlichem Auftrag reisen, diesen gut erledigen und zu Reichtum kommen. Trägt jemand an beiden Ohren massive Perlen, wird er an seinen Töchtern und seiner Frau Freude erleben; die Ohren bedeuten nämlich Frauen.

Schmilzt jemand in einem Schmelzofen Gold oder Silber oder schmilzt er die Metalle in einer Grube, wird er angeklagt und vom Machthaber bestraft werden. Findet einer ein silbernes Ornament, werden Not und trügerische Sorgen ihn plagen. Erwirbt jemand eine Menge großer Perlen, wird er entsprechend deren Zahl Weisheit, Erkenntnis und Freude in seinem Haus finden. Perlen bedeuten entsprechend ihrer Größe Freude und Weisheit. Handelt es sich um eine Menge kleiner Perlen, werden Weisheit und Freude von geringerem Grad sein. Vielfach bedeutet all das auch Furcht vor der Obrigkeit. Schmückt einer sein Gewand oder seinen Mantel mit Perlen und Edelsteinen, wird er Freude und noch mehr Gewalt bekommen, wenn er ein Machthaber ist, einer aus dem gemeinen Volk wird vor der Obrigkeit beben und zittern; dieser Schmuck gebührt nämlich nur Kaisern und Machthabern.

Träumt einer, er finde einen Hyazinth, wird er aus Liebe eine Frau heiraten; kauft er den Edelstein nach Gewicht,[496] wird er einen Ehevertrag mit ihr schließen und Bösartigkeit und Streitsucht an ihr entdecken. Nimmt einer einen goldenen Kranz von einem Toten oder aus einem Grab[497] und dünkt es ihn, daß dessen Steine verblaßt sind, wird er von einem feindlichen Machthaber Geld und Vermögen gewinnen. Hat jemand eine Perle verschluckt, wird er Weisheit erlangen und mächtig in Wort und Tat sein. Tritt oder geht einer auf Perlen und Edelsteinen, wird er, verblendet, seinen Glauben hochmütig verachten; dünkt es ihn, er kaufe sie, um sie zu besitzen, wird er Schützer des rechten Glaubens sein.

◆ *257* ◆
Über Fingerringe nach der Lehre der Inder

[Der Fingerring[498] bezeichnet den regierenden Kaiser oder die Gattin und den Sohn.] Träumt einer, er finde einen Fingerring und trage ihn, wird er große Macht erringen, falls er zu jenen gehört, die Herrscherfähigkeit besitzen, wenn nicht, wird er eine Frau nehmen, reich werden und einen Sohn zeugen. Ist der Fingerring zerbrochen, wird er seine Macht verlieren, vielleicht auch seine Ehefrau oder seinen Sohn. Siegelt einer in Wachs oder Teig mit seinem Ring und gibt er das Gesiegelte einem andern, wird der Empfänger von dem Geber Verfügungsgewalt bekommen, falls er ein Amtsträger ist, ferner Freude und Glück haben. Dünkt es ihn, als sei der Stein aus seinem Ring genommen, prophezeit es ihm Krankheit und Zank und Streit mit Frau und Kindern; ist der Stein völlig zerbrochen, wird sein Sohn sterben, und er selbst wird in seinem Amt große Schwierigkeiten haben. Träumt einem, sein Fingerring sei in zwei Teile zerbrochen und zu Boden gefallen, wird seine Frau erkranken, seine Kinder werden sterben und seine Gewalt wird geschmälert werden. Bekommt jemand einen Ring mit einem rötlichen Stein, kündigt es ihm entsprechend dessen Glanz noch größere Macht und Freude an; ist der Stein grün, wird er entsprechend dessen Reinheit ein hohes Amt und rechten Glauben gewinnen; ein goldfarbener Ring prophezeit eine kränkliche, schwierige Frau, aber auch Rang und Würde; ist der Stein blau und mit Perlen besetzt, werden Rang und Reichtum bescheidener sein.

◆ 258 ◆
Über den Fingerring nach der Lehre
der Perser und Ägypter

Der Fingerring bedeutet die Autorität der kaiserlichen Majestät; häufig werden nämlich die Kaiser durch den Ring und nicht durch die Krone symbolisiert. Träumt der Kaiser, er händige seinen Ring einem andern aus, wird er ihn unter seinen Hofleuten mit großer Vollmacht ausstatten; gibt oder steckt er der Augusta einen Ring an, wird sie einen Kaiser gebären, falls sie schwanger geht, wenn nicht, schwanger werden und einen Sohn zur Welt bringen. Steckt der Kaiser zwei Ringe an, den alten und einen neuen, wird er nach dem ersten Sohn noch einen zweiten zeugen. Dieselbe Deutung gilt für die Augusta; hat sie keinen Sohn, wird sie zwei Söhne bekommen und doppelte Freude erleben. Träumt der Kaiser, er gebe anderen das Siegel aus seinem Ring, wird er sie erhöhen und ihnen seine Geheimnisse anvertrauen. Zerbricht er seinen Fingerring, wird der Kaiserin ein Unglück widerfahren.

Kauft und trägt jemand einen Ring, um Verträge zu schließen, wird er entsprechend der Schönheit des Ringes Vollmacht und eine Frau gewinnen. Zieht einer einen Ring von seiner Hand und schiebt ihn auf den Finger eines Bekannten, wird er ihn zum Erben und Nachfolger seiner Macht einsetzen. Im allgemeinen bezeichnet der Fingerring diejenigen, die zum Herrschen oder Regieren Fähigkeit oder Eignung besitzen, denen, die sie nicht haben, bedeutet er Freude, Frau und Kinder.

Über Sessel und Throne nach der Lehre der Perser und Ägypter

Der Sessel[499] bedeutet Amt und Würde, ferner eine Frau. Träumt einer, er finde einen hölzernen Sessel und setze sich hinein, wird er Gewalt über mächtige Herren bekommen, ist der Sessel aus Eisen, wird er eine vornehme Dame heiraten, ferner Macht und Reichtum gewinnen; jedoch bedeutet der hölzerne Sessel größere Macht und größeren Reichtum. Ist der Sessel, in den er sich setzt, von fremder Art, wird er sich mit einer fremdländischen Frau in Liebe vereinen. Ist er fremdartig und aus Holz, wird er eine zeitlich begrenzte Macht in der Fremde erringen entsprechend der Dauer des Sitzens. Der hölzerne Sessel oder der Thron prophezeit einem Mann große Machtbefugnis, der eiserne Reichtum, Macht und eine Frau; alles, was diesen Gegenständen zustößt, wird sich an diesen Personen erfüllen.

Der Thron des Kaisers bedeutet dessen Person oder seinen Sohn, der ihm nachfolgen wird, des Kaisers Sessel die Augusta. Widerfährt dem Thron oder Sessel etwas Gutes oder Widriges, geht es an den erwähnten Personen in Erfüllung. Träumt der Kaiser, ein anderer setze sich auf seinen Thron, wird dieser ihm nach dem Leben trachten, weil sein Sinnen und Trachten unerhört ist. Trägt derjenige, der sich auf den Thron gesetzt hat, kaiserlichen Ornat, wird er des Kaisers Nachfolger werden.

Über Vorhänge und Draperien oder Teppiche nach der Lehre der Inder, Perser und Ägypter

Vorhänge und Draperien zeigen große Trübsal, Jammer und schweres Leid an, entsprechend deren Zahl und Art. Erblickt jemand in seinem Haus gegen alle Gewohnheit Vorhänge, wird er große Trübsal und mächtigen Kummer haben; sind diese dicht, breit und sehr lang, wird die Trübsal desto bitterer und langwieriger sein, sind sie dünn und kurz, nur kurze Zeit dauern. Ebenso muß man auch ihre Farben berücksichtigen: sind sie bunt oder schwarz, wird die Drangsal arg sein, wenn weiß oder von Farben, die, wie ausgeführt,

Freude bedeuten, ein sehr schnelles Ende finden. Hängt nur ein Vorhang im Haus, bedeutet es nur eine Drangsal, sind es viele, entsprechend mehr. Schaut jemand solche Vorhänge in einem fremden Haus, trifft das Unheil den Herrn des betreffenden Hauses. Träumt einer, er behänge mit Draperien oder Planen sein Haus, eine Terrasse oder ein Schiff, einer Wolke gleich, die Schatten wirft, wird er in Bedrängnis und Not kommen, die gleichwohl weniger drückend ist als diejenige, die durch die Vorhänge angedeutet wird. Ansonsten gilt dasselbe, was über die Art und Zahl der Vorhänge gesagt wurde.

Träumt der Kaiser, daß seine Sonnensegel mürbe geworden sind, drohen der Augusta und ihren Hofdamen Widerwärtigkeiten. Befindet sich der Kaiser an Bord eines Schiffes und hat er es ganz und gar verdecken lassen, wird sein Heer in Bedrängnis kommen. Träumt ihm, daß im Raum der Kirche oder seines Palastes ungewöhnlicherweise Vorhänge aufgehängt sind,[500] werden Kummer und Sorgen ihn drücken entsprechend den Räumen und der Art der Vorhänge. Schaut er, wie letztere und andere, die sonst dort gewöhnlich hängen, weggenommen sind, wird er Kummer und Sorgen abwerfen und Freude haben.

◆ 261 ◆
Über das Anfertigen von Webarbeiten nach
der Lehre der Perser und Ägypter

Träumt einer, er webe wie gewohnt daheim, wird er in seinem Gewerbe gut verdienen, sofern er ein entsprechendes Stück Arbeit geleistet hat; webt er gegen seine Gewohnheit, wird er eine Reise unternehmen, die ihm Gewinn einbringen wird entsprechend der Güte des Gewebten. Ist dieses gelb, wird der Träumende erkranken, ist seine Arbeit abgeschlossen, wird er sterben,[501] ist sie erst am Anfang, lange krank sein. Rüstet einer erst den Webstuhl, wird er eine langwierige Reise[502] antreten, weil die Arbeit am Webstuhl viel Zeit kostet; setzt er den Webstuhl in Gang, und zwar seinen eigenen, wird er sich für die Reise rüsten, wenn einen fremden, einen anderen für die Reise ausstatten. Ist das Gewebte fest, wird er lange leben.

♦ 262 ♦
Über das Spinnen oder Arbeiten mit der Spindel nach der Lehre der Perser und Ägypter

Spinnt einer Wolle von Schaf oder Ziegenhaar oder Hanf, eine Arbeit, die gewöhnlich Männer verrichten, wird er so viel Gewinn und Profit davon haben, wie die Arbeit damit einbringt. Spinnt er Baumwolle oder Flachs, wird er gedemütigt und beschimpft werden, weil dies Frauenarbeit ist, vielleicht wird er auch auf Reisen gehen, aber nur Schaden davon haben. Hat eine Frau dieses Gesicht, wird sie ihren Mann, der in der Fremde ist, wiedersehen. Dünkt es sie, daß sie beim Spinnen das Gesponnene entzweischneide, wird ihr Mann, der in der Fremde ist, spät heimkommen;[503] fällt der Wirtel von der Spindel[504] ab, wird sie von ihrem Mann getrennt werden, durch den Tod oder aus irgendeinem anderen Grund.

♦ 263 ♦
Über das Maphorion nach der Lehre der Perser und Ägypter

Träumt eine Frau, ihr Maphorion[505] sei ihr von jemandem mit Gewalt entrissen oder abgeschnitten worden, wird ihr Mann sterben, oder sie wird sich ganz und gar von ihm abwenden; ist der Schleier nur zum Teil entzweigeschnitten worden, wird ihr Mann von der Obrigkeit Gewalt und großen Schrecken erleiden; ist ihr der Schleier gestohlen worden, weist das auf einen Anschlag, den ein anderer gegen ihren Mann plant. Träumt ein Mann, man habe den Schleier seiner Frau gestohlen, wird er seine Frau betrügen und mit einer anderen Ehebruch treiben. Träumt jemand, Frau oder Mann, er erbäte sich von einem Toten ein Maphorion und bekomme es, wird Mann, Sohn oder Tochter sterben; das Maphorion bedeutet nämlich den Ehemann, den Sohn oder die Tochter. Widerfährt demselben etwas Gutes, erfüllt sich der Traum an den erwähnten Personen. Schaut eine Frau, wie ihr Schleier größer und schöner geworden, wird sie Freude an ihrem Mann oder ihrem Sohn haben. Zerreißt sie ihn, wird Trübsal und Trennung von Mann oder Sohn ihr Los sein. Dünkt es sie, sie trage lediglich den Schleier, verliere ihn und stehe nackt und unbedeckt vor den Leuten, wird Unheil sie treffen, sie wird wegen Hurerei angeprangert, beschimpft und geschmäht werden.[506] Schaut dies eine unverheiratete Frau, wird das Unglück ihren Sohn, Bruder oder engsten Verwandten treffen.

◆ 264 ◆
Eine Frage

Eine verheiratete Frau ging zum Traumdeuter und stellte folgende Frage: „Ich träumte, ich ginge ohne Schleier unter den Leuten spazieren. Was wird mir geschehen?" Der Traumdeuter fragte sie: „Hast du einen Mann?" Sie antwortete: „Ja, ich habe einen; aber er ist in der Fremde." Jener sagte: „Du wirst ihn nicht mehr zu Gesicht bekommen." Und wie er gesagt hatte, geschah es; ihr Mann starb in der Fremde.

◆ 265 ◆
Über Frauenhaare nach der Lehre
der Perser und Ägypter

Träumt eine Frau, man schneide ihr die Kopfhaare ab, wird ihr Mann sterben oder sich ganz und gar von ihr abwenden; dünkt es sie, sie werde nur zum Teil geschoren, wird es zwischen beiden Streit um die Ehescheidung geben. Packt ein Bekannter sie hinten bei den Haaren und schneidet sie ab, wird dieser ihrem Mann heimlich raten, wie er von ihr geschieden werden könne. Packt er sie aber vorn bei den Haaren und schneidet sie ab, wird er die Scheidung ganz offensichtlich betreiben, weil die Haare von vorn geschnitten wurden.

Schert einer eigenhändig seine Ehefrau, wird er sie verkuppeln, vorsätzlich zum Ehebruch reizen und von ihr geschieden werden. Schert er ein fremdes Frauenzimmer, wird er lüstern nach ihr sein und ihre Ehescheidung betreiben.

Ist eine Frau schwer krank und träumt sie, sie werde geschoren, wird sie sterben;[507] ist ihr Mann krank und schaut sie das Gesicht, wird ihr Mann sterben; denn das Haar-Abschneiden bedeutet Trennung.

Über Männer und Frauen, die Kleider
des anderen Geschlechts tragen
nach der Lehre der Inder

Träumt ein Mann, er trage gegen seine Gewohnheit Frauenklei-
dung,[508] wird er unter dem Zwang wirtschaftlicher Sorgen leben,
vor der Obrigkeit bangen und Schimpf und Schande erleiden. Trägt
einer wie eine Frau einen Umhang, wird er eine heimliche Krankheit bekommen, die ihn an den Rand des Todes bringt. Trägt jemand die Kleidung seiner Frau, wird er Erniedrigung und Schimpf
von ihr zu erdulden haben; ist es die Kleidung einer fremden Frau,
wird er öffentliches Ärgernis erregen.

Träumt eine Frau, sie trage Männerkleidung,[509] wird es ihr Ansehen steigern und Glück bringen. Trägt sie eine Toga nach Art eines
Skaramangion oder einen Mannesturban, wird sie Freude und Lust
an ihrem Mann haben; trägt sie sonst ein Mannskleid und ist sie
schwanger, wird sie einen Knaben gebären. Hat sie Hosen an, bedeutet auch dies die Geburt eines Knaben und die Erbschaft des
Hauses ihres Mannes. Trägt sie Strümpfe und Schuhe eines Man-
nes, weisen erstere auf einen Knaben, letztere auf die Knechte.
Führt eine Frau nach Männerart Waffen, wird sie Macht über ihren
Mann bekommen und keinen Feind fürchten, oder über ihren
Sohn oder Hausverwalter. Sind die Waffen aus Eisen, wird ihr
Mann in gesicherten Verhältnissen und lange leben; sind [die Klei-
der][510] aus Baum- oder Schafswolle, wird er entsprechenden
Reichtum gewinnen.

Über den Löwen und wilde Tiere nach der
Lehre der Perser und Ägypter

Der Löwe bedeutet die Person des Kaisers.[511] Träumt dieser oder ein
großmächtiger Herr, er streite oder kämpfe mit einem Löwen, wird
er mit einem Fürsten, der sein Feind ist, oder einem anderen Herrscher Krieg führen, und dem, der im Traum siegt, wird auch in der
Wirklichkeit der Sieg zufallen;[512] schaut dies ein gemeiner Mann,
gilt folgendes: entweder wird er dem Kaiser nach dem Leben trach-

ten oder mit Charon ringen. Reitet einer auf einem Löwen, der ihm willig folgt, wird er Kaiser werden, falls er das Zeug dazu hat, wenn nicht, große Macht erringen und in deren Besitz einen einflußreichen Widersacher demütigen. Der Kaiser wird nach diesem Gesicht einen anderen Herrscher unterwerfen. Erblickt jemand einen Löwen, kämpft aber nicht mit ihm, sondern ist nur in Angst und Schrecken versetzt, wird er vor dem Landesfürsten beben und zittern; ist der Träumende ein Beamter des Kaisers, droht ihm Gefahr von dessen Seite, doch wird die Sache glücklich enden, weil der Löwe ihn nicht verletzte. Träumt der Kaiser, daß vor seinem Angesicht ein Löwe schleunigst die Flucht ergreife, wird ein anderer Herrscher einzig auf seinen Namen hin vor ihm zurückweichen und sich unterwerfen;[513] ein einfacher Mann wird von großer Furcht und Gefahr erlöst und wieder Freude an der Welt gewinnen.

Löwenfleisch essen bedeutet, man werde vom Kaiser Reichtum und Macht bekommen und seinen Feind niederwerfen. Trinkt einer Löwenmilch, wird er vom Kaiser große Geldmittel erlangen, die Furcht einflößen, und Freude haben. Dünkt es den Kaiser, er esse ein Glied von einem Löwen, wird er von einem fremden Reich einen Teil dazugewinnen, ein gewöhnlicher Mann wird Geld und reiche Geschenke von kaiserlicher Seite bekommen und über seine Feinde Herr werden. Findet jemand Kot von einem Löwen und hebt ihn auf, wird er zu Reichtümern kommen, die freilich geringer als die erwähnten sind. Findet der Kaiser oder ein Großer Leber oder Hirn eines Löwen, wird er Schätze anderer Herrscher gewinnen; ein einfacher Mann wird wohlhabend werden und Zutritt zum Kaiser haben. Findet der Kaiser oder ein gewaltiger Herr ein Löwenfell, wird er den gesamten Besitz und das Gold eines feindlichen Herrschers an sich bringen; hat ein gemeiner Mann diesen Traum, den sonst nur Mächtige träumen, wird er einflußreich und alsbald reich werden.

Bringt man dem Kaiser einen gefangenen Löwen, wird er einen übermächtigen Feind, wenn eine Löwin, die Gemahlin eines mächtigen Feindes gefangennehmen. Dünkt es ihn, er bekomme eine zahme Löwin mitsamt ihren Jungen, weist das auf die Augusta und ihre Kinder; werden die jungen Löwen in seinem Palast großgezogen, beziehe er es auf seine Söhne, die sein Stolz und seine Nachfolger sein werden. Erlegt der Kaiser auf der Jagd einen starken Löwen, wird er im Krieg einen Fürsten, der sein Feind ist, mit

211

Hilfe seiner Untergebenen vernichten. Redet er in herzlicher Liebe mit einem Löwen, wird er auf wunderbare Weise mit einem anderen Herrscher Frieden schließen, gleich wie es ein großes Wunder ist, wenn einer mit einem Löwen redet.

◆ 268 ◆
Über den Elefanten nach der Lehre der Inder

Der Elefant bedeutet einen großmächtigen, reichen Mann,[514] jedoch nicht einen überlegenen, sondern verwundbaren Feind. Träumt der Kaiser, er fange oder bekomme einen Elefanten, wird er einen schwerreichen und begüterten Mann ergreifen. Diesen Traum können aber nur Kaiser schauen, träumt ihn einer aus dem gemeinen Volk, wird er sich dem Rang der kaiserlichen Hoheit nähern. Reitet einer auf einem Elefanten, wird er zum Fürsten werden und über Geld und Gut eines Großen verfügen. Scheint es ihm, daß sein Elefant verendet ist, wird er in eine ziemliche Bedrängnis geraten, keineswegs aber seinen Reichtum einbüßen, denn des Elefanten ganzes ,Vermögen' beruht auf seinem Gebein.[515] Findet einer Elefantenmist, wird er von einem Großen bedeutende Mittel erwerben und schwerreich werden, wenn Elefantengebein, entsprechend deren Menge von einem Großen durch Geldzuwendungen ein Vermögen anhäufen.

◆ 269 ◆
Über den Elefanten nach der Lehre der Perser und Ägypter

Der Elefant weist auf einen mächtigen fremden Fürsten, der großen Reichtum besitzt, weil das Tier nicht überall, sondern nur in Indien gejagt wird. Träumt der Kaiser, man führe ihm gefangene Elefanten vor oder nur einen, wird er mächtige Fürsten, die schwerreich, aber unkriegerisch sind, als Gefangene übernehmen; sind die Elefanten ohne eiserne Fesseln oder Schlingen, werden die genannten Großen als Unterworfene zu ihm kommen. Läßt der Kaiser einen Elefanten wegen seines Gebeins erschlagen, wird er einen solchen Mann töten, seinen Reichtum an sich bringen, aber dafür geplagt werden. Reitet er auf einem Elefanten, bedeutet auch dies Unterwerfung von Mächtigen. Träumt ein anderer, er reite auf einem Elefanten, wird er erhöht werden und Freude und Reichtum erlosen.

Gibt jemand einem Elefanten zu essen und zu trinken, wird er einem hohen Herrn dienen und klingenden Lohn von ihm erhalten. Dünkt es einen, ein fremder Elefant komme unversehens in sein Haus, wird er Freude erleben und von jeder Not freiwerden. Findet er Gebein oder Mist von dem Tier, wird er über große Mittel verfügen.

◆ *270* ◆
Über den Panther nach der Lehre
der Perser und Ägypter

Der Panther bedeutet einen unversöhnlichen Feind. Träumt ein Fürst oder Feldherr, er kämpfe mit ihm, wird er mit einem mächtigen, listigen und furchterregenden Feind Krieg führen; verjagt er das Tier, wird er den Gegner in die Flucht schlagen, tötet er es, ihn vernichten. Ein Armer oder einfacher Mann, der diesen Traum schaut, wird in Pein und Furcht vor dem Machthaber leben. Wird einer von einem Panther gepackt, wird er erkranken und von dem Mächtigen hart gestraft werden; der Schlag des Panthers ist nämlich giftig.[516] Pantherfleisch zu essen prophezeit Reichtum und Ansehen. Träumt der Kaiser oder ein Fürst, er reite auf einem Panther, wird er einen mächtigen, gewaltigen Gegner unterwerfen, ein gemeiner Mann wird großes Ansehen erlangen und ein Amt bekommen. Erblickt jemand einen Panther und ist vor Schrecken wie gelähmt, bleibt aber unverletzt, wird er Furcht und Beklemmung vor dem Machthaber haben. Bringt man dem Kaiser einen oder mehrere Panther, wird er einen widerspenstigen, mächtigen Feind gefangennehmen; bringt man ihm einen zahmen Panther, wird er einen großen Namen und Ruhm erlangen, weil er einen solch mächtigen Mann unterworfen hat.

• 271 •
Über den Leopard nach der Lehre
der Perser und Ägypter

Der Leopard bedeutet einen edlen, mächtigen Feind und den Kaiser, weil das Tier sich die anderen Artgenossen untertan gemacht hat. Träumt der Kaiser oder ein Fürst, er ringe oder kämpfe mit einem Leoparden, wird er mit einem anderen edlen Herrscher Krieg führen, und derjenige, welcher im Traum siegt, wird auch in der Wirklichkeit siegen. Hat ein Armer oder einfacher Mann dieses Gesicht, wird er Schrecken und Pein vom kaiserlichen Statthalter zu erwarten haben.

• 272 •
Über den Bär

Der Bär bedeutet einen reichen, mächtigen, aber dummen und kecken Feind. Tötet jemand im Traum einen Bär, wird er einem solchen Feind den Garaus machen und ihn beerben. Auf einem Bären zu reiten prophezeit begrenzte Macht. Erschlägt jemand einen Bären mit dem Schwert, wird er über den Untergang seines Widersachers frohlocken. Bärenfleisch zu essen bedeutet, man werde von einem ungeschlachten, aber reichen Feind so viel Reichtum erlangen, wie man Bärenfleisch verzehrte. Nimmt jemand ein Bärenfell an sich, wird er sich dessen gesamtes Vermögen aneignen. Bärenmilch zu trinken zeigt Furcht vor der Obrigkeit und eine lange Krankheit[517] an. Hebt jemand einen Bärenkopf auf oder bringt man ihm einen, wird er von einem ungeschlachten Feind Vermögen, und zwar dessen gesamtes Kapital bekommen.

• 273 •
Über die Hyäne nach der Lehre
der Perser und Ägypter

Die Hyäne bedeutet eine bösartige Hurenwirtin und Hexe, auch eine Zauberin.[518] Träumt einer, er reite auf einer Hyäne, wird er sich mit solch einem Weib einlassen. Zielt er auf die Hyäne mit einem Pfeil oder Stein, wird es mit dem Weib Streit und Zank geben. Ringt jemand im Kampf mit einer Hyäne diese zu Boden, wird er sich ein solches Weib mit Gewalt gefügig machen. Ißt einer Hyänenfleisch, wird er von solch einem Frauenzimmer entsprechend dem Verzehr für eine gewisse Zeit verzaubert werden. Hyänenmilch zu trinken bedeutet Verlust seines Geldes und bittere Armut.

◆ 274 ◆
Über den Wolf nach der Lehre
der Perser und Ägypter

Der Wolf bedeutet einen habgierigen und unersättlichen Fürsten. Kämpft jemand mit einem Wolf, wird er mit jenem Streit haben; tötet er das Tier und ist der Träumende ein Mächtiger, wird er solchen Gegner vernichten. Hat aber der Wolf ihn gepackt oder gebissen, wird er Gewalt und Pein von einem ungerechten und habgierigen Feind erdulden müssen.[519]

Träumt der Kaiser, er besitze Schafe und ein Wolf falle über sie her, wird ein Feind sein Volk überfallen und es verderben, sofern der Wolf viele Schafe gerissen hat. Dünkt es ihn, er hetze Hunde auf die Wölfe, wird er mit Hilfe fremden Kriegsvolks seinen Feind angreifen und ihn entsprechend dem Erfolg der Meute vernichten. Bringt man dem Kaiser einen gefangenen Wolf, wird er einen solchen Feind als Gefangenen ausgeliefert bekommen.

◆ 275 ◆
Über den Fuchs nach der Lehre
der Perser und Ägypter

Kämpft einer im Traum mit einem Fuchs, wird er mit einem verschlagenen Angehörigen in Streit geraten.[520] Dünkt es ihn, der Fuchs habe ihn mit seinen Klauen verletzt, wird er von dem Angehörigen entsprechend der Verletzung Kummer und Sorgen zu erwarten haben. Tötet er das Tier, wird er jenen außer Gefecht setzen. Erblickt jemand einen Fuchs von weitem, wird er an der Ruhr und an Blähungen erkranken. Träumt jemand, ein Fuchs blicke ihn an, werden Dämonen ihm eine Krankheit auf den Hals schicken.[521] Spielt einer im Traum mit einem Fuchs oder bringt er ein zahmes Tier in sein Haus, wird er sich in ein übles Weib verlieben und von ihr verzaubert werden. Trinkt jemand Fuchsmilch, wird er gesunden, wenn er krank ist, hat er Sorgen, diese abschütteln. Träumt einer, er laufe auf einen Fuchs zu, dieser lasse sich aber durch seine Beschwörungen nicht einholen, wird er ertappt und als Lügenbold befunden werden. Träumt der Kaiser, er stoße auf der Jagd oder auf der Reise auf einen Fuchs, wird er einem gerissenen Kerl und Umhertreiber begegnen; tötet er den Fuchs, wird jener in Lebensgefahr geraten. Ebenso werden Wolfspanther und Wiesel[522] gedeutet, aber in geringerem und schwächerem Maß.

◆ 276 ◆
Über Hasen nach der Lehre der Perser und Ägypter

Hasen bedeuten Hetären und Weiber, die sich aufdonnern, schminken und färben.[523] Stößt jemand auf einen Hasen, wird er solch einem Frauenzimmer begegnen. Zieht er einem Hasen den Balg ab, wird er den Reichtum des Weibes sich zunutze machen. Ißt jemand Hasenbraten, wird er von dem Frauenzimmer große Mittel erlangen, aber auch krank werden. Jagt einer im Traum einem Hasen nach, wird er sich in eine Hetäre verlieben und ihr nachlaufen; wirft er im Nachjagen einen Stock oder irgend etwas anderes nach dem Hasen und trifft und erwischt er ihn, wird er sein leidenschaftliches Verlangen befriedigen, trifft er ihn nicht, wird das Frauenzimmer ihm grollen und das Leben verbittern.

◆ 277 ◆
Über Hunde nach der Lehre
der Inder, Perser und Ägypter

Hunde bedeuten Feinde.[524] Träumt jemand, ein Hund belle ihn an, wird er mit einem ehrlosen Feind in einen Wortstreit geraten. Beißt ihn der Hund, wird er von solch einem Kerl hart bedrängt werden. Dünkt es einen, ein Hund zerreiße seine Kleider, wird ein ehrloser Feind seinem Besitz und seiner Ehre Schaden zufügen. Tötet er den

216

Hund, wird er einen solchen Widersacher vernichten. Hundefleisch zu essen bedeutet, man werde das Vermögen eines ehrlosen Feindes an sich bringen. Im Traum Hundemilch zu trinken prophezeit Schrecken und Siechtum. Ist der Hund, den man schaut, ein Schäfer- oder ein wilder Hund, wird der Feind aus der Fremde stammen; ist es ein Jagdhund, aus der Sippe der eigenen Angehörigen. Träumt der Kaiser, man bringe ihm verschiedene Hunde aus einem fremden oder dem eigenen Land, wird er fremde und einheimische Soldaten gegen seine Feinde ins Feld führen. Im allgemeinen bedeutet jeder Hund im Traum des Kaisers einen Soldaten.

◆ 278 ◆
Über die Katze nach der Lehre
der Perser und Ägypter

Im allgemeinen bedeutet die Katze[525] in allen Träumen einen Dieb. Träumt jemand, er kämpfe mit einer Katze oder töte sie, wird er einen Dieb fangen und unschädlich machen; ist ihm die Katze bekannt, wird ihm auch der Dieb bekannt, wenn unbekannt, fremd sein. Nimmt einer Katzenfleisch oder findet er es, wird er jenem so viel Diebesgut abnehmen, wie er Katzenfleisch gefunden hat. Findet jemand ein Katzenfell oder nimmt es mit, wird er den Dieb um sein ganzes Hab und Gut erleichtern. Wird einer im Streit mit einer Katze durch ihre Klauen verletzt, wird er in eine sehr heftige Krankheit und in Trübsal fallen. Hat ihn die Katze gebissen, wird er lange ans Krankenbett gefesselt sein und völlig von Kräften kommen.

◆ 279 ◆
Über Schweine nach der Lehre
der Inder, Perser und Ägypter

Das Schwein bezeichnet einen verächtlichen, aber mächtigen Feind. Kämpft jemand im Traum mit einem Eber, wird er einen mächtigen, gut gerüsteten Feind bekämpfen;[526] [tötet er ihn, wird er den Feind vernichten]. Diesen Traum schauen aber nur Fürsten; hat ein anderer dieses Gesicht, betrifft es die hohen Herren; ein Armer oder ein gemeiner Mann wird nach diesem Traum

Schrecken, Bedrückung und Pein von Feinden zu gewärtigen haben. Auf einem Eber zu reiten zeigt an, man werde sich einen mächtigen Widersacher dienstbar machen; ein Armer wird es zu hoher Stellung und großem Reichtum bringen. Träumt der Kaiser, man bringe ihm Eber oder er erlege sie auf der Jagd, wird er mächtige Widersacher in Fesseln legen; bringt man ihm Hausschweine, gilt dieselbe Auslegung wie im Falle der eben genannten, aber in geringerem und schwächerem Maß.

Ißt einer Schweinefleisch, wird er so viel Geld und Gut erlangen, wie er Fleisch gegessen. Dünkt es einen, er laufe wie ein Schwein, wird er in kurzer Zeit eine Freude haben. Erblickt jemand im Traum ein Schwein mit Hörnern, wird er es erleben, daß sein Feind erhöht und entsprechend dem Schmuck der Hörner geehrt werden wird. Träumt der Kaiser, man bringe ihm solch ein Schwein, wird er einen außergewöhnlichen Menschen, der sein Feind ist, gefangennehmen. Schaut der Kaiser oder ein Fürst, man bringe ihm ein Schwein, das einen Widderschwanz hat, wird man ihm einen steinreichen, mächtigen Gegner zuführen, der über große Mittel verfügt. Überreicht man dem Kaiser einen Schweinekopf oder ißt er ihn, wird er das gesamte Kapital seines Gegners an sich bringen, ihn bezwingen und niederwerfen.

◆ 280 ◆
Über Affen nach der Lehre der Perser und Ägypter

Träumt einer, er kämpfe mit seinem Affen,[527] wird er im Hause einen verschlagenen, boshaften, aber ohnmächtigen Feind zu Gesicht bekommen, und demjenigen, der im Traum siegt, wird auch in der Wirklichkeit der Sieg zufallen; tötet er den Affen, wird er den Besagten aus seinem Haus verjagen. Ist der Affe ihm fremd, wird sein Feind durch List und Tücke anderer sich bei ihm einschleichen. Träumt jemand, ein Affe beiße oder verletze ihn mit seinen Klauen, wird er von einem Bösewicht arg geplagt werden und schwer erkranken. Affenfleisch zu essen bringt Krankheit und Plagen. Findet jemand ein Affenfell, wird er das bescheidene Vermögen eines bösartigen und wenig begüterten Menschen an sich bringen. Träumt einer, ein Affe liebkose ihn, rede mit ihm oder wedele ihn an, wird ein Feind nur den Schein erwecken, ihm freund zu sein, aber übel an ihm handeln. Bekommt jemand einen Affen geschenkt und bringt er ihn in sein Haus, wird er einen hinterlistigen, unbekannten Menschen bei sich aufnehmen. Läßt einer einen Affen vor den Leuten tanzen, wird er seinen Feind in die Knie zwingen und sein Spiel mit ihm treiben. Ganz allgemein bedeutet der Affe einen boshaften, aber ohnmächtigen Feind, und alles, was dem Tier widerfährt, Widriges oder Gutes, erfüllt sich an dem Träumenden.

♦ 281 ♦

Über Drachen und Schlangen nach der Lehre der Inder, Perser und Ägypter

Der Drache[528] bedeutet einen König, Schlangen weisen entsprechend ihrer Größe auf große oder kleine Feinde. Träumt jemand von einer Riesenschlange oder einem Drachen in seinem Haus, auf dem Feld, in Stadt[529] oder Land, wird ebendort ein feindlicher Herrscher in böser Absicht erscheinen. Setzt der Drache Bäume in Brand oder entwurzelt er sie, werden die Einwohner entsprechend dem Sengen, Brennen und Entwurzeln schweres Unheil leiden. Schaut jemand einen Drachen, der von Blitzen und Donner verfolgt wird, deute er es als Krieg und Niederlage eines anderen Herrschers, der dem Land Feind ist; der Kaiser wird nach diesem Traum über Fall und Untergang eines anderen Königs frohlocken. Träumt der Kaiser, ihm sei ein Drache erschienen, wird er vor einem anderen König erzittern; spricht er furchtlos mit dem Drachen, wird er auf wunderbare Weise mit einem anderen, hochgerüsteten Herrscher Frieden schließen. Findet oder ißt einer Drachenfleisch, wird er vom erhabenen Kaiser Reichtum erlangen, so viel, wie er Drachenfleisch gegessen hat. Träumt ein Fürst oder der Kaiser, er töte einen Drachen, wird er einen mächtigen König im Krieg bezwingen; ein gemeiner Mann wird Kaiser werden. Denn solches vollbringt nur ein Kaiser.

Kämpft jemand mit einer Schlange und tötet sie, wird er einen Feind, der sich als solcher entpuppt hat, mit Gottes Kraft vernichten;[530] zerhaut oder spaltet er die Schlange, wird er entsprechend dem Schlag und Hieb von seinen Feinden Schätze erringen. Tötet der Kaiser eine Schlange, wird er einen mächtigen Feind, der aber

219

weniger Macht als ein Kaiser hat, vernichten. Dünkt es ihn, er werde von einer Schlange gebissen, verfolge und töte sie, wird er von einem tückischen Feind bedroht werden, ihn aber in offenem Kampf vernichten. Zeigt sich eine Schlange in seinem Palast, wird dort ein Verräter sich zeigen. Schlangenfleisch zu essen verheißt Zuwachs an Reichtum und Triumph über seine Feinde. Spricht einer im Traum mit einer Schlange, wird er froh und glücklich sein und in Frieden mit seinen Feinden leben. Findet jemand eine tote Schlange, wird er an seinem Feind erleben, was er sich wünscht.

Stößt jemand auf eine große goldene Schlange, deren Schuppen auf dem Rücken mit Edelsteinen geschmückt und bunt sind, und nimmt er sie an sich, wird er die Kaiserwürde und die Herrschaft über das Volk erringen; dieser Traum kommt aber nur Kaisern oder einem zukünftigen Kaiser zu, der über ein großes Heer verfügt. Findet der Kaiser eine goldene Schlange, die farblos ist und einem Drachen gleicht oder bringt man ihm eine solche, wird er viel Gold aus alten königlichen Schatzhäusern zusammenbringen.[531] Dünkt es den Kaiser oder irgendeinen anderen, er ziehe in ein Land und erblicke dort große und kleine Schlangen, wird ebendahin ein schlimmer, mächtiger Feind mit seinen Leuten anrücken; tötet der Kaiser die Schlangen, wird er seine Gegner niederwerfen, beißen ihn aber die Schlangen und ergreifen seine Leute die Flucht, wird der Sieg den Feinden zufallen. Träumt einer, ihm erscheine eine kleine oder mittelgroße Schlange oder beiße ihn, wird er erkranken[532] und sich vor dem Feind fürchten. Schlangen bedeuten im allgemeinen entsprechend ihrer Größe Feinde, ebenso Unglück.

◆ 282 ◆
Über Wespen und wilde und zahme Bienen
nach der Lehre der Inder, Perser und Ägypter

Schaut einer im Traum gelbe Wespen, die über einen Ort oder ein Land herfallen, werden dort Feinde einbrechen, um zu plündern.[533] Stechen die Wespen die Einwohner, werden die Feinde entsprechend den Wespenstichen Schaden anrichten; stechen sie nicht, werden die Eindringlinge den Einwohnern nichts Böses antun. Werden die Wespen von den Einheimischen mit Rauch verjagt, wird der Feind mit Spott und Hohn vertrieben und besiegt werden.

Fallen Wespen und wilde Bienen über einen Ort her, gilt dieselbe Deutung, nur in geringerem Maß und mit weniger Gewicht als die, welche durch die anderen Wespen angezeigt wird.

Findet oder bekommt jemand einen Bienenkorb[534] von zahmen Bienen, wird er reich werden, wenn er arm ist, ein Mächtiger oder der Kaiser wird Untertanen haben, die arbeitsam sind und Steuern zahlen entsprechend der fleißigen Arbeit der Bienen.[535] Findet einer eine Bienenwabe, wird er großen, willkommenen Reichtum sammeln, den andere hart erarbeitet haben. Träumt der Kaiser oder ein Fürst, der einen Bienenkorb besitzt, dieser werde zerstört, wird er nützliche Knechte verlieren, aber keine Soldaten. Dünkt es einen von ihnen, er stoße auf einen Bienenkorb, wird er solche nützlichen Knechte erwerben; denn auf diese weisen die Bienen.

◆ 283 ◆
Über den Skorpion nach der Lehre der Perser

Der Skorpion bedeutet einen bösartigen Feind,[536] der einen zweifelhaften Ruf hat. Träumt einer, er werde von einem Skorpion gestochen, wird er von solch einem Feind geschädigt und krank werden, aber es jenem mit Gutem vergelten. Tötet jemand einen Skorpion, wird er einen Menschen solchen Schlages vernichten. Ißt jemand im Traum das Fleisch eines Skorpions, den er getötet hat, wird er das Vermögen des Betreffenden an sich reißen. Setzt jemand andere mit einem Skorpion in Schrecken, wird er gegen sie Drohungen ausstoßen und Feindschaften säen. Dieselbe Auslegung trifft für die Eidechse und die Rox oder Roga[537] und die sonstigen Kriechtiere zu.

◆ 284 ◆
Über den Adler nach der Lehre
der Inder, Perser und Ägypter

Im allgemeinen bedeutet auch der Adler die Person des Kaisers.[538] Träumt diesem, er finde oder bekomme einen Adler, wird er einen anderen Herrscher unterwerfen, ein gemeiner Mann wird Kaiser werden. Versorgt jemand einen Adler mit Futter und allem Nötigen, wird er im Dienst des Kaisers mächtig und im Rang erhöht werden. Dünkt es den Kaiser, er esse Adlerfleisch, wird er entsprechend dem Verzehr Gold alter Könige erwerben. Findet er Adlerfedern, wird er auf noch kostbarere Schätze alter Könige stoßen, ein einfacher Mann wird vom Kaiser reiche Geschenke, Freude und Amt und Würde erlangen; denn die Feder deuten wir als Amt und Würde. Jagt der Kaiser mit einem zahmen Adler, wird er einen Sohn bekommen, der mit starker Hand regieren und an dem er seine Freude haben wird; hat er keinen Sohn, wird er in jedem Fall einen zeugen.

Träumt der Kaiser, ein Adler hebe ihn auf seinem Rücken empor und fliege himmelwärts,[539] wird er in seiner Majestät erhöht werden und lange leben, ein Mann aus dem gemeinen Volk wird in jedem Fall Kaiser werden. Von einem Adler gepackt oder von seinen Krallen durchbohrt zu werden bedeutet Strafe und Gefahr von seiten des Kaisers oder des Landesfürsten. Hat der Kaiser diesen Traum, wird er von einem anderen Herrscher hart bedrängt werden. Dünkt es Fürsten oder Kaiser, sie hielten einen Adler und ein anderer komme, um ihn mit Gewalt zu rauben, werden sie untereinander in Streit geraten; ein gewöhnlicher Mann wird vom Landesfürsten Bedrückung und Zwang erdulden. Entdeckt der Kaiser einen Adlerhorst und nimmt er die Jungen an sich, wird er die Erben eines anderen Herrschers gefangennehmen, ein einfacher Mann oder ein Armer wird Kaiser werden und herrschen. Dünkt es den Kaiser, er ziehe junge Adler in seinem Palast auf, wird er Söhne zeugen, die ihm in der Herrschaft nachfolgen werden. Ganz allgemein bedeutet der Adler den Kaiser;[540] erleidet jemand im Traum von einem Adler etwas Gutes oder Böses, wird es entsprechend an ihm in Erfüllung gehen. Träumt eine ledige Frau oder Witwe, ein Adler fliege herbei und lasse sich auf dem Dach ihres Hauses nieder, wird sie einen hohen Würdenträger heiraten.

♦ *285* ♦
Über den Habicht und den Falken nach der
Lehre der Perser und Ägypter

Der Habicht und der Falke bedeuten die ranghöchste Person nach dem Kaiser. Träumt jemand, er halte einen Habicht oder Falken, werden ihm Macht, Reichtum und Freude zuteil werden; ist eine

Frau schwanger und besitzt sie einen der Vögel, wird sie einen Sohn gebären, der Ruhm erlangt. Dünkt es den Kaiser, er lasse die Vögel zur Jagd frei,[541] wird er angesehene Beamte zu einem Dienst entsenden; ein gemeiner Mann wird die zweite Stelle nach dem Kaiser einnehmen, Vollmacht bekommen und Beamte mit einem Dienstauftrag abordern. Erlegt der Kaiser einen dieser Vögel, wird er einen Diener töten, der dem Habicht gleicht. Verliert er einen von ihnen, wird er einen entsprechenden Mann verlieren; hat einer aus dem einfachen Volk dieses Gesicht, der unfrei ist, wird er seinen Dienstherrn verlieren, in Bedrängnis geraten und verarmen. Träumt jemand, sein Habicht werfe die Fesseln ab und gehe verloren, wird es ihm ähnlich ergehen. Ißt einer Habichtsfleisch oder findet er Habichtsfedern, wird er von einem Mächtigen und hohen Herrn reiche Mittel gewinnen entsprechend dem Verzehr und den Federn, die Macht bedeuten.

◆ 286 ◆
Über Stare, Nachtigallen und Schwalben
nach der Lehre der Perser und Ägypter

Stare und Schwalben bedeuten Kriegsvolk,[542] ebenso Vögel, die Heuschrecken fressen. Fallen diese Vögel in Scharen in ein Land ein, wo es Heuschrecken gibt, wird der Kaiser zu dessen Rettung und Hilfe entsprechend der Menge Vögel Kriegsvolk entsenden; sind die Vögel nicht wegen der Heuschrecken eingeflogen, sondern schädigen sie die Bäume der Gegend, wird ein Feind dort einfallen und alles verwüsten entsprechend dem Schaden, den die Vögel anrichteten. Verursachen sie keinen Schaden im Land und ist es nicht die Zeit der Ernte, wird eine Menge Volk es durchqueren, aber keinen Schaden anrichten. Im allgemeinen bedeuten diese Vögel für jedermann eine Menge Volk. Die Nachtigall zeigt eine angenehme Botschaft an, weil ihr Gesang wohltönend ist. Träumt einer, er halte eine Nachtigall oder schließe sie in einen Vogelbauer ein, wird er einen erwünschten Knecht oder eine Magd finden und sich deren freundlichen Zuspruchs erfreuen.

Über den Pfau nach der Lehre der Perser und Ägypter

Findet einer im Traum einen Pfau, wird er großen Reichtum, ein hohes Amt und eine bildhübsche Frau gewinnen. Träumt jemand, er habe einen zahmen Pfau in seinem Haus, wird er eine Frau mit Vermögen heiraten und einen Sohn zeugen, der großes Ansehen genießen wird, weil das Gefieder des Vogels goldglänzend ist. Ißt einer Pfauenfleisch, wird er vom Kaiser oder einem Großen Vermögen erwerben; häufig bedeutet der Pfau einen nicht gar so mächtigen König wegen seines schmucken, schönen Gefieders und der Krone auf dem Kopf.[543] Ißt einer das Fleisch eines weiblichen Pfaus, wird er von einer angesehenen Dame reiche Mittel erlangen. Träumt jemand, sein Pfau sei verendet oder umgekommen, wird er in Trübsal und Armut fallen, auch wird ein anderer sein Amt bekommen; ist der Pfau ein Weibchen, wird das Unglück entsprechend seine Frau treffen.

Über Kraniche und Störche

Im allgemeinen bedeutet der Kranich einen armen Kerl, der Storch eine mächtige und angesehene Person, weil der Storch von Natur Schlangen verdauen kann.[544] Findet einer im Traum einen oder mehrere Kraniche, wird er auf arme Leute stoßen, von denen er nichts gewinnen kann. Zieht jemand Kraniche in seinem Haus groß, wird er Armen zu essen geben und sich dadurch einen Namen machen; tötet er Kraniche, wird er Armen Unrecht tun. Dünkt es einen, die Kraniche verließen ihn und flögen auf und davon, wird er die Last, die ihm das arme Volk aufbürdet, abschütteln. Findet jemand einen Storch, wird er Freude und Gesundheit nach einer Krankheit erlangen. Träumt der Kaiser oder ein großmächtiger Herr, er halte einen gezähmten Storch, wird er einen nützlichen Mann finden, der von ärztlicher Kunst etwas versteht. Ißt einer Fleisch von Kranich oder Storch, wird der eine erkranken, der andere Ansehen, Gesundheit und Reichtum erlangen. Findet jemand Storchenflügel, wird er von einem einflußreichen Herrn entsprechende Geldmittel bekommen.

♦ 289 ♦
Über den Weih

Der Weih bedeutet einen rücksichtslosen Soldaten und Dieb.[545] Fängt oder tötet jemand im Traum einen Weih, wird er auf solch einen rücksichtslosen Burschen stoßen und ihm den Garaus machen. Hält er den Vogel für die Jagd, wird er den Kerl in Dienst nehmen und zu kleinen Diebstählen gebrauchen, weil der Weih im Weidwerk nicht viel nütze ist. Im allgemeinen bezeichnet dieser einen Dieb.

♦ 290 ♦
Über Raben und Krähen

Findet jemand im Traum einen Raben, wird er auf einen armen, fremden und gefräßigen alten Mann treffen. Hält er einen zahmen Raben, wird er einem solchen Alten Obdach gewähren und ihn beköstigen; ist es eine Krähe, wird er es mit einem lügnerischen, geldgierigen Kerl zu tun haben. Träumt der Kaiser oder ein Großer, eine Krähe krächze in seinem Palast oder Haus, wird er eine gute oder schlechte Botschaft erhalten, falls ihm die Krähe etwas Gutes oder Böses anzukündigen schien. Vielfach erweist sich bei Träumen von Krähen die Vermutung, sie zeigten Glück oder Unheil an, als trügerisch. Dieselbe Deutung gilt hinsichtlich des sogenannten Käuzchens,[546] jedoch in geringerem Maß.

♦ 291 ♦
Über Tauben und Turteltauben

Bekommt einer im Traum von jemandem eine Taube, wird ihm aus fremdem Land Freude und Reichtum winken; vielleicht wird er auch heiraten und eine Tochter zeugen.[547] Findet einer viele Tauben, wird er entsprechend deren Zahl fleißige und nützliche Sklaven gewinnen; sind es junge Tauben, wird er junge, minderjährige Sklaven erwerben, die von kräftiger Gestalt sind. Stößt einer auf Taubennester und trägt sie mitsamt den Jungen fort, wird er Sippen von Kriegsgefangenen bekommen, sie als Sklaven halten und Freude und reichen Profit von ihnen haben. Dünkt es einen, er besitze eine Taube und diese fliege auf und davon, wird er sich von Frau, Tochter oder einer nützlichen Sklavin trennen müssen. Träumt jemand, seine Tauben seien geschlachtet oder verendet, wird er entsprechend deren Zahl so viele Sklaven verlieren; hat der Kaiser dieses Gesicht, weist es nicht auf seine Soldaten, sondern auf die Sklaven, die in der Waffenherstellung und den Webereien arbeiten.[548] Ißt einer Tauben oder junge Tauben oder nimmt er ihre Federn an sich, werden ihm seine Sklaven gute Einkünfte und Freude verschaffen. Die Turteltaube und die Ringeltaube bedeuten dasselbe, nur in geringerem Maß. Träumt eine Frau, eine Taube, Turteltaube oder Ringeltaube fliege herbei und setze sich auf ihren Kopf, wird sie eine Tochter gebären, wenn sie guter Hoffnung ist.

◆ 292 ◆
Über Hähne und Hennen

Träumt einer, er finde oder bekomme Hennen, wird er nützliche Sklaven erwerben; jedoch werden sie ihm nicht so nützlich sein wie diejenigen, die durch die Tauben angezeigt werden. Haben die Hennen viele Küken, wird der Träumer entsprechend deren Zahl Sklaven mit Kindern gewinnen. Verenden die Vögel, hat er Kummer und Verlust zu erwarten. Findet einer im Traum Eier von seinen Hühnern, wird der Vermögenszuwachs, den ihm die Sklaven einbringen, geringer sein. Einen prächtigen Hahn zu besitzen bedeutet, man werde einen tüchtigen Aufseher für seine Sklaven finden;[549] kämpft einer mit einem Hahn, wird er Ärger und Streit mit jenem haben. Schlachtet er den Hahn, wird er seinen Aufseher verlieren; ist der Hahn verendet, wird dasselbe eintreffen.

◆ 293 ◆
Über Gänse

Gänse bedeuten nützliche und gutmütige Sklaven. Findet einer im Traum viele Gänse, wird er [viele] Sklaven dieses Schlages erwerben. Stößt den Gänsen etwas zu oder gehen sie zugrunde, erfüllt sich das Entsprechende an den Sklaven. Gänsefleisch zu essen verheißt Gewinn und Freude von solchen Sklaven entsprechend der Fettheit der Gänse. Gänsefedern prophezeien dauerhaften Besitz, weil Gänsefedern dauerhaft sind. Schaut einer weibliche Gänse, wird er Sklavinnen erwerben, die nach seinem Sinn sind; verliert er eine Gans, wird das Unglück seine Lieblingssklavin treffen. Im allgemeinen bedeuten Ganter und Gänse Sklaven und Sklavinnen; alles, was einer im Traum an den Gänsen bemerkt, wird sich an den Sklaven erfüllen.

◆ *294* ◆
Über Rebhühner

Das Rebhuhn bedeutet eine schöne Frau. Findet jemand im Traum ein zahmes Rebhuhn oder hält er eines in seinem Haus, wird er eine nach seinem Geschmack schöne und verständige Frau gewinnen. Fängt oder bekommt er von jemandem ein wildes Rebhuhn, wird er ein Weib nehmen, das zwar hübsch, aber streitsüchtig und ungesellig[550] ist. Besitzt einer ein Rebhuhn und geht es zugrunde, wird er von seiner Ehefrau geschieden werden. Ißt einer Rebhuhnfleisch, wird er von einer Frau kostbare Kleider geschenkt bekommen. Träumt eine Frau, sie finde ein Rebhuhn, wird sie eine Tochter gebären, falls sie schwanger geht, wenn nicht, empfangen und gebären. Träumt der Kaiser, er jage Rebhühner, wird er sein Herz an seine Gemahlin und seine Konkubinen hängen. Dünkt es ihn, er esse Rebhuhnfleisch, wird er einer begehrten Frau beiwohnen. Rebhühner bedeuten im allgemeinen Frauen oder Töchter.

◆ *295* ◆
Über Fliegen und Mücken

Fliegen und Mücken bedeuten eine Nachricht von Feinden und Krankheit. Träumt der Kaiser, es schwirrten dort, wo er sich aufhält, Schwärme von Fliegen und Mücken heran, wird ihm eine böse Nachricht, die über sein Kriegsvolk eintrifft, Kummer, Sorgen und Bitterkeit bereiten; dieselbe Deutung trifft für die Feldherren zu. Träumt dies ein Armer oder gemeiner Mann, werden ihm Trübsal, Krankheit und ein bitteres Ende bevorstehen. Dünkt es einen, als drängen Fliegen oder Mücken haufenweise in seinen Mund oder in seine Nasenlöcher ein, wird er mit Pein und Schmerzen den Untergang von Feinden erleben. Dringen Fliegen oder Mücken in großer Menge in eine Gegend ein, hat man dort den Einfall von Feinden und die Peinigung der Einwohner zu gewärtigen.

◆ 296 ◆
Über Ameisen

Ameisen bedeuten in der Regel den Tod.[551] Träumt einer, wie in seiner Wohnung aus einem Loch eine große Menge Ameisen hervorkriecht, deute er dies als seinen baldigen Tod. Dringen Ameisen, die auf der Straße kriechen, in sein Haus ein, wird er lediglich erkranken, sein Hausgesinde aber sich vermehren. Schaut jemand, wie Ameisen, Futter schleppend, sein Haus verlassen, wird er von Krankheit, bösem Hausgesinde und von allem, was ihn ängstigt, befreit werden. Ameisen in der Tenne oder Scheune zu schauen prophezeit Bedrängnis und Armut.

◆ 297 ◆
Über Heuschrecken

Allgemein bedeuten Heuschrecken ohne jeden Zweifel Scharen von Feinden; es steht nämlich geschrieben, daß sie auf göttlichen Befehl ausziehen, um ein Land zu verwüsten.[552] Träumt der Kaiser oder ein Fürst, daß Heuschrecken über ein Land herfallen, hat er dort eine Überzahl mächtiger Feinde zu erwarten, und diese werden so großen Schaden anrichten, wie die Heuschrecken Land verwüsteten. Richten letztere keinen Schaden an, sondern ziehen sie lediglich durch das Land oder bleiben in ihm, wird dort viel Kriegsvolk einrücken, aber keinen Schaden verursachen; der Kaiser wird nach diesem Gesicht Bedrängnis und Krieg mit zahlreichen Feinden zu bestehen haben entsprechend der Menge Heuschrecken.

◆ 298 ◆
Über Sperlinge

Träumt einer, er halte einen Sperling, wird er Beschimpfungen und Beleidigungen von seinem Freund hören müssen; hat er viele Sperlinge, wird er Prozesse und Streitigkeiten mit seinen Freunden und Angehörigen anstrengen. Kommen viele Sperlinge mit Geschrei in sein Haus geflogen, steht seinem Haus ein Trauerfall bevor, entweder infolge des Todes eines seiner Leute oder seiner selbst.

◆ 299 ◆
Über Wasservögel

Träumt einer, er halte Meeres- oder Seevögel oder einfach Wasservögel, wird er erlangen, was er sich gewünscht hat. Ißt er Fleisch dieser Vögel, wird er heißersehnten Reichtum gewinnen, so viel, wie er Fleisch gegessen hat. Sammelt einer Federn dieser Vögel, verheißt auch dies Reichtum, aber einen nicht so großen.

◆ 300 ◆
Über Krebse und andere Schalentiere

Der Krebs bedeutet einen arglistigen und unverbesserlichen Kerl, weil das Tier einen krummen Gang hat. Findet jemand einen See- oder Flußkrebs, wird er es mit einem arglistigen, jedoch armen Schlucker zu tun haben, der am Hofe des Kaisers oder an den Türen der Großen nächtigt, weil das Meer auf den Hof des Kaisers, der Fluß auf die Großen des Landes weist. Dünkt es einen, er esse einen Krebs oder ein Schalentier, wird er von solch einer Person einen bescheidenen Nutzen haben und Gesundheit erlangen; denn Schalentiere liefern dem Menschen mitunter vielerlei Arzneien.[553] Träumt jemand, er esse Miesmuscheln,[554] Austern oder ähnliche Schalentiere, wird er erkranken.[555]

Über die Unterscheidung und Deutung von Träumen nach der übereinstimmenden Lehre der Perser und Ägypter[556]

Die Träume bedeuten, wie schon gesagt, einer bestimmten Person durchaus nicht dasselbe, was sie einer anderen bedeuten. Denn handelt es sich auch um ein und denselben Traum, so bedeutet er doch dem Kaiser etwas anderes als einem gemeinen Mann, einem Bauern etwas anderes als einem Soldaten, einem großen Herrn oder einem Armen. Sodann besteht ein Unterschied zwischen Träumen, die von Männern oder von Frauen, im Sommer oder im Winter, bei beginnendem oder sinkendem Tag, bei zunehmendem oder abnehmendem Mond geschaut werden. Einige Träume erfüllen sich bald, andere erst nach geraumer Zeit. Diese Regeln habe ich, wie schon erwähnt, bei der Auslegung eines jeden Traumes befolgt und dementsprechend das Gesicht eines Kaisers anders gedeutet als das eines Armen, das eines Mächtigen anders als das eines einfachen Mannes, und wieder anders den Traum eines Mannes oder den einer Frau, eines Bauern oder Soldaten. Darüber braucht nun nicht weiter gehandelt zu werden; denn jeder dieser Punkte ist bei der Auslegung berücksichtigt worden.

Sodann ist noch zwischen Sommer und Winter zu unterscheiden; denn diese Jahreszeiten sind bei Gesichten von Bäumen und Gewächsen wohl zu beachten. Hat jemand z. B. einen Traum von Bäumen und ist es Frühling, wo alles zu sprießen beginnt, geht dieser zum Guten aus, ist es aber Spätherbst und die Blätter fallen, zum Gegenteil. Bei Tagesbeginn ist die Deutung der Träume von größerem Wahrheitsgehalt, bei sinkendem Tag von geringerem. Ebenso ist zwischen den Mondphasen zu unterscheiden und den Träumen, die bald oder erst nach geraumer Zeit sich erfüllen.

Wenn dich jemand wegen eines Traumes befragt, erkundige dich nach der Stunde, in der er das Gesicht geschaut hat. Von der ersten bis zur dritten Nachtstunde erfüllt sich der Traum innerhalb von zwanzig Jahren; von der dritten bis zur sechsten, innerhalb von fünfzehn, zehn oder acht Jahren; von der sechsten bis zur neunten, in einem Zeitraum von fünf, vier oder drei Jahren; von der neunten bis zum Morgen, innerhalb eines Jahres oder binnen sechs, drei oder einem Monat oder innerhalb von zehn Tagen. Bei Tagesanbruch noch am selben Tag oder nach zwei oder drei Tagen. Über die Tagesstunden gebe ich keine nähere Bestimmung; denn bis zum siebenten Tag erfüllt sich in der Regel der Traum, gleichgültig, zu welcher Stunde man ihn geschaut hat. Alle Tagesträume gehen nämlich, soweit sich einer ganz sicher an sie erinnert, vollständig oder unzweideutig in Erfüllung; die von der neunten Stunde bis zum Morgen sind am wahrsten und erfüllen sich am schnellsten.[557]

Was den Ausgang derjenigen Träume betrifft, die sich erst nach geraumer Zeit und spät erfüllen, so habe ich jeden einzelnen schriftlich aufgezeichnet. Haben sie sich erfüllt, rufen wir Traumdeuter sie unseren Herren ins Gedächtnis zurück und sagen: ,,Das und das hast du geträumt; so und so wird es gedeutet, und genauso, wie wir es vorhersagten, hat sich der Traum erfüllt.'' Dies haben wir getan, um unsere Widersacher[558] zu widerlegen. Deswegen sei man überzeugt, daß alle Träume eine Botschaft und Vorankündigung von Gott für alle Menschen sind, über Böses und Gutes. Sei du, Kritiker, aber noch mehr von der schnellen und täglichen Erfüllung und dem untrüglichen Ausgang der Träume überzeugt. Lerne daraus die langwierigen und späten Erfüllungen, die ich hinsichtlich unserer Herren und Kaiser aufzeigte.

Anmerkungen

1 F. Gregorovius: ‚Geschichte der Stadt Athen im Mittelalter‘, München 1980, S. 42 f.

2 Unter frühbyzantinischer Zeit ist die Zeit von der Gründung Konstantinopels bis zum Arabersturm seit etwa 630 zu verstehen, wo wirtschaftliche wie kulturell wichtige Gebiete dem Reich verlorengingen, s. H.-J. Beck: ‚Das byzantinische Jahrtausend‘, S. 30. Für das Ende der mittelbyzantinischen Epoche gilt allgemein das Jahr 1204, in dem das lateinische Feudalreich in Byzanz ins Leben trat, für das Ende der spätbyzantinischen die Eroberung Konstantinopels durch die Türken im Jahre 1453.

3 S. H.-J. Beck, a. a. O., S. 268 f.

4 Vgl. W. Gundel in: ‚Realencyclopädie für Antike und Christentum‘ 1, 1950, S. 817 ff.

5 Vgl. W. Lang: ‚Das Traumbuch des Synesios von Kyrene‘. Übersetzung und Analyse der philosophischen Grundlagen, Tübingen 1926, S. 17 ff.

6 S. F. Drexl: ‚Achmets Traumbuch. Einleitung und Probe eines kritischen Textes‘, Diss. Freising 1909, S. 2 ff.

7 Vgl. auch Achmet 15, 18 und 57, 12.

8 S. Drexl, a. a. O., S. 4.

9 S. Drexl in den ‚*Prolegomena*‘ zu seiner Textausgabe, S. VI.

10 Über die Person und Herkunft Achmets gibt es nur Hypothesen. A. F. Kollar meint, es handele sich um Symeon Seth, einen naturwissenschaftlichen Schriftsteller des 11. Jahrhunderts, der arabische Bücher ins Griechische übersetzt hat, vgl. K. Krumbacher, ‚Geschichte der byzantinischen Literatur‘, [2]München 1897, S. 615. Nach N. Bland, „*Journal of Royal Asiatic Society*‘ 16, 1856, S. 171, ist das griechische Werk von einem syrischen Christen aus arabischen Quellen kompiliert. Den syrisch-griechischen Ursprung des griechischen Textes vertritt auch K. Dieterich, ‚Orientalische Literaturzeitung‘ 10, 1927, S. 883 f. F. Drexl macht in den ‚*Prolegomena*‘ zu seiner Textausgabe S. VII auf einige seltene, nur bei Achmet vorkommende Wörter aufmerksam, die heute noch auf Kreta, teils auch in Kleinasien und auf den Inseln der östlichen Ägäis gebraucht werden.

11 S. Ch. H. Haskins: ‚Leo Tuscus‘. In: ‚Byzantinische Zeitschrift‘ 24, 1923/24, S. 43 ff.

12 Vgl. F. Dölger: „*Achmetis Oneirocriticon rec.* F. Drexl‘. In: ‚Bayer. Blätter f. d. Gymnasialschulwesen‘ 62, 1926, S. 283.

13 Zahlreiche Kapitel tragen die Überschrift ‚Aus der Lehre der Inder, Perser und Ägypter‘ (z. B. 37,22; 38,13; 40,11; 41,4; 62,3 u. ö.) oder ‚Aus der Lehre der Perser und Ägypter‘ (z. B. 19,17; 20,9; 22,9; 23,10 u. ö.). Sodann wird die 29,5 ff. gegebene Auslegung eines Traumes als Lehre der

Inder ausgegeben; 63,12 ff. ist derselbe Traum und dieselbe Deutung fast wortwörtlich zu lesen, hier aber mit der Überschrift: ‚Aus der Lehre der Inder, Perser und Ägypter.'

14 S. I. v. Negelein: ‚Der Traumschlüssel des Jagaddeva. Religionsgeschichtliche Versuche und Vorarbeiten' 11,4, Gießen 1912.

15 Man vergleiche z. B. die übereinstimmende Deutung folgender Träume bei Achmet und im indischen Traumschlüssel: Blut = Geld (Achmet 61,2; v. Neg. 52 f.; 60 f.; 239; 275); Zahnausfall = Tod (Achmet 38,4; v. Neg. 176); Haarausfall, Haarscheren = Verluste (Achmet 28,1; v. Neg. 177); Ameisen = Unglücksboten (Achmet 238,14; v. Neg. 178; 267).

16 *Kochla* (33,17), *pharas* (110,24; 111,26; 181,6), *zulapion* (150,21), *chasdion* (175,16; 180,11), *zoupa* (177,1).

17 Gen 41,15–32 bzw. Gen 41,1–7.

18 Vgl. Cherifa Isma 'il Magdi: ‚Die Kapitel über Traumtheorie und Traumdeutung aus dem Kitab des al-Gaziri', Diss. Göttingen 1968, S. 21 ff.

19 Vgl. z. B. die Deutung der Zähne bei Achmet 26,13 ff. und Artemidor 1,31 (37,17); die der Lampe: Achmet 121,17, Artemidor 1,74 (80,18); der Zwiebelgewächse: Achmet 160,10, Artemidor 1,67 (73,9); der Flügel von Vögeln: Achmet 167,21, Artemidor 1,4 (12,19); der Ziege: Achmet 172,8, Artemidor 2,12 (120,4); des Maulesels: Achmet 183,16, Artemidor 2,12 (121,13) u. ö.

20 Vgl. z. B. Achmet 37,1 und Artemidor 1,31 (37,17); Achmet 33,6 und Artemidor 1,26 (34,4); Achmet 121,17 und Artemidor 1,74 (80,18).

21 Z. B. 4,7; 5,23; 9,21; 23,7; 38,26; 47,10; 65,16; 75,24 u. ö.

22 S. L. Brehier: ‚*Le monde byzantin*', Paris 1950, S. 290. Erwähnt wird besonders das Traumbuch des Artemidor.

23 S. H.-G. Beck: ‚Geschichte der byzantinischen Volksliteratur' = ‚Handbuch der Altertumswissenschaft', 2. Teil, 3. Bd. München 1971, S. 203.

24 Vgl. H.-G. Beck: ‚Ideen und Realitäten in Byzanz' (Gesammelte Aufsätze), London 1972, S. 81 f.

25 Der Name beruht auf einem Irrtum Löwenklaus. Schon zu seiner Zeit fehlte das erste Blatt der Wiener Handschrift. Der dem Kapitel 7 (Über die Auferstehung) von späterer Hand beigefügte Name *apomasaros* verleitete ihn offenbar, das ganze Werk diesem Autor zuzuschreiben.

26 Über Namen, Lebenszeit und Werk des Verfassers s. das Vorwort S. 4 ff.

27 Die Bezeichnung *despotes* ist entweder appellative Benennung des byzantinischen Kaisers, ein schon seit Konstantin dem Großen üblicher und dann von Justinian I. (527–565) als Anrede befohlener Titel, der sich auf Münzen und Siegeln der Kaiser bis in das 14. Jahrhundert hält, oder Ausdruck der Ehrerbietung gegenüber hohen weltlichen und geistlichen Würdenträgern, praktisch gleichbedeutend mit *authentes* und *kyrios*.

28 Der Schlußsatz des Prologs erinnert an Paulus, Röm 11,33: „O Tiefe des Reichtums, der Weisheit und Erkenntnis Gottes."

29 Achmet läßt den Traumdeuter Syrbachan mit der gemeinorientalischen ‚Botenformel' (so spricht der . . .) beginnen, mit der auch Israels Propheten eine Botschaft Gottes einleiten, vgl. Jer 2,1; 6,16.22.

30 Sophia (Weisheit) und Propheteia (Gabe der Weissagung) erscheinen als Personifikationen in der Miniatur eines Psalters des 10. Jahrhunderts, der in der Pariser Nationalbibliothek aufbewahrt wird. Beide Gestalten umgeben den biblischen König David, der, im Ornat eines byzantinischen Kaisers, auf einem kostbar geschmückten Podest stehend dargestellt ist. Die ‚Weisheit‘, rechts vom König, zeigt mit der Hand gen Himmel, als wollte sie sagen: ,,Mein Vaterland ist droben‘‘; die ‚Prophetie‘, zur Linken des Königs, weist mit der Hand auf den Psalter, das Werk göttlicher Inspiration.

31 Jo 14,23.

32 Mt 1,20: ,,Während er (Josef) noch darüber nachdachte, erschien ihm ein Engel des Herrn im Traum und sagte: ‚Josef, Sohn Davids, fürchte dich nicht, Maria als deine Frau zu dir zu nehmen; denn das Kind, das sie erwartet, ist vom Heiligen Geist.‘‘‘

33 Hierher gehört der Traum Daniels (Da 7,1–28) von den vier apokalyptischen Tieren und dem Kommen des Menschensohnes.

34 Auch Ovid unterscheidet in den ‚Metamorphosen‘ (11,644 f.) zwischen den Träumen von Königen und Fürsten einerseits und denen von Leuten aus dem einfachen Volk. Ebenso urteilt Artemidor 1,2 (10,2), der auf Homer, ‚Ilias‘ 2,80–82, hinweist. Über den Königstraum im Alten Orient vgl. E. Ehrlich: ‚Der Traum im Alten Testament‘, Berlin 1953, S. 21, Anm. 5.

35 Vgl. Artemidor 1,12 (20,12): ,,Deshalb muß der Traumdeuter, so behaupte ich, von Haus aus eine gute Anlage mitbringen, er muß gesunden Menschenverstand und nicht nur ein Buchwissen haben; denn glaubt jemand, er könne nur mit Kunstgriffen, ohne natürliche Begabung ein Meister in diesem Fach werden, so wird er stets ein ausgemachter Stümper bleiben.‘‘

36 Mt 5,45: ,,. . . er (der Vater im Himmel) läßt seine Sonne aufgehen über Bösen und Guten, und er läßt regnen über Gerechte und Ungerechte.‘‘ S. auch Lk 6,35.

37 Achmets Argument, die Traumdeutung könne müheloser als die Sternkunde die Zukunft voraussagen, wird auf die Anhänger der Astrologie wenig Eindruck gemacht haben. Zu weit war auch in Byzanz der Glaube an die Macht der Sterne, selbst in den oberen Gesellschaftsschichten, verbreitet. Die Widerlegung dieses Aberglaubens beschäftigte die byzantinischen Theologen bis in die letzten Jahrzehnte des Ostreiches. Den Klerikern verbot schon die Synode von Laodikeia im 4. Jahrhundert die Astrologie ohne Einschränkung.

38 Akribie (= höchste Sorgfalt) fordert Artemidor – er gebraucht denselben Ausdruck – vom Traumdeuter in seiner Arbeit, s. 1,9 (18,16 ff.); 1,11 (20,1 ff.) und 1,12 (20,11 ff.).

39 Es ist ein ‚Topos‘ antiker Schriftsteller, das eigene Werk übermäßig zu loben und es von den ‚Machwerken‘ anderer abzuheben. So rühmt sich Artemidor (Vorwort, S. 2,21), er könne auf Grund seiner Untersuchungen und Reisen aus dem vollen schöpfen und über jede einzelne Frage Auskunft geben, und so, daß er ohne unnützes Geschwätz die reine Wahrheit sage.

40 Griech. *anastasis*. Die in den drei folgenden Kapiteln gegebenen Deutungen verweisen auf den idealen König von Jesaja 11,1–12, der gerecht
richten, den Frieden bringen und die Versprengten Israels wieder sammeln wird. In der Ostkirche wird die Auferstehung Christi nicht abgebil-
det, als Bild für Ostern steht in der byzantinischen und russischen Kunst
der Abstieg Christi zur Hölle. Die *Anastasis* gehört zu den Themen des
Dodekaeorton, wie der kirchliche Zwölffestezyklus im Griechischen genannt wird.

41 Achmet leitet jeden Traum mit den Worten ein: „Wenn jemand im Traum
sieht" oder kurz: „wenn jemand sieht". In dieser Ausdrucksweise lebt
die alte Vorstellung weiter, daß der Traum vom Träumenden nur wahr-
genommen, nicht produziert wird. Die bei Artemidor übliche Bezeichnung für ‚träumen' ist dokein = einen Eindruck empfangen, meinen;
sie ist also eine Abschwächung von ‚sehen'. Das Wort begegnet bei Achmet nur an einer einzigen Stelle (145,8).

42 Vgl. Jo 14,17; 1. Jo 4,6 f.

43 Wortspiel: *angelos* = Engel und *euangelikos* = angelisch, freudenreich.

44 Es ist ein im Volksglauben und in der Anschauung vieler Völker anzutref-
fender Zug, daß die Geburt eines Knaben freudiger begrüßt wird als die
eines Mädchens. So sind auch nach Artemidor 4,10 (250,5) Knaben von
guter, Mädchen von übler Vorbedeutung, beide aber Sinnbild von Sorgen. Und 1,15 (23,23) gibt er auch den Grund dafür an, daß das Traumgesicht von Mädchen ungünstiger sei: „Denn Knaben nehmen von den
Eltern nichts, wenn sie groß geworden sind, Mädchen aber benötigen
eine Mitgift."

45 Unter Herakleios I. (610–641) ging man von der lateinischen zur griechischen Sprache über. Damit vollzog sich auch in der Titulatur der Kaiser
der entscheidende Umschwung. Herakleios verzichtete auf die Führung
der lateinischen Kaisertitulatur Imperator Caesar Augustus und legte
sich die griechische Bezeichnung Basileus bei, den alten griechischen
Königstitel. Im Jahre 629 nennt sich der byzantinische Kaiser zum erstenmal in einem offiziellen Akt Basileus.

46 Vgl. die wunderbare Befreiung des Petrus in Apg 12,6 ff.

47 Mit denselben Worten verkündet bei Lk 1,14 ein Engel des Herrn dem
Zacharias die Geburt des Johannes: „Du wirst Freude und Wonne haben, und viele werden sich über seine Geburt freuen."

48 Mt 19,12 werden drei Kategorien von Verschnittenen genannt: 1. solche,
die es von Geburt an sind, 2. die von Menschen verschnitten sind, und 3.
solche, die um des Himmelreiches willen sich selbst verstümmelt haben.
Zweifellos hat Jesus wie jeder echte Jude die dritte Gruppe nur bildlich
verstanden. In der Alten Kirche wurde das Wort bisweilen ganz wörtlich
ausgelegt, so von dem griechischen Kirchenvater Origenes (etwa
185–254), der sich selbst entmannte, später aber die Tat bereute.

49 Eunuchen bekleideten im byzantinischen Reich fast zu allen Zeiten neben niederen und mittleren auch hohe geistliche, militärische und zivile
Ämter, ein Brauch, der unter Diokletian aufgekommen war und sich
seitdem weiterentwickelt hatte. Die Patriarchen von Konstantinopel wa-

ren häufig Eunuchen, ebenso die Oberbefehlshaber von Heer und Flotte, wie z. B. Narses, der Heerführer Kaiser Justinians I. (527–565). Oft ließen Edelleute ihre Söhne entmannen, um ihren Aufstieg zu sichern, und man fand darin nichts irgendwie Ehrenrühriges.

50 Griech. *peribleptoi*; ab Ende des 4. Jahrhunderts umfaßte der Senatorenstand drei Klassen von Standespersonen, darunter die *peribleptoi (les respectables)*, vgl. R. Guilland: ,*Titres et fonctions de l'empire byzantine"*, London 1976, S. 29.

51 Die Unterscheidung ,Propheten, Apostel und Lehrer' ist eine uralte und in der ältesten Zeit der Kirche allgemein übliche gewesen, vgl. Paulus, 1 Kor 12,28; Eph 4,11. Über die Aufgaben von Propheten, Aposteln und Lehrern in der christlichen Gemeinde s. H. Greeven: ,Das Kirchliche Amt im NT', Darmstadt 1977, S. 305 ff.

52 Prokop erzählt in den ,*Anekdota*' 3,27 f. (übers. von O. Veh, München 1981) von einem Traum des Photios, des leiblichen Sohnes Antoninas, der Frau Belisars, und dessen Stiefsohn. Photios war den Intrigen Theodoras, der Gattin Justinians, zum Opfer gefallen und schmachtete drei Jahre im Gefängnis. Dann erschien ihm, wie man sich erzählt, im Traum der Prophet Zacharias und hieß ihn fliehen; eidlich erbot er sich, ihn dabei zu unterstützen. Diese Erscheinung bewog Photios, seinen Kerker zu verlassen, und wirklich kam er unentdeckt nach Jerusalem, obwohl zahlreiche Aufpasser ihm auf der Spur waren. Der Prophet Zacharias genoß in Byzanz besondere Verehrung. Über eine ähnliche Erscheinung des heiligen Kyprianos berichtet Prokop, ,Vandalenkriege' 1,21, 17 ff.

53 Achmet gebraucht das Verbum *kratein* = bewahren, festhalten nur dort, wo vom Festhalten im Traum gehörter Worte die Rede ist, z. B. 12,11; 75,26; 105,29.

54 Lk 10,23: ,,Selig sind die, deren Augen sehen, was ihr seht."

55 Griech. *cheirotonein*; der Begriff bezeichnet ursprünglich den Wahlakt, insbesondere die Aufhebung der Hände zum Zeichen der Stimmabgabe, dann auch die eigentliche kirchliche Weihe.

56 Für jeden orthodoxen Christen, so niedrig auch seine Herkunft sein mochte, bestand die Chance, auf den Patriarchenthron zu gelangen. Die entscheidende Rolle bei der Wahl des Patriarchen von Konstantinopel hatte der Kaiser. In Anwesenheit des Senats und der Geistlichkeit erklärte er dem Erwählten, daß er ,,nach dem Willen Gottes und des Kaisers" zu dieser Würde berufen sei (*de caerimoniis* II, 14:564 f. Bonn). Der Diakon hatte während der Liturgie vor jeder Lesung die Gläubigen zur Ruhe zu mahnen. Diakonen oblag auch die Verwaltung des Kirchenvermögens sowie die Armen- und Krankenpflege.

57 Wer die Weihe als Anagnost (Lektor, Vorleser) empfing, wurde damit in die Reihen des Klerus aufgenommen. Das Lektorat war die erste und unterste Stufe des geistlichen Weihegrades, nach ihm kam gleich das Diakonat und das Priestertum. Der Anagnost hatte die Aufgabe, den Gläubigen in der Kirche die Heilige Schrift vorzulesen.

58 Das griech. Wort *hyperetes* bezeichnet weder im antiken noch im mittelalterlichen Sprachgebrauch je den Sklaven, sondern den treuen, aber

nicht zu hochgestellten Gefolgsmann, den gehobenen Ratgeber oder Beamten, vgl. H. Köpstein: ‚Zur Sklaverei im ausgehenden Byzanz‘, Berlin 1966, S. 49.

59 Griech. *basilikos*; es handelt sich um Beamte, die mit Aufgaben der Diplomatie und der inneren Sicherheit beauftragt waren. Wahrscheinlich hat Justinian II. (685–711) diesen Titel eingeführt, vordem hießen die Beamten mit dem gleichen Ressort *magistrianoi*, s. R. J. H. Jenkins: ‚De administrando imperio. Commentary‘, London 1962, S. 79.

60 Die Haarschur zählte zu den entehrenden Strafen; oft wurde der Bestrafte damit zum Mönch geschoren und zwangsweise in ein Kloster gesteckt. Von 88 regierenden Hauptkaisern mußten 13 sich in ein Kloster zurückziehen; s. auch Achmet 20,23.

61 Die Juden wurden in Byzanz zwar gelegentlich unterdrückt, aber nie vertrieben oder gar ausgerottet. Sie lebten nicht nur in den großen Städten und Handelszentren, sondern auch in kleinen Provinzorten und hielten durchwegs an der Religion ihrer Väter fest. Die Juden hatten eine Sondersteuer zu zahlen, die *kephaletion* (Kopfsteuer) hieß, vgl. F. Dölger: ‚Paraspora‘, Ettal 1961, S. 362.377. In der Auslegung Achmets kommt die Polemik der orthodoxen Theologen gegen die jüdische Religion zum Ausdruck, die durch die Jahrhunderte der byzantinischen Geschichte andauerte.

62 Griech. *hairesis*. Der Angriff gegen die religiöse Bilderverehrung erfolgte z. B. im Auftrag Leos III. (717–741). Gegen den heftigen Widerstand der Bevölkerung von Konstantinopel, aber im Sinne mancher Sekten und vieler Bewohner der östlichen Provinzen, befahl er, alle Ikonen aus den Kirchen zu entfernen und sie zu vernichten (Ikonoklasmus). Sein Sohn, Konstantin V., richtete seine Angriffe vor allem gegen die Mönche, die den Bilderkult verteidigten (Ikonodulen).

63 Griech. *emagarisen*; das Verb *magarizein* bedeutet ‚sein Antlitz beschmutzen‘, dann jemanden, der vom christlichen Glauben abgefallen und Mohammedaner geworden ist, s. Du Cange: ‚Glossarium ad scriptores mediae et infimae graecitatis‘, Lugduni 1688, *effigies recens* 1891, s. v. *magarizare*. Im Neugriechischen bedeutet *magarizein* ‚beschmutzen‘, ‚verunreinigen‘.

64 Die kniefällige Verehrung heißt griech. *proskynesis*. Sie spielte innerhalb des monarchischen Zeremoniells eine wichtige Rolle. Zur Zeit Konstantins VII. (913–959), von dem eine Schrift ‚Über das Zeremonienwesen des byzantinischen Hofes‘ überliefert ist, fand die feierliche *Proskynese* vor jeder Prozession, bei jedem Morgenempfang und jeder nur möglichen Gelegenheit statt. Über Ursprung und Vollendung der *Proskynese* vgl. A. Alföldi: ‚Die Ausgestaltung des monarchischen Zeremoniells am römischen Kaiserhofe‘, Mitteil. d. dtsch. archaeol. Inst., Röm. Abt. 49, 1934, S. 646 ff.

65 Griech. *eidolon*; das Wort bezeichnet seit Homer das bloße Abbild, dem die Wirklichkeit lebendigen Wesens fehlt. Platon stellt die *eidola* (Einzeldinge) als Abbilder dem wahren Sein gegenüber. Septuaginta und NT verwenden das Wort in abwertendem Sinn. Die heidnischen Kultbil-

der, ja die heidnischen Götter überhaupt, sind bloße Scheinbilder, die im Gegensatz zum wirklichen Gott stehen, vgl. Ex 20,4.23; Bar 6,44.50.

66 Wie bei Achmet Bäume in der Regel auf einflußreiche, mächtige Männer gedeutet werden, z. B. 11,14; 125,23; 134,27 usw., so auch in naheliegender Ideenassoziation deren Holz, wie an unserer Stelle, ferner 98,8.20; 174,28; 213,17.

67 Das weißleuchtende Metall wurde in der Antike und bis zur spätmittelalterlichen Alchemie mit dem Mond und damit auch mit dem weiblichen Prinzip in Verbindung gebracht (Achmet 129,21; 130,21) und vom männlichen, sonnenhaften Gold unterschieden.

68 Während bei Artemidor 2,5 (107,3) das Gold ambivalent gedeutet wird, d. h. unter bestimmter Rücksicht Glück bringt, wenn es nach Maß und Menge ausgewogen ist und infolge seiner Form keinen Anstoß erregt, überwiegt bei Achmet die unheilvolle Seite des Goldes, z. B. 106,27; 182,3; 193,20; 210,5; 210,22. Nach alter Auffassung steht Gold in enger Beziehung zum Tod. Aus dem Schoß der Erde werden Silber und Gold gewonnen; um den Schatz zu heben, muß man ins Reich der Toten hinabsteigen. Wahrscheinlich übertrug sich die unheilvolle Bedeutung dieser Metalle auch auf gemünztes Gold und Silber, z. B. Achmet 208,20; 209,9. Über das Gold in der Heiligen Schrift s. D. Forstner: ‚Die Welt der Symbole‘, Innsbruck-Wien-München 1961, S. 197.

69 Weise und gebildet ist jeder, der sich einigermaßen auf Lesen und Schreiben versteht. Der Begriff ‚Philosoph‘ ist davon oft nicht weit entfernt; er meint den Mann, der höhere Studien getrieben hat, den Gelehrten, Literaten und den Redner, s. F. Dölger: ‚Byzanz und die europäische Staatenwelt‘, Ettal 1953, S. 197 ff.

70 Semanterion, neugriech. Simantron, eine Art Stundentrommel, auf der ein Mönch durch einen Hammerschlag zum Gebet ruft. Die Stundentrommel wird noch heute, wie die Glocke bei uns, in den Athosklöstern zum Beginn der Horen (Stundengebete) geschlagen.
Als die Reliquien des 627 gestorbenen Martyrers Anastasios nach Caesarea gebracht wurden, holte sie das Volk jubelnd (= Z. 22) in Prozession und unter Schlagen der Semanterien ein, s. Th. Dombart: ‚Das Semanterium‘. In: ‚Die christliche Kunst‘, XX. Jahrgang, 1923/1924, S. 5 ff.

71 Achmets Deutung wird durch einen Brauch veranschaulicht, der noch bis vor kurzem auf der Insel Chios geübt wurde. Wenn dort eine Ehebrecherin an den Pranger gestellt werden sollte, wurden die Leute durch Glockengeläut aufgefordert, das Schauspiel mitanzusehen. Man gebrauchte dafür den Ausdruck *kampanizein* (= die Glocken läuten), s. Ph. Koukoules: ‚*Byzantinon Bios kai Politismos*‘ I–VI, Athen 1948–1957, Bd. 3, S. 187.

72 Achmet liebt es, seine Deutungen in der Reihenfolge: Kaiser, Mann aus dem Volk und zuletzt die Frau zu spezialisieren, s. z. B. 7,21 ff.; 10,19 ff., 23,19 ff. usw.

73 Zur Deutung der Sonne vgl. Anm. 335.

74 Für die Bedeutung *agape* = Friedensvertrag vgl. F. Dölger: ‚Byzantinische Diplomatik‘, Ettal 1956, S. 229, Anm. 20.

75 Höchster Minister des Kaisers im späten 9. und 10. Jahrhundert war der *parakoimomenos*, der Hohe Kammerherr, zugleich Haupt aller Eunuchen. Er hatte praktisch die Stellung eines Großwesirs. Achmet erwähnt die nach dem Kaiser mächtigste Person noch 127,4; 129,12 ff.; 130,18.

76 Griech. Aphrodite.

77 Der Stab ist das Zeichen der leitenden und beherrschenden Gewalt. In Ägypten und im ganzen Alten Orient war er Symbol von Hoheit und Macht, s. D. Forstner, a. a. O., S. 609 ff.

78 Griech. *mystikos* (= *asekretis*); er hängt irgendwie mit der kaiserlichen Kanzlei zusammen; allem Anschein nach war er der Kanzler für die Geheim- und Privatbriefe des Kaisers. Ob er nur Schreiber war oder auch Diktatbefugnis hatte, ist ungewiß, vgl. F. Dölger: ,Byzantinische Diplomatik‘, S. 64.

79 Es handelt sich in diesem Kapitel offenbar um Provinzrichter, d. h. um Richter, die fern von Konstantinopel in den byzantinischen Verwaltungsbezirken ihren Dienst versahen. Man könnte sie auch als ,Provinzgouverneure‘ im zivilen Bereich bezeichnen, s. G. Weiß: ,Oströmische Beamte im Spiegel der Schriften des Michael Psellos‘, München 1973, S. 13 ff.

80 Klagen über die Bestechlichkeit der byzantinischen Beamten waren an der Tagesordnung. Das System ihrer Vergütung forderte geradezu dazu heraus, Bestechungsgelder anzunehmen. Der byzantinische Richter wurde von den Parteien entlohnt, die ihm die sogenannte Ektage zu zahlen hatten, deren Höhe durch keine Vorschrift begrenzt war, s. a. P. Kashdan: ,Byzanz und seine Kultur‘, Darmstadt-Berlin 1973, S. 78.

81 Der Bericht von einem Traum in einem Traum ist ein interessanter und seltener Fall in den Traumbüchern.

82 Auf der Waage (griech. *zygion*) wurden Waren leichteren, auf der Schnellwaage (griech. *kampanon*, neugriech. *kantari*) solche schwereren Gewichts gewogen, s. Ph. Koukoules, a. a. O., Bd. 2,1, S. 250 f. Als sinnfälliges Symbol der Gerichtsbarkeit und der Verkörperung von Gerechtigkeit und Billigkeit hat die Waage ihren künstlerischen Niederschlag ebenso im griechisch-römischen wie im ägyptischen Kulturbereich gefunden, vgl. K. L. Skutsch: ,*Libramen Aequum*‘. In: ,Die Antike‘ 12, 1936, S. 49 ff.

83 Welche Rolle diese Unterrichter (*chamaidikastai*) im byzantinischen Rechtswesen gespielt haben, ist unbekannt. Vielleicht sind sie mit Dorfrichtern identisch, vgl. G. Weiß, a. a. O., S. 49.

84 Gerichtshäuser, Richter, Rechtsanwälte bringen nach Artemidor 2,29 (150,26) jedermann Aufregungen, Ärger und ungelegene Ausgaben.

85 Der griechische Ausdruck *tropos* hat an unserer Stelle offensichtlich die Bedeutung ,List‘, worauf F. Dölger in: ,Bayerische Blätter f. d. Gymnasialschulwesen‘, LXII. Jg., S. 287, aufmerksam macht und dies aus Theophanes Continuatus 15,11 belegt. Der von allen Handschriften überlieferte Ausdruck *hypo tropou* wäre dann ähnlichen Wendungen an die Seite zu stellen, die eine Modalität des prophetischen Traumausgangs angeben, z. B. 66,20; 80,2; 84,20; 89,7; 90,2.

86 Dieselbe Regel erläutert Artemidor 3,22 (213,5) an folgendem Beispiel: „Besucht jemand einen Kranken, und zwar einen Bekannten, so bedeutet es, daß eben diese Dinge für den Kranken in Erfüllung gehen; ist es ein Unbekannter, erfüllen sie sich für den Träumenden selbst... Man sagt nämlich, daß die Mitmenschen, wenn man sie nicht kennt, für die Träumenden so viel wie Abbilder ihrer zukünftigen Verhältnisse bedeuten."

87 Griech. *tyche* (lat. *fortuna*), eigentlich ‚Zufall‘, ‚Schicksal‘. Als Repräsentantin des Weltlaufs wurde Tyche vor allem in der hellenistischen Zeit verehrt. Sie wurde in der Kunst mit Füllhorn und Steuerruder dargestellt. Artemidor widmet ihr ein eigenes Kapitel 2,37 (172,18). Im byzantinischen Geistesleben lebt sie fort. Davon zeugen das Geschichtswerk Prokops und die Schriften des Theodoros Metochites, eines Gelehrten der spätbyzantinischen Zeit (1270–1332); in seinem Dialog ‚Ethikos oder über die Bildung‘ räumt er der Tyche auch dort, wo es um Entscheidungen in seinem persönlichen Leben geht, größte Bedeutung ein. Über die Tyche und ihre Beziehung zum Kaiser s. O. Treitinger: ‚Die Oströmische Kaiser- und Reichsidee nach ihrer Gestaltung im höfischen Zeremoniell‘, Darmstadt 1956, S. 120 ff.

88 Während bei Artemidor 2,44 (179,3) die Tyche (*fortuna*) durch eine blühende Frau symbolisiert wird, vergleicht sie Achmet mit einem Greis. Er ist die archetypische Märchen- und Mythenfigur des ‚alten Weisen‘, der immer dann erscheint, wenn guter Rat, Zuspruch, Hilfe nötig sind.

89 Das Verbum *periagein* (= herumführen) hat zuerst Herodot (z. B. 4,180) gebraucht. Es könnte auch im erotischen Sinn verstanden werden; Theodoros Studites (759–826) tadelt in einem Brief (ep. II, 88, PG 99, 133 A) einen Mönch folgendermaßen: „Man sagt, du habest dein heiliges Gewand abgelegt und führst ein Weib herum, d. h. du habest eine Frau zu dir genommen." Diesen Hinweis verdanke ich Herrn Prof. G. Fatouros, Berlin.

90 Daß langes, dichtes Haar dem Träumer Glück, insbesondere Reichtum bedeutet, sagt Achmet an zahlreichen Stellen, z. B. 15,20; 16,17 ff.; 17,5 ff.; 18,7.17 usw.; ebenso Artemidor 1,18 (26,18); 1,30 (36,15). Nach deutschem Aberglauben prophezeit starke Behaarung Glück oder reiche Heirat, nach norwegischem langes Leben, s. H. Bächtold-Stäubli: ‚Handwörterbuch des deutschen Aberglaubens‘, Bd. 2, Berlin-Leipzig 1927, S. 575; Bd. 3, S. 1247. Der Grund dafür liegt zweifellos in der Anschauung, daß das Haar Träger der Seele oder der Lebenskraft ist. Entsprechend prophezeit Haarausfall oder -verlust Unglück, Armut, Kraftlosigkeit oder Tod. So verlor Samson, von Dalila seiner Locken beraubt, seine Kraft. Als seine Haare nachgewachsen waren, brachte er mit wiedergeschenkter Kraft den Dagontempel zum Einsturz (Ri 16).

91 Das latein. Element findet sich in der Gebrauchssprache der Byzantiner, sowohl in der gesprochenen wie auch in der geschriebenen, in zahlreichen Wörtern. So an unserer Stelle *armata* = *arma*, ebenso 15,14; 18,19; 35,5 usw. Bei Achmet finden sich weiter: *augusta* 80,4.6; 212,28; *belarion* = *velarium* 214,25; *belon* = *velum* 214,6; 215,2; *kastron* = *castrum*

228,12; *kourator* = *curator* 199,11; 236,24; 237,2, um nur einige Beispiele zu nennen.

92 Achmet reiht die Fragen gewöhnlich in die thematisch entsprechenden Kapitel ein; sie sollen beispielhaft seine Deutungen bestätigen. Es sind zwölf Fragen an den Traumdeuter, die über das Buch verteilt sind und alle den menschlichen Lebensbereich betreffen.

93 Der Kalif Mamun, der das Reich von 813–833 regierte, machte die Hauptstadt Bagdad zu einem Anziehungspunkt von Kunst und Wissenschaft. Er scheute keine Geldausgaben, um griechische Gelehrte an seinen Hof zu ziehen, ohne an ihrem christlichen Bekenntnis Anstoß zu nehmen. Er gründete in Bagdad das ‚Haus der Weisheit‘, einen Mittelpunkt der Gelehrsamkeit. Der Legende nach gab ihm ein Traum den Anstoß zu dieser Gründung; ihm sei der Geist des Aristoteles im Traum erschienen und habe ihm versichert, daß zwischen Vernunft und Religion kein Widerspruch bestünde, vgl. D. Stewart: ‚Die Frühzeit des Islam‘, Time-Life international, 1968, S. 121.

94 Langes, schönes Haar ist nach Artemidor 1,18 (26,20) besonders für einen Priester, für einen König und hohen Beamten glückbringend. Auch diese Auslegung erklärt sich aus der alten Vorstellung, daß im Haar der Sitz der Kraft und der Seele zu sehen ist. Das gilt gewiß für die Zeiten, in denen der König noch Zauberkönig war und die Funktion des späteren Priesters besaß.

95 Zum Bild vgl. Ps 7,4: „Er (Gott) unterwirft uns Völker und zwingt Nationen unter unsere Füße.“

96 Achmets Auslegung geht auf die weit verbreitete Sitte zurück, sich bei einem Todesfall zum Zeichen der Trauer das Haar zu scheren, vgl. ebenda 7,25; 15,16; 20,24; 217,25. Bei Artemidor 1,22 (29,16) heißt es: „Wenn sich einer schert, der nicht selbst von der Zunft ist, sagt es ihm Trauer um Verwandte oder einen plötzlichen Schicksalsschlag voraus, der große Leiden mit sich bringt. Denn Menschen, die vom Unglück heimgesucht sind, pflegen sich selbst das Haar abzuscheren.“

97 Achmet bringt die Traumgesichte fast durchweg in der Vergangenheit. Der Übersetzer hat sich aus stilistischen Gründen die Freiheit genommen, zwischen Gegenwarts- und Vergangenheitstempus zu wechseln.

98 Die Byzantiner bezeichneten sie als *mesoi* (= Mittelständler); sie bildeten in dem soziologischen Gerüst von Byzanz das Bindeglied zwischen den Herrschenden und der *misera plebs*. Zu ihnen gehörten die größeren Kaufleute, mittlere Grundbesitzer und Angehörige freier Berufe.

99 Griech. *galaion*, ein unbekannter Duftstoff; neugriech. = Bisam, Moschus.

100 Wortspiel: *euodein* = gut riechen, *euodiazein* = in guten Gang setzen, gut leiten. In der damaligen Aussprache wurden Spiritus und Längen nicht mehr gesprochen (ō= ho).

101 Wohl- oder üble Gerüche spielen bei Achmet eine wichtige Rolle, z. B. 10,20 ff.; 20,5; 62,6; 82,24 u. ö. Den alten Orientalen und ihren Nachbarvölkern waren Wohlgerüche nicht nur Genußmittel, sondern Lebensbedürfnis. Teils in flüssiger Form, teils als Räucherwerk waren sie

im Privatleben wie im religiösen Kult von großer Wichtigkeit. Im Fastenmonat Ramadan war der Gläubige verpflichtet, sich auch des Parfüms zu enthalten. Über die Symbolik des Wohlgeruchs im AT und bei den Kirchenvätern s. D. Forstner, a. a. O., S. 229 f.

102 Proedros ohne Zusatz ist in der alten Kirche oft nur eine Umschreibung für Bischof, s. H.-G. Beck: ‚Kirche und Theologische Literatur im byzantinischen Reich‘, Hdb. d. Altertumswiss. 12,2,1, S. 69.

103 Nach Celsus (Buch II, Kap. 11), der zur Zeit des Tiberius eine lateinische Enzyklopädie schrieb, von der nur die acht Bücher über Medizin erhalten sind, gibt es zwei Arten Schröpfköpfe, bronzene und aus Horn gefertigte. Sind solche nicht zur Hand, könne man auch einen kleinen Becher oder ein Töpfchen mit enger Mündung ganz gut zu diesem Zweck brauchen.

104 Im Volksglauben der Antike ist der Fremde gleichbedeutend mit dem Feind. Im Lateinischen haben sowohl *hostis* = Feind wie *hospes* = Gast, der Fremde, dieselbe Wurzel *hos-*. Weitere Beispiele bei Achmet: 42,3; 151,11; 158,17; 175,22; bei Artemidor: 1,44 (50,16); 1,76 (82,3); 1,79 (96,9); 2,27 (149,19).

105 Eine Quelle ersten Ranges für unsere Kenntnisse von der byzantinischen Provinz und vom Tun und Treiben der einfachen Leute ist das sogenannte Strategikon des Generals Katakalon Kekaumenos, das um die Mitte des 11. Jahrhunderts erschien. Es handelt sich um sprachlich bescheidene Ratschläge an seine Söhne. Im Kapitel 125 heißt es: „Laß dir dreimal im Jahr zur Ader, im Februar, im Mai und im September . . ., und damit soll's genug sein. Ist aber eine Krankheit im Spiel, dann ist jede Zeit (zum Aderlaß) die richtige", s. H. G. Beck: ‚Vademecum des byzantinischen Aristokraten‘, Graz [2]1964, S. 97.

106 Zahlreich sind die Stellen, an denen bei Achmet Blut = Geld und Vermögen bedeutet, z. B. 51,10; 61,2 ff., 16 ff.; 63,6 ff.; 91,20. Nach Artemidor 1,33 (42,6) ist die Beobachtung bereits von den alten Weisen gemacht worden. Auch im indischen Traumschlüssel begegnet man immer wieder der Gleichsetzung von Blut und Geld. Alle diese Auslegungen beruhen letzten Endes auf der Vorstellung, daß das Blut der Stoff ist, der das Lebensprinzip verkörpert; s. auch Lev 17,11.14.

107 Der byzantinische Aristokrat Kekaumenos warnt seinen Sohn: „Scherze mit keinem Dummkopf; er wird übermütig werden und dich womöglich am Bart packen. Denk nur, was das für eine Schande wäre", s. H. G. Beck: ‚Vademecum‘, S. 111. Bei Artemidor 1,30 (37,9) lesen wir: „Schaut man, wie ein Bart ausfällt oder abgeschoren oder von jemand gewaltsam ausgerissen wird, so zeigt es den Tod von Blutsverwandten und obendrein Schaden und Schande an." In seiner Mahnrede an den Kaiser rät der General Kekaumenos, Pflichtversäumnisse der Offiziere mit Bart- und Haarschur zu bestrafen, s. H. G. Beck, a. a. O., S. 148.

108 Äußerlich unterschied sich der Byzantiner vom Römer vor allem durch seinen Bart, der vom 7. Jahrhundert an allgemein getragen wurde. Für die Lateiner waren die Bärte der Rhomäer ebenso ein

Gegenstand von Spötteleien wie für die Byzantiner die westliche Mode, sich glatt zu rasieren, vgl. A. P. Kashdan, a. a. O., S. 22.

109 Der Verfall des Volksheeres und die ständige Kriegsgefahr, besonders an den Grenzen, zwang das Byzantinische Reich dazu, in großem Umfang Söldner aus den verschiedenen Völkern anzuwerben. Die einheimische Bevölkerung empfand jedoch Abneigung gegen die Söldnertruppen, denn man sah in ihnen in erster Linie Fremdlinge, die der griechischen Zivilisation feindselig gegenüberstanden.

110 Es ist merkwürdig, daß die Frage über den wilden Weinstock an dieser Stelle behandelt wird, und zwar in allen Handschriften einschließlich der lateinischen Übersetzung des Leo Tuscus; dabei kommt Achmet 108,5 in dem entsprechenden Zusammenhang auf den Weinstock zu sprechen.

111 Der Weinstock bzw. die Trauben als Symbol der Frau erscheinen bei Achmet noch 108,5 ff.; 110,13 ff.; 157,17 ff. Nach Artemidor 1,73 (79,12) sind Weintrauben sowohl außer der Zeit als auch während der Reife segenbringend, meistenteils bescheren sie Gewinn von oder durch Frauen.

112 In Byzanz wurden aus Äthiopien vor allem Gold, Smaragde und Sklaven eingeführt.

113 Das Beiwort ‚siegreich‘ (griech. *tropaiouchos*) erinnert an die Zurufe des Beifalls oder von Glückwünschen (Akklamationen), die bei der Kaiserwahl, -krönung, bei jedem Gang des Kaisers zur Kirche, bei Staatsfeiern usw. erschollen. Bei der Krönung Leos I. (457–474) rief man z. B. „*Imperator Caesar Leo*, Sieger und immer *Augustus*", s. K. Wessel: ‚Die Kultur von Byzanz‘, Frankfurt a. M. 1970, S. 82. Andere schmückende Beiwörter, die in den Kaiserreden ständig wiederkehren, sind: glorreich, heroisch, unbesiegbar, göttlich usw.

114 Nach Artemidor 1,70 (76,21); 3,23 (213,18) verheißt der Genuß von Menschenfleisch höchstes Glück. Er fügt nach seiner Gewohnheit eine Erklärung hinzu, eine rationalistische: „Irgendwie leben die einen von der Substanz der anderen, wenn sie sich wechselseitig nützen." Der Deutung liegt aber zweifellos noch ein Rest der archaischen Vorstellung von Anthropophagie zugrunde, wie sie uns durch zahlreiche Beispiele aus dem Leben primitiver Völker bekannt ist. Deren tieferer Sinn liegt offenbar in dem Wunsch, das *Orenda* und die körperlich-seelische Kraft auf den das Fleisch Verzehrenden zu übertragen.

115 Das Verzehren rohen Fleisches kündigt, wie Artemidor 1,70 (76,19) ausführt, in keinem Fall etwas Gutes an; es bedeutet den Verlust eines Teils von unserem Hab und Gut, weil unsere Natur rohes Fleisch nicht verträgt.

116 Das Horn ist in Anlehnung an seine Bedeutung im Tierreich Symbol für Stärke, Macht und Gewalt, auch im geistigen Sinn. So heißt es bei Achmet 51,18: „Hörner versinnbildlichen Ämter und Würden"; entsprechend 172,2; 178,15; 195,27; 227,5. Dionysos oder auch Alexander der Große wurden daher häufig mit Hörnern dargestellt. Der israelitische Opferaltar trug Hörner in den vier Himmelsrichtungen zum Zeichen der Allmacht Gottes.

117 Vgl. Artemidor 1,2 (9,22): „Daß aber ein Mensch aus kleinen Verhältnissen

ein Gesicht über große Staatsaktionen erhält, ist unmöglich. Denn es ist gegen die Vernunft, weil diese Traumgesichte persönlicher Natur sind und sich nur für die Träumenden erfüllen, ausgenommen, es schaute sie ein Herrscher, ein hoher Beamter oder einer von den Mächtigen." Achmet erwähnt nur den Mächtigen vorbehaltene Träume noch 30,2; 66,10; 98,16; 137,23; 199,25.

118 *Nomismata*, Einzahl *Nomisma*, lateinisch *solidus*; griechische Standardgoldmünze, die etwa 4,5 g Gold enthielt. Das Nomisma war unterteilt in 12 *Miliaresia* aus Silber, diese wiederum in 12 *Pholleis* aus Kupfer. Byzanz verdankte seine bis zum 12. Jahrhundert herrschende Stellung im Welthandel nicht zuletzt der von Konstantin dem Großen geschaffenen Goldmünze, die als konstanter Relationswert für das übrige Silber- und Kupfergeld diente. Was heute der Dollar ist, das war im Europa des Mittelalters das *Nomisma*. Seit der Komnenen-Zeit (1081–1185) und besonders unter den Palaiologen (1259–1453) wurde die Praxis der Münzverschlechterung immer häufiger; schließlich besaß die Goldmünze nur mehr ein Drittel ihres ursprünglichen Wertes.

119 Ebenso Achmet 37,1. Seine Formulierung ähnelt auffällig der Artemidors 1,31 (37,17): „Man hat den Mund als ein Haus, die Zähne als die Menschen im Haus aufzufassen."

120 Achmet gebraucht an dieser Stelle das Wort *horama*. Nach Macrobius (um 400 n. Chr.), der uns eine Einteilung der Träume überliefert, die weitgehend mit der Artemidors übereinstimmt, s. 1,2 (6,13), versteht man unter *horama* eine Vision, ein Traumgesicht, das die Zukunft unmittelbar offenbart. Achmet gebraucht den Ausdruck synonym mit *onar* (1,4.17), *horasis* (2,7) und *oneiros* (2,14.19).

121 Überfüllte Blasen und Reizzustände der Harnröhre führen bekanntlich zu recht typischen Träumen. Im ersten Fall sind es Traumbilder von Wasser, Flüssen, Überschwemmungen, im letzteren überwiegend sexuelle Träume, s. W. v. Siebenthal: ‚Die Wissenschaft vom Traum', Berlin-Göttingen-Heidelberg 1953, S. 168 ff.

122 Mohammed verfocht im Laufe seiner Auseinandersetzung mit den Juden und Christen die These, daß der Erzvater Abraham als Vertreter des reinen Gottesglaubens mit seinem Sohn Ismael zusammen den Kaabakult in Mekka gestiftet habe. Mohammed identifizierte den Islam mit dem Glauben Abrahams und beanspruchte so für sich und seine Religion die Priorität gegenüber der jüdischen und christlichen.

123 Wortspiel: *apoballein* = ausscheiden, *apobole* = Verlust, Einbuße.

124 Die Parallelsetzung von Erde = Frau ist echt volkstümlich und in antikem Denken immer lebendig gewesen. Auch Artemidors Deutungen sind ein Beleg dafür, z. B. 1,51 (58,10); 1,79 (92,23); 1,79 (93,26).

125 Wie bei Artemidor stehen bei der Deutung der menschlichen Körperteile zwei Prinzipien im Vordergrund: 1. die anthropomorphe Auffassung der Körperteile, d. h. die Gleichsetzung einzelner Glieder mit Sohn, Tochter, Knecht usw. Paarige Körperteile werden dabei meist mit Schwestern, Brüdern, Töchtern, Kindern usw. gleichgesetzt. 2. der Vergleich des menschlichen Körpers mit einem Haus und umgekehrt.

126 Mt 11,15: „Wer Ohren hat, der höre." Vgl. auch Mt 13,9.43; Mk 4,9; 4,23; 7,16; Lk 8,8; 14,35.

127 Die dramatische Dichtung, ebenso die lyrische Poesie, spielen zu Achmets Zeiten kaum noch eine Rolle, eine Erscheinung, die schon für den späten Hellenismus, an den Byzanz anknüpft, charakteristisch ist. Die Tragödie fristet nur im Vortragssaal noch ein bescheidenes Leben.

128 Die Bedeutung des Wortes *archon* (= Gebieter, Beamter) ist im Einzelfall verschieden, s. Drexls Index s. v. Die Archonten sind wohl die höchsten Militär- und Zivilbeamten, Würdenträger, Mitglieder des kaiserlichen Consistoriums.

129 Artemidor 1,56 (63,10): „Auf einer Harfe oder einer Kithara spielen ist wegen der Harmonie der Töne in bezug auf eine Heirat und eine Gemeinschaft von guter, für alle anderen Unternehmungen dagegen von übler Vorbedeutung und führt wegen des Spannens der Saiten zu Streitigkeiten … Das Singen unter Kitharabegleitung hat man genauso auszulegen." Bei Achmet überwiegt die üble Vorbedeutung: 82,23; 217,17.24.

130 Vgl. Mt 6,22 f.: „Das Auge gibt dem Körper Licht. Wenn dein Auge gesund ist, dann wird dein ganzer Körper hell sein. Wenn aber dein Auge krank ist, dann wird dein ganzer Körper finster sein." Vgl. auch Lk 11,34 f. In der Heiligen Schrift werden die Augen zum Bild der Gotteserkenntnis, des Glaubens, der Erleuchtung und des prophetischen Geistes, s. D. Forstner, a. a. O., S. 488 f.

131 Vgl. Artemidor 1,26 (34,4): „Träumt jemand, er sei bloß auf einem Auge blind, so trifft das Angedeutete nur teilweise und sozusagen nur zur Hälfte zu."

132 Es handelt sich um eine Augenschminke. Das Wort leitet sich von dem arabischen *kuhl* (syrisch *kuhlâ*) her, wie als erster S. Fraenkel gesehen hat: Byz. Zt. 3, 1894, S. 155 Nr. 4. In der Bedeutung ‚Schminke' (= *stimmi, stibium*) kommt es bei Eustathios ad Iliad. 8,545 vor, s. J. E. Kalitsunakis: ‚Mittel- und neugriechische Erklärungen bei Eustathios', Berlin 1919, § 245. *Stimmi* ist ein Spiegelglaserz, das gebrannt und in Pulverform von den Frauen auf Augenbrauen und Augenwimpern gestrichen wurde, um dem Gesicht einen lebhafteren Ausdruck zu geben.

133 Vgl. Artemidor 1,26 (32,13): „Die Augen gleichen den Kindern, weil sie uns lieb und teuer sind und dem Menschen als Wegweiser und Führer dienen, wie die Kinder den ergrauten Eltern." Der Augapfel wird im AT als Bild derer gebraucht, die Gott besonders schützen will, s. D. Forstner, a. a. O., S. 488. Vgl. auch den spanischen Ausdruck *la niña del ojo* (= Pupille und figürlich Augapfel für Kinder).

134 Griech. *orthodoxos*. Seit dem Konzil von Konstantinopel (381) mußte der Kaiser orthodoxer Christ sein. Vor der Wahl Anastasios' I. rief das Volk 491 der Kaiserin-Witwe Ariadne zu: „Viele Jahre der Kaiserin! Einen orthodoxen Kaiser der Oikumene!", s. *de caerimoniis* I. 92: 418,19 f. Bonn; O. Treitinger, a. a. O., S. 47. Trotz der unabdingbaren Forderung, der Kaiser habe rechtgläubig zu sein, führte ein Mangel an Rechtgläubigkeit nie zur Absetzung eines Kaisers. Über das Begriffs-

feld ‚Orthodox‘ und ‚Orthodoxie‘ vgl. H. G. Beck: ‚Das byzantinische Jahrtausend‘, München 1978, S. 87.

135 Aus der byzantinischen Geschichte sind viele Blendungen bekannt; diese und Körperverstümmelung hatten zumeist politische Gründe und waren oft mit öffentlicher Diffamierung verbunden. Die Kaiserin Eirene ließ ihren Sohn Konstantin VI., der sich mit Unterstützung der Armee gegen seine Mutter erhoben hatte, um sich aus deren Bevormundung zu befreien, blenden, s. Theophanes Homologetes, *chronographia* 1,472,15 De Boor. Der byzantinische Kaiser Romanos IV. Diogenes (1067–1071), der in der Schlacht bei Mantzikert gegen die Seldschuken eine schwere Niederlage (1071) erlitt, wurde nach seiner Rückkehr aus der Gefangenschaft von den politischen Gegnern in Konstantinopel geblendet.

136 Griech. *hoi oikeioi; oikeios* ist häufig Ersatz für das Possessivpronomen, so auch bei Achmet, z. B. 11,21; 51,4; 225,26; 227,16; es kann aber auch jedes Vertrauensverhältnis bezeichnen, an unserer Stelle wahrscheinlich Leute, die in einem besonderen Treueverhältnis zum Kaiser stehen (lat. = *homines imperatoris*), das die normalen Bindungen des Untertanen an den Herrscher übersteigt, s. J. Verpeaux: *‚Les oikeioi‘*, in: *‚Revue des études byzantines‘* 23, 1965, S. 89 ff.; H. G. Beck: ‚Byzantinisches Gefolgschaftswesen‘, in: ‚Ideen und Realitäten in Byzanz‘ (Gesammelte Aufsätze), London 1972, XI, S. 3 ff. Im gleichen Sinn fasse ich Achmet 100,14; 185,19 auf.

137 Nach Artemidor 1,25 (32,3) sind buschige, glänzende Augenbrauen für jedermann glückbringend, kahle Augenbrauen zeigen Unheil an, vgl. Achmet 35,14. Wie die Augen den Kindern gleichen, so auch bei Achmet die Augenlider und Augenbrauen, s. 34,25; 35,3.15.

138 S. Anm. 202.

139 Eine gesunde, fleischige Stirn bringt nach Artemidor 1,23 (30,7) jedem Glück, während eine durch Wunden entstellte oder kränkliche Schande und Schaden offenbart, vgl. Achmet 36,6.

140 Vgl. Artemidor 1,27 (35,21): „Eine schöne, wohlgeformte Nase haben ist für jedermann ein gutes Vorzeichen: es bedeutet großes Einfühlungsvermögen, Weitblick in den Unternehmungen und Verkehr in den besten gesellschaftlichen Kreisen; denn durch die Nase ziehen die Menschen bessere Luft ein und profitieren dadurch.“

141 Die Deutung von Zahnausfall auf den Tod einer Person findet sich schon bei den Ägyptern, ferner bei Artemidor 1,31 (38,5), im indischen Traumschlüssel und im Talmud. In der Psychoanalyse werden Zahnträume vorwiegend sexuell gedeutet, doch ist der Zahn kein reines Sexualsymbol, sondern kann die gesamte Lebenssituation des Träumenden treffend darstellen, s. W. v. Siebenthal, a. a. O., S. 372 ff.

142 Bei Artemidor 1,31 (39,19) gilt die Regel: „Wenn einige Zähne sich vermehren oder ihre Größe verändern, kündigt es durch den Verlust des Ebenmaßes Zwietracht im Haus des Träumenden an.“ Nach derselben Regel urteilt Achmet 38,22; 40,22; 41,16.

143 Vgl. Artemidor 1,32 (40,22): „Eine gleichmäßig geformte, dem Mund

246

angepaßte Zunge haben und klar und deutlich sprechen ist für jedermann von guter Vorbedeutung, während Nicht-sprechen-können oder eine gebundene Zunge Stockung der Geschäfte und Armut bedeuten."

144 Die Schreibstube im kaiserlichen Palast, in der die Reinschriften der Urkunden hergestellt wurden, umfaßte eine Anzahl Schreiber, die unter der Leitung eines besonderen Beamten, griech. *protasekretis*, standen, s. F. Dölger: ‚Byzantinische Diplomatik‘, S. 25.

145 Während das Traumbuch Artemidors uns einen umfassenden Einblick in die damalige Gesellschaft mit all ihren Schichten und Berufen bietet, ist die soziale Gliederung, die Achmet in seinem Buch aufzeigt, äußerst knapp und summarisch. Daß in dieser Gliederung der Soldat des öfteren genannt wird (z. B. 42,23; 48,18; 58,11; 113,7; 191,28 usw.), spricht für dessen Stellung und Wichtigkeit in der damaligen Zeit. Dank der materiellen Unterstützung seitens der Kaiser, u. a. durch die Ansiedlung in Soldatengütern, bildeten die Soldaten eine gesellschaftlich wie wirtschaftlich bedeutende Zwischenschicht zwischen dem Provinzadel und den freien Bauern, s. F. Dölger: ‚Beiträge zur Geschichte der byzantinischen Finanzverwaltung, besonders des 10. und 11. Jahrhunderts‘, Darmstadt 1960, S. 64.

146 Zur Deutung vgl. Anm. 44.

147 Mit einem Kleid beschenkt zu werden (griech. = *himatismos*), kam einer besonderen Ehrung gleich, zumal wenn der Kaiser es spendete, z. B. Achmet 117,11. Die Versorgung mit Kleidern gehörte in Byzanz neben der mit Lebensmitteln und Bargeld zur Entlohnung der Staatsbeamten. Der italienische Gesandte Liutprand war Zeuge, wie Konstantin VII. in einer Zeremonie in den Tagen vor Palmsonntag Titelträgern Gehälter auszahlte und Zeremoniengewänder übergab, s. Liutprand, ‚*Antapodosis*‘ (ed. J. Becker in den MGH, ‚*Scriptores rerum Germanicarum*‘ 1915), S. 157 f.

148 Artemidor 1,34 (43,9): „Irgendwie hängt vom Kopf und vom Hals das Wohlbefinden des ganzen Menschen ab; sind diese gesund, ist es auch der betreffende Mensch, sind sie es nicht, ist er krank und schwach."

149 Für Artemidor gilt die Faustregel, daß man alles günstig beurteilen muß, was im Einklang mit Natur, Gesetz, Sitte, Kunst und Zeit ist, ungünstig dagegen, was dem widerspricht, s. 1,3 (11,7). Der dem griechischen Denken so eigene Gedanke des richtigen Maßes lebt auch in Achmets Auslegungen weiter, wenn er an unserer Stelle den Gesichtspunkt des Ebenmaßes betont. Hierher gehört auch Achmet 17,22; 23,13; 35,22.

150 Vgl. Anm. 88.

151 Die griechische Überlieferung ist unsicher. Ich folge Drexl, der *choiras* = angeschwollene und verhärtete Drüse am Hals (Kropf) liest, s. F. Drexl: ‚Studien zum Text des Achmet‘, in: Byz. Zt. 33, 1933, S. 16.

152 Griech. *pandemos*. Die Griechen unterschieden die Aphrodite Urania (= Göttin der himmlischen Liebe) von der Aphrodite Pandemos (= Göttin der käuflichen Liebe). Die letztere ist nach Artemidor 2,37 (171,13) Gauklern, Schauspielern aller Art und Hetären von guter Vor-

bedeutung, ehrbaren Hausfrauen dagegen prophezeit sie Schande und Schaden.

153 Griech. *myes*, lat. *musculi* = Mäuschen, weil Muskeln wie eine laufende Maus zucken.

154 Der Arm ist Symbol der Kraft, der Macht. Indische Gottheiten besitzen mehr als zwei Arme zum Ausdruck ihrer Allmacht. Jo 12,38 zitiert das Wort des Propheten Jesaja: ,,Und der Arm des Herrn – wem wurde seine Macht offenbar?"

155 An dieser wie an den folgenden durch das Zeichen . . . markierten Stellen ist der griechische Text lückenhaft bzw. verderbt.

156 Daß die bessere rechte Seite auf das männliche Geschlecht, die schlechtere linke dagegen auf das weibliche bezogen wird, beruht, wie schon vielfach hervorgehoben worden ist, auf der Tatsache, daß die rechte Körperseite stärker und entwickelter ist als die linke, s. A. Gornatowski: ,Rechts und links im antiken Aberglauben', Diss. Breslau 1936, S. 44; 47 f.; 52; Cl. Blum: ,*Studies in the Dream-Book of Artemidorus*', Diss. Uppsala 1936, S. 102 ff. S. auch Achmet 59,7 und Anm. 189.

157 Achmets Einteilung hat das byzantinische Stundengebet zum Vorbild. Dieses umfaßte das Mitternachtsoffizium, das Morgenoffizium oder den *Orthros* (Achmet 45,18) und die eigentlichen Horen, nämlich die *Prote* (Prim), die *Trite* (Achmet 45,19) oder Terz, die *Hekte* (Achmet 45,20) oder Sext und die *Enate* (Achmet 45,20) oder Non. Das abendliche Lichtoffizium heißt *Hesperinos* (Achmet 45,21) und entspricht der Vesper, vgl. H. G. Beck: ,Kirche und Theologische Literatur im byzantinischen Reich', S. 250. Zu denken ist auch an das *salat*, das rituelle Gebet der Moslems; es wurde fünfmal täglich gesprochen: bei Tagesanbruch, am Mittag, zu Beginn des Nachmittags, bei Sonnenuntergang und am Abend. Jedem rituellen Gebet gehen im Islam Waschungen voran, die nach einer liturgischen Ordnung und mit bestimmten Gesten vollzogen werden.

158 Wie die Nachtwachen in vier gleiche Teile zu je drei Stunden eingeteilt wurden, so teilte man auch den Tag in vier weniger gleiche Teile und rechnete von sechs Uhr morgens bis sechs Uhr abends zwölf Stunden.

159 Nach Artemidor 1,42 (48,14) wird derjenige, der im Traum eine Hand eingebüßt hat, eine von den Personen verlieren, die durch sie bezeichnet werden, nämlich Sohn, Vater, Freund, Gattin, Sklavin usw.

160 Wenn bei Achmet die Nägel Macht und Reichtum bedeuten, ihr Verlust sogar baldigen Tod (46,27), so spricht daraus die bekannte Anschauung, daß man in den Nägeln, ähnlich wie im Haar, den Sitz der Kraft und des Lebens sah. Und wenn Artemidor 1,22 (29,19) sagt, es bedeute Schaden, an den Nägeln beschnitten zu werden, so ist auch für diese Auslegung die obige Vorstellung maßgebend. Zu seiner Erklärung, man pflege auch in der Umgangssprache von einem Menschen, der auf einen Betrüger hereingefallen ist, zu sagen: ,,Dem wurden die Nägel beschnitten", vgl. den französischen Ausdruck *,,rogner les ongles à quelqu'un"*.

161 Griech. *psichion;* das Wort, das von allen griechischen Handschriften überliefert ist, findet sich nirgends belegt. Nach Drexl (Studien, S. 16)

bezeichnet man auf Kreta, Mytilene usw. mit *he psicha* das Fleisch der Fingerspitzen. Das Wort an unserer Stelle wäre dann als Diminutivum aufzufassen.

162 Gewissermaßen ein Tugendkatalog, an dem der Kaiser gemessen wird. Vor allem verlangte man von den Kaisern Schenkfreudigkeit bis zum Übermaß; diese erwarteten die Reichen ebenso wie die Bettler. Sparsamkeit als Zeichen vernünftiger Finanzwirtschaft konnte selbst den besten Kaiser in kurzer Zeit unbeliebt machen. Bei der Wahl Anastasios' I. (491) erscholl die Akklamation: „Basileus im Himmel, gib uns auf Erden einen freigebigen Basileus!"

163 Vgl. Artemidor 1,41 (47,4): „Eine gesunde, heile Brust ist ein gutes Vorzeichen." Ferner 47,8: „Glückbringend sind auch Frauenbrüste, wenn sie keinerlei Spuren von Krankheit zeigen. Werden sie dazu noch größer, ohne ihr Ebenmaß und ihre Anmut zu verlieren, verheißen sie Zuwachs an Kindern und Sklaven."

164 Nach Artemidor 1,43 (50,1) hat man die Hüften, den Unterleib und die ganze Körperpartie bis zu den Leisten als Symbol der Körperkraft und des Vermögens aufzufassen. Ein Leiden an diesen Körperteilen prophezeit folglich einerseits dem Körper Krankheit, andererseits kümmerliche Lebensverhältnisse.

165 Über die Weissagung aus dem Schulterblatt (griech. *omoplates*) schrieb der byzantinische Polyhistor Michael Psellos (1018–1079) einen Traktat. Bei dieser Art von Divination löste der Wahrsager das Schulterblatt eines geopferten Schafes oder Lammes aus dem Kadaver, briet es, entblößte den Knochen von allem Fleisch und las aus dem Schulterblatt die Zeichen für den Ausgang dessen, wonach die Leute fragten. Die Zeichen bestanden in verschiedenartigen Färbungen des Schulterknochens, s. Th. Hopfner: ‚Realencyclopädie der classischen Altertumswissenschaft' Bd. 18, 1, S. 382 f.; G. A. Megas in: ‚*Laographia*' 9, 1926, S. 3 ff. Nach Hopfner wird diese Divinationsart auch heute noch auf dem Balkan geübt.

166 Die Ehescheidung, die nach dem Vorbild des römischen Rechts noch bis zum 6. Jahrhundert auf Grund gütlicher Übereinkunft (*divortium ex consensu*) vollzogen werden konnte, war später nur noch unter ganz bestimmten, gesetzlich festgelegten Voraussetzungen zulässig. Das byzantinische Recht tolerierte nur eine zweite Ehe und drohte jedem, der ein drittes Mal heiratete, eine Kirchenstrafe an. Welche Folgen diese Bestimmung haben konnte, zeigt das Beispiel Leons VI. Dem Kaiser starben seine ersten drei Frauen hintereinander weg, ohne ihm einen Thronfolger zu schenken. Sein Kampf um die Legitimierung seiner vierten Ehe und des aus ihr hervorgegangenen Sohnes löste den berüchtigten Tetragamiestreit aus, in dessen Verlauf der Kaiser den damaligen Patriarchen absetzte und an dessen Stelle einen neuen, ihm willfährigen ernannte. Zum byzantinischen Eherecht vgl. H. Hunger: ‚Christliches und Nichtchristliches im byzantinischen Eherecht', in: ‚Byzantinistische Grundlagenforschung' (Gesammelte Aufsätze), London 1973, S. 305 ff.

167 Vgl. Artemidor 1,44 (50,10): „Träumt man, sein Leib sei aufgeschnitten und man erblicke seine Eingeweide, jedes natürlich gewachsen und in der richtigen Lage, so ist das für einen Kinderlosen und einen Armen ein gutes Vorzeichen; der eine wird eigene Kinder, der andere Hab und Gut zu Gesicht bekommen. Denn die Kinder nennt man Eingeweide wie sein Inneres, und wie das Haus Hab und Gut birgt, so sind die Eingeweide zwischen den Hüften geborgen."

168 Die Anschauung von der Leber als Lebensprinzip war schon bei den Völkern des Alten Orients lebendig. Bei Artemidor 1,44 (51,4) bedeutet sie u. a. die Lebenskraft.

169 Griech. *hepatopneumon*; der Ausdruck ist nirgends belegt; nach Drexl ist er heute noch im Neugriechischen (auf Kreta) nachweisbar, s. ‚Studien', S. 16.

170 In der ‚Ilias' (24,212) wünscht sich Hekabe als Rache für ihren erschlagenen Sohn die Leber des Achilleus zu essen. Prometheus, der den Göttern das Feuer gestohlen hatte, wurde zur Strafe an einen Felsen im Kaukasus gefesselt; ein Adler fraß täglich an seiner Leber, die immer wieder nachwuchs.

171 Diese Theorie findet sich schon in den von Hippokrates von Kos (um 460–370 v. Chr.) selbst herrührenden oder im Sinne seiner Lehre verfaßten Schriften. So erklärt der Verfasser von *de anatome*, daß die an sich kalten Lungen dazu dienen, die kalte Luft aufzunehmen und das Herz abzukühlen, s. H. Haeser: ‚Lehrbuch der Geschichte der Medicin', Jena 1875, S. 136 ff. Auch nach Platon dienen zur Abkühlung des Herzens die schwammartig durchlöcherten Lungen, die sowohl die Luft als auch das Getränk aufnehmen, s. H. Haeser, a. a. O., S. 212.

172 Das Herz bedeutet nach Artemidor 1,44 (50,25) die Ehefrau des Träumenden bzw. den Ehemann, wenn eine Frau träumt, weil es der Mittelpunkt unseres Lebens ist, ferner den Mut und den Lebensatem.

173 Nach Artemidor 1,33 (43,1) sagt das Ausscheiden der eigenen Gedärme oder Eingeweide Mann und Frau den Tod von Kindern voraus; vgl. auch lat. *viscera* = Eingeweide, Kinder.

174 Wie jedes mittelalterliche Landgut bestand das byzantinische aus Herren- und Bauernland. Die privaten Bauern hießen *paroikoi* (= Beisassen). Sie schuldeten ihren Herren die Grundrente, die als Arbeits-, Natural- und Geldrente entrichtet wurde.

175 Der wenig schmeichelhafte Vergleich, der die Truppen mit lästigen Würmern identifiziert, spiegelt das ganze Dilemma wider, dem sich die byzantinischen Kaiser gegenübersahen. Der Zwang, das Reich gegen zahlreiche Feinde zu verteidigen, nötigte sie, eine schlagkräftige Armee aufzustellen, die kostspielig zu unterhalten war, s. auch Achmet 62,20.
Der schon zitierte General Kekaumenos gibt in seiner Mahnrede an den Kaiser Kap. 241 diesem den Rat, nur ja auf die gute Besoldung der Soldaten bedacht zu sein, da sie sonst revolutionieren: „Sorge dich ganz besonders um deine Truppen. Kürze ihnen den Sold nicht . . . Die nichtgriechischen und griechischen Garden sollen dabei nicht zu kurz

kommen . . . Sei freigebig ihnen gegenüber, dann werden sie nicht gegen dich konspirieren. Kommen sie zu kurz, dann werden sie den Wunsch haben, sich dorthin zu wenden, wo sie satt bekommen . . ., und freiwillig werden sie sich nicht mehr in deinen Dienst begeben . . .", s. H. G. Beck: ,*Vademecum*', S. 137 f.

176 Zu der Auslegung Menschenfleisch = Reichtum und Geld vgl. den bei Artemidor 5,42 (311,4) erzählten Traum.

177 Missetäter, Männer oder Frauen, die an den Pranger gestellt werden sollten, wurden zuvor geschoren und mit Ruß oder Pech beschmiert und verunstaltet, ein Brauch, der in Griechenland in der Neuzeit noch lange geübt wurde, s. Ph. Koukoules, a. a. O., Bd. 3, S. 195.

178 Die Gelbsucht, griech. *ikteros*, ist nach dem gleichnamigen Vogel (= Goldamsel) genannt, weil dieser eine gelbe Farbe hat oder weil nach Plinius' ,*Naturalis historia*' 30, Kap. 28 durch den Anblick dieses Vogels die Krankheit geheilt sei, worauf aber der Vogel sterbe.

179 Die Aufpfählung war eine der grausamen Hinrichtungsarten, wie sie in Byzanz üblich waren.

180 Die Kreuzigung bringt nach Artemidor 2,53 (183,8) einem Armen Glück, weil der Gekreuzigte erhöht ist (= Achmet 54,24.25) und viele Vögel nährt. Übrigens ließ Konstantin der Große schon im Jahr 315 die Kreuzigungsstrafe in Byzanz abschaffen.

181 Drexl läßt mit diesem Satz ein neues Kapitel beginnen, dessen Überschrift er ergänzt. Die beiden Abschnitte 91 und 92 sind aber so fest durch *kai* (= und), das Drexl streicht, verbunden, daß sich eine Trennung erübrigt. Das entspricht auch der handschriftlichen Überlieferung; vgl. zur Textgestaltung K. Latte in: ,Gnomon' 2, 1926, S. 416; De Falco: Byz. Zt. 27, 1927, S. 114.

182 Alle Handschriften überliefern als Überschrift dieses Kapitels ,Über die Hüften und Nieren'. Darüber handelte offensichtlich auch die Quelle, die Achmet benutzt hat. Er übernahm die Überschrift, wählte dann aber nur den Teil aus, der über die Hüften handelt. Drexl hat die Worte „und Nieren" gestrichen. Vgl. auch die Kapitelüberschrift 267.

183 Vgl. Anm. 164.

184 S. Artemidor 1,45 (51,14): „Das männliche Glied gleicht den Kindern, weil es deren Ursache ist, ferner bedeutet es Körperstärke und Mannesmut, weil es auch deren Urheber ist."

185 In dem ältesten Traumbuch, das uns in einem ägyptischen Papyrus erhalten ist, aus der Zeit der 12. ägyptischen Dynastie (2000–1700 v. Chr.) stammt und heute im Britischen Museum aufbewahrt wird (*Chester Beatty Papyrus* III), ist 2,11 zu lesen: „Träumt ein Mann, sein Glied sei größer geworden, wird sein Hab und Gut sich vermehren."

186 Artemidor 1,45 (52,7): „Ist das Glied vorhanden und befindet es sich in der gehörigen Ordnung, so werden auch alle durch dasselbe angedeuteten Dinge und Verhältnisse in ihrer alten Ordnung verharren; es vergrößert sie, wenn es sich vergrößert, es zeigt deren Verlust an, wenn es abgenommen wird. Verdoppelt es sich, wird sich alles verdoppeln."

187 Um die Deutung zu verstehen, sind die zahlreichen Träume heranzu-

ziehen, in denen Achmet Frau und Pferd als äquivalente Symbole setzt, z. B. 11,20; 181,7 ff.; 182,16 ff. Nach Artemidor 1,56 (64,13) hat das Pferd dieselbe Bedeutung wie die Gattin und die Geliebte, weil es auf seine Schönheit stolz ist und seinen Lenker trägt. Das Tiersymbol bezeichnet allgemein, wie Mythen, Märchen und Folklore ausweisen, das Animalische im Menschen. So bedeutet das Pferd, das nicht nur Sinnbild des Triebes ist, sondern auch all dessen, was auf dem Trieb aufruht, den tragenden Grund der Vitalität und Animalität.

188 Verstümmelungen und grausame körperliche Züchtigungen waren in Byzanz nicht selten, wie das Gesetzbuch Leons III. (die Ekloge) zeigt, das einerseits ein Vordringen christlicher Auffassungen, andererseits eine Menge von verstümmelnden Leibesstrafen aufweist. Basileios II. (976–1025), der nach seinem Sieg über die Bulgaren (1014) den Beinamen „der Bulgarentöter" bekam, ließ 14000 Gefangene blenden und schickte sie in Trupps von je hundert Mann dem besiegten Bulgarenkönig Samuel zu. Die Verstümmelung diente auch in der Regie politischer Leidenschaften als Mittel, einen Kaiser für amtsunfähig zu erklären; die körperliche Integrität des Kaisers gehörte zu der *conditio sine qua non* seiner Regierungsgewalt.

189 Der Deutung liegt eine Zeugungsvorstellung zugrunde, die von Parmenides von Elea (etwa 515–445 v. Chr.) vertreten wurde. Er zieht für die Deutung des Menschwerdens die Rechts-Links-Theorie heran, die die Antithese ‚rechts': ‚links' der von ‚männlich': ‚weiblich' gegenüberstellt. Parmenides geht beim Begründen seiner Theorie von der Zweisamenlehre aus, die Mann und Frau in gleicher Weise an der Zeugung beteiligt. Nach seiner Lehre entscheidet über das Geschlecht des Fötus die Seitigkeit beim Entleeren des Samens. Dabei „erfolgt die Geschlechtsbestimmung allein durch den männlichen Samen, der entweder aus dem rechten oder aus dem linken Hoden fließt: Kommt er von rechts, ergeben sich männliche Früchte; wird er von links her entleert, gebiert die Frau ein Mädchen", s. R. Hippeli, G. Keil: ‚Zehn Monde Menschwerdung', Biberach an der Riss, 1982, S. 31.
Über das Weiterwirken der Rechts-Links-Theorie über die Antike hinaus vgl. R. Hippeli, G. Keil, a. a. O., S. 32 ff.

190 Der Begriff *doulos* ist vieldeutig und bezeichnet schon im Altgriechischen nicht nur den Sklaven im Gegensatz zum Freien, sondern auch den freien Gefolgsmann in einer Klientel, den Dienenden, den Untertan. Selbst die höchsten byzantinischen Würdenträger, die ja auch Untertanen des Kaisers sind, werden als *douloi* bezeichnet bzw. bezeichnen sich selbst so.

191 Konstantin VII. Porphyrogennetos sagt in seinem Traktat über die Regierungskunst zu seinem Sohn: „Gott selbst erwählt die Herrscher für den Thron und verleiht ihnen die Macht über alles... Dein Thron wird gleich der Sonne vor ihm stehen, und seine Augen werden auf dir ruhen, und nichts wird furchtbar für dich sein, denn Gott hat dich auserwählt und von der Mutter Schoß gerissen und dir seine Macht

verliehen, weil er dich als den besten von allen erkannt hat", s. ‚*de administrando imperio*', *prooemium* S. 44, 5 f.; 46,33 ff. ed. Moravcsik.

192 Das Knie muß man nach Artemidor 1,47 (53,1) zu Körperkraft und Mannestum, zu Bewegungen und Unternehmungen in Beziehung setzen.

193 S. Lev 17,10: „Jeder Mann aus dem Haus Israel oder jeder Fremde in eurer Mitte, der irgendwie Blut genießt, gegen einen solchen werde ich mein Angesicht wenden und ihn aus der Mitte seines Volkes ausmerzen"; ebenso 17,12.

194 Wortspiel: *kephale* 1. = Haupt, 2. = Oberhaupt. Der Ausdruck *kephale* begegnet schon 569 n. Chr. für einen Vereinsvorsteher, im 10. Jahrhundert für den Vorstand eines Bureaus, s. F. Dölger: ‚Beiträge', S. 50, Anm. 6.

195 Unter den glückverheißenden Träumen nehmen diejenigen einen breiten Raum ein, die ein langes Leben versprechen. Es fällt auf, daß mit Ausnahme einzelner Fälle diese Verheißung nur dem Kaiser zugesprochen wird. Man denkt dabei an die bei der Kaiserkrönung oder an kirchlichen Hochfesten üblichen Akklamationen, von denen das Zeremonienbuch des Konstantinos VII. beredtes Zeugnis ablegt: „Viele Jahre dem Kaiser, der Augusta und dem Prinzen!" oder „Daß Gott deiner heiligen kaiserlichen Herrschaft viele Jahre schenke!" oder „Viele Jahre Euch, dem Diener des Herrn!"

196 Artemidor 2,26 (146,6): „Ein ganz böses Vorzeichen ist es, wenn man sich mit Menschenkot, der von irgendwo herabrinnt, beschmutzt."

197 Artemidor bringt zu Achmets Deutung folgendes Beispiel 5,38 (310,8): „Es träumte jemand, er esse seinen eigenen Kot mit Brot und verspüre dabei ein Wohlbehagen. Er gelangte auf unrechtmäßige Weise in den Besitz einer Erbschaft und wurde infolge des verspürten Wohlbehagens zwar nicht gerichtlich belangt, doch wegen des Kotes erweckte er Verdacht."

198 Wortspiel: *exodos* bedeutet 1. = Stuhlgang und 2. = Ausgabe.

199 Über die Bedeutung der Hülsenfrüchte vgl. Anm. 259.

200 Vgl. das gleiche Bild bei Artemidor 3,7 (207,17): „Scheidet man Bandwürmer aus, wird man Familienangehörige, Hausgenossen und Leute, die einen insgeheim ruinieren, davonjagen": s. auch Achmet 52 f.

201 Dieser Traum ist schon oben 29,5 fast wortwörtlich angeführt. Während er aber dort als Lehre der Inder angegeben wird, führt Achmet an unserer Stelle die Inder, Perser und Ägypter als Gewährsmänner an. Vergleicht man die Deutungen, die Achmet mit Berufung auf die genannten Völker für ein und dieselbe Gattung von Gesichten nebeneinander stellt, so weichen diese selten wesentlich voneinander ab. Achmet benutzt offenbar die Übereinstimmung seiner Gewährsmänner als überzeugungskräftiges Argument für die Zuverlässigkeit seiner Deutungen.

202 Es gab verschiedene Benennungen für die Lepra. Die Griechen nannten sie *leontiasis, elephantiasis* oder *satyriasis*, die Araber *gu-dām*, was dem byzantinischen *lobe* an unserer Stelle und dem lateinischen *mutilatio* (Verstümmelung des normalen menschlichen Körpers) und un-

serer *lepra mutilans* entspricht. Lepra (Achmet 66,14) hieß die Krankheit nach der Schuppenbildung der Haut, die sie hervorruft. Nach der Diagnostik der mittelalterlichen Ärzte beziehen sich die wichtigsten Zeichen der Lepra alle auf Veränderungen im Gesicht, so z. B. der bei Achmet 35,4 erwähnte Ausfall der Augenbrauen (*depilatio superciliorum*), s. A. Parveletz: ‚Lepradiagnostik im Mittelalter‘, Diss. Leipzig 1915, S. 10 ff.

203 Wie mir Herr Prof. G. Keil, Würzburg, erklärte, kommt es bisweilen vor, daß bei Leprabefall einzelne Körperteile, z. B. Gesicht oder Hände, von der Krankheit verschont bleiben.

204 Vgl. Artemidor 3,47 (224,3): „Die Krätze, der Aussatz verschaffen Armen durch Reichtum höheres Ansehen und größere Bedeutung; denn diese Leiden rücken die mit ihnen Behafteten ins Blickfeld aller."

205 Der Aussatz wurde vom Volk instinktiv als ansteckend betrachtet und gefürchtet. Deshalb suchte man die Aussätzigen streng von Gesunden zu isolieren. Den Griechen und Römern war die Aussetzung der Leprakranken unbekannt. Die Isolierung der Aussätzigen im Mittelalter erfolgte in einer Form, die von der Kirche den biblischen Vorschriften entlehnt war und den Charakter einer Totenfeier hatte. Nach erfolgter Lepraschau wurde der Aussätzige für die Welt als tot erklärt und einem Leproserium überwiesen. Er durfte mit Gesunden fortan keine Gemeinschaft pflegen.

206 Dieses Kapitel ist mit dem folgenden offenbar schon früh vertauscht worden. Es ist ganz gegen die Gewohnheit des Autors, als Quelle zuerst die Perser und Ägypter und dann die Inder zu nennen; bei Tuscus (fol. 7ʳI 32) ist die Reihenfolge die bei Achmet übliche.

207 Das entsprechende Substantiv ist *angareia*, altpersisch = Post- und Transportdienst. Dieser Frondienst lastete schon in der römischen Kaiserzeit schwer auf der Bevölkerung. In Byzanz war er eine nicht minder drückende Art der Steuer, die für den Staat geleistet werden mußte. Die Fronen umfaßten den Weg, Brücken- und Lagerbau, vgl. F. Dölger: ‚Beiträge‘, S. 62.

208 Vgl. Achmet 39,8.

209 Die Gleichsetzung Fuß = Sklave findet sich durchgängig bei Achmet, z. B. 69,7 ff.; 86,18; 104,18; 176,9.25; ebenso schon bei Artemidor 1,2 (9,7); 1,48 (53,21 ff.).

210 Vgl. Artemidor 1,50 (57,3): „Die Verwandlung in Eisen . . . prophezeit unerträgliche Schicksalsschläge; der Träumende wird sie jedoch überstehen und ein hohes Alter erreichen. Denn Menschen aus Eisen nennen wir diejenigen, welche viele Widrigkeiten ertragen haben."

211 Johannes (Offb 3,18) richtet an die Gemeinde in Laodizea die Mahnung: „Kaufe von mir im Feuer geläutertes Gold, damit du reich werdest, und weiße Kleider, damit du sie anziehst und die Schande deiner Nacktheit nicht sichtbar sei . . ." Bis auf die Haut entkleidet zu werden galt orientalischem Empfinden als schlimmste Demütigung und Schande, während schöne Bekleidung als große Ehre galt (z. B. Lk 15,22). Achmets Auslegung reflektiert auch den Wandel in der Auffassung und Wertung von Leib und Geist in Antike und Christentum.

212 In Byzanz wurden nicht nur Männer wegen Ehebruchs oder Unzucht

nackt zur Schau gestellt und angeprangert, sondern auch Frauen, s. Ph. Koukoules, a. a. O., Bd. 3, S. 197 f.

213 Vgl. Artemidor 2,3 (105,6): „Der Verlust von sonstigen Kleidungsstücken bringt nichts Gutes, außer Armen, Gefangenen, Schuldnern und allen, die sich in einer ausweglosen Lage befinden; denn gehen diese Stücke verloren, bedeutet es Befreiung von allen die Betreffenden bedrängenden Widerwärtigkeiten. Für alle anderen ist es weder gut, sich nackt auszuziehen noch die Kleider zu verlieren; es sagt den Verlust alles dessen voraus, was das Leben verschönt."

214 Vgl. auch den Anfang des folgenden Kapitels 71,17. Dieselbe Auslegung schon bei Artemidor 1,35 (44,15): „Sklaven erlangen die Freiheit; denn der Kopf ist der Herr über den Körper; wird er abgeschlagen, wird der Sklave von seinem Herrn getrennt und somit frei sein."

215 Bei Artemidor 5,30 (308,20) wird der Tod mit einem schönen Knäblein verglichen.

216 Lk 22,43: „Da erschien ihm ein Engel vom Himmel und gab ihm (neue) Kraft."

217 Ex 20,13.

218 Nach Artemidor 3,48 (224,21) gleichen die Steine schamlosen und streitsüchtigen Reden; deshalb prophezeit es einem Verlästerungen von seiten eines anderen, wenn man mit Steinen beworfen wird.

219 Vgl. Anm. 88.

220 Nach der Legende hat die Mutter des Kaisers Konstantin, die heilige Helena, um 340 zu Jerusalem das Heilige Kreuz gefunden. Bereits im 6. Jahrhundert war am 14. September das Fest der ,Kreuzerhöhung', das noch heute im Osten wie im Westen gefeiert wird, begangen worden.

221 Der förmliche Titel der Kaiserin war immer *Augusta*, obwohl seit dem 7. Jahrhundert *Basilissa* der übliche Terminus war, vgl. Achmet 75,19. Die Stellung der Kaiserin war nach modernen Vorstellungen ungewöhnlich. Wie den Kaiser umgaben sie eine eigene Dienerschaft und Würdenträger. Sie gab Audienzen, hielt Bankette ab und besaß entscheidenden Einfluß auf die öffentlichen Angelegenheiten. Im Fall der Vakanz des Thrones konnte die Kaiserin das Zepter führen. Unter den byzantinischen Kaiserinnen gab es tatkräftige Persönlichkeiten, wie Justinians Gemahlin Theodora, und Eirene, die Gemahlin von Johannes II. Komnenos (1118–1143).

222 In keiner Institution kommt die enge Bindung des byzantinischen Staates auf den verschiedensten Gebieten und Ebenen an das Christentum stärker zum Ausdruck als im Kaisertum. Das Christentum hatte den Kaiserkult bekämpft, aber als das Reich christlich geworden war, duldete es bald die alten Zeremonien wieder und versuchte nur, sie mit einem neuen Sinngehalt zu erfüllen: Aus dem vergotteten Kaiser wurde der Stellvertreter Gottes und Christi auf Erden, aus dem irdischen Kaisertum das christliche Heilsreich, das Träger der neutestamentlichen Heilsgeschichte war. Und das sichtbare Oberhaupt dieses Reiches war der byzantinische Kaiser. Als Haupt der Kirche hat der Kaiser die Aufgabe, den Glauben zu schützen und zu verbreiten. Deshalb wird er

selbst seit dem Bilderstreit als der Christos, der ‚Gesalbte‘, bezeichnet und damit Christus, dem Pantokrator, angeglichen, s. A. Michel: ‚Die Kaisermacht in der Ostkirche‘, Darmstadt 1959, S. 124 f.

223 Zur Bedeutung des Goldes im Traum s. Anm. 68.

224 Nach Artemidor 4,24 (259,9) ist ein altes Weib in jedem Fall für Kranke ein Sinnbild des Todes und das Symbol der Bestattung, weil es über kurz oder lang sterben müsse. Im Volksglauben bringt es allgemein Unglück, wenn man frühmorgens beim ersten Ausgang (sogenannter Angang) einem alten Weib begegnet.

225 Griech. *korasion;* das Wort wird ebenso wie *kore* (Z. 24) = Mädchen euphemistisch für Freudenmädchen, Dirne gebraucht. So auch bei Achmet 11,23; 80,15; 81,5; im Neugriechischen ist noch heute der Ausdruck *koritsia* üblich.

226 Auch bei Artemidor 1,78 (87,6); 4,9 (250,2) bringt es Glück, Hetären zu begegnen oder mit ihnen zu verkehren. Mit der Dirne verbindet sich die Vorstellung fesselloser, uneingeschränkter Zeugung und Fruchtbarkeit und daher des Reichtums und Glücks. Daß diese Vorstellung auch noch in Byzanz lebendig war, bestätigt der Kirchenlehrer Johannes Chrysostomos (354–407), der diesen Aberglauben in seiner Schrift ‚ad illuminandos catechesis‘ 2,5 Bd. 2, 240,8 Migne anführt.

227 Griech. *anachoretai,* Eremiten, die vor der ‚Welt‘ in Stadtferne oder in die Wüste ‚ausweichen‘. Die Mönche waren im Volk hochgeachtet, aber weit verehrter und einflußreicher waren die Einsiedler. Der heilige Lukas Minor war im Griechenland des 10. Jahrhunderts geradezu die entscheidende Autorität. Steuerdruck, Flucht vor dem Militärdienst und wirtschaftliche Not haben die anachoretische Bewegung zwar nicht begründet, aber stark gefördert, s. E. Brunner-Traut: ‚Die Kopten‘, Köln 1982, S. 27. Achmet erwähnt die Anachoreten noch 94,9; 95,7; 163,6.

228 Vgl. Artemidor 1,78 (87,22): „Wähnt man, eine unbekannte Frauensperson zu beschlafen, und ist diese wohlgewachsen und fein gekleidet, kündigt sie dem Träumenden einen großen Erfolg in seinen Unternehmungen an; ist es aber ein altes, in Lumpen gehülltes Weibsbild, bedeutet es das Gegenteil von dem, was die vorige bedeutet. Unbekannte Frauenspersonen haben nämlich als Abbilder von Unternehmungen zu gelten, die für den Träumenden je nach der Art der Frauenzimmer sich abwickeln.“ S. Achmet 77,19.

229 Artemidor 1,14 (22,19): „Träumt ein Armer, schwanger zu sein, so wird er ein stattliches Vermögen erwerben, Geld in Hülle und Fülle verdienen und auf diese Weise dick und rund werden.“

230 In dem wohl schon dem 4. nachchristlichen Jahrhundert angehörenden Traumbuch des Propheten Daniel heißt es (Nr. 211): „Rohes Fleisch essen bringt Dirnen Glück, allen anderen Unglück“, s. E. de Stoop in: ‚Revue de Philologie‘ 33, 1909, S. 93 ff.

231 Vgl. Anm. 124.

232 Während im Traumbuch des Artemidor die Freilassung von Sklaven ein ständig wiederkehrendes Thema ist, z. B. 1,5 (15,16); 1,13 (21,25); 1,24

(30,16); 1,35 (4,15) usw., wird sie bei Achmet nur selten erwähnt, meist als Gnadenakt des Herrn, z. B. 70,25; 171,13; 190,23; 196,27. Darin spiegelt sich der Wandel in der Auffassung von Freien und Sklaven in der Gesellschaft. Die Sklaverei war auch noch im 10.–12. Jahrhundert lebendige Wirklichkeit, die Hauptquelle ihrer Aufrechterhaltung waren die zahlreichen Kriege und die mit ihnen verbundene große Zahl von Kriegsgefangenen, doch bemühten sich die Kaiser, die Sklaverei einzuschränken und zu mildern, galt der Sklave doch nicht mehr wie nach altrömischem Recht als eine rechtlose Sache, sondern als ein mit Seele begabtes Wesen. Die antiken Begriffe ‚Sklave‘ und ‚Freier‘ verwischten sich, sie wurden abgelöst durch eine andere Gegenüberstellung: durch den Gegensatz zwischen Herrn und Diener, unabhängig davon, ob dieser ein Sklave oder frei war. Im Zuge dieser Entwicklung wurden Termini zur Bezeichnung von Sklaven auch auf ‚freie‘ Diener angewandt. Ein bezeichnendes Beispiel dafür gibt Achmet 59,23.

233 Innerhalb der byzantinischen Beamtenschaft gab es die verschiedensten, durch Titelverleihungen fixierten Rangstufen. Titel wurden auf Lebenszeit verliehen, sie waren nicht erblich. Die Verleihung eines Titels wurde als persönlicher Gnadenakt des Kaisers aufgefaßt. Nach den ‚Taktika‘ des 9./10. Jahrhunderts, Handbüchern, in denen die Aufeinanderfolge der Ämter und Titel festgelegt war, gab es in Byzanz 18 Rangstufen. Die Bezeichnung der Beamten als ‚Kaiserliche‘ (Achmet 7,16; 27,1; 66,7), ‚kaiserliche Diener‘ oder ‚Sklaven‘ (Achmet 59,23) beweist, daß das persönliche Element im Verhältnis des Beamten zum Kaiser in Byzanz nie ganz verschwunden ist.

234 Griech. *keratosis* = Hörner aufsetzen. Die bekannte Redensart kommt schon in einem Traumerlebnis vor, das bei Artemidor 2,12 (120,11) überliefert ist. Aus sprachlichen Gründen hat es jedoch R. Hercher: *„Artemidor Daldiani Onirocriticon‘*, Leipzig 1864, zu Recht ausgeschieden.

235 Griech. *mandaton*; das Wort bezeichnet gewöhnlich eine Nachricht, eine mündliche oder schriftliche Weisung.

236 Paulus sagt in 1 Kor 11,3: „Ihr sollt aber wissen, daß Christus das Haupt des Mannes ist, der Mann das Haupt der Frau und Gott das Haupt Christi“; s. auch Gen 3,16; eph 5,23.

237 Oben, Kap. 48, wurden die Ohren auf die Frauen, Schwestern oder Töchter gedeutet. An unserer Stelle überträgt sich die Körpersymbolik auf jenen Schmuck, der an dem betreffenden Körperteil getragen wird.

238 Die Kithara ist ein mächtiger, flacher Schallkörper, der sich in breiten Armen fortsetzt und mit sieben, neun oder elf Saiten bespannt ist; sie wurde mit einem Plektron (Schlaginstrument) geschlagen.

239 Vgl. Mt 22,32; Mk 12,27; Lk 20,38.

240 Jo 14,2: „Im Haus meines Vaters gibt es viele Wohnungen.“

241 Dieselbe Auslegung gibt Artemidor 2,49 (182,10): „Das Lebendig-begraben-Werden zeigt niemandem etwas Gutes an; meistenteils drohen Kerker und Fesseln.“

242 Griech. *nouthetein*. Paulus gebraucht den Ausdruck in seinen Briefen im Sinne von „geistlich unterweisen“, z. B. 1 Thess 5,12: „Wir bitten

euch, Brüder: Erkennt die unter euch an, die sich solche Mühe geben,
euch im Namen des Herrn zu leiten und zum Rechten anzuhalten";
ebenso 1 Kol 1,28.

243 Achmets Deutung liegt die Anschauung zugrunde, daß der Tote einen
Lebenden nachziehen kann, wenn er etwas bekommt, was diesem gehört. Denn das Kleid oder was immer es auch sei, das aus dem Besitz eines
Lebenden einem Toten gegeben wird, steht in sympathetischem Zusammenhang mit seinem Träger; ähnlich Achmet 84,11; 87,29 und Artemidor 4,82 (297,20).

244 Vgl. Anm. 254.

245 Nach Artemidor 2,55 (184,10) kündigt der Traum, in den Hades hinabzu-
steigen, den meisten Menschen Reisen an oder vertreibt sie gänzlich aus
ihrem derzeitigen Aufenthaltsort; die Alten pflegten nämlich von Leuten, die eine weite Reise angetreten hatten, zu sagen, sie wären auf dem
Weg in den Hades.

246 Nach dem Volksglauben ist es nicht ratsam, sich an Gräbern oder Grabma-
len aufzuhalten, weil diese als Aufenthaltsort der Geister galten. Deshalb
hütet der Abergläubische sich, ein Grabmal zu betreten, s. Theophrast,
,*characteres*' 16,9. Nach Artemidor 1,81 (82,6) bringt das Verweilen an
solchen Orten nichts Gutes.

247 Griech. *aionios*. Der Begriff verdeutlicht, wie antike Anschauungen in der
religiösen und politischen Ideenwelt der Byzantiner assimiliert werden.
In Platons ,*Timaios*' bedeutet *aion* die ideelle Ewigkeit im Gegensatz zur
teilbaren Zeit (*chronos*). Im Hellenismus wird der personifizierte *Aion*
zur Ewigkeitsgottheit; von ihr erhalten die Weltstädte Alexandreia und
später Rom das Beiwort *aionia (aeterna)*. In Rom verbindet sich der
Begriff mit der Vorstellung vom *saeculum*; er erscheint auf den Münzen
der römischen Kaiserzeit mitunter als *aeternitas*. Aus Tradition wird der
aion-Begriff auch von den christlichen Kaisern übernommen.

248 Griech. *moros* = ungeschlacht, tölpelhaft. Das Adjektiv und seine Ablei-
tungen sind noch heute im gewöhnlichen Neugriechischen üblich und
bedeuten ,töricht', ,beschränkt', s. G. N. Hatzidakis in: Byz. Zt. 4, 1895,
S. 416.

249 Artemidor 1,60 (67,19): ,,Ringt man mit einem Toten, wird man erkranken
oder mit einem Nachkommen oder Erben des Verstorbenen in Streit
geraten. In jedem Fall ist es besser, im Ringkampf zu siegen." S. auch
2,48 (180,18). Beide Anschauungen gehen auf die Vorstellung zurück,
daß die Berührung mit Toten oder ihr Schlag krank macht.

250 Ein enganliegendes kurzärmeliges Untergewand (lat. *tunica*), gewöhnlich aus Leintuch, das sowohl von Männern wie Frauen getragen wurde.
Der Chiton der Frauen war länger als der der Männer. Bauern und
Handwerker trugen bunte, knielange Chitone, dazu einen Gürtel. In
derselben Bedeutung wie Chiton gebraucht Achmet das Wort *himation*,
z. B. 115,23; 170,4.

251 Ein wollener Mantel, ein länglich viereckiges Stück Zeug, das doppelt
vom Rücken über die Schulter gelegt wurde. Es war vormals die gewöhnliche Tracht der Kyniker.

252 Im Text steht das persische Wort *kabadi*, es bezeichnet eine Toga aus persischem Stoff. Auch das Skaramangion ist persischen Ursprungs; es ist ein mit langen Ärmeln und einem Klappkragen versehener Überrock, der im 5. Jahrhundert an die Stelle der römischen Toga trat. Das Skaramangion wird als Gewand erwähnt, das jeder Adlige bei feierlichen Gelegenheiten trug, ferner als ein Festkleid des Kaisers, über welches noch der goldumsäumte Mantel geworfen wurde, s. N. P. Kondakov: ,*Les Costumes orientaux à la Cour Byzantine*', in: ,Byzantion' 1,1924, S. 14 ff.

253 Über das Kamelaukion vgl. das in Anm. 416 Gesagte.

254 Die Berührung mit einem Toten ist nach antikem Volksglauben unheilvoll und schädigend, weil der Leiche etwas Unreines, Gefährliches anhaftet. Nach Artemidor 2,2 (101,22) ist das Küssen von Toten für einen Kranken verhängnisvoll; es prophezeit ihm den Tod; einem Gesunden zeigt der Traum an, er werde in der unmittelbaren Gegenwart keine wichtigen Verhandlungen führen, weil seine Lippen einen Toten berührten.

255 Hesychasten, von griech. *hesychia* = Ruhe; der Ausdruck bezeichnet Mönche mit eremitischer Lebensweise, dann mönchische Mystiker überhaupt. Im 14. Jahrhundert bildeten sie eine eigene mystisch-asketische Bewegung, die sich vor allem in den Athos-Klöstern und -Einsiedeleien einer besonderen Gebetstechnik hingaben, mit deren Hilfe sie zur Schau des göttlichen Lichtes, das Christus bei der Verklärung auf dem Berge Tabor umflossen hatte, zu gelangen glaubten.

256 Artemidor 4,26 (261,11): „Jedes Erbrechen von Blut, Nahrungsmitteln und Schleim lege mittellosen Leuten als Gewinn aus, reichen aber als Schaden; denn jene können nichts verlieren, falls sie nicht zuvor vermögend geworden sind, diese besitzen schon und können verlieren."

257 Nach Artemidor 1,33 (42,19) verheißt Auswurf von Galle jedem, der sich in einer Bedrängnis oder Krankheit befindet, Befreiung von seinen gegenwärtigen Übeln. Dagegen bedeutet das Erbrechen von Speisen (42,24) irgendeinen Schaden; Achmet gibt letzteren Traum in derselben Reihenfolge wie Artemidor und mit der gleichen Auslegung (91,23).

258 Gerste zeigt nach Achmet Reichtum und Gesundheit an, s. auch 97,10; 163,27. Nach Artemidor 1,69 (75,19) bringt Gerstenbrot allen Glück; denn nach der Sage war dies die erste Nahrung, die die Götter den Menschen geschenkt haben. Er spielt auf den Mythos an, nach dem Triptolemos von Demeter die Gerste empfing, die zuerst auf den rharischen Gefilden bei Eleusis gesät wurde.

259 Für die ungünstige Bedeutung der Hülsenfrüchte vgl. noch 97,11; 140,2; 160,18. Nach Artemidor 1,68 (74,18) sind Hülsenfrüchte samt und sonders von schlimmer Vorbedeutung, die Erbsen ausgenommen, auch kündigen sie Fehlgeburten an, s. 1,51 (58,14). Im Glauben der Alten galten Hülsenfrüchte als Speise der Toten.

260 Griech. *aktemon*; Bezeichnung für den hintersässigen Zinsbauern, der ohne Haus- und Grundbesitz ist, s. F. Dölger, ,Beiträge', S. 48 Anm. 4.

261 Nach Artemidor 2,28 (150,18) prophezeien die breiten, ebenen und im Flachland verlaufenden Wege große Leichtigkeit in den Geschäften.

262 Noch heute gibt man in Griechenland den Arbeitspferden lieber Gerste als Hafer; eine Notiz aus der römischen Kaiserzeit besagt, daß man Gerste zum Hafer zu schütten pflege, wenn die Pferde erschöpft seien, vgl. O. Keller: ‚Die antike Tierwelt', Leipzig 1909–1913, Bd. 1, S. 234.

263 Ein ähnliches Traumgesicht und eine entsprechende Deutung kommt bei Artemidor 2,227 (149,11) vor. Dieser gibt auch, seiner Gewohnheit entsprechend, eine Begründung für die glückverheißende Bedeutung des Brunnens: „Denn Nymphen wohnen in dem Brunnen, und gleich der Gattin spendet er den Hausbewohnern das ersehnte Naß." Zugrunde liegt die Vorstellung, daß die Kinder aus Brunnen, Flüssen und Seen kommen, eine Anschauung, die uns aus Märchen geläufig und die nur ein anderes Bild für die Vorstellung ist, daß alle Kinder aus dem Schoß der Mutter Erde ‚quellen' und ‚wachsen'. Zu der glückbringenden Bedeutung des Brunnens vgl. noch Achmet 94,22 ff.; 142,4 ff.

264 Griech. *plinthos*; die Art der Anfertigung von Luftziegeln war in der ganzen alten Welt nahezu gleich: Man wählte eine geeignete Erdart aus, reinigte sie, stellte eine formbare Masse durch Zusatz von Wasser her, knetete diese mit der Hand oder dem Fuß und formte die Steine.

265 Vgl. Artemidor 2,41 (177,3): „Gerät die Erde in Bewegung, werden auch die Geschäfte und die Lebensverhältnisse des Träumenden in Bewegung geraten; Erdbeben bringen allen Menschen Schaden und vernichten Hab und Gut."

266 Wie für die römischen Schriftsteller Rom die Stadt schlechthin ist (= *urbs*), so für die byzantinischen Konstantinopel (= *polis*).

267 Die byzantinische Geschichte weist 65 Palastrevolutionen auf. Achmet spielt in verschiedenen Deutungen auf Intrigen, Anschläge gegen den Kaiser an, z. B. 11,5.6; 129,3; 129,26; 214,2; 219,3. Von 88 regierenden Hauptkaisern starben 30 eines gewaltsamen Todes, 13 mußten sich in ein Kloster zurückziehen.

268 Zu den Plagen, die die Bevölkerung des Reiches andauernd bedrohten, gehörten Seuche (*loimos*, s. auch 133,15) und Hunger (*limos*, s. 4,7; 125,6.7.; 133,8; 137,6). In der Regierungszeit Konstantins V. (741–775) hatte die Pest die Bevölkerung Konstantinopels so sehr dezimiert, daß der Kaiser die Lücke durch eine gewaltsame Umsiedlung der Provinzbevölkerung in die Hauptstadt zu schließen versuchte. Die schrecklichste Epidemie war die Bubonenpest, die Prokop aus eigenem Erleben (‚Perserkriege' II, 22.23) geschildert hat. Die Pest nahm ihren Ausgang vom Roten Meer, erreichte 541 Konstantinopel und breitete sich über die Reichsprovinzen bis nach Persien aus. Das Krankheitsbild beschreibt Prokop a. a. O., II, 22,17: „Indessen entstand teils noch am gleichen, teils am darauffolgenden Tage, teils auch wenige Tage später eine Schwellung (Bubon), und zwar nicht nur dort, wo auch der Bubon genannte Körperteil am Unterleib sich befindet (= Leistengegend), sondern auch in der Achselhöhle, bei einigen sogar neben den Ohren und irgendwo an den Schenkeln."

269 Vgl. die ganz ähnliche Stelle 83,26 und Anm. 240.

270 Griech. *bessalon* (lat. *bessalis*) = Ziegelstein; *enchoregos* = Zement, s. ,*De administrando imperio*' 29,246.

271 Brennende Türen bedeuten bei Artemidor 2,10 (116,1) den Tod der Ehefrau und daß das Vermögen des Träumenden nicht sicher ist. Im Traumbuch des Propheten Daniel (Nr. 153) heißt es: „Schaust du, daß die Tür deines Hauses einstürzt oder ausgehoben wird, droht deiner Frau Unheil."

272 Latte, a. a. O., S. 416 ergänzt zu Recht „ein einfacher Mann", weil vorher vom Herrscher die Rede war; ,*hekastos*' (= jedermann) in Z. 8 ist außerdem bei Achmet immer das Stichwort, mit dem er auf die verschiedenartigen Interessen der großen Menge verweist, z. B. 133,1; 164,15; 166,20.

273 Die Stellung des Kaisers als Oberhaupt der Gläubigen und Schutzherr der Kirche wurde im Osten, seit Konstantin das Christentum zur Staatsreligion erhoben hatte, nie ernsthaft in Frage gestellt. Die Kirche blieb bis zum Untergang des Reiches ein Teil des Staates.

274 Die Geistlichen waren in der byzantinischen Gesellschaft viel weniger von den Laien abgesondert als im Westen. Priester und Diakone waren nicht dem Zölibat unterworfen, sie hatten Familien wie jedermann, ihre Lebensweise glich der der Laien. Der höhere Klerus, die Bischöfe und ihre Vorgesetzten, rekrutierten sich gewöhnlich aus den Klöstern, von denen es verschiedene Arten gab. Es gelang ihnen oft, eine breite Anhängerschaft unter dem Volk zu gewinnen. Für das Weiterwirken dieser Tradition zeugt das Beispiel des Erzbischofs Makarios, der Staatspräsident von Zypern werden konnte.

275 Zu dem Bild „in der Finsternis, im Licht wandeln" vgl. Jo 12,35.

276 Das Wort *eikon* (Ikone) im weitesten Sinn bedeutet einfach ,Bild', im engeren Sinn jedoch ein heiliges Bild, dem besondere Verehrung zukommt. Die Ikone spielt in der orthodoxen Kirche eine ganz bestimmte Rolle; die Bilderverehrung wurde im Lauf der Zeit zu einem Bestandteil der Liturgie. Gegen die bildliche Fixierung wandten sich die Ikonoklasten. Wie die Reformation die Westkirche, erschütterte der Bilderstreit die byzantinische Kirche über ein Jahrhundert lang. Kaiserin Theodora, unter der der Bilderstreit ein Ende fand (843), führte das ,Fest der Orthodoxie' als Gedenkfest an den Sieg der Bilderfreunde ein, das noch heute alljährlich am ersten Fastensonntag gefeiert wird.

277 Das Hauptsymbol kaiserlicher Siegeskraft in der Kunst des christlichen Byzanz ist das Kreuz. Besondere Bedeutung verbindet sich mit dem Siegeskreuz Konstantins. Nach der christlichen Legende ließ Konstantin vor der Schlacht gegen Maxentius (312), durch einen Traum oder eine Vision bestimmt, das griechische Christuszeichen auf den Schilden seiner Soldaten anbringen. Dieses Ereignis wird in der offiziellen Kunst des 4. Jahrhunderts durch die verschiedenen Formen des Christusmonogramms oder durch die Nachbildung des Labarum, der kaiserlichen Standarte mit dem Monogramm Christi, dargestellt. Ungefähr vom Jahr 400 an erscheint das Kreuz als Siegeszeichen auf den

großen offiziellen Denkmälern, in den zwanziger Jahren des 5. Jahrhunderts auch auf den Münzen, vgl. A. Grabar: ‚L'empereur dans l'art byzantin‘, Paris 1936, S. 32ff.

278 Jedes religiöse Bildwerk hatte nach der Theorie der Bilderverehrer eine gewisse Identität mit der dargestellten Person, es galt gewissermaßen als Behältnis oder Gefäß für den Geist des Originals. Um diesem Gedanken zu entsprechen, hatte das Bild die charakteristischen Merkmale des Originals zu zeigen; und damit jeder Zweifel ausgeschlossen war, mußte der Name oder das Thema beigeschrieben werden. Unter dieser Voraussetzung wurde die Ikone der Verehrung in gleichem Maße würdig wie ihr Vorbild.

279 Die Blätter, die im Frühjahr sprießen und im Herbst abfallen und verwelken, sind Symbol des rasch vergehenden Menschenlebens. Ambrosius (zu Ps. 1, Kap. 41; Pl 14,987) überträgt die Wechselbeziehung von Laub und Frucht auf das geistige Gebiet, s. D. Forstner, a. a. O., S. 294.

280 Vgl. Mt 12,33: „Entweder: der Baum ist gut – dann sind auch seine Früchte gut. Oder: der Baum ist schlecht – dann sind auch seine Früchte schlecht. An den Früchten also erkennt man den Baum“; ähnlich Mt 7.17; Jak 3,12; Lk 6,43. Über den Baum als Allegorie des Menschen im AT vgl. D. Forstner, a. a. O., S. 205.

281 Griech. *eucharistia*.

282 Die Deutung Baum = Mensch trifft man bei Achmet allenthalben, z. B. 109,30; 125,22; 134,25 u. ö. Ihr liegt die Vorstellung vom Lebensbaum zugrunde. Wie die Meleagersage berichtet, wirft Althaia den Olivenzweig, an dessen Erhaltung Meleagers Leben geknüpft ist, ins Feuer und führt dadurch dessen Tod herbei. Bei Artemidor 1,73 (79,21) weist der Baum auch auf das Geschlecht des Träumers.

283 Ein Beispiel für die Deutung ist die Traumerzählung 23,24ff.

284 Den Wohlgeruch der Zypresse rühmt schon Homer, Od. 5,64. In den Festgesängen, die Nikolaos Irenikos zur Verlobung und Krönung Konstanzes, der Tochter Kaiser Friedrichs II., mit Johannes III. Dukas Batatzes im Jahr 1244 zu Nikäa verfaßte, vergleicht er die Zypresse mit der Kaiserin, den Efeu mit dem Kaiser, s. G. Soyter: ‚Byzantinische Dichtung‘, Athen 1938, S. 67.

285 Kränze von der Dattelpalme und vom Ölbaum begünstigen nach Artemidor 1,77 (85,3) eheliche Verbindungen mit freigeborenen Frauen und prophezeien wegen des Immergrüns Kinder, denen ein langes Leben beschieden ist. Als Sinnbild der Ehe begegnet die Dattelpalme bei den Orientalen. So wird im türkischen Hochzeitszug eine Palme als Zeichen männlicher Kraft einhergetragen.

286 Wegen seiner vielen Kerne ist der Granatapfel Symbol der Fruchtbarkeit, der Liebe und Ehe, s. A. Steier in: ‚Realencyclopädie der classischen Altertumswissenschaft‘, Bd. 14,1, S. 928 ff.

287 Anders als bei Achmet bezeichnet die Eiche bei Artemidor 2,25 (144,1) wegen ihres Nährwertes einen reichen, wegen ihres hohen Alters einen hochbetagten Mann oder aus demselben Grund die Zeit.

288 Vgl. auch Achmet 154,21. Der Anblick und das Verzehren von süßen Sommeräpfeln bedeutet nach Artemidor 1,73 (78,16) reichen Liebesgenuß, besonders denen, die um eine Frau oder Geliebte werben; saure Äpfel dagegen bezeichnen Aufruhr und Streitigkeiten. Als Fruchtbarkeits- und deshalb auch Liebessymbol kommt der Apfel in Hochzeitsbräuchen bei allen indogermanischen Völkern vor.

289 Medischen Apfel oder *kitrion – kitron* an unserer Stelle ist eine spätere Form – nannten die Alten die Pomeranze, die Apfelsine, Orange usw. Von *kitron* gibt es in der heutigen Vulgärsprache *kitrinos* = gelb, s. J. E. Kalitsunakis: ‚Mittel- und neugriechische Erklärungen bei Eustathios‘, Berlin 1919, S. 158 ff.

290 *Pharas*, ein arabisches Lehnwort; s. auch 111,26, 181,6 ff.

291 Ein byzantinisches Sprichtwort lautet: „Alle kurzschwänzigen (minderwertigen) Hunde wollen mit uns verwandt sein (= von uns Nutzen haben)."

292 Stolz ist für das Pferd seit Homer (*Ilias* 6,509; 15,266) typisch, und der Vergleich der schönen Frau mit einem Pferd seit Semonides (6. Jahrhundert v. Chr.) beliebt. Equola als Bezeichnung einer hübschen Hetäre findet sich bei Plautus, ‚*Cistellaria*‘, Vers 308.

293 Das aus Persien stammende Polospiel führte Kaiser Theophilos (829–842) in Byzanz ein, der ein großer Freund der arabischen Kultur war. In unmittelbarer Nähe seines Palastes, den er in maurischem Stil für sich erbauen ließ, befand sich der große Platz für das aus Persien eingeführte Spiel. Hier pflegten Kaiser, Prinzen und Edelleute das Reiterspiel noch in den letzten Tagen des byzantinischen Reiches.

294 *Chara* (= Freude) wird bisweilen in derselben Bedeutung wie *charis* (= Gunst, Wohlwollen) gebraucht, s. F. Dölger: ‚*Paraspora*‘, S. 355, Anm. f.

295 Griech. *lorikion* (lat. *lorica*) ist ein mit Eisenblech beschlagener und um den Leib und über die Schultern gelegter Lederkoller. Achmet erwähnt ihn noch 204,21.

296 Wie in zahlreichen anderen Fällen kann an unserer Stelle die Lücke in der griechischen Überlieferung hinter *spathe* (Schwert) durch die lateinische Übersetzung des Leo Tuscus (cod. Guelpherb. lat. 2917, fol. 10^v II 12) ergänzt werden. Sie wird beglaubigt durch das ‚Anonyme Traumbuch‘ des Cod. Paris. Gr. 2511, Nr. 393 (ed. F. Drexl: ‚*Laographia*‘ 8, 1925, S. 347 ff.). Das Traumbüchlein, das anonym und nicht vor dem ersten Drittel des 9. Jahrhunderts entstanden ist, enthält 440 Deutungen in alphabetischer Reihenfolge. Dort heißt es Nr. 393: „Ein Schwert zu führen zeigt Gewinn an. Ist das Schwert aber blank, ohne Scheide, prophezeit es den Tod der Ehefrau, ist es zerbrochen, den des Sohnes."

Über ähnliche Volksbücher der Traumdeutung vgl. das Vorwort S. 3. f.

297 Die feine Unterscheidung der Farben in den verschiedenen Auslegungen Achmets erklärt sich wahrscheinlich daher, daß die Byzantiner eine Hierarchie der Farben ausgebildet hatten. An der Spitze standen Weiß, Gold und Purpur. Zweifellos hatten auch die verschiedenen

Farben, besonders die der Christusikonen, für die Byzantiner Symbolgehalt. Da uns die Kenntnis der byzantinischen Farbensymbolik fehlt, läßt sich über den Sinngehalt der Farbenwahl kaum etwas Gültiges ausmachen.

298 Zum Skaramangion s. Anm. 252.

299 Ein arabisches oder persisches Wort. Darunter ist ein kostbarer Stoff (sowie das daraus gefertigte Kleid) zu verstehen, der aus der Wolle des Bibers, d. h. wohl der Unterwolle, oder der des Wassermarders, gewebt ist. Reiske übersetzt in seinem Kommentar zu ‚de caerimoniis‘ Bd. II, S. 712 das Wort mit ‚Sammet‘ oder ‚Plüsch‘. Das *Chasdion* wurde in der Regel nur von adligen oder reichen Leuten getragen.

300 Das *Sabanon* ist ein Kleidungsstück aus Leinen.

301 Über die *Diploïs* vgl. Anm. 251.

302 Rot (griech. *rhousios* = granatfarben und *erythros* = scharlachrot), die Farbe der ‚Erregung‘, ist bei Achmet gewöhnlich Symbol von Freude und freudigen Ereignissen, z. B. *(rhousios)* 81,24; 115,7; 176,2 usw., *(erythros)* 116,17.19; 117,24; 182,1 usw. Weiß und Schwarz bezeichnen Glück bzw. Unglück; auch im indischen Traumschlüssel und bei Artemidor findet diese Regel durchgängig Anwendung. Die gute Vorbedeutung der weißen und die üble der schwarzen Farbe erklärt sich aus der Tatsache, daß Weiß die Farbe des den Menschen freundlichen und nützlichen Lichtes ist, Schwarz dagegen dem bedrohlichen und gefahrvollen Dunkel eignet, s. G. Radke: ‚Die Bedeutung der weißen und schwarzen Farbe im Kult und Brauch der Griechen und Römer‘, Diss. Berlin 1936, S. 31. Gelb wird bei Achmet durchwegs auf Krankheit gedeutet, weil Gelb die Farbe der Galle ist, z. B. 116,22; 117,26; 156,22 usw.

303 Griech. *prasinon* = lauchgrün; nach Pollux, einem Philologen und Rhetor, der ein Wörterbuch verfaßte (2. Jahrhundert n. Chr.), unterschied man ferner froschgrün *(batrachis)*, olivengrün *(omphakion)* und apfelgrün *(melinon)*.

Grün ist bei Achmet stets das Symbol von Glaube und Frömmigkeit; wenn der byzantinische Kaiser repräsentieren mußte, stand er nie auf dem einfachen Boden, sondern auf einer Art Podium, der Porphyrrota. Denn Porphyr wie Purpur gebührten allein dem Kaiser. Zeigte sich dieser an Fastentagen den Untertanen, trat er, um sich vor Gott zu demütigen, nicht wie gewöhnlich auf eine rote, sondern auf eine grüne Rota. Bei den Mohammedanern ist Grün die Farbe des Propheten (grünes Banner) und des Glaubens.

304 Griech. *apostolikon*; welches Kleid damit bezeichnet wird, ist ungewiß. Drexl, Index s. v., übersetzt das Wort mit ‚Reisekleid‘ (*vestimentum itinerarium?*); Stephanus, ‚Thesaurus Graecae Linguae‘ glossiert: „*habitus Apostolicus, id est Pontificalis vel Episcopalis*“.

305 Die *Chlamys* spielte beim Regierungsantritt aller Herrscher eine Schlüsselrolle bei der Krönungszeremonie; sie war purpurn oder weiß. Das lange Gewand war an der rechten Seite geschlitzt, wurde meist über der rechten Schulter mit einer Agraffe befestigt und war auf der Vorder- und Rückseite mit Goldborten geschmückt. Der Ornat des

Kaisers ist in einer sehr exakten Beschreibung des Corippus geschildert, der unter Justinus II. (565–578) Beamter war; der Dienstornat des Kaisers wird genau veranschaulicht durch die Mosaiken in San Vitale in Ravenna, auf denen Justinian und Theodora mit ihrem Gefolge erscheinen.

306 Weiß ist die Farbe der Gewänder, die den Glaubenszeugen bei Jo, Offb 6,11 gegeben werden; s. ferner Offb 7,9.13.14.

307 Gregor von Nazianz spricht in seiner Schrift ‚Gegen die Putzsucht der Frauen' (Text und Übersetzung von A. Knecht, Heidelberg 1972), Z. 38, von einem Kleid von zwiespältiger, uneinheitlicher Farbe. Dasselbe meint er, wenn er 1293,75 f. die heuchlerischen Bischöfe als „zweifarbige Gewänder" bezeichnet. Der Vergleich findet seine Erklärung in den Zeugnissen für die im Lateinischen *versicolores* genannten schillernden Stoffe, deren Kette von anderer Farbe als der Einschlag war. Gregor hat aber wohl auch Lev 19,19 im Sinn: „Du sollst kein aus zweierlei Fäden gewebtes Kleid anlegen" oder an Dtn 22,11: „Du sollst für deine Kleidung kein Mischgewebe aus Wolle und Flachs verwenden."

308 Purpurfarbe und Porphyr waren ein Reservat des Kaisers. Ihm allein war es vorbehalten, Kleidungsstücke aus Purpurstoff oder Purpurseide zu tragen. Dazu gehörten außer Chlamys, Tunica und Loros auch Purpurschuhe. Purpurfarben waren die Polster, auf denen der Kaiser saß. Die Auslandsschreiben der kaiserlichen Kanzlei wurden auf purpurgetränktem Pergament in Goldschrift geschrieben. Ebenso war die Verwendung der Purpurtinte ein Privileg der Kaiserkanzlei. Entsprechend weist bei Achmet alles Purpurne auf den Kaiser oder kaiserliche Personen, z. B. 117,12.20; 169,10; 176,2; 180,24; 182,2.

309 Eine ähnliche Unterscheidung und Deutung findet sich bei Artemidor 2,3 (102,13): „Weiße Kleider sind nur Leuten, die sie auch sonst zu tragen pflegen, nützlich, allen anderen Menschen bedeuten sie Aufregungen, Handwerkern aber Untätigkeit und Arbeitslosigkeit, und zwar eine um so größere, je kostbarer die Gewänder sind."

310 Im Text steht der Ausdruck *kallilogia*, was ‚Kunst der schönen Rede', ‚Rhetorik' bedeutet. Obwohl die Byzantiner über eine schlagkräftige Armee und Flotte verfügten, waren sie doch bestrebt, sie so sparsam wie möglich einzusetzen. Da Selbstschutz durch politische Aktivität billiger war als durch Krieg, betrieb man Diplomatie mit größtem Eifer. Diese verfolgte das Ziel, einerseits Friedensverträge mit einem Nachbarstaat auszuhandeln, andererseits diesen Staat zu schwächen, indem man dessen Feinde unterstützte. Die byzantinische Diplomatie war ferner auf Steigerung des kaiserlichen Ansehens berechnet; zu diesem Zweck stützte sie sich auf reiche Geschenke, wie Gold, Juwelen und kostbare Stoffe und großartige zeremonielle Empfänge.

311 Der byzantinische Senat ist nicht mit dem alten römischen Senat gleichzusetzen. Er war keine selbständige gesetzgebende Körperschaft mehr, sondern eine Art Kronrat, der sich aus allen gegenwärtigen und ehemaligen kaiserlichen Beamten sowie aus den Männern zusammensetz-

te, die der Kaiser von sich aus zu Senatoren ernannte. Der Senat bekräftigte kaiserliche Entscheidungen und erhöhte natürlich im Hofzeremoniell den Glanz des Kaisers, s. G. Weiß: ‚Oströmische Beamte im Spiegel der Schriften des Michael Psellos', München 1973, S. 107.

312 Griech. *gouna*, slawisch = *guna*.

313 Vgl. dazu das Kapitel über den Fuchs (224, 9 ff.).

314 Das Symbol – das Wort kommt von *symballein* = zusammenwerfen, zusammenballen – vereinigt in sich Gegensätze, die rational kaum zu fassen sind, sondern bestenfalls im Nacheinander widersprüchlicher Aussagen zu umspannen sind. Ein solches Symbol ist zweifellos das Feuer. Es vereint in Achmets Deutungen Krieg, Krankheit und Unheil, dann Reichtum, ferner Macht und Gewalt, schließlich Leben und Weisheit.

315 Die neugriechische Volkssprache hat das alte Wort für Brot, *artos*, durch *psomi*, das altgriechische *psomion* = *psomos* (Achmet 119,20; 164,4), ‚Bissen', ‚Brocken' ersetzt. Die Bedeutungsverengung erklärt sich aus einer im Ausgang des Altertums herrschenden Speisesitte. Es war üblich, Brot in Wein einzutauchen. Bekannt ist die Stelle bei Jo 13,26, wo Jesus dem Judas ein eingetauchtes Stück Brot reicht, um ihn als seinen Verräter zu bezeichnen. Man schnitt nicht das Brot, sondern brach es zum Essen in Stücke. Beim Abendmahl bricht Christus, wohl in Nachahmung des Hausvaters beim jüdischen Passahmahl, das Brot und gibt die Stücke seinen Jüngern. Brot und Wein bildeten wohl im ganzen Altertum die einfachste Form einer Mahlzeit. Nach P. Kretschmer: ‚Brot und Wein im Neugriechischen', in: ‚Glotta' 15, 1927, S. 60 ff., läßt sich die Bedeutung *psomos* = Brot frühestens um 400 n. Chr. nachweisen.

316 Nach Artemidor 2,9 (112,5) gleicht das Gold wegen seiner Farbe dem Feuer; deshalb heißt es bei Pindaros: „Gold ist wie brennendes Feuer."

317 Prokop beschreibt in seinem Geschichtswerk ‚Perserkriege' II, 24, das große Feuerheiligtum in Aderbiganon, dem die Perser göttliche Ehre erweisen. Der Ortsname lebt fort in der Landschaft Aserbeidschan: „Die Magier hüten dort die ewige Flamme, pflegen gewissenhaft auch die anderen heiligen Bräuche und benutzen das Feuer als Orakel für die wichtigsten Angelegenheiten."

318 Fackeln spielen im byzantinischen Zeremoniell eine wichtige Rolle, wobei Höfisches und Religiöses sich darin verbinden. Kehrte der Kaiser von einem siegreichen Feldzug zurück und wurde er in feierlicher Prozession eingeholt, gaben ihm Fackelträger das Geleit.

319 Achmets Auslegung des Traumes zeigt eine auffallende Ähnlichkeit mit der Artemidors 1,74 (80,18): „Der Leuchter bedeutet die Gattin, die Lampe den Hausherrn und den Lebensatem des Träumenden"; ferner 2,9 (114,19): „Eine im Haus hell brennende Lampe bringt Glück, eine dunkle und trübe bezeichnet Niedergeschlagenheit und rafft Kranke in Kürze hinweg." Grundlage der Deutung ist die uns so bekannte Anschauung vom Lebenslicht. Wie geläufig diese noch in der

Zeit des Johannes Chrysostomos war, bezeugt dieser in ep. 1 ad Cor. homil. 12,7, Bd. 10, 105 Migne. Wenn einem Neugeborenen, so sagt er, der Name gegeben werden soll, legen die Eltern ihm nicht mehr, wie es die Alten taten, den Namen des Tagesheiligen zu, sondern sie zünden etliche Lichter an und geben jedem einzelnen Licht einen besonderen Namen. Welches Licht nun am längsten brennt, dessen Name geben sie dem Kind. Entsprechend diesem Licht wird das Kind lange leben.

320 Vgl. Anm. 101.

321 Zum Bild vgl. Spr 6,27: „Trägt man denn Feuer in seinem Gewand, ohne daß die Kleider in Brand geraten?"

322 Zur Symbolik Säule = Mensch vgl. Artemidor 2,10 (116,6): „Säulen, die in reinem Feuer brennen, ohne von ihm vernichtet zu werden, bedeuten, daß die Kinder des Träumenden in bessere und glänzendere Verhältnisse kommen werden. Stürzen sie zusammen, droht den Söhnen der Tod"; „denn des Hauses Stützen sind die Söhne", wie Euripides sagt. Zum Bild vgl. noch Achmet 103,9 ff.

323 Vgl. Artemidor 2,9 (114,19): „Eine im Haus hell brennende Lampe bringt Glück; es verheißt jedermann Zuwachs an Sachvermögen und Wohlstand, Unverheirateten die Ehe und Kranken Gesundheit."

324 Zu den Träumen, die in ihrer Art typisch sind und in der Regel kraft ihres Symbolgehaltes interpretiert werden können, gehören die Flugträume. Der Wunsch nach Macht, Geltung, Können stellt sich im Flugtraum trefflich dar. Auch Artemidor widmet den Flugträumen ein umfangreiches Kapitel: 2,68 (191,16 ff.).

325 Nach Artemidor 2,68 (192,11) bedeutet es dem Träumenden Gefahr und Schrecken, ohne Flügel und in großer Entfernung vom Erdboden zu fliegen.

326 Die Chance, Karriere zu machen, war durchaus nicht nur eine Propagandalosung. So entstammte Leon V. (813–820) einer armen armenischen Flüchtlingsfamilie, Michael II. (820–829) war ein einfacher, ungebildeter Krieger. Basileios I., der Makedonier (867–886), machte seinen Weg aus Makedonien in die Reichshauptstadt als völlig mittelloser Sproß einer Bauernfamilie. Aus demselben Milieu stammte auch Romanos I. Lakapenos, der das Reich von 920–944 regierte. Michael IV., der Paphlagonier (1034–1041), verdankte seine Karriere dem Umstand, daß sein Bruder Johannes, der lange Zeit als Eunuch am Hof beschäftigt war, ihm die Gunst der liebestollen Kaiserin Zoe zu verschaffen wußte.

327 Wenn auch der Traum, einen weiten Sprung zu machen, keinen realen Erfolg zeitigt, ist das Erlebnis des Erfolges mit ihm verknüpft und daher der Traum lustbetont.

328 Zahlreich sind die Vergleiche der biblischen Autoren, in denen sie die Wolken als Abbild göttlicher Weisheit, als Gottes Wagen oder als seine Hülle wiedergeben, hinter der sich „der im Himmel Wohnende dem Flehenden verbirgt", s. D. Forstner, a. a. O., S. 134 f.

329 Zur Deutung vgl. Anm. 130.

330 Achmets Deutung: Sturm = Zorn des Kaisers, findet eine Parallele in der Sprache der Propheten, die Strafgerichte und Leiden aller Art mit Stürmen vergleichen, z. B. Jer 23,19: „Siehe ein Sturmwind vom Herrn, sein Zorn bricht los, ein Wirbelwind braust dahin über der Gottlosen Haupt." Weitere Stellen bei D. Forstner, a. a. O., S. 97.

331 Mit Dölger lese ich statt *eiskosmisin eiskomisin; eiskomizesthai* ist der juristische Terminus für das Konfiszieren und kommt in einer byzantinischen Zunftordnung des 10. Jahrhunderts des öfteren vor. Weitere Belege bei F. Dölger in: ‚Bayer. Blätter f. d. Gymnasialschulwesen‘ LXII. Jahrg., S. 287. Ebenso ist Achmet 129,5 zu lesen.

332 Platzregen, Wirbelwind und Sturm sind nach Artemidor 2,8 (109,3) Vorboten von Gefahren und Schäden.

333 Achmet gebraucht das Verbum *kratein* (= bewahren, festhalten) nur, wo vom Festhalten im Traum gehörter Worte die Rede ist, z. B. 12.11; 75,26; 105,29. Entsprechend ist an unserer Stelle *krateito* in *krineto* zu schreiben, s. K. Latte in: ‚Gnomon‘ 2, 1926, S. 417.

334 Sonne, Mond und Sterne bilden eine traditionelle Dreiheit (vgl. Mk 13,24 f.), sie sind gewissermaßen Träger der Ordnung des gesamten Kosmos.

335 Der byzantinische Kaiser hatte das gleiche Attribut wie der Sonnengott (Helios): den Nimbus. Sonne und Mond, als Symbole der Weltherrschaft von den Bildern der persischen Könige bekannt, begegnen im byzantinischen Reich zuerst auf Darstellungen des Kaisers Herakleios I. (610–641), der sein Geschlecht auf den armenischen Zweig der persischen Arsakiden zurückführte. Der Vergleich Kaiser – Sonne war in Byzanz so beliebt, daß er in der höfischen Rhetorik, in allen Kaiserreden, aber auch in Briefen und Gedichten an den Kaiser, durch die Jahrhunderte hindurch seinen Platz behauptete. Auch der berühmteste aller absoluten Herrscher, der Sonnenkönig Ludwig XIV., hat diese Herrschaftsmetapher aus Byzanz bezogen.

336 Sonnenlicht, welches das Haus in hellerem Glanz erstrahlen läßt, bedeutet nach Artemidor 2,36 (162,17) Zuwachs an Vermögen.

337 Die Sonne wird auch bei Artemidor 2,36 (160,25) mit Zeugung und Geburt in Verbindung gebracht: „Helios bringt allen Heil; den einen prophezeit er Unternehmungen, anderen die Geburt von Söhnen; denn Eltern pflegen ihren Buben den Kosenamen ‚Sonnen‘ beizulegen." Vgl. auch 2,36 (162,5). Von der zeugenden Kraft der Sonne weiß die Geburtsgeschichte des Branchos, des Stammvaters des milesischen Priestergeschlechts der Branchidai bei Konon narr. 33 zu berichten. Ähnlich ist die Legende von dem Traum, den des Augustus’ Vater hatte; ihn dünkte, aus dem Leibe seiner Gattin strahle der Glanz der aufgehenden Sonne, vgl. E. Norden: ‚Die Geburt des Kindes‘, Darmstadt 1958, S. 158. All dem liegt wahrscheinlich der Gedanke von dem lebenspendenden Feuer zugrunde.

338 Nichts Gutes bedeutet es nach Artemidor 2,36 (161,22), die Sonne anders als strahlend und rein zu sehen: „Erscheint Helios dunkel, blutigrot oder von schrecklichem Aussehen, zeigt er jedermann Übel und Unheil

an.'' Im Aberglauben werden solche Erscheinungen bekanntermaßen als üble Vorzeichen aufgefaßt; das gilt besonders von der Sonnenfinsternis, die allgemein bei den Völkern des Altertums als ein Vorbote kommenden Unheils angesehen wurde, vgl. Achmet 128,10.

339 Wortspiel: *adiketes* (= Übeltäter), *ekdikeo* (= ahnden, büßen lassen).

340 Megas Basileus bedeutet im byzantinischen Sprachgebrauch den Haupt- oder rangältesten Kaiser gegenüber dem Mitkaiser, eine Benennung, die dem Mitkaiser bis zum Jahr 1272 nirgends beigelegt wird, s. F. Dölger in: ‚Byz. Zt.‘ 36,1936, S. 131 ff.

341 Griech. thema (Mehrzahl *themata*). Die Bedrohung des Reiches durch Germanen, Slaven und Araber nach dem 6. Jahrhundert machte eine Neuordnung der Reichsorganisation notwendig, eine Entwicklung, die sich bereits unter Kaiser Justinian anbahnte und unter Herakleios I. einsetzte. Das Reich wurde in ‚Themen‘ aufgeteilt, militärisch-administrative Einheiten, an deren Spitze ein *Strategos* stand, in dessen Hand sowohl die Militärorganisation als auch die Zivilverwaltung lag. Die Themenorganisation knüpft an die alte Einrichtung von landansässigen Soldaten im Limesgebiet an, vgl. G. Ostrogorsky: ‚Geschichte des byzantinischen Staates‘, München 1952, S. 67.

342 Die Planeten sind in der lat. Form wiedergegeben. Es entsprechen Venus = Aphrodite, Merkur = Hermes, Mars = Ares, Jupiter = Zeus, Kronos = Saturn. Kronos, ein Titan, war Vater des Zeus; er wurde von diesem entthront und zusammen mit den übrigen Titanen im Tartaros eingesperrt.

343 Selene bedeutet nach Artemidor 2,36 (163,1) die Gattin und die Mutter des Träumenden; sie wird ja als Nährerin verehrt; 163,11: ,,Nimmt Selene zu, bedeutet sie unmittelbar oder mittelbar einen Nutzen durch die genannten (Personen), nimmt sie ab, entsprechend einen Schaden.''

344 Im Talmud wird das Gesicht, einen Stern verschlungen zu haben, dem Träumenden dahin ausgelegt, daß er den Sohn eines Israeliten verkauft und das Gold aufgegessen habe; in den Parallelstellen, daß er den Sohn eines Israeliten getötet habe, s. H. Lewy in: ‚Rhein. Mus. f. Philol.‘ 48, 1893, S. 401. Nach Artemidor 2,36 (165,19) ist es nur Weissagern und Astronomen zuträglich, im Traum Sterne zu essen; diesen bedeutet es guten Verdienst und Zuwachs an Vermögen; allen anderen prophezeit es den Tod.

345 Um sich von den Anhängern der Astrologie zu distanzieren, fügt Achmet an das vorhergehende Kapitel einen ‚Anhang‘, der den Standpunkt und die Auffassung der Orthodoxie bekräftigt.

346 Die Byzantiner unterschieden sehr genau zwischen den verschiedenen Arten der Verehrung. Die Anbetung im eigentlichen Sinn, d. h. im Geiste und in der Wahrheit, ist nur Gott, bzw. der Trinität vorbehalten und heißt *latreia*. Handelt es sich um Christus, dann ist die Anbetung gleich der *Latreia*, weil Christus durch seine göttliche Natur der Trinität angehört. Handelt es sich aber um ein Bild Christi, Marias oder eines Heiligen, betrifft die Verehrung die dargestellte Person und

gebührt dem Bild die *proskynesis*. Achmet verwendet an unserer Stelle das zum Verbum *proskynein* gehörige Substantiv *proskynesis*.

347 Nach dem Glauben der Alten steht jeder Mensch in unsichtbarer Verbindung mit einem besonderen Stern, der gleichzeitig mit seiner Geburt aufgeht und bei seinem Tod erlischt. Nach Artemidor 2,36 (165,11) prophezeien zur Erde niederfahrende Sterne den Tod vieler Menschen, und zwar die großen den angesehener Persönlichkeiten, die kleinen und dunklen den einfacher und gewöhnlicher Leute. Entsprechend heißt es bei Achmet 130: „Fällt der Venusstern vom Himmel herab, wird die Kaiserin sterben."

348 Bei Jo Offb 6,4 versinnbildlicht der Reiter auf dem feuerroten Roß den Kampf aller gegen alle, den erbarmungslosen Krieg.

349 Vgl. die Worte Marthas zu Jesus bei Jo 11,22: „Aber auch jetzt weiß ich: Alles, worum du Gott bittest, wird Gott dir geben."

350 Die Lebensbedingungen der Bauern in der Provinz waren äußerst hart. Abgesehen von dem Steuerdruck und den Fronleistungen, die sie belasteten, lebten sie in ständiger Furcht vor Dürre und Überschwemmungen, kalten Wintern oder dem plötzlichen Einfall von Heuschrecken, die eine Hungersnot heraufbeschworen, s. A. P. Kashdan, a. a. O., S. 60.

351 Die segenspendende Bedeutung klaren Wassers vertritt auch Artemidor 1,64 (70,13): „Segensreich ist es, in Quellen, Seen, Brunnen und Flüssen von reinem und klarem Wasser zu baden."

352 Lehm bedeutet nach Artemidor 3,29 (216,18) „Krankheit und Beleidigung; Krankheit, weil er weder aus reinem Wasser noch aus reiner Erde besteht, sondern aus beiden gemischt und weder das eine noch das andere ist. Er weist also ganz natürlich auf eine schlechte Zusammensetzung des Körpers hin, d. h. auf eine Krankheit; eine Beleidigung aber, weil er beschmutzt."

353 Flüsse gleichen nach Artemidor 2,27 (147,22) Herren und Richtern, weil sie ihren Willen, ohne Rechenschaft schuldig zu sein, und nach freiem Ermessen durchsetzen. Ist das Wasser schlammgetrübt, bedeuten sie eine Drohung von seiten der Genannten; vgl. Achmet 135,12.

354 Mit der Überlieferung ist an unserer Stelle nichts anzufangen. Dölger (‚Bayer. Bl. f. d. Gymnasialschulw.‘, LXII. Jahrg., S. 288) vermutet hinter der Präposition *pros* (Z. 6) eine Lücke in der Vorlage. Der Schreiber, der den Namen des Flusses nicht lesen konnte, habe am Rand die Bemerkung gemacht: „der Name des größten Flusses bei den …" Diese sei dann in verstümmelter Form in den Text geraten.

355 Vgl. Artemidor 2,27 (149,6): „Allen ist der Fluß ein Element des Lebens."

356 Um Justinians Habgier anzuprangern, berichtet Prokop (‚Anekdota‘ 19,1 ff.) von einem Traumgesicht, das ein vornehmer Römer zu Beginn von dessen Regierung hatte. Ihm träumte, so berichtet der Mann, als stehe er in Byzanz am Meeresstrand, gegenüber von Chalkedon, und da habe er Justinian mitten im Sande stehen sehen. Und zuerst habe dieser das Meerwasser ganz und gar ausgetrunken, so daß man glauben mußte, die See sei verschwunden und der Kaiser stehe nur auf

dem Trockenen. Doch da sei weiteres Wasser voll Schmutz und Unrat aus Abzugskanälen auf den beiden dortigen Uferseiten hervorgequollen, und wiederum habe er alles ausgeschlürft und den Platz wasserlos gemacht.

357 Vgl. zum Bild Jes 60,7: „Denn der Reichtum des Meeres strömt dir zu, die Schätze der Völker kommen zu dir." Koh 1,7: „Alle Flüsse fließen ins Meer, das Meer wird nicht voll."

358 Schwimmen im Traum ist auch bei Artemidor unheilvoll, z. B. 1,64 (70,13): „Segensreich ist es, in Quellen, Seen, Brunnen und Flüssen von reinem und klarem Wasser zu baden, aber keinesfalls zu schwimmen, weil letzteres jedermann Unheil bringt und das Symbol von Gefahr und Krankheit ist." Vgl. auch Artemidor 2,27 (148,17).

359 Nach Artemidor 2,23 (141,24) ist es immer ein Zeichen von guter Vorbedeutung, das Meer in sanfter Bewegung und in ruhigem Wellenschlag zu schauen; es prophezeit glänzende geschäftliche Erfolge.

360 Artemidor 3,16 (210,19): „Auf dem Meer zu wandeln ist für einen, der eine Reise antreten will, . . .verheißungsvoll; das Traumgesicht prophezeit große Sicherheit. Günstig ist es auch für einen Sklaven und einen Heiratslustigen; der eine wird seinen Herrn, der andere seine Ehehälfte beherrschen. Es gleicht nämlich das Meer einem Herrn, wegen der Feuchtigkeit einer Frau."

361 Vgl. Artemidor 2,23 (140,3): „Auf einem Schiff und auf ruhiger Fahrt zu sein, ist für jedermann günstig; ein Sturm zeigt Mißstimmungen und Gefahren an."

362 Wie die Juden Träume nach ‚Talmud'-Zitaten deuteten, so die Araber nach dem ‚Koran'. Jemand träumte z. B., er stehe auf einem Schiff. Für die Deutung des Traumes ist Sure 29,14 des ‚Korans' maßgebend, wo es heißt: „Da retteten wir ihn und die anderen Leute im Schiff" (von Noah bei der Sintflut); das Schiff bedeutet also Errettung aus Bedrängnissen, s. P. Schwarz: ‚Traum und Traumdeutung nach Abdalgani an Nabulusi'. In: ‚Zt. d. Dtsch. Morgenländ. Gesellschaft' 67, 1913, S. 484.

363 Griech. *dromon* oder ‚Renner'. Das aus der Bireme des klassischen Altertums entwickelte Schiff war eine schnelle gedeckte Galeere mit zwei übereinander angeordneten Riemenreihen zu je 25 oder bis zu 30 Bänken. Der *Dromon* hatte zur Zeit Leons VI. (886–912) eine Besatzung von 130–200, zur Zeit seines Sohnes Konstantin VII. (913–959) eine Höchstbesatzung von 300 Mann. Der Bug des Schiffes war zu einer Art Kastell ausgebaut, von dem man aus drei Rohren *(Siphones)* das griechische Feuer (s. Anm. 366) schleudern konnte. Das Heck trug Katapulte für Brandgeschosse. Zum Bau und zur Ausrüstung des *Dromon* vgl. E. Eickhoff: ‚Seekrieg und Seepolitik zwischen Islam und Abendland', Berlin 1966, S. 136 ff.

364 Nach Artemidor 2,23 (140,4) bringt ein Schiffbruch, bei dem das Schiff kentert oder an Felsen zerschellt, allen Schaden.

365 Artemidor 4 Proöm. (240,2): „Wenn sich einer, der von Traumdeutung etwas versteht, . . . in eine Frau verliebt hat, so wird er nicht die Gelieb-

te schauen, sondern ein Pferd, einen Spiegel, ein Schiff, das Meer, das Weibchen von einem Tier, ein Frauenkleid oder sonst etwas, was eine Frau bedeutet." Daß das Schiff zu den Wasser- und Sexualsymbolen gehört, kann durch den deutschen Sprachgebrauch verdeutlicht werden, wo ja eine Verwandtschaft zwischen ‚Schiff‘ und ‚schiffen‘ (urinieren) besteht.

366 Die Herstellung des griechischen Feuers war ein streng gehütetes Staatsgeheimnis. Die Kaiser haben das Herstellungsverfahren zu bewahren gewußt, und die mit der Konstruktion der Waffe betrauten Ingenieure waren vereidigt, über die Mischung der Ingredienzien zu schweigen. Da auch alle griechischen Schriftsteller immer nur vom Effekt, nie von der Herstellung der Waffe sprechen, können wir heute lediglich auf Grund unserer chemischen Kenntnisse Schlüsse auf die Verbindung der Explosionsstoffe ziehen. Wahrscheinlich waren die Hauptbestandteile der Waffe Naphta, Schwefel und Salpeter in einer Mischung, deren genaues Rezept niemals niedergeschrieben wurde. Die Byzantiner verwendeten wohl zum erstenmal das griechische Feuer in den Jahren 674–678, als sie ein mächtiges Geschwader der Araber vor den Mauern Konstantinopels zur Aufgabe des Kampfes zwangen.

367 Zur Deutung des Traumes vgl. Anm. 263.

368 Dieselbe Deutung findet sich bei Artemidor 1,66 (71,8). Er begründet es auch, warum das Trinken von warmem Wasser Unglück bringt: es sei nicht naturgemäß.

369 Nach Artemidor 1,64 (69,15) hat einer, der mitsamt den Kleidern in ein Warmbad steigt, Krankheit und große Beklemmungen zu gewärtigen.

370 In der Klosterregel des Pachomios, des Begründers der zönobitischen Form des Mönchtums, lesen wir: „Was die Boote angeht, so soll kein Bootsmann sein Boot vom Ufer abstoßen ohne die Aufsichtsperson des Klosters. Man darf weder einen Weltmenschen zum Schlafen zu ihnen aufs Boot lassen noch ein zerbrechliches Gefäß (eine Frau) ohne Erlaubnis der Aufsichtsperson des Klosters", vgl. Dom Aman/Boon: ‚Pachomiana Latina‘, Löwen 1932, S. 118 f. Zu der Symbolik Glas = Frau s. ferner Achmet 29,6; 63,12; 151,7.

371 Griech. *baukalion*; ein ursprünglich besonders in Alexandreia übliches gläsernes oder tönernes bauchiges Gefäß mit engem Hals, das beim Füllen und Ausgießen einen glucksenden Ton gab. In byzantinischer Zeit bezeichnet es auch einen Wasserkrug; in dieser Bedeutung ist das Wort in die romanischen Sprachen übergegangen (ital. *boccale*), s. ‚Realencyclopädie der classischen Altertumswissenschaft‘, Bd. 3, 1, S. 153, s. v. *Baukalis*.

372 Mt 6,2: „Wenn du Almosen gibst, laß es also nicht vor dir herposaunen, wie es die Heuchler in den Synagogen und auf den Gassen tun, um von den Leuten gelobt zu werden. Amen, das sage ich euch: Sie haben ihren Lohn bereits erhalten." S. auch Mt 6,5; 6,16.

373 Nach Artemidor 2,8 (109,13) prophezeit Hagel Aufregungen und Niedergeschlagenheit. Als Vorboten von Unheil betrachten den Hagel

auch heute noch die Einwohner von Epiros, s. P. Koukoules in: ‚Laographia' 9, 1926, S. 287 Anm. 4.

374 Schnee und Eis sind nach Artemidor 2,8 (109,8) zu der entsprechenden Jahreszeit ohne Vorbedeutung. Zu einer anderen Jahreszeit geschaut, sind sie nur Bauern von Nutzen, den übrigen Menschen zeigen
sie an, daß ihre Vorhaben und Unternehmungen ziemlich frostig verlaufen werden.

375 Vgl. Artemidor 2,8 (108,23): ,,Ein Regen ohne Sturm und heftigen
Wind ist allgemein gut, ausgenommen für jene, die sich zu einer Reise
rüsten, und für Leute, die ihre Arbeiten unter freiem Himmel verrichten. Über die segenspendende Bedeutung klaren Wassers s. Anm. 351.

376 Auf rundem Unterbau stand ein steinerner Doppeltrichter, der mit
durchgestecktem Holzhebel um eine steinerne Achse gedreht wurde.
Das oben eingetrichterte Korn wurde ähnlich wie in unseren Hand-
mühlen gemahlen.

377 S. Anm. 448.

378 Zu den Mahlzeiten trank der Byzantiner gewöhnlich Wein, der mit
warmem Wasser verdünnt war.

379 Im Deutschen schwer nachzubildendes Wortspiel mit dem Ausdruck
kolasis = 1. Strafe, 2. Läuterung, Veredelung. Man kochte den Wein
ein, um ihn länger zu erhalten und seine berauschende Kraft zu schwächen.

380 *Zulapis, zulapion*, ein arabisches Lehnwort.

381 Vgl. Anm. 370.

382 Mt 5, 6; Lk 6, 21.

383 S. Anm. 371.

384 Der unheilvolle Ausgang des Traumes erklärt sich aus der Vorstellung,
daß derjenige, der von der Speise der Unterirdischen genießt, ihnen
verfallen ist. Denn das Eigentum des Toten ist durch den Tod, wie die
Leiche selbst, unrein und damit tabu geworden. Bei Artemidor 4, 82
(297, 20) heißt es: ,,Was die Gaben anbetrifft, die man Toten mit ins
Grab zu legen pflegt, so ist es weder gut, derlei einem Toten zu schenken, noch von ihm anzunehmen; denn es droht entweder dem Träumenden selbst oder einem seiner Angehörigen Verderben.‘‘

385 In der Chronik des Johannes Skylitzes, eines byzantinischen Beamten
des 11. Jahrhunderts, wird ein Traum erzählt, in dem des Basileios'
Mutter dessen künftige Größe voraussah. Eine große, schlanke Zypresse, ganz aus Gold, schien vom Fußende ihres Bettes emporzu-
wachsen; in der Krone des Baumes stand ihr Sohn. Sie erzählte dieses
Erlebnis einer weisen Frau, die den Traum als klares Vorzeichen für
die Bestimmung des Knaben als eines künftigen Kaisers von Byzanz
(Basileios I.) deutete.

386 Daß Achmet auch arabische Quellen benutzt hat, bezeugen nicht nur
die von ihm benutzten arabischen Lehnwörter wie *kochla* (33, 17), *pharas* (110, 24; 111, 26; 181, 6), *zulapion* (150, 21), *chasdion* (175, 16; 180, 11)
und *zoupa* (177, 1), sondern auch die Erwähnung der beiden Hauptkulturpflanzen, die die Araber in die Mittelmeerländer gebracht haben,

des Zuckerrohrs = *sachar* (152, 19; 197, 7; 206, 8) und der Baumwolle (155, 21; 171, 19; 172, 4; 175, 23 u. ö.).

387 Nüsse und alles, was aufgeknackt wird, bedeutet nach Artemidor 1, 73 (78, 22) Aufregungen und, weil sie von Natur bitter sind, Kümmernisse.

388 Daß die Olive Ärger und Kummer anzeigt, ist auch aus Artemidors Deutung der Kuchen von Kapern und Oliven 1, 72 (78, 12) herauszulesen: „Ich habe sie absichtlich beiseite gelassen", sagt er, „weil sie offensichtlich nichts Gutes bedeuten."

389 Der griech. Arzt Pedanios Dioskurides (1. Jahrhundert n. Chr.), der unter Nero in Rom lebte, nennt in seiner Arzneimittellehre 1, 165 die Aprikosen „Armenische Äpfel". Die späteren Griechen nannten den Baum wie an unserer Stelle *berikokkia*. Daraus entstand das *abricocco* der Italiener, das *abricot* der Franzosen und unsere Aprikose, s. J. Berendes: ‚Des P. Dioskurides Arzneimittellehre‘, Darmstadt 1970, S. 137.

390 Zur Deutung des Weinstocks und der Trauben, s. Anm. 111.

391 Dieselbe Begründung schon bei Artemidor 1, 67 (74, 2): „Der Kürbis bedeutet eitle Hoffnungen, weil er den Magen beschwert und keinen Nährwert hat." Wenn der Kürbis bei Achmet einem Kranken Gesundheit verheißt, so geht die Deutung sicher auf dessen Verwendung in der Heilkunde zurück, s. Dioskurides, 2. Buch, Kap. 161; Celsus, 2. Buch, Kap. 24.27.29.

392 Eine Gartenpflanze, die bei Celsus, Varro, Columella und Plinius oft erwähnt wird. Sie gehört in den Arzneischatz der Alten und wurde als urintreibendes und stuhlgangbeförderndes, auch als kühlendes Mittel benutzt.

393 Auch nach Artemidor 1, 77 (84, 3) verheißen Rosen jedermann Gutes, ausgenommen Kranken; diesen kündigen sie den Tod. Bei den Alten war die Rose eine Blume der Gräber, vgl. das römische Fest der Rosalia oder Rosaria. Achmet begründet die gute Vorbedeutung der Rose mit ihrem Wohlgeruch und ihrer Röte. Die Rose war die Lieblingsblume der Moslems; mit Rosenwasser besprengte man Kleider und Teppiche; sogar Speisen würzte man damit. Männer pflegten vor dem Mahl ihre Bärte mit Rosenwasser zu parfümieren.

394 Nach den Vorschriften des Zeremoniells sollen die Straßen, durch die bei feierlichen Anlässen der Zug des Kaisers kommt, mit Efeu, Lorbeer, Myrthen, Rosmarin und anderen duftenden Blumen geschmückt werden, s. ‚de caerimoniis‘ 1, 1, R 6 (A. Vogt: ‚Constantin VII Porphyrogénète, Le Livre des cérémonies‘, Paris 1935).

395 Die Myrthe war der Aphrodite (Venus) geweiht, deshalb bringt sie, wie Artemidor 1, 77 (85, 15) sagt, Frauen größeren Segen, zumal Frauenzimmern, die der lockeren Zunft angehören und liederlich sind, s. 2, 25 (145, 5). Achmet spricht von dem Verkehr mit einer nicht standesgemäßen Frau (159, 10).

396 Der Essig der alten Griechen und Römer war Weinessig. Plinius, ‚Naturalis historia‘ 23, 54 nennt ihn *Vitium vini*; auch aus Feigen machte man Essig, s. J. Berendes, a. a. O., S. 489.

397 Das gleiche Bild schon bei Artemidor 1, 67 (73, 9): „Alles Gemüse, das einen übelriechenden Atem verursacht, wenn man es gegessen hat, bringt Verborgenes zutage und weckt Haß gegen die Hausbewohner."

398 Über *selinon* = Sellerie oder Eppich in der Heilkunde s. Dioskurides, 3. Buch, Kap. 67.

399 Hülsenfrüchte sind nach Artemidor 1, 68 (74, 18) samt und sonders von schlimmer Vorbedeutung. Diese ist darauf zurückzuführen, daß sie im Volksglauben als Speise der Toten galten. Zahlreich sind die antiken Zeugnisse, denen zufolge die Bohne kultisch geächtet war. Die Linse war Speise der Totenmahlzeiten; noch heute sind sie für die Bewohner von Epiros Vorboten von Trauer und Leid, s. Ph. Koukoules in: ,*Laographia*' 9, 1926, S. 287, Anm. 5.

400 Senf ist nach Artemidor 1, 68 (75, 11) nur Ärzten nützlich, allen übrigen Menschen verursacht er heftige Schmerzen (= Achmet Z. 6. 15. 16) und bringt Verborgenes zutage. Die Pflanze wurde in der Heilkunde bei den verschiedensten Krankheiten angewendet, s. Dioskurides, 2. Buch, Kap. 183.

401 Welche Pflanze unter dem *Medikarion* zu verstehen ist, wissen wir nicht.

402 Nach Artemidor 1, 67 (73, 11) zählen der Rettich, die Endivie und der Schnittlauch zu den Gemüsearten, die nichts Gutes bedeuten, weil sie einen übelriechenden Atem verursachen.

403 „Mohrrüben bringen materielle Vorteile", sagt Artemidor 1, 67 (73, 19): „Einzig Leuten, die um Grund und Boden prozessieren, sind sie ungünstig, weil sie mitsamt der Wurzel ausgerissen werden."

404 *Agros* in der alten Bedeutung ,Acker' ist in der byzantinischen Zeit nicht mehr häufig; man sagt dafür gewöhnlich *choraphion* (Achmet 163, 1; 165, 1). *Agros* wird der Allgemeinbegriff für eine ländliche Siedlung. Statt *agros* für ,Acker' gebraucht man auch *chorion* oder die Augmentativform *chora* (s. Drexl, Index, s. v.), s. F. Dölger: ,Beiträge zur Geschichte der byzantinischen Finanzverwaltung', S. 135 f.

405 Zur Deutung des Traumes (s. auch 163, 24) vgl. das Gleichnis vom Sämann bei Lk 8, 4–8; Mt 13, 1–9; Mk 4, 1–9.

406 Vgl. Artemidor 1, 51 (58, 17): „Schaut man, wie Kornernte, Traubenlese und Beschneiden der Schößlinge zur Unzeit vorgenommen werden, so verschieben sich alle unsere Handlungen und Unternehmungen auf denselben Zeitpunkt und dieselbe Jahreszeit."

407 Achmet unterscheidet genau zwischen *laos* und *ethnos*, d. h. zwischen Byzantinern und fremden Völkern, z. B. 47, 8; 97, 18; 100, 7; 114, 19 usw. Die biblische Bedeutung von *ethne* (= Völker, Heiden) im Gegensatz zum Gottesvolk, z. B. Ps 2, 1; Mt 10, 5; Apg. 4, 27, bezogen die Byzantiner auf alle Völker, die nicht unter der Herrschaft des Byzantinischen Reiches standen oder andersgläubig waren. Sie betrachteten sich als das auserwählte Volk der Christenheit und behandelten die ,Barbaren' ringsum mit geringschätziger Herablassung.

408 Reis wurde von den alten Griechen und Römern nicht angebaut, sie kannten ihn aber durch den Bezug aus Indien. Nach Plinius, ,*Natura*-

lis historia‘ 18, 71 machten die Inder aus Reis eine *Ptisane*, eine Grütze, eine Art Haferschleim, wie aus der Gerste.

409 Vgl. Artemidor 3, 33 (218, 3): „Disteln und Dornen bedeuten wegen ihrer Spitzigkeit Schmerzen, wegen ihrer Undurchdringlichkeit Hindernisse, wegen ihrer Rauheit Sorgen und Schmerzen, vielen auch Liebeskummer und Untaten von seiten schlimmer Menschen.“

410 Lk 8, 14: „Unter die Dornen ist der Samen bei denen gefallen, die das Wort zwar hören, dann aber weggehen und in den Sorgen, dem Reichtum und den Genüssen des Lebens ersticken, deren Frucht also nicht reift.“ S. auch Mt 13, 22; Mk 4, 18.

411 Griech. *doryphoroi* (= Lanzenträger). In Belisars Zeit ihrem Herrn eng verbundene Leibwächter, denen auch bedeutendere Aufgaben übertragen werden konnten. Prokop bemerkt dazu, es war bei allen Römern seit alters Herkommen, daß kein *doryphoros* bei einem führenden Mann bestellt werden durfte, wenn er nicht unter heiligsten Eiden Versicherung seiner Ergebenheit gegenüber dem Herrn und dem römischen Kaiser leistete. Das Vorbild germanischer Gefolgschaft ist nicht zu übersehen.

412 Nach Artemidor 2, 12 (126, 12) verheißt es großen Segen, wenn Tiere plötzlich ihre Stimme ertönen lassen und wie Menschen sprechen. Aus dem klassischen Altertum gehört hierher das mit menschlicher Stimme begabte Roß des Achilleus, Xanthos, das dem Helden seinen Tod prophezeit. Travestiert ist diese Anschauung in Lukians ‚Esel oder Hahn‘ 2, wo der Hahn des Hauses den Mykillos, der über die menschlichen Laute des Tieres erstaunt ist, auf Xanthos als Beispiel hinweist.

413 Wie Artemidor 2, 12 (123, 21) erklärt, besteht eine Wechselbeziehung zwischen allen wilden Tieren und unseren Feinden. Daher ist es immer besser, sie zu beherrschen, als von ihnen beherrscht zu werden.

414 Artemidor 1, 4 (12, 19): „Man nennt ja die Reichen die Beflügelten.“ Vgl. den französischen Ausdruck *Hautevolée*.

415 Nach dem gleichen Grundsatz geht schon Artemidor 2, 3 (102, 7) bei der Deutung der Kleidungsstücke vor: Diejenigen, die man tagtäglich zu tragen pflege, bringen Glück, jene, die von bestimmten Personen und nur bei besonderen Anlässen getragen werden, Unglück.

416 Das Wort *kamelaukion* erscheint in den byzantinischen Quellen in verschiedener Bedeutung. Bei Achmet 168, 15 ff. bezeichnet es eine Kappe oder einen Hut. Das kaiserliche *kamelaukion* (169, 13 ff.) war eine halbkreisförmige, enganliegende Kappe, die mit Juwelen verschwenderisch besetzt war; einige von ihnen waren in die Krone eingelassen, andere hingen bis auf den Nacken herunter. Das *kamelaukion* ist persischen Ursprungs, vgl. H. W. Haussig: ‚Kulturgeschichte von Byzanz‘, Stuttgart 1966, S. 225.

417 Achmet spielt hier mit dem Begriff *euthetos*, der 1. passend, geeignet, 2. gewogen, nützlich bedeuten kann.

418 Zur Deutung der Buntfarbigkeit s. Anm. 307.

419 Griech. *himatia lorota*; es handelt sich um kostbare Kleider mit farbigen Streifen; waren diese der Länge nach angebracht, nannte man die

Kleider *lorota orthosema*, wenn der Breite nach, *lorota platysema*, waren die Streifen sehr breit, hießen die Stücke *platylora*, s. Ph. Koukoules, a. a. O., Bd. 2, 2, S. 41.

420 Griech. *metaxa* = Rohseide, ein anderer Ausdruck ist das semitische Wort *ses, ser* (Achmet gebraucht das Adjektiv *serikos*, z. B. 115, 1; 204, 15). Die Herkunft ist verständlich, wenn man an die großartige Seidenfabrikation in Syrien und Phönikien denkt. Auch Konstantinopel war für seine Seidenstoffe berühmt. Bis in die späte justinianische Zeit war die Seidenweberei völlig von der Einfuhr aus China abhängig. Dann brachten Mönche Eier der Seidenraupe aus Indien heimlich ins Land und begannen eine eigene Seidenraupenzucht, s. F. M. Heichelheim: ‚Seidenhandel und Seidengewerbe in Byzanz‘, in: ‚Ciba-Rundschau‘ Nr. 84, 1949, S. 3131 ff.

421 Zu diesen Gewändern vgl. Anm. 299.

422 Bei Artemidor 2, 48 (180, 18) gilt hinsichtlich der Prügel folgende Regel: „Keinen Segen bringt es, von Göttern, von Toten oder von Untergebenen geschlagen zu werden, wohl aber von allen anderen." Z. 180, 23: „Von wem die Geprügelten die Schläge beziehen, von dem erwächst ihnen gewöhnlich ein Nutzen."

423 Das griech. Wort *manklabion* bedeutet Knüttel, dann auch Peitsche. Nach dem *Manklabion* war eine kaiserliche Leib- und Palastwache benannt, die *Manklabiten*. Sie hatten die Aufgabe, jeden Morgen bestimmte Türen des kaiserlichen Palastes zu öffnen.

424 Wie Schild und Lanze Zeichen kaiserlicher Gewalt sind und immer mitgetragen werden, wenn der Kaiser mit Gefolge erscheint, so auch das Schwert *(spathe)*. Es bezeichnet mit seiner Edelsteinverzierung sowohl die Macht des obersten Kriegsherrn wie seinen Reichtum, s. O. Treitinger, a. a. O., S. 24. Gewöhnlich sind es die *Spatharioi*, die den Kaiser begleiten und seine Waffen führen.

425 Achmets Begründung wird durch Artemidors Erklärung verständlich: „Ziegen bringen Ehen, Freundschaften und Gemeinschaften nicht zustande; sie vereinigen sich nämlich nicht zu Herden, sondern weiden als Einzelgänger an Abhängen und Felsen und machen dadurch sich und dem Hirten das Leben schwer."

426 Vgl. Anm. 523.

427 Wortspiel: griech. *xyla*, Einzahl *xylon*; der Ausdruck bedeutet sowohl abgehauenes oder gespaltenes Holz, ‚Hülsen‘, als auch Marterwerkzeug, Richt-, Fußblock oder Strafklotz. So prophezeit Flachs, der noch in seinen Hülsen steckt, Marter und Verurteilung.

428 Jo 7, 30: „Da wollten sie ihn (Jesus) festnehmen; aber keiner wagte ihn anzufassen, denn seine Stunde war noch nicht gekommen." Vgl. auch Jo 8, 20; 13, 1. Der Vergleich des Aus- bzw. Einrollens eines Teppichs mit den entsprechenden Lebensphasen erinnert an den Traum 215, 13, wo von der Arbeit an einem Webstück die Rede ist. Das zum Abschneiden fertige Gewebe deutet auf das Ende des menschlichen Lebens.

429 Striegel, Schabeisen und Badetücher bedeuten nach Artemidor 1, 64

(70, 18) Sklaven. „Verliert jemand einen dieser Gegenstände, wird er einen von seinen Leibsklaven verlieren."

430 Vgl. Artemidor 1, 74 (80, 25): „Die Matratze, das Ruhebett und alles, was zur Schlafstätte gehört, bedeutet die Gattin des Träumenden und die Lebensverhältnisse insgesamt." Ein Beispiel für diese Deutung lesen wir 5, 8 (304, 1): „Es träumte jemand, er habe in seiner Matratze statt Wolle Weizen. Er hatte eine Frau, die früher nie empfangen hatte, in jenem Jahr aber schwanger wurde und ein Knäblein zur Welt brachte. Die Matratze bedeutete die Ehefrau, der Weizen den männlichen Samen."

431 Das Bett, griech. *kline*, diente bei Griechen und Römern nicht nur als Ruhe-, sondern auch als Speiselager. Die Byzantiner benutzten es nur noch zum Schlafen, bei den Mahlzeiten saß man am Tisch.

432 Es war ein wesentlicher Bestandteil der kaiserlichen Souveränität, daß er Mitkaiser bestimmen konnte. Senat und Vertreter von Heer und Volk mußten ihr formelles Einverständnis geben. Der ins Auge gefaßte Thronfolger bekam denselben Titel, den der regierende Kaiser führte, d. h. Basileus. Solange der Hauptkaiser lebte, konnte er einem bereits designierten Thronfolger einen anderen vorziehen und diesen als solchen einsetzen.

433 Griech. *phakeolion (phakiolion)*, vgl. Du Cange, a. a. O., s. v. Nach dem byzantinischen Suda-(Suidas-)Lexikon wurde diese Kopfbedeckung bei den Athenern *krobylon*, bei den Persern *nidarion* genannt, was möglicherweise eine Verschreibung für *kidarion* (Turban), neugriech. *kidaris*, ist.

434 Griech. *podortia*, lat. *socci*; es sind niedrige, leichte Schuhe oder Pantoffeln ohne Riemen, nur zum Hineinschlüpfen.

435 *Zupa*, ein arabisches Lehnwort.

436 Sandalen und Schuhe waren schon in der griechisch-römischen Antike als Sexualsymbole bekannt, s. W. v. Siebenthal, a. a. O., S. 375 f. Die vom Fuß ausgehende Kraft teilt sich nach antikem Aberglauben auch der Fußbekleidung mit; daher schreibt man ihr ähnliche Wirkungen zu. Als Fruchtbarkeits- und Sexualsymbol begegnet der Schuh in zahlreichen germanischen Ernte-, ferner in Hochzeits- und Rechtsbräuchen mancher Völker, s. D. Forstner, a. a. O., S. 634 f.

437 Wortspiel: *apo chreias* (= gebraucht), *apo chereias* (= aus dem Witwenstand, ‚verbraucht').

438 Bis zu seinem Untergang (1453) nannte sich das oströmische Reich ‚Reich der Rhomaioi', sein Herrscher ‚Basileus der Rhomaioi'. Der Nationalbegriff war unbekannt. Die Bevölkerung bildete ethnisch ein buntes Gemisch verschiedener Volksstämme, der Prozentsatz an reinen Griechen war wahrscheinlich gering. Das einigende Band dieser Völker war die Orthodoxie und vom 7. Jahrhundert an die griech. Sprache.

439 Das *persikomanikion* ist nicht, wie Drexl im Index S. 258 interpretiert, ein Ärmel, der nach persischer Art gearbeitet ist, sondern ein Ärmel aus Seide, s. Ph. Koukoules in: ‚*Laographia*' 9, 1926, S. 292.

440 Griech. *systasis*; der Ausdruck erscheint des öfteren in den Akklamatio-

nen, die bei Kaiserkrönungen usw. üblich waren, z. B. *,de caerimoniis'* 2. 48 (39) R 198 (A. Vogt): „Du bist durch göttliche Wahl erwählt worden, zur Stärkung und Erhöhung der Welt."

441 In seiner Mahnrede an den Kaiser sagt der General Kekaumenos: „Laß nicht zu, daß sich deine Armee auflöst und ohne Mittel dasteht; du würdest dadurch nur selbst mittellos werden und müßtest dich selbst beklagen. Das Heer ist ja der Ruhm des Kaisers und die Stärke des Palastes. Verschwindet das Heer, so verschwindet das Reich, und jeder, dem es einfällt, kann sich gegen dich erheben", vgl. H.-G. Beck: *,Vademecum'*, Kap. 255, S. 147.

442 S. ferner Achmet 180, 14; 203, 28. Ebenso urteilt Artemidor 2, 3 (105, 17): „Immer ist es besser, helle saubere und gut gewaschene Kleider zu tragen als schmutzige und ungewaschene, ausgenommen für Leute, die ein schmutziges Handwerk ausüben."

443 Die Überlieferung ist hier unsicher, sie entspricht nicht der üblichen Deutung der Reinigung vom Schmutz an den entsprechenden Stellen (135, 18; 136, 22; 145, 10; 179, 17), wo es jeweils um die Befreiung von Trübsal, Sorgen und Krankheit geht.

444 Vgl. Anm. 299.

445 Aus Wolle, Baumwolle oder Leinen bestand das Hauptbekleidungsstück, der Chiton (lat. *tunica*), den die arbeitende Bevölkerung in Stadt und Land trug.

446 Schneeweiße Pferde waren bisweilen ein Privileg der Götter. Mit Schimmeln zu fahren, wurde Sitte bei Triumphzügen; später nahmen der römische und der deutsche Kaiser sowie der Papst dieses Vorrecht in Anspruch. Schimmelgespanne waren im alten Griechenland nur bei religiösen Prozessionen üblich.

447 Griech. *kaballikeuein*; schon Horaz verwendet das Wort *caballus* in den Satiren und Episteln. Das Wort leitet sich aus einem inschriftlich schon für das 3. Jahrhundert aus Callatis am Schwarzen Meer bezeugten und frühzeitig ins Griechische eingedrungenen Balkanwort aus dem Stamm *kabal-*, *kobal* ab, das etwa ,schleppen' bedeutet, s. F. Dölger: *,Paraspora'*, S. 58 f.

448 Dieselbe Begründung findet sich schon bei Artemidor 2, 12 (121, 13): „Einer Heirat und der Zeugung von Nachwuchs sind Maulesel abträglich, weil die Tiere ohne Samen sind."

449 Griech. *chartia*; es sind wohl lose zusammengelegte oder gebündelte Blätter. Der Ausdruck begegnet des öfteren für die Geschäftspapiere einer Kanzlei, s. F. Dölger: *,Beiträge'*, S. 102.

450 D. h. der Träumende wird Steuergelder unterschlagen. Die byzantinischen Steuereinnehmer waren eine wahre Landplage für die bedrückten Untertanen des Reiches. Durch übermäßige Forderungen für Quartier und Verpflegung, für überhöhte Gebühren für ihre Tätigkeit erlaubten sie sich die größten Übergriffe bei ihren Amtsgeschäften. Der byzantinischen Steuerhandhabung fehlte schon in den Grundsätzen jeder sozialpolitische Einschlag, unser moderner Begriff der Steuergerechtigkeit war ihr fremd. Der General Kekaumenos mahnt den

Kaiser: „Zieh hinaus in die Länder, die dir untertan sind, und in die Themen und schau dir das Unrecht an, das die Unbemittelten erleiden müssen, und was deine von dir gesandten Steuereinnehmer anstellen und ob den Armen Unrecht geschieht und bringe wieder Ordnung hinein", s. H.-G. Beck: ‚Vademecum‘, Kap. 259, S. 149f.

451 Es fällt auf, wie umfangreich das Kapitel ist, das Achmet dem Esel widmet. Im allgemeinen war er der Prügelknabe unter den Tieren und führte ein klägliches Dasein. Nach Artemidor 1, 37 (46, 5) bedeutet es deshalb Sklaverei und ein kümmerliches Leben, wenn man sich mit dem Kopf eines Esels schaut. Der Esel ist aber auch das Tier des kleinen Mannes und der Armen, die auf die Hilfe des Vierbeiners angewiesen sind. Da *onos* (= Esel) an *onosthai* (= Gewinn haben) anklingt, verheißt er nach Artemidor 2, 12 (121, 3) Erfolg, Gewinn und Freude. Bei Achmet gleicht er sogar der *Tyche* (lat. *Fortuna*); zu letzterer vgl. Anm. 87.

452 Nach dem ‚Talmud‘ darf auf Heil hoffen, wer einen Esel im Traum sieht. Begründet wird die Deutung mit Sacharja 9, 9: „Juble laut, Tochter Zion! Jauchze, Tochter Jerusalem! Siehe, dein König kommt zu dir. Er ist gerecht und hilft; er ist demütig und reitet auf einem Esel, auf einem Fohlen, dem Jungen einer Eselin."

453 Charon, der Fährmann der Unterwelt, der die Seelen der Verstorbenen in seinem Nachen über die Unterweltströme setzt, ist bei Achmet wie im neugriechischen Volksglauben der Totengott; er erwähnt ihn noch 219, 4. Achmet begründet die Gleichsetzung Kamel = Tod mit der Schnelligkeit des ‚Wüstenschiffs‘, mit der es, dem Tod gleich, den Menschen entrückt. Vielleicht haben wir es hier mit der Vorstellung zu tun, daß die Entrückung ins Jenseits durch die Wüste geht, eine Vorstellung, die dem Orient ihren Ursprung verdankt.

454 Ein Wortspiel, das schon Artemidor 1, 17 (26, 9) gebraucht: *kephalaion* = Summe, Kapital (vgl. lat. *caput*) und *kephale* = Kopf. Beim Addieren schrieben die Alten die Zahlen zwar wie wir untereinander, das Ergebnis aber darüber; deshalb *summa* = oberste Linie, Summe, griech. *kephalaion* = Kopf.

455 Als Grundlage des Dezimalsystems hatte die Zehnzahl von jeher eine praktische Bedeutung. Als Summe der ersten vier Zahlen, der heiligen Tetras, ist sie ein Bild der Vollkommenheit. Nach Origenes, ‚in Leviticum homilia‘ XIII, 4 steigt Sinn und Ursprung aller Zahlen aus ihr auf. Über die Bedeutung der Zehnzahl im AT, NT und bei den Kirchenvätern vgl. D. Forstner, a. a. O., S. 72 f. Hundert sinnbildet das ‚vollkommene Gute‘, s. F. Dölger: ‚Sol salutis‘, Münster 1920, S. 71. Nach Methodius von Olymp, ‚Gastmahl‘ VIII, 11, umfaßt Tausend, die sich in 10 Hunderter zerlegen läßt, eine vollkommene und volle Zahl. Tausend ist die Zahl der Fülle.

456 Vgl. Artemidor 2, 12 (121, 18): „Arbeitsrinder bringen allen Glück."

457 Vgl. Artemidor 4, 56 (279, 23): „Tiere, die zwar Arbeit leisten, sich aber nicht einspannen lassen, wie Stiere . . . ähneln Rebellen und anmaßenden Personen."

458 Ein Stier, besonders ein drohender oder verfolgender, zeigt nach Artemidor 2, 12 (121, 20) eine ganz ernste Gefahr und Bedrohung von seiten Mächtiger an, wenn der Träumende ein Armer oder Sklave ist.

459 Bei dieser Deutung haben zweifellos die berühmten Träume Pharaos (Gen 41, 15–32, bzw. Gen 41, 1–7) von den sieben fetten und den sieben mageren Kühen und entsprechenden Ähren Pate gestanden.

460 Griech. *boutyron*; Achmet erwähnt sie noch 196, 20. Die Butter ist ein Produkt der Skythen, von denen die Griechen sie bezogen. Nach Plinius, ,*Naturalis historia*' 28, 133 war sie bei den Barbaren nur die Speise der Vornehmen; sie wurde meist aus Kuhmilch, die fetteste aber aus Schafmilch gemacht. Den Namen leitet er deswegen auch von *bous*, die Kuh, ab, s. J. Berendes, a. a. O., S. 179.

461 Vgl. Gen 41, 42 f. Das Malerhandbuch des Malermönchs Dionysios vom Berge Athos beschreibt, wie Josephs Erhebung zum Statthalter von ganz Ägypten darzustellen sei: ,,Pharao sitzt auf dem Thron, und neben ihm stehen Soldaten. Vor ihm ist Joseph auf einem goldenen Wagen", s. ,Malerhandbuch', Slavisches Institut München 1960, S. 52.

462 Unter dem Ausdruck *theatron* an unserer Stelle ist ohne Zweifel ein Hippodrom oder eine Rennbahn zu verstehen. Die Demen, so berichtet Prokop, ,Perserkriege' 1, 24, 6, seien in jeder Stadt in Blaue und Grüne gespalten und lieferten sich im Zirkus blutige Kämpfe. Selbst Frauen beteiligten sich an diesem verbrecherischen Treiben; dabei gingen Frauen doch gar nicht ins Theater *(eis ta theatra)*. Nicht nur Konstantinopel, sondern auch Städte wie Alexandreia, Antiocheia, Thessalonike, Ephesos hatten Ende des 6. Jahrhunderts ihren Hippodrom.

463 Wir haben hier einen jener Fälle vor uns, wo sich in der Traumdeutung die Allegorie dem Kontrast nähert, und nach dem Prinzip ,,Träume sind Schäume" Deutungen gegeben werden, die gerade das Gegenteil von dem sind, was man erwartet. Weitere Beispiele dafür bei Achmet: 14, 1; 77, 26. Dieses Prinzip ist Allgemeingut der Traumbücher, wir finden es bei Artemidor 2, 60 (187, 14), im indischen Traumschlüssel und in der Traumdeutung unserer Zeit.

464 Griech. *zatrikion*, ein persisches Wort. Aus dem indischen *Tschaturanga* entwickelte sich das persische *Schatrandsch*. Griechen und Römern war das Schach unbekannt. Die Byzantiner übernahmen es von den Persern; es wird auch in dem Traumbuch des Patriarchen Germanos I. (8. Jh.) erwähnt, s. F. Drexl in: ,*Laographia*' 7, 1923, S. 437, 70.

465 Während sich Achmet eingehend mit dem Widder im Traum beschäftigt, widmet Artemidor ihm nur ein paar Zeilen: 2, 12 (119, 13). Seine Deutung ist gewissermaßen die Zusammenfassung dessen, was Achmet im einzelnen ausführt: ,,Der Widder hat als Sinnbild des Herrn, der Regierenden und des Herrschers zu gelten." Als Bild der Kraft und Herrschaft gilt er Dan 8, 3.

466 Vgl. Artemidor 2, 58 (186, 14): ,,Es behaupten einige, daß Geld und Münzen insgesamt Unglück bedeuten; nach meiner Beobachtung

verursachen kleine kupferne Münzen Mißstimmungen und kränkende Worte (= Achmet 209, 20), Silbermünzen dagegen bezeichnen Absprachen bei Verträgen über wichtige Angelegenheiten."

467 Vgl. Artemidor 2, 12 (119, 7): „Es gleichen die Schafe den Menschen, weil sie einem Hirten folgen und sich zu Herden vereinigen. Am günstigsten ist es, viele eigene Schafe zu halten, fremde zu sehen und zu weiden, besonders für Leute, die die große Menge beherrschen wollen, für Sophisten und Lehrer."

468 Ziegen bringen nach Artemidor 2, 12 (119, 20); 4, 55 (278, 11) alle ohne Ausnahme Unheil. Wenn bei Achmet das Essen von Ziegenfleisch auf Krankheit deutet (s. auch 172, 7), so wurzelt die Auslegung im antiken Volksglauben. Das Tier galt den Griechen allgemein als dämonisch und unheilvoll. Die Ziege stand in besonderer Beziehung zur Hekate und besonders zu der mit ihr oft identifizierten Artemis, die beide als Senderinnen von Krankheiten, vor allem von Wahnsinn und Epilepsie, angesehen wurden. Die von der ,heiligen Krankheit' oder Epilepsie Befallenen durften deshalb kein Ziegenfleisch essen. Bei den Römern durfte der Flamen Dialis die Ziege als ein chthonisches und unreines Tier weder berühren noch ihren Namen nennen.

469 Vgl. Artemidor 1, 69 (75, 13): „Träumt man, sein gewohntes Brot zu essen, so bringt das Segen." Die glückbringende Bedeutung des Brotes geht letzten Endes darauf zurück, daß man in ihm einen Träger besonderer Segenskräfte sah, vgl. Plinius, ,Naturalis historia' 22, 138: „panis... innumeras paene continet medicinas." Von warmen Broten, Wein, Öl und anderen Gaben, die dem Johannes Hesychastes zu Ostern durch einen Unbekannten auf wunderbare Weise zugeführt wurden, berichtet Kyrillos von Skythopolis, s. E. Schwartz: ,Texte und Untersuchungen zur Geschichte altkirchlicher Literatur' XLIX/2, Leipzig 1939, S. 210.

470 Welche Gurkenart unter tetrangoura zu verstehen ist, ist unbekannt. In Konstantins VII. Schrift ,de administrando imperio' 29, 51. 258, ed. Moravcik, wird eine Insel in Dalmatien namens Tetrangourin erwähnt. Sie heiße so, weil sie langgezogen wie eine Gurke sei.

471 Griech. syka = Feigen. Vgl. dazu Artemidor 1, 73 (79, 5): „Feigen zur Zeit ihrer Reife bringen Glück, zu jedem anderen Zeitpunkt kündigen sie Denunziationen und Bedrohungen an" (= Achmet 197, 22: Streit und Prozesse). Sykophanten hießen bei den Griechen ursprünglich Leute, die gewerbsmäßig Bürger anzeigten, die verbotswidrig Feigen aus Attika ausführten, sodann alle, die in beliebiger Sache – womöglich unter Erpressung – andere fälschlich denunzierten.

472 S. Anm. 288.

473 Nach K. Latte in: ,Gnonom' 2, 1926, S. 420, Anm. 1, handelt es sich um ein mittelpersisches Wort; paludak bezeichne eine süße Speise aus feinem Mehl, Honig und verschiedenen Gewürzen mit einer Brühe von Schaffüßen.

474 Die Byzantiner trugen im Gegensatz zu den Römern Hosen, eine Sitte, die sie von den Barbaren übernommen hatten. Man berichtet, daß

282

nach der Niederlage, die Manuel I. (1143–1180) durch die Seldschuken erlitt, ein Krieger dem Kaiser empört zugerufen habe: „Zeig doch den Türken, daß du Hosen anhast!", d. h. daß du „ein Mann bist".

475 Der Zimt gehört zu den ältesten Gewürzen und Heilmitteln. Die Phöniker vermittelten ihn den Ägyptern. Er findet sich schon in den Kräuterbüchern der Chinesen 2700 Jahre vor unserer Zeitrechnung, s. J. Berendes, a. a. O., S. 39.

476 Wortspiel: *xenion* = Gastgeschenk und *xenos* = Fremder.

477 Die Byzantiner unterschieden zwischen der Krone *(stemma)* und dem Kranz *(stephanos)*. Das *Stemma* war die kaiserliche Krone, das Zeichen kaiserlicher Macht und Autorität. Im gleichen Sinn wird *diadema* (das Diadem) gebraucht. Stephanos im Sinne von Krone bezeichnet auch die Hochzeitskrone, die die Kaiser anläßlich ihrer Hochzeit aus der Hand des Patriarchen empfingen, ferner die Krone der Martyrer.

478 Der Apostel Paulus gebraucht in seinen Briefen mit Vorliebe das Bild vom Kranz als Zeichen des Sieges im Lebenskampf, z. B. 1 Kor 9, 25: „Jeder Wettkämpfer lebt völlig enthaltsam; jene tun dies, um einen vergänglichen, wir aber, um einen unvergänglichen Siegeskranz *(stephanos)* zu gewinnen." S. auch 2 Tim 2, 4f.; 4, 7, ferner 1 Petr. 5, 4; Jo Offb 2, 10.

479 Vgl. zu dem Traum das Gleichnis von der Perle bei Mt 13, 45–46: „Auch ist es mit dem Himmelreich wie mit einem Kaufmann, der schöne Perlen suchte. Als er eine besonders wertvolle fand, verkaufte er alles, was er besaß, und kaufte sie." Zu Achmets Deutung Perle, Edelstein = Gottes Wort, Glauben, Weisheit s. ferner 200, 22; 215ff. Die zusammen mit den Perlen genannten Edelsteine gelten schon in der Bibel als Symbole der göttlichen Weisheit: „Ich flehte, und der Geist der Weisheit kam zu mir ... Keinen Edelstein stellte ich ihr gleich" (Weish 7, 9).

480 Griech. *stemma*. Die Krone, ein perlengeschmückter Stirnreif, bestand aus einem Metallreif, dessen innere Verstrebung tuchbedeckt war. Neben der Chlamys war sie bei der Kaiserkrönung eines der beliebtesten Insignien. Ähnlich war das *Kamelaukion* (s. Anm. 416); dieses hatte aber von vorn nach hinten und von rechts nach links verlaufende gebogene Metallreife, so daß die Krone höher wirkte.

481 Auch Perlen und Edelsteine, die Kleider und Waffen des Kaisers schmückten, dienten der kaiserlichen Repräsentation. Leon I. erließ ein Gesetz, das die Anbringung bestimmter Edelsteine an Zaumzeug und Pferdesätteln sowie Gürteln jedermann untersagte. Als dem Kaiser vorbehaltene Steine werden Perlen, Smaragde und Hyazinthe (Amethyste) genannt, s. H. Hunger, a. a. O., S. 88.

482 In der Gesetzgebung Leons III. wird Hochverrat nicht nur zur Majestätsbeleidigung, sondern zur Erniedrigung des ganzen Staates erklärt: „Wer etwa beabsichtigt, gegen den Kaiser oder das christliche Reich eine Intrige oder Verschwörung zu organisieren, der verdient in der gleichen Stunde den Tod, wie jemand, der alles vernichten will", s. G. Seidler: ‚Soziale Ideen in Byzanz‘, Berlin 1960, S. 30 mit Anm. 1.

483 Zur Bedeutung von *tropos* = List s. Anm. 85.

484 Verstöße gegen das höfische Protokoll, gegen die geheiligte Rangordnung sind eine Verletzung der kaiserlichen Majestät, nach ‚Codex Iustinianus' XII, 8, 1 ein Sakrileg, eine Mißachtung der göttlichen Ordnung.

485 Noch heute wird das Femininum *anapla*, das ein Augmentativ zu dem von Achmet benützten *anaplion* sein dürfte, in Kreta als Bezeichnung für ‚Decke' allgemein wie für spezielle Arten von Decken benutzt, vgl. M. Amariotu in: Byz. Zt. 34, 1934, S. 311 ff.

486 Daß Eier Reichtum bedeuten, ist verständlich; so gelten z. B. die Ostereier im deutschen Volks- und Aberglauben als Segens- und Kraftspender; vgl. ‚Handbuch des deutschen Aberglaubens', Bd. 2, S. 606 f.

487 Über das Rebhuhn handelt Achmet ausführlich im Kap. 294.

488 Goldmünzen zu prägen und Goldsiegelurkunden auszustellen, war ein Vorrecht des Kaisers.

489 *Miliaresion*, die Grundmünze aus Silber; unter Justinian I. war ein *Nomisma (solidus)* = 12 *Miliaresia*. Der Name leitet sich wahrscheinlich davon her, daß im 3. Jahrhundert 1000 Silberstücke den Gegenwert von einem Pfund Gold bildeten. Im 11. Jahrhundert verschwand das *Miliaresion* als Zahlungsmittel, wurde aber noch als Rechnungsmünze beibehalten.

490 *Pholleis* (Einzahl *Phollis*), Standardkupfermünzen im Wert von 40 (griech. Zahlzeichen M) *Nummia*.

491 Griech. *maniakion* (lat. *torques*), ein edelsteinbesetztes goldenes Halsband; es galt als Abzeichen hoher kaiserlicher Beamter. So tragen auf einer aus dem 6. Jahrhundert stammenden Ikone die beiden unter Kaiser Maximilian hingerichteten Heiligen Sergios und Bakchos ihrem Rang als kaiserliche Funktionäre entsprechend eine goldene Tunika mit Purpurstreifen sowie als Amtskleidung eine weiße Chlamys und um den Hals das *Maniakion*, s. W. Felicetti-Liebenfels: ‚Geschichte der byzantinischen Ikonenmalerei', Olten und Lausanne 1956, S. 30. Die goldene Kette hatte auch im Krönungszeremoniell des Kaisers ihren Platz. Die soldatische Bekränzung mit dem *Maniakion* war die erste Art der Krönung. In der Folgezeit verschwand die *Torques*krönung, weil sie durch die kirchliche Krönung abgelöst wurde, s. O. Treitinger, a. a. O., S. 27.

492 Griech. *persikion*, eine Geldtasche, die man gewöhnlich auf der Brust trug.

493 Der Gürtel (griech. *zone*) umschloß die kaiserliche Tunika ebenso wie die der gesamten Beamtenschaft. Der Kaiser konnte einem Senator auf Zeit oder auf Dauer den Gürtel nehmen und ihn in den Ruhestand versetzen. In den Verwaltungsdienst eintreten hieß ‚den Gürtel nehmen', ihn verlassen ‚den Gürtel aufgeben'.

494 Griech. *loros*; er ist eine breite, mit Gold bestickte oder durchwirkte Schärpe oder Stola, die um den Nacken gelegt und über beide Schultern nach vorne gezogen wurde.

495 Griech. *dromos*; die Post hatte ihre Vorläuferin in der persischen Staatspost, die von den Diadochenreichen übernommen worden war.

Sie diente ausschließlich staatlichen Zwecken. Private Post wurde nur von Fall zu Fall befördert, wenn sich jemand dazu bereit fand. An der Spitze der Reichspost stand der *Logothetes* des *Dromos*, der daneben die verschiedensten Aufgaben zu erfüllen hatte; für einige Zeit war er fast etwas wie ein Außenminister des Byzantinischen Reiches, s. H.-G. Beck: ‚Das byzantinische Jahrtausend‘, S. 72 f., 380.

496 Vgl. Anm. 82.

497 Verbreitet war bei den Alten die Sitte, die Toten zu bekränzen, und zwar häufig mit goldenen Kränzen.

498 Der Fingerring bezeichnet schon bei Artemidor 2, 5 (107, 13) Personen, die Vollmacht besitzen und denen Vertrauen geschenkt wird. Wie der Verlust des Fingerringes Unglück bringt, belegt Artemidor 5, 32 (309, 4) mit folgendem Gesicht: „Es träumte jemand, er habe seinen Ring, mit dem er alles zu siegeln pflegte, verloren; dank eifriger Suche habe er dann den eingefaßten Stein, in fünfundfünfzig Teilchen zersplittert, wieder aufgefunden, so daß er nunmehr unbrauchbar war. Innerhalb von fünfundfünfzig Tagen machte er völlig bankrott.“

499 Griech. *sellion*; im Unterschied zum *thronos* (= Thron) bezeichnet das Wort einen Sessel besonderer Art, einen tragbaren Thron. Häufig wird es im selben Sinn wie Thron gebraucht.

500 Für die Erhöhung des Kaisers und seine Distanzierung von den Untertanen sorgten die allenthalben im Palast und überall dort, wo der Kaiser auftrat, angebrachten Vorhänge (lat. *vela*). Sie befanden sich an den Türen und zwischen Säulen; sie sind auf vielen Kunstwerken der Spätantike zu sehen, z. B. auf dem Theodoramosaik in San Vitale (Ravenna).

501 Die Vorstellung vom Weben tritt hier an die Stelle der bekannten vom Spinnen des Lebensfadens. Wie nach dieser schon bei Homer angebahnten Anschauung der Tod eintritt, wenn keine Wolle mehr am Rocken sitzt, so deutet es in unserem Bild auf das Ende des Lebens, wenn das Gewebe fertig zum Abschneiden ist. Ebenso urteilt Artemidor 3, 36 (219, 9). Er bringt 4, 40 (269, 5) folgendes Beispiel: „Eine Frau träumte, sie habe ihr Gewebe vollendet. Tags darauf starb sie; denn sie hatte keine Arbeit mehr, d. h., sie hatte nicht mehr zu leben.“

502 Vgl. Artemidor 3, 36 (219, 6): „Der senkrecht stehende Webstuhl bedeutet Bewegungen und Reisen; die Weberin muß nämlich bei der Arbeit hin- und hergehen.“

503 Der Traum und seine Deutung erinnert an Homers Penelope, die Gemahlin des Odysseus. Als sie von den Freiern hart bedrängt wurde, versprach sie eine Entscheidung, sobald sie das Leichenhemd fertiggestellt hätte, das sie für den Tod des alten Laertes, ihres Schwiegervaters, weben müßte. Sie webte bei Tag und trennte bei Nacht wieder auf. Drei Jahre lang täuschte sie so die Freier, s. Homer, ‚Odyssee‘ 19, 136 ff.

504 Die Spindel (griech. *atraktos*) bestand aus der Stange mit dem Haken zum Festhalten des Fadens und dem Wirtel (griech. *sphondylion*), der meist aus Ton gefertigt war.

505 Ein mantelartiges Tuch oder ein langer Schleier zum Bedecken des

Kopfes. Auf Ikonen und Fresken trägt Maria gewöhnlich ein *Maphorion* von purpur-violetter oder rötlich-brauner Farbe.

506 Ehrbare Frauen trugen nach Sitte und Brauch einen Schleier oder ein Kopftuch. Frauen, die gegen Moral und Sitte verstoßen hatten, wurden zur Strafe ohne Kopfbedeckung zur Schau gestellt, s. Ph. Koukoules, a. a. O., Bd. 3, S. 194.

507 Wenn das Haarabschneiden für die kranke Frau den Tod bedeutet, so wird man das wohl auf die abergläubische Furcht zurückführen, daß vielleicht ein Unberufener durch das abgeschnittene Haar Macht über die kranke Person bekommen und ihr dadurch schaden könnte. Vielleicht ist diese Anschauung für den ersten Teil von Achmets Auslegung anzunehmen.

508 Nach Artemidor 2, 3 (103, 23) ist ein Frauengewand nur Junggesellen und Bühnenkünstlern von Nutzen, allen anderen zeigt es den Verlust ihrer Gattin oder schwere Krankheit an, weil diejenigen, welche solche Kleider tragen, verweichlicht und kraftlos sind.

509 Die byzantinischen Gesetze verboten den Frauen nachdrücklich, sich wie ein Mann auszustaffieren.

510 In der Vorlage war offenbar eine Lücke; eine Rüstung (griech. *hopla*) aus Baum- oder Schafwolle ist schwer vorzustellen.

511 Die Gleichsetzung Löwe = Kaiser findet sich auch bei Artemidor 2, 12 (122, 3); 3, 66 (234, 17). Dazu gibt es zahlreiche Parallelen in der altorientalischen Welt; so wurde in Ägypten ‚Löwe' als ein anderes Wort für ‚König' gebraucht. Im AT werden zornige Könige mit grimmigen Löwen verglichen, z. B. Spr 19, 12; 20, 2; Est 4, 17 usw. Wenn bei Achmet 219, 4 Charon, der Totengott, die Gestalt eines Löwen annimmt, so haben wir es hier mit der in der Antike allgemeinen Anschauung zu tun, daß die Krankheit oder der Krankheitsdämon als bösartiges Tier vorgestellt wird. Speziell der Löwe galt als Erscheinungsform des Dämonischen, als Todesdämon. Zu der Deutung des Löwen auf Krankheit vgl. noch Artemidor 2, 12 (122, 7); 3, 66 (234, 18). Auf Amuletten byzantinischer Zeit, die Schlumberger veröffentlicht hat in: ‚*Revue des études grecques*' 5, 1892, S. 73 ff., heißt es des öfteren von einer Krankheit: „Du schleichst wie eine Schlange, du brüllst wie ein Löwe, du schlummerst wie ein Lamm."

512 Diese Faustregel, auf die Achmet des öfteren zurückgreift, z. B. 222, 20; 227, 18 findet sich schon bei Artemidor 1, 60 (66, 19).

513 Zum Bild vgl. ‚*de administrando imperio*' 46, 30: „Du wirst in ihren Augen ein Schrecken sein, und vor deinem Antlitz wird sie ein Schauder erfassen"; s. ferner Is 33, 14.

514 Nach Artemidor 2, 12 (123, 6) bedeutet der Elefant in Italien den Herrn, den Kaiser und einen sehr hohen Würdenträger. Deshalb prophezeit er Wohltaten von diesen Personen, wenn er friedlich und gehorsam seinen Reiter trägt. In Asien ist der Elefant das Reittier der Herrscher und Symbol der Macht, der Weisheit und des Glücks; so ist er auch das Reittier des indischen Gottes Indra.

515 Das Elfenbein aus den Stoßzähnen der Elefanten war in der Antike schon sehr früh bekannt, so z. B. Aelian, ‚*De natura animalium*' 14, 5.

516 Achmets Begründung, der Schlag des Panthers sei giftig, bietet eine

Erklärungsmöglichkeit für Artemidors Deutung des Panthers 2, 12 (122, 20): „Das Tier beschwört Krankheit, ungewöhnliche Furcht und Gefahr für die Augen herauf."

517 Daß der Bär ein Symbol der Krankheit ist, paßt gut zu seiner dämonischen Natur, die ihm nach dem Glauben der Alten zugeschrieben wurde. Nach Plinius, ‚Naturalis historia' 8, 130 verbrannten die Spanier das Gehirn des Tieres als eine Art Gift. Auch nach Artemidor 2, 12 (122, 24) bedeutet er Krankheit wegen seiner Wildheit.

518 Die Gleichsetzung der Hyäne mit einer Zauberin und Giftmischerin findet sich bei Artemidor 2, 12 (125, 4); 4, 56 (279, 2). Nach Plinius, ‚Naturalis historia' 28, 92 ist kein Tier in der Welt von den Magiern so hoch geschätzt wie die Hyäne. Die Eigenart des Tieres, Leichen zu fressen und zu diesem Zweck auch Gräber aufzuwühlen, konnte es im Glauben des Volkes leicht zu einem dämonischen Wesen stempeln und mit Zauberlegenden umspinnen, vgl. Aristoteles, ‚de animalium historia' 8, 5 S. 312, 31 ff. Dittmann; Plinius, ‚Naturalis historia' 8, 30.

519 Der Wolf bezeichnet nach Artemidor 2, 12 (124, 7) auch einen gewalttätigen, räuberischen, schurkischen und offen angreifenden Feind.

520 Artemidor charakterisiert den Fuchs als einen Feind, der nicht offen angreift, sondern einem heimlich zu Leibe rückt, s. 2, 12 (124, 10); meistenteils bezeichne er Frauen, die Arges im Schilde führen; vgl. Achmet Z. 17. Die Verschlagenheit des Fuchses war sprichwörtlich. Wo das Löwenfell nicht ausreicht, muß man den Fuchspelz dransetzen, pflegte der Spartaner Lysander zu sagen.

521 Daß die Krankheit oder der Krankheitsdämon auch als bösartiges Tier erscheinen kann, ist volkstümlicher Glaube, so z. B. bei Artemidor 2, 54 (183, 25); 4, 56 (281, 5). Für unsere Stelle kann auch der Krankheitsname alopex (Fuchs) für alopekia (= Kopfhaarschwund) herangezogen werden, der schon bei Hippokrates vorkommt, s. O. Crusius: ‚Zu den Mimiamben des Herondas', S. 139.

522 Das Wiesel bedeutet nach Artemidor 3, 28 (216, 11) ein Frauenzimmer, das alle Schliche kennt und heimtückisch ist. Ferner den Tod, denn was es ergreift, geht in Fäulnis über. Die Alten deuteten es als ein böses Vorzeichen, wenn ihnen ein Wiesel über den Weg lief.

523 Der Hase war den Göttern der Liebe und animalischen Fruchtbarkeit ein natürliches Attribut. Man opferte ihn gewöhnlich der Aphrodite. Aus der alexandrinischen Zeit besitzen wir ein Epigramm auf einen Hasen, das Lieblingstier der Hetäre Phanion, vgl. O. Keller, a. a. O., Bd. 1, S. 216.

524 Es mutet auf den ersten Blick befremdlich an, daß der treue Begleiter des Menschen bei Artemidor 2, 11 (118, 13) und bei Achmet als Feind bezeichnet wird. Die ungünstige Charakterisierung ist jedoch ein Niederschlag des allgemeinen Glaubens der Antike, nach welchem der Hund als ein unreines und dämonisches Wesen angesehen wurde, s. H. Scholz, Der Hund in der griechisch-römischen Magie und Religion, Diss. Berlin 1937, S. 7 ff., 25 ff. Auch in der Bibel ist der Hund meist die Verkörperung des gottlosen, blutgierigen Menschen, s. Jo Offb 22, 15:

„Draußen bleiben die Hunde und die Zauberer, die Unzüchtigen …
und jeder, der die Lüge liebt und tut."

525 Die Katze heißt bei Artemidor 3, 11 (209, 5) *ailouros*. Die griechischen
Schriftsteller gebrauchen das Wort bis zum 7. Jahrhundert, vom 6. Jahrhundert an erwähnen sie *katos* als vulgär oder rhomaiisch. Ins Neugriechische ist das auch im Mittellatein, Italienischen, Spanischen und
Portugiesischen übliche Wort mit weichem Anlaut *g* allmählich einge-
drungen. Der byzantinische Klosterbruder Theodoros Prodromos
(12. Jahrhundert) dichtete als Gegenstück zu der altklassischen Batra-
chomachie eine Katomyomachie.

526 Der Eber zeigt nach Artemidor 2, 12 (125, 7) einen mächtigen, rücksichtslosen und gewalttätigen Gegner an, der vielfach eine brutale
Sprache führt.

527 Griechen und Römer zählten die Affen zu den beliebtesten Luxustieren,
die sich auch Privatleute hielten. Man richtete sie für die verschiedensten Zwecke ab. Das von Achmet für Affe gebrauchte Wort *mimo* bedeutet ‚Nachahmer'. Es lebt noch heute als gewöhnliches Wort für Affe
bei den Griechen und Westtürken fort; auch das ägyptische Wort für
Affe bedeutet Nachahmer. Den Alten galt der Affe als besonders häßlich und abstoßend und deshalb von übler Vorbedeutung. Auch bei den
alten Indern und im ‚Talmud' bedeutet es nichts Gutes, von einem
Affen zu träumen. Artemidor charakterisiert ihn als einen Kerl, der alle
Schliche kennt und einen Gaukler, s. 2, 12 (124, 14); 4, 56 (279, 18). Die
psychoanalytische Traumdeutung sieht im Affen häufig die animalische Karikatur des Menschen.

528 Das griech. Wort *drakon* bedeutet Schlange, aber auch Drache, Lind-
wurm. Auch bei Artemidor 2, 13 (126, 20) ist der Drache Symbol eines
Königs (Kaisers).

529 Der Begriff *kastron* präzisiert das lat. *castrum*. Dieses wurde schon von
Justinian I. der *civitas (polis)* gegenübergestellt. Beide Begriffe werden
im Laufe der Zeit nicht mehr scharf getrennt. Offenbar bezeichnete
kastron die Garnisons- und Festungsstadt, *polis* die Behörden- und
Bischofsstadt. *Kastron* besagt, daß die Stadt als Festung in die Verteidigung des Reiches einbezogen ist.

530 Der Kampf mit dem Drachen oder der Schlange als Inkarnation des
Bösen begegnet häufig als Motiv auf Ikonen. Üblicherweise ist der
heilige Georg der Drachentöter, doch erscheint statt seiner gelegentlich auch der heilige Theodor. Beide Kriegerheiligen genossen in Byzanz hohe Verehrung.

531 Die Vorstellung von der Schlange oder dem Drachen als Hüter kostbarer
Schätze ergibt sich aus den engen Beziehungen der Schlange zur Erde,
wo nach dem Glauben der Menschen solche Reichtümer zu finden
sind. Die gleiche Auslegung findet sich bei Artemidor 2, 13 (127, 1): „Der
Drache bedeutet Reichtum und Geld, weil er Schätze hütet." In die
gleiche Richtung weist es, wenn nach Achmet 229, 9 das Essen von
Schlangenfleisch Vermehrung des Reichtums ankündigt, s. auch
229, 2.

532 Die Gleichsetzung von Schlange und Krankheit bzw. Feind findet sich bei Artemidor 2, 13 (127, 11): „Die Schlange bedeutet Krankheit und Feind. So wie sie jemanden zurichtet, so werden auch die Krankheit und der Feind den Träumenden zurichten." *Ophis* (Schlange) als Krankheitsnamen überliefert der Lexikograph Julius Polydeukes (2. Hälfte des 2. Jahrhunderts n. Chr.) in seinem ‚*Onomasticon*‘, Buch 4, 192.

533 Vgl. Artemidor 2, 22 (139, 14): „Wespen sind allgemein von schlimmer Vorbedeutung; sie prophezeien, daß man unter Schurken und Rohlinge fallen wird."

534 Griech. *baradi*; das Wort lebt heute noch auf der Insel Imbros, s. G. Meyer, Byz. Zt. 3, 1894, 157. Die Etymologie des Wortes ist unklar.

535 Bienenschwärme galten Herrschern als glückverheißend, weil sie staatenbildend und einer Königin untertan seien. Cicero zieht in seiner Schrift ‚*de haruspicum responsis*‘ 25 eine Parallele zwischen Bienenschwärmen und *examina servorum* (Scharen von Sklaven).

536 Prokop charakterisiert Antonina, die Frau Belisars, als bösartig wie ein Skorpion und undurchsichtig in ihrem Zorn, s. ‚*Anekdota*‘ 1, 25. Bei Artemidor 2, 13 (128, 12) weisen Skorpione auf übelgeartete Subjekte hin.

537 Es handelt sich um eine giftige Spinnenart, die von den alten Griechen *rax*, neugriech. *rōga* bzw. *rōba* genannt wird, s. Ph. Koukoules in: ‚*Laographia*‘ 9, 1926, S. 291.

538 Der Adler war in Ägypten Symbol des Königs. In Aischylos’ ‚Agamemnon‘ (49 ff.) werden die Atridenkönige mit Adlern verglichen. Dio Cassius (56, 42) erwähnt, daß, als Augustus’ Leiche auf dem Scheiterhaufen verbrannt wurde, ein Adler aus den Flammen gen Himmel emporstieg, der offenbar seinen Geist zum Himmel emportrug. Der byzantinische Reichsadler war das Emblem römischer Staatshoheit. Handwerker des Ostens verwandten es noch Jahrhunderte nach dem Zusammenbruch des Römischen Reiches.

539 Anders deutet Artemidor 2, 20 (135, 18) dieses Gesicht: „Auf einem Adler zu reiten, weissagt Kaisern, Reichen und Mächtigen den Tod; denn nach einem alten Brauch stellen Maler und bildende Künstler solche Persönlichkeiten nach ihrem Ableben auf Adlern reitend dar." Der Adler als Symbol der Himmelfahrt ist jedoch nicht auf die Apotheose des Kaisers oder Mächtiger beschränkt, sondern erscheint auch auf bildlichen Darstellungen gewöhnlicher Sterblicher.

540 Prokop erzählt in seinem Geschichtswerk (‚Vandalenkriege‘ 1, 4) von einem bedeutungsvollen Prodigium: Unter den Gefangenen, die die Vandalen nach der Eroberung gemacht hatten, war auch Markianos, der später (450–457) nach dem Tod des Theodosios die Kaiserwürde erhielt. Geiserich ließ alle Gefangenen mustern. Unbeachtet schlief irgendwo unter ihnen auch Markianos. Da schwebte ein Adler mit ausgebreiteten Flügeln zu seinen Häuptern und beschattete, indem er dauernd an der gleichen Stelle in der Luft stehen blieb, nur den Markianos. Geiserich, der das beobachtet hatte, vermutete ein göttliches

ten, ließ ihn kommen und fragte ihn nach seiner Person. Auf Grund dessen, was er von ihm vernahm, ward es ihm klar, daß Markianos noch zur Kaiserwürde aufsteigen werde. Geiserich ließ ihn frei, und Markianos konnte nach Byzanz zurückkehren.

541 Nach Nikephoros Gregoras wendete der Kaiser Andronikos III. (1328–1341) nicht weniger als 15 000 Pfd. aus dem Staatsschatz für seine Falken und Hunde auf, s. H. G. Beck: ‚Theorie und Praxis im Aufbau der byzantinischen Zentralverwaltung‘, München 1974, S. 18.

542 Stare bedeuten nach Artemidor 2, 20 (137, 9) die Volksmenge, arme Leute und ein heilloses Durcheinander.

543 Nach Artemidor 4, 56 (279, 14) bezeichnen die schönen und reizenden Tiere, wie der Papagei, das Rebhuhn und der Pfau, Stutzer.

544 Der Storch galt allgemein für äußerst nützlich, weil er Frösche, Eidechsen und Schlangen vertilgt, s. Seneca, ‚*epistulae*‘ 108; Juvenal 14, 74. Als Schlangenvertilger galt er im Christentum auch als Feind des Teufels und damit als Symbol Christi.

545 Wortspiel: *loupes* (= der Weih) und *lopodytes* (= Kleiderdieb, Räuber).

546 Griech. *lypopoulos* = Sohn der Trauer (vom schwarzen Gefieder der Krähe). Wahrscheinlich ist die Dohle oder, noch besser, das Käuzchen gemeint. Nach Drexl, ‚Studien‘, S. 291, gebrauchen die heutigen Griechen ein ähnlich gebildetes Wort für Schleiereule, nämlich *klapsopouli*.

547 Ringel- und Haustauben bedeuten nach Artemidor 2, 20 (137, 11) Frauen, und zwar Ringeltauben solche, die ganz und gar der lockeren Zunft angehören, Haustauben mitunter haushälterische und ordentliche Frauen. Wie Artemidor weiter ausführt, sind die Tauben der Aphrodite heilig. Das Heiligtum der Göttin in Paphos (Zypern) war durch seine Tauben berühmt. Liebende pflegten sich Tauben zu schenken, s. Theokrit, ‚*Eidyllia*‘ 5; Ovid, ‚*Metamorphosen*‘ 13, 833.

548 Ein wichtiger Wirtschaftszweig im byzantinischen Reich war die vor allem mit Sklaven arbeitende Großmanufaktur, an erster Stelle die Textilmanufaktur. Hauptzentren lagen in Syrien, Ägypten und Kleinasien; sie umfaßten Webereien, Färbereien und Werkstätten zur Herstellung von Kleidung, Bettwäsche usw. Waffen und sonstige Ausrüstung wurden in heereseigenen Waffenmanufakturen angefertigt. Uniformteile kamen entweder aus staatlichen Fabriken oder als Auflage von den Weberinnungen innerhalb der ägyptischen Textilmanufaktur, s. K. Wessel, a. a. O., S. 108; 123 f.

549 Vgl. Artemidor 2, 24 (177, 23): „Der Hahn bedeutet im Haus eines Armen den Hausherrn, in dem eines Reichen den Hausverwalter, weil er das Gesinde aufweckt und zur Arbeit antreibt.“

550 Die negative Deutung, die Achmet nur dem wilden Rebhuhn gibt, gilt bei Artemidor für die Gattung insgesamt, s. 2, 46 (180, 4): „Rebhühner bedeuten Männer und Frauen, meistenteils gottlose und ehrfurchtslose Frauenzimmer, die es nicht einmal mit ihren Ernährern gut meinen.“

551 Nach Artemidor 3, 6 (207, 5) prophezeien Ameisen, die um den Körper

des Träumenden herumkriechen, diesem den Tod, weil sie Kinder der Erde, kalt und schwarz sind." S. auch 1, 24 (31, 6). Auch im indischen Traumschlüssel bedeuten Ameisen und Ameisenhaufen stets Unglück.

552 Jo Offb 9, 3 f.: „Aus dem Rauch kamen Heuschrecken über die Erde, und ihnen wurde Kraft gegeben, wie sie Skorpione auf der Erde haben. Es wurde ihnen gesagt, sie sollten dem Gras auf der Erde, den grünen Pflanzen und den Bäumen keinen Schaden zufügen, sondern nur den Menschen, die das Siegel Gottes nicht auf der Stirn haben." Vgl. auch Offb 9, 7. Vorlage zu diesem Bild sind die gewaltigen Heuschrecken-schwärme der achten ägyptischen Plage (Ex 10, 1–20) und noch mehr die Heuschreckenvision des Propheten Joel (1, 2–2, 11).

553 Krebse galten für ausgezeichnete Apotropäen und Giftmittel. Über die Verwendung der Krebse als Heilmittel handelt Dioskurides, a. a. O., 2. Buch, Kap. 12; als Mittel gegen Schlangenbisse erwähnt sie Plinius, ‚Naturalis historia‘ 32, 55.

554 Griech. *omydia*; zur Wortbedeutung s. Ph. Koukoules, a. a. O., Bd. 5, S. 88.

555 Wie Artemidor 2, 14 (130, 12) sagt, befördert der Genuß aller Arten von Hartschalern den Stuhlgang; dazu gehören die Purpurschnecke, die Trompetenmuschel, die Auster, die Seeschnecke . . . und andere ähnli-che.

556 Drexl, ‚Studien‘, S. 292, tilgt mit dem Leidensis (L) und der Übersetzung des Leo Tuscus (fol. 20ʳ I 38) die Überschrift dieses Kapitels, zu Recht, weil es als Anhang eine kurze Zusammenfassung gibt, wie man Träume nach Personen und Zeiten differenzieren müsse; es bildet somit ein Gegenstück zu den vier Anfangskapiteln der Schrift.

557 Die Morgenstunden sind auch nach Artemidor 1, 7 (17, 1) für Wahrträu-me besonders günstig. Weit verbreitet war die Auffassung, daß Träu-me, die nach Mitternacht sich einstellten, als wahr oder zuverlässiger galten. Horaz erzählt (‚Satiren‘ 1, 10, 33), daß ihm Quirinus im Traum nach Mitternacht, zur Stunde der wahren Träume, erschien und ihm verbot, Verse in griechischer Sprache zu schreiben.

558 Abgesehen von der Kirche, die sich gegenüber Wahrsagerei und Traumdeutung ablehnend verhielt, gab es Stimmen genug, die das eine wie das andere als Aberglauben bekämpften. Der schon zitierte General Kekaumenos schärft seinem Sohn ein: „Deuter von Träumen und von Vogelflügen, Gesundbeter . . . sind soviel wert wie das ‚Wis-sen‘, mit dem sie sich befassen. Es ist nichts dahinter. Geh mit dir selbst zu Rate und tue das Bessere", s. H.-G. Beck: ‚Vademecum‘, Kap. 141, S. 106 f. Und ebenda, Kap. 117, 92 heißt es: „Achte nicht auf Träume und schenke ihnen überhaupt keinen Glauben, wenn es sich auch um eine heilige Sache handelt. Handelst du also, dann bist du in Sicherheit. Schon viele sind deswegen zugrunde gegangen."

Zum Text

Der griechische Text lag lange Zeit nur in einer einzigen Ausgabe von dem Franzosen N. Rigault vor, unter dem Titel: *'Artemidori Daldiani et Achmetis Sereimi f. Oneirocritica. Astrampsychi et Nicephori versus etiam Oneirocritici. Nicolai Rigaltii ad Artemidorum Notae'*, Lutetiae (Paris) 1603. Rigaults Ausgabe beruht auf zwei ganz sekundären und lückenhaften Handschriften des 16. Jahrhunderts aus der Pariser Nationalbibliothek; sie wimmelt von Druck-, Lese- und Interpunktionsfehlern und itazistischen Verschreibungen. So verdient die flüchtig gearbeitete Ausgabe nicht den Ehrentitel einer *editio princeps*. Vorarbeiten zu einer Neuausgabe leisteten Jak. Tollius und I. G. Reiff, doch konnten beide ihren Plan nicht ausführen.

F. Drexl hat das Verdienst, auf Anregung von K. Krumbacher zunächst 1909 in einer Dissertation Achmets handschriftliche Überlieferung untersucht und dann 1925 eine kritische Neuausgabe vorgelegt zu haben. Er hat dazu acht Handschriften neu herangezogen und so den Text zum erstenmal auf eine solide und sichere Grundlage gestellt. Drexl unterscheidet zwei Klassen: Die erste setzt sich aus drei Wiener Handschriften (RSV), einer Berliner (B) und den beiden von Rigault benutzten Parisini (2538 und 2427) zusammen, die zweite, bessere, aus einem Leidensis (L) und drei weiteren, die nur Bruchstücke des Traumbuchs enthalten, A(mbrosianus), P(arisinus) und eine Vindobonensis T. In den *'Prolegomena'* S. XIII hat der

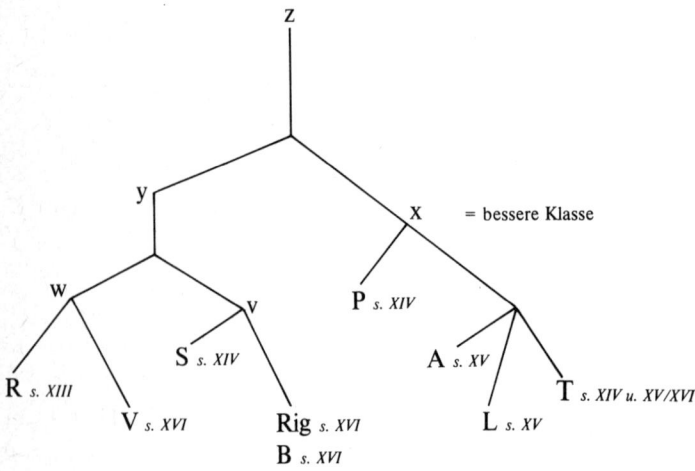

292

Herausgeber noch weitere sechs Handschriften aufgezählt, diese aber nicht ausgewertet, was wohl auf äußere Schwierigkeiten zurückzuführen ist. Das Stemma (S. 292) möge die Klassifizierung der Handschriften veranschaulichen, s. ‚Prolegomena' S. XIV.

Als wichtiges Ergebnis von Drexls Untersuchung der handschriftlichen Überlieferung ist festzustellen, daß der junge Codex L, ein Leidensis, Zweig einer vorzüglichen Überlieferung ist und an zahlreichen Stellen die richtige Lesung auch gegen den Konsens der übrigen Handschriften-Gruppen bietet. Achmets Werk wurde 1176 von Leo Tuscus, dem Dolmetscher und Vertrauten Kaiser Manuels I., ins Lateinische übersetzt. Diese Übertragung, die auf eine Überlieferung zurückgeht, die älter ist als die uns noch erhaltenen griechischen Handschriften, ist die Hauptstütze für die Textgestaltung. Drexl hatte die Absicht, diese lateinische Übersetzung neben dem griechischen Text abzudrucken, konnte aber, durch die ihm auferlegte Raumbeschränkung beim kritischen Apparat gezwungen, diese nicht verwirklichen. So ist der Benutzer des textkritischen Apparates bei Änderungen des Herausgebers und dessen Entscheidungen zwischen Varianten immer im Zweifel, ob diese durch die Übersetzung des Leo Tuscus gedeckt ist oder nicht. Da der Verkürzung des Apparates auch gelegentlich wirkliche Varianten zum Opfer gefallen sind, ist es für den Leser oft schwierig, sich ein klares Bild der Überlieferung zu verschaffen.

Der Herausgeber hat zwei Handschriften gefunden, die die lateinische Übersetzung des Leo Tuscus enthalten: 1. eine aus der herzoglichen Bibliothek zu Wolfenbüttel aus dem 13.–14. Jahrhundert (= Cod. Guelpherb. lat. 2917); es handelt sich um eine zweispaltige Pergamenthandschrift. 2. eine aus der Bibliotheca Bodleiana, Oxford, aus dem 12.–14. Jahrhundert. Drexl zitiert nur nach der Wolfenbütteler Handschrift. Der Übersetzer hat auch die Oxforder Handschrift zu Rate gezogen. Diese ist im Vergleich zu der Wolfenbütteler wegen ihrer regelmäßigen kräftigen Schrift leichter zu lesen, zumal für einen paläographisch nicht geübten Philologen; sie hat jedoch einige Lücken, vom Ende des Kapitels 168 bis 177.

Drexls Neuausgabe ist die Frucht einer langjährigen, gründlichen philologischen Arbeit, die nicht leicht zu bewältigen war. Abgesehen von dem wechselnden Bestand in den einzelnen Handschriften sind die Lesarten vielfach nicht Varianten, sondern willkürliche Änderungen des Textes. Eine erhebliche Anzahl von Stellen hat der Herausgeber scharfsinnig und mit großer Einfühlungsgabe glücklich ergänzt.

Drexl hat mit seiner gründlichen Arbeit die Wege geebnet, auf denen die wissenschaftliche Forschung aufbauen kann. Dringend nötig wäre die Herausgabe der lateinischen Übersetzung des Leo Tuscus, mehr aber noch die der arabischen und persischen Traumbücher, die vielleicht auf bessere und ältere Überlieferungen zurückgehen. Hier könnten die Orientalisten Hilfe leisten.

Textkritisch interessierten Lesern stellt der Verlag auf Wunsch einen Abdruck der textlichen Abweichungen der Lesart bei Drexl und in der vorliegenden Übersetzung zur Verfügung.

Literatur

Ausgaben

Artemidori Daldiani et Achmetis Sereimi f. Oneirocritica. Astrampsychi et Nicephori versus etiam Oneirocritici. Nicolai Rigaltii ad Artemidorum Notae, Lutetiae 1603.
Achmetis Oneirocriticon. Recensuit Franciscus Drexl, Lipsiae 1925.

Übersetzungen

Leonis Tusci, imperialium epistolarum sub Emanuele Comneno imperatore Byzantino, liber de somniis et oraculis, i. e. Achmetis Sereimi filii vel Apomasar liber sic intitulatus, a Leone Tusco latine versus = *Cod. Guelpherb. lat. 2917.*
[Oneirocritica, sive de interpretatione somniorum, Achmetis filii Sereim]; ex Graeco per Leonem Tuscum versa, cum prologo eiusdem et tabula capitulorum = *Cod. Bodl. Digb. 103.*
Expositione de gli Insomnii secondo la Interpretatione de Indy: Persy: et Egyptii. Tradute de Greco in Latino. Per Leone Toschano. Et al presente date in luce. Per il Tricasso Mantuano. Ad Alexandro Bicharia Patricio Pavese, *1525 (in Vineggia). Die Ausgabe wurde wiederholt Venedig 1534 und 1546.*
Apomasaris Apotelesmata, sive de significatis et eventis insomniorum ex Indorum Persarum Aegyptiorumque disciplina. Depromptus ex Jo. Sambuci V. C. bibliotheca liber, Jo. Leunclaio interprete, Francofurti 1577.
Traumbuch Apomasaris, das ist kurtze Auslegung und bedeutung der Treume, nach der Lehr der Indianer, Persianer, Egypter und Araber. Erstlich aus Griechischer sprach ins Latein bracht durch Herr Johan Lewenklaw, Jetzunt aber dem gemeinen Man so das Latein nicht verstehet, zum besten verteutschet etc., Wittenberg. In Vorlegung Paul Helwigs Buchf. (ohne Jahrzahl). Die Ausgabe wurde wiederholt: Franckfurt bey Matthaeo Kämpffern 1645.

Beiträge

Drexl, F.: Achmets Traumbuch. Einleitung und Probe eines kritischen Textes, Diss. Freising 1909.
Haskins, Ch. H.: Leo Tuscus. In: Byz. Zt. 24, 1923/1924, S. 43 ff.
Dölger, F.: *Achmetis Oneirocriticon rec.* Drexl. In: Bayer. Blätter f. d. Gymnasial-Schulwesen 62, 1926, S. 281 ff.
Latte, K.: *Achmetis Oneirocriticon rec.* Drexl. In: Gnomon 2, 1926, S. 413 ff.
Colombo, S.: *Achmetis Oneirocriticon rec.* Drexl. In: *Didaskaleion* N. S. 4, 1926, S. 140 ff.

Koukoules, Ph.: *Achmetis Oneirocriticon rec.* Drexl. In: *Laographia* 9, 1926, S. 285 ff.

Dieterich, K.: *Achmetis Oneirocriticon rec.* Drexl. In: Orientalistische Literaturzeitung 10, 1927, S. 881 ff.

Nock, A. D.: *Achmetis Oneirocriticon rec.* Drexl. In: *The Journal of Hellenic Studies* 47, 1927, 149 ff.

De Falco, V.: *Achmetis Oneirocriticon rec.* Drexl. In: Byz. Zt. 27, 1927, S. 113 ff.

Drexl, F.: Studien zum Text des Achmet. In: Byz. Zt. 33, 1933, 13 ff. und 271 ff.

Drexl, F.: Das Traumbuch des Patriarchen Nikephoros. In: Festgabe für Erhard, Bonn 1922, S. 94 ff.

Drexl, F.: Das Traumbuch des Patriarchen Germanos. In: *Laographia* 7, 1923, S. 428 ff.

Drexl, F.: Das anonyme Traumbuch des Cod. Par. gr. 2511. In: *Laographia* 8, 1925, S. 347 ff.

Drexl, F.: Das Traumbuch des Propheten Daniel nach dem Cod. Vat. Palat. gr. 319. In: Byz. Zt. 26, 1926, S. 290 ff.

Drexl, F.: Achmet und das syrische Traumbuch des Cod. syr. or. 4434 des Brit. Mus. In: Byz. Zt. 30, 1929/1930, S. 110 ff.

Artemidori Daldiani Onirocriticon Libri V ex Recensione Rudolphi Hercheri, Lipsiae 1864.

Artemidori Daldiani Onirocriticon Libri V. Recognovit Roger A. Pack, Lipsiae 1963.

Artemidor von Daldis: Das Traumbuch. Übertragung von K. Brackertz, München 1979.

Abhandlungen

Ahrweiler, H.: *Études sur les structures administratives et sociales de Byzance*, London 1971.

Alföldi, A.: Die Ausgestaltung des monarchischen Zeremoniells am römischen Kaiserhofe. Mitteil. des dt. archäol. Inst. Röm. Abtlg. 49, 1934.

Alföldi, A.: Insignien und Tracht der römischen Kaiser. Mitteil. des dt. archäol. Inst. Röm. Abtlg. 50, 1935.

Bächtold-Stäubli, H.: Handwörterbuch des deutschen Aberglaubens, Bd. 1–10, Berlin – Leipzig 1929.

Baur, Chr.: Der heilige Johannes Chrysostomus und seine Zeit, Bd. 1 und 2, München 1929–1930.

Baynes, N. H.–Moss, H. St. L. B.: Byzanz, Geschichte und Kultur des oströmischen Reiches, München 1964.

Beck, H.-G.: Vademecum des byzantinischen Aristokraten. Das sogenannte Strategicon des Kekaumenos, Graz [2]1964.

Beck, H.-G.: Geschichte der byzantinischen Volksliteratur. Handbuch der Altertumswiss. II, 3, München 1971.

Beck, H.-G.: Ideen und Realitäten in Byzanz, London 1972.

Beck, H.-G.: Theorie und Praxis im Aufbau der byzantinischen Zentralverwaltung, München 1974.

Beck, H.-G.: Das byzantinische Jahrtausend, München 1978.

Beck, H.-G.: Die Byzantiner und ihr Jenseits, Bayer. Akademie d. Wiss. Sitzungsberichte, 1979, Heft 6.

Berendes, J.: Pedanions Dioskurides Arzneimittellehre, Darmstadt 1970.

Bihalji, O.-Merin: Fresken und Ikonen. Mittelalterliche Kunst in Serbien und Makedonien, München 1958.

Brehier, L.: *Le monde byzantin*, 3 Bde., Paris 1947–1950.

Browning, R.: Byzanz. Roms goldene Tochter. Die Geschichte des Byzantinischen Weltreiches, Bergisch-Gladbach 1982.

Delbrueck, R.: Der spätantike Kaiserornat. In: Die Antike 8, 1932, S. 1 ff.

Diehl, Ch.: Kaiserinnen von Byzanz, Stuttgart 1956.

Dölger, F.–Schneider, A. M.: Byzanz, Bern 1952.

Dölger, F.: Byzanz und die europäische Staatenwelt, Ettal 1953.

Dölger, F.: Byzantinische Diplomatik, Ettal 1956.

Dölger, F.: Finanzgeschichtliches aus der byzantinischen Kaiserkanzlei des 11. Jahrhunderts. Bayer. Akademie d. Wiss. Sitzungsberichte, 1956, Heft 1.

Dölger, F.: Beiträge zur Geschichte der byzantinischen Finanzverwaltung, bes. des 10. und 11. Jahrhunderts, Darmstadt 1960.

Dölger, F.: *Paraspora*. 30 Aufsätze zur Geschichte, Kultur und Sprache des byzantinischen Reiches, Ettal 1961.

Felicetti-Liebenfels, W.: Geschichte der byzantinischen Ikonenmalerei, Olten und Lausanne 1956.

Forman, W.–Hetherington, P.: Byzanz, Stadt des Goldes, Welt des Glaubens, Luzern 1982.

Forstner, D.: Die Welt der Symbole, Innsbruck, Wien, München 1961.

Freud, S.: Die Traumdeutung. In: Gesammelte Schriften, Bd. 2, Leipzig – Wien 1925.

Grabar, A.: *L'empereur dans l'art byzantin*, Paris 1936.

Grabar, A.: Byzanz. Die byzantinische Kunst des Mittelalters, Baden-Baden 1964.

Grabler, F.: Kaisertaten und Menschenschicksale im Spiegel der Schönen Rede. Reden und Briefe des Niketas Choniates, Graz, Wien, Köln 1966. In: Byzantinische Geschichtsschreiber, Bd. XI.

Guilland, R.: *Titres et fonctions de l'Empire byzantin*, London 1976.

Haeser, H.: Lehrbuch der Geschichte der Medicin, Jena 1875.

Haussig, H.-W.: Kulturgeschichte von Byzanz, Stuttgart 1959, 2. Auflage 1966.

Hunger, H.: *Prooimion*. Elemente der byzantinischen Kaiseridee in den Arengen der Urkunden, Wien 1964.

Hunger, H.: Reich der neuen Mitte. Der christliche Geist der byzantinischen Kultur, Wien – Köln 1965.

Hunger, H.: Byzantinische Geisteswelt von Konstantin dem Großen bis zum Fall Konstantinopels, Baden-Baden 1958, Nachdruck mit Ergänzungen Amsterdam 1967.

Hunger, H.: Byzantinische Grundlagenforschung. Gesammelte Aufsätze, London 1973.

Hunger, H. (Herausgeber): Das byzantinische Herrscherbild. Wege der Forschung, Bd. 341, Darmstadt 1975.

Ivanka E. v.: Hellenisches und Christliches im frühbyzantinischen Geistesleben, Wien 1948.

Jenkins, R. J. H.: *Constantine Porphyrogenitus, de administrando imperio*, ed. Gy. Moravcsik. Übersetzung und Kommentar, Budapest 1949, London 1962.

Kashdan, A. P.: Byzanz und seine Kultur. Deutsche Ausgabe besorgt von G. Janke, Berlin 1973, 2. Auflage 1976.

Keller, O.: Die antike Tierwelt, 2 Bde., Leipzig 1909–1913.

Kenner, H.: *Oneiros*. In: Realencyclopädie der classischen Altertumswissenschaft Bd. 18, S. 448 ff.

Köpstein, H.: Zur Sklaverei im ausgehenden Byzanz, Berlin 1966.

Koukoulès, Ph.: *Byzantinon bios kai politismos*, Bd. 1–6. Collection de l'institut français d'Athènes 10/13, Athen 1948–1957.

Krause, H.: Die Byzantiner des Mittelalters in ihrem Staats-, Hof- und Privatleben, Halle 1869, Fotomechanischer Neudruck Leipzig 1974.

Krumbacher, K.: Geschichte der byzantinischen Literatur. Handbuch der Altertumswiss. IX, 1, München [2]1897.

Lurker, M.: Wörterbuch biblischer Bilder und Symbole, München 1973.

Mazzarino, S.: Das Ende der antiken Welt, München 1961.

Michel, A.: Die Kaisermacht in der Ostkirche (803–1204), Darmstadt 1959.

Negelein, J. v.: Der Traumschlüssel des Jagaddeva. Religionsgeschichtliche Versuche und Vorarbeiten 11, 4, Gießen 1912.

Ostrogorsky, G.: Geschichte des byzantinischen Staates, München 1963.

Paret, R.: Der Koran. Übersetzung, Stuttgart 1962.

Paret, R.: Der Koran. Kommentar und Konkordanz, Stuttgart, Berlin, Köln, Mainz 1971.

Piltz, E.: *Kamelaukion et mitra. Insignes byzantins impériaux et ecclésiastiques*, Stockholm 1977.

Pongracz, M.– Santner, J.: Das Königreich der Träume, Wien und Hamburg 1963.

Prokop: Werke ed. Otto Veh (Griechisch-Deutsch), München 1966–1981.

Reiske, J. J.: *Constantinus Porphyrogenitus, de caeremoniis*, Bd. 1 und 2, Bonn 1829/1830.

Renauld, E.: *Michael Psellos, Chronographie ou Histoire d'un siècle de Byzance*, Paris 1926, 1928.

Rosenthal, F.: Das Fortleben der Antike im Islam, Zürich-Stuttgart 1965.

Rothemund, B.: Ikonen, München 1962.

Runciman, St.: Byzanz. Von der Gründung bis zum Fall Konstantinopels, München 1969.

Runciman, St.: Kunst und Kultur in Byzanz, München 1978.

Scheller, E.: Aulus Cornelius Celsus. Über die Arzneiwissenschaft in acht Büchern, Darmstadt 1967.

Schubart, W.: Justinian und Theodora, München 1943.

Seidler, G. L.: Soziale Ideen in Byzanz, Berlin 1960.

Sherrard, Ph.: Byzanz. Time-Life 63 (Nederland), N. V. 1967.

Siebenthal, W. v.: Die Wissenschaft vom Traum, Berlin – Göttingen – Heidelberg 1953.

Soyter, G.: Byzantinische Dichtung, Athen 1938.

Das Alte Testament. Einheitsübersetzung der Heiligen Schrift, Stuttgart 1980.

Das Neue Testament. Einheitsübersetzung der Heiligen Schrift, Stuttgart [2]1980.

Thies, F.: Die griechischen Kaiser, Hamburg – Wien 1959.

Tinnefeld, F.: Die frühbyzantinische Gesellschaft, München 1977.

Treitinger, O.: Die oströmische Kaiser- und Reichsidee nach ihrer Gestaltung im höfischen Zeremoniell, Darmstadt 1956.

Vogt, A.: *Constantin VII Porphyrogénète. Le livre des cérémonies, Tome I*, Paris [2]1967, *Tome II*, Paris 1939, *Commentaire* 1940, [2]1967.

Weiß, G.: Oströmische Beamte im Spiegel der Schriften des Michael Psellos, München 1973.

Wessel, K.: Die Kultur von Byzanz. Handbuch der Kulturgeschichte II, 3, Frankfurt a. M. 1970.

Whitting, P. D.: Münzen von Byzanz, München 1973.

Sachregister

Die durch Kursivschrift hervorgehobenen Ziffern kennzeichnen Stichworte, denen eigene Kapitel gewidmet sind.

301

Namensregister

Die Orientalische Bibliothek

Ryunosuke Akutagawa
Rashomon
Ausgewählte Kurzprosa. 1985. 607 Seiten. Leinen

Dandin
Die zehn Prinzen
Die merkwürdigen Erlebnisse und siegreichen Abenteuer des Prinzen von
Magadha und seiner neun edlen Jugendgefährten
Ein altindischer Roman. 1985. 350 Seiten. Leinen

Die Erlebnisse des syrischen Ritters Usama ibn Munqid
Unterhaltsames und Belehrendes aus der Zeit der Kreuzzüge
1985. 323 Seiten. Leinen

Nagib Machfus
Der Dieb und die Hunde
Roman. 1985. Etwa 180 Seiten. Leinen

Lao She
Die Blütenträume des Lao Li
Roman. 1985. 338 Seiten. Leinen

Naoya Shiga
Erinnerung an Yamashina
Ausgewählte Kurzprosa. 1986. Etwa 320 Seiten. Leinen

Verlag C.H.Beck München